《共产党宣言》探真

六十多年来持续探究文汇

高放 著

THE COMMUNIST MANIFESTO

天津出版传媒集团

天津人民出版社

扫码听着学《共产党宣言》

图书在版编目(CIP)数据

《共产党宣言》探真：六十多年来持续探究文汇 /
高放著. -- 天津：天津人民出版社, 2019.9
　　ISBN 978-7-201-15207-3

　　Ⅰ.①共… Ⅱ.①高… Ⅲ.①《共产党宣言》–马恩
著作研究 Ⅳ.①A811.22

　　中国版本图书馆 CIP 数据核字(2019)第 193471 号

《共产党宣言》探真：六十多年来持续探究文汇
GONGCHANDANGXUANYAN TANZHEN:LIUSHIDUONIANLAI CHIXU TANJIU WENHUI

出　　版	天津人民出版社	
出 版 人	刘　庆	
地　　址	天津市和平区西康路 35 号康岳大厦	
邮政编码	300051	
邮购电话	(022)23332469	
网　　址	http://www.tjrmcbs.com	
电子信箱	reader@tjrmcbs.com	

策划编辑	王　康　秦晓华
责任编辑	王佳欢
特约编辑	郑　玥　王　倩　王　玓　林　雨
技术编辑	刘骏飞
封面设计	明轩文化·王　烨

印　　刷	河北鹏润印刷有限公司
经　　销	新华书店
开　　本	710 毫米×1000 毫米　1/16
印　　张	31
插　　页	5
字　　数	410 千字
版次印次	2019 年 9 月第 1 版　2019 年 9 月第 1 次印刷
定　　价	158.00 元

自序:平生探究《共产党宣言》的结晶

我于 1944 年在福州英华中学读高中一年级,暑假期间从思想进步老师陈衡庭先生处借读到《共产党宣言》,受到马克思主义启蒙教育。中学时期我喜欢文学、艺术,并且在《东南日报》《南方日报》副刊上发表过新诗、散文和杂文。1946 年高中毕业时,本想将来的志愿是当新闻记者兼业余作家。1946 年 7 月,我到上海报考大学,本来已被暨南大学新闻系作为第一名录取。北大没有新闻系,知情者劝我报考相近的政治系。我上北大一年多,积极参加学生民主运动,读到更多马列著作,并且参加了地下党领导的民主青年同盟,还担任支部书记。北大政治系当时采用美国教授加纳的《政治学概要》为教材,太脱离中国实际。当时革命形势发展很快,到 1948 年 1 月,我毅然决然离开北大投奔解放区去当随军记者,报道解放战争胜绩。到达晋冀鲁豫边区外事处后,领导要我先到位于山西潞城的北方大学学习一段党的理论与政策,然后有机会再送我到前线采访。可是 1948 年 5 月,党中央即决定把晋冀鲁豫边区与晋察冀边区合并为华北解放区,并且把这两个边区的北方大学与华北联合大学合并为华北大学,校址设在河北正定县。于是我们北方大学的学生都连日行军到正定集合。8 月间,华北大学开学,没有料到我却被选拔为“中国社会史”的研究生,预定学制二年,头半年学习马列主义理论,在何干之老师指导下学习《共产党宣言》、恩格斯的《社会主义从空想到科学的发展》、列宁的《国家与革命》等著作。当时革命节节胜利,1949 年 1 月,北平和平解放,华北大学当即决定迁进新解放的故都招收新生。于是我们1949年3月起就提前结束研究生生活开始担任学习助理员（即助教）。1950年，党中央以华北大学为基础创办新中国第一所文科综合性新型大学——中国人民大学，聘请近百名苏联专家来校帮助我们开设新课程。我于1950年8月调到马列主义教研室当教员，从这一年起就开始教《共产党宣言》（以下简称《宣言》）了。

由于我从上中学、大学到当研究生和助教已多次学习过《宣言》，不仅较为熟悉这本马克思主义经典名著，而且它是我最为喜爱的书中珍品和极品。我一开始教《宣言》就注重收集这本名著的各种中译本和各种讲解注释本，以及德、英、法、俄、日五种外文版本。我在长期执教苏共党史和国际共产主义运动史中，除了英、俄文外，还努力学点德、法、日文，以便在研究中参照原文和多种外文本进行比较，力求扩展知识面，丰富教学内容，并且精准理解原著。由于我有较深入的研究并且满怀一腔热情来讲解这本原著，所以每次讲解都博得好评。从1956年起，有报刊连续约请我撰写有关《宣言》的文稿，因为我对某些问题特别感兴趣并长期不断积累资料，终于写成别开生面的论文，如《"全世界无产者，联合起来！"口号七十四种中译文考证评析》。1988年、1998年和2008年为纪念《宣言》出版140年、150年和160年，报刊约请我写的文稿最多。

2017年10月初，天津人民出版社一位青年编辑从网络上查阅到我六十多年来在报上发表的有关《宣言》的文章竟有四十多篇，经报请出版社领导同意，拟为我出版一本专题文集，以纪念《宣言》出版170周年。

20世纪90年代以来，我已自编出版过十本专题文集，如《马克思主义与社会主义》《社会主义与世界和中国》《国际共产主义运动别史》《政治学与政治传统改革》《纵览世界风云》《苏联兴亡通鉴》等，但是有关《宣言》的文稿自己尚未汇编过。于是我请天津人民出版社的编辑先把从网络上查到的有关文稿送来，由我自己选编。我想我这本专题文集一定要选用一个与以往出版的有关《宣言》的读物既不重复而又有新意的书名，内容的编排也应有自己的特色。我终于敲定《〈共产党宣言〉探真——六十多年来持续探究文汇》作为书名,收入文稿共五十一篇,分为以下三类：

第一部分为"探明《共产党宣言》真相",包括《宣言》有三个稿本,有二十三种中译本,没有另外三种误传的中译本(即刘仁静、瞿秋白、柯柏年的译本)。我探明《宣言》不是在布鲁塞尔白天鹅咖啡厅写成,纠正了中央电视台和新华社记者两次失实的报道。我探明《宣言》出版的时间是 1848 年 2 月 24 日,这便于人们选定具体日期以纪念这本划时代的名著。我还考证出《共产党宣言》开篇首句"共产主义幽灵"一词的由来和误译。1919 年夏天,北大学生罗章龙等人从德文节译了第一个《宣言》的节译本。可是他晚年记忆出了差错,竟在口述回忆录中说,他当年翻译《宣言》时,不知第一句话该怎么译好,后来读到陈望道的译本,译为"共产主义幽灵",觉得译得非常好,他就采用了这个译法。其实陈望道的译本是 1920 年 8 月才出版的,他怎么可能在 1919 年夏天采用这个译法呢? 上海著名科普作家叶永烈对罗章龙的说法未加考证辨析,信以为真。在叶永烈著的《红色起点》这本畅销书中竟谈"共产主义幽灵"的译法起源于陈望道的译本,以讹传讹,有些中共党史专家也照抄传播,其实陈望道是译为"共产主义怪物","共产主义幽灵"的译法起源于 1943 年延安博古的校译本。原来我也认为"共产主义幽灵"的译法很奇妙,但 20 世纪 90 年代以后,我重新研究,认为理应改译为"共产主义精灵",这样才符合马克思的原意,又具有中文特色。

第二部分为"探求《共产党宣言》真理"。首先探求马克思、恩格斯写的《宣言》的七篇序言是帮助我们打开真理宝库的七把金钥匙。《宣言》的基本原则共有六条,这些是颠扑不破必将为历史的发展所证实的真理。《宣言》的基本原理则有十几个更加丰富的内容,我特别指明要与时俱进地理解和运用《宣言》的这些基本原理,不能教条式地生搬硬套。我还指明对《宣言》中关于阶级分析与阶级斗争的观点,要结合当代资本主义社会的新变化与时俱进地理解与运用。我不同意理论界一些人把《宣言》的基本思想归结为"一个消灭,两个彻底决裂"。首先,"消灭"和"最彻底决裂"的译文就不精准。马克思在《1844 年经济学哲学手稿》和《资本论》第三卷中多次使用过

"扬弃私有制"的说法,中央编译局的译本都译为"扬弃",为什么在《宣言》中非要改译为"消灭私有制"呢?"消灭私有财产"的译法也是起源于1943年博古的校译本。由于俄文中缺少与"扬弃"相对应的单词,所以就误译为"消灭"。博古又将俄文译为中文,以致以讹传讹流传至今。至于"与传统私有制和传统实行最彻底决裂",似应改译为"最坚决决裂"更切合实际。其次,"扬弃私有制"与实行两个决裂都是无产阶级解放斗争进程的重要手段和要求,而不是斗争的目标和结局。最后,我们必须明确在消灭阶级之后,共产党人的奋斗目标是建立"自由人联合体",要做到"每个人的自由是一切人自由的前提条件,也就是要达到全人类的每个人自由解放和全面发展"。这才是《宣言》追求的最高理想,也就是《宣言》的最基本思想。

第三部分为"探析《共产党宣言》真义"。《宣言》重大意义可分为理论意义、实践意义,对世界的意义、对中国的意义以及对个人的意义。从理论上看,它是第一次对马克思主义科学世界观、历史观、现状观、未来观作了最简要的概括,是第一部马克思主义简明百科全书。从实践上看,它是170年来指导国际共运和世界社会主义运动的明灯,使世界发生了深刻变化。它使中国社会发生了三次巨变,即从半殖民地半封建社会变为新民主主义社会,又再变为带有苏联模式印记的社会主义社会,更再变为中国特色社会主义社会。当今又再促进我国与世界各国人民共同构建美好世界的人类命运共同体。对我们每个人而言,它是直接帮助我们树立科学世界观、革命人生观和人民利益至上价值观的最有吸引力的指南和福音书。

当然,《宣言》也有它的历史局限性。19世纪中下叶正是欧洲资本主义处于上升的自由资本主义阶段,世界资本主义还有它很大的发展空间,形成世界革命的形势并不具备。《宣言》显然对当时世界资本主义的矛盾作了过高的估计。同时,当时全世界无产者联合起来的力量也还不够壮大,难以发动无产阶级世界革命浪潮,所以19世纪只发生过欧洲1848—1849年革命和1871年巴黎公社革命。这两次革命都只是昙花

扫码听高放先生语音

一现，并没有形成无产阶级世界革命的浪潮。即便到了 20 世纪，自由主义、自由资本主义已经发展到垄断资本主义的新阶段，形成世界革命浪潮的条件比 19 世纪更壮大，但是 20 世纪世界社会主义革命的浪潮主要是发生在东方资本主义发展较为落后的国家。20 世纪确实有过三次无产阶级世界革命的浪潮。第一次世界革命浪潮是由 1917 年俄国十月革命带头掀起的，至二三十年代结束；第二次世界革命浪潮发生在第二次世界大战胜利后的四五十年代；第三次世界革命浪潮是以中国发动"文化大革命"为起点，当时中国也是想以"文化大革命"为起点进一步将其推广为世界革命，结果未能如愿以偿，甚至连十月革命以来形成的第一次世界革命浪潮和第二次世界革命浪潮的成果也都遭到沉重的损失。但是另一方面我们还必须看到，由于《宣言》一百多年来所发挥的巨大的历史冲击力和持久影响力，到 20 世纪末，它却神奇般地促使垄断资本主义发展到社会资本主义的新阶段。所谓"社会资本主义"就是指当今资本主义在新科技革命迅猛发展的推动下，资本主义从生产力到生产关系以至上层建筑社会化程度都大大地提高了，资本主义国家的社会职能大大地增强了，而且在工人们持久斗争的推动下，有不少社会主义因素在逐步增长。

幸好 1978 年中共领导人及时认清世界新形势，总结实践经验，端正了党的指导思想和基本路线，决定转向建设中国特色社会主义，使中国成为现代化的强国。同时，逐步转变推动世界无产阶级革命的方针，主张各国社会主义道路应当由各国的党和人民独立自主地进行探索。四十年来，中国建设中国特色社会主义取得了举世公认的巨大成就，今后我们在《宣言》指出的世界历史发展的大方向下，全面贯彻习近平新时代中国特色社会主义思想，必然取得更大的成就。所以当今世界最大的变化就是，和平与发展已经逐步取代战争与革命，成为时代的主题、世界的主题。应该清醒地看到，今后无产阶级世界革命的形势更难以形成，世界的和平与发展将是历史发展的主流和大趋势。《宣言》所指出的世界社会主义必然取代世界资本主义大方向，仍然会鼓舞着工人阶级政党，联合广大群众根据各国具体情况去夺取社会主义的新胜利。当今《宣言》提出的"全世界无产者,联合起来!"的口号理应扩大为"全世界无产者、劳动者和向往和平发展的人们,联合起来!",社会主义国家与资本主义国家理应长期和平共处、和平发展、合作共赢,共同建设美好的新世界,共同构建人类命运共同体。

以上三大部分本来我只选编了四十八篇文稿,后来我凑足五十一篇。我最后加写了两篇,即《毛泽东1919年末1920年初读到的〈共产党宣言〉是谁的译本——〈共产党宣言〉没有刘仁静译本,确有罗章龙等人译本》和《"全世界无产者联合起来!"口号论析》。第二部分再附加一篇经我校译的译文,所以全书共有五十一篇文稿。

我深感惭愧,毕生教授《宣言》,讲稿都积累了一个大口袋,但是未能写出一部系统论述《宣言》的专著。但我也聊以自慰,到临近91周岁暮年,竟能汇聚出版一本持续探究《宣言》六十多年的文集,可供世人参考和评论。

2017年12月末记于北大医院病榻

目　录

第二部分　探求《共产党宣言》真理

第三部分 探析《共产党宣言》真义

第一部分 探明《共产党宣言》真相

新发现的《共产党宣言》的第一个稿本

——恩格斯著《共产主义信条草案》*

《共产党宣言》可以说是第一部十分完备的、百读不厌的、千古不朽的、武装了亿万革命群众的马克思主义经典文献。起草这个文献时，马克思 29 岁、恩格斯 27 岁，当时他们是风华正茂、志同道合的革命青年。他们在参加阶级斗争、工人运动和从事科学研究的基础上，于 1843 至 1844 年不约而同地提出了科学共产主义的新世界观。从这时起，他们就力图创建共产主义政党，以便把革命理论与西欧的工人运动实际相结合，用以指导革命实践。1847 年建立的共产主义者同盟就是世界上第一个共产党。1848 年 2 月出版的《共产党宣言》就是这个党的纲领。这个纲领是经过马克思、恩格斯精心构思、反复磋商、千锤百炼、三稿定本的。

党纲的第一个稿本是在 1847 年 6 月共产主义者同盟第一次代表大会上通过的。这次大会于 6 月 2 日至 9 日在伦敦召开。马克思因经济拮据，未能到会。恩格斯作为巴黎支部的代表亲自出席大会。大会的任务就是制定共产主义政党的纲领和章程，选举中央委员会，正式宣告党的建立。恩格斯受大会的委托，负责党纲和党章的起草工作。党纲的第一个稿本名为"共产主义信条草案"，经大会通过后连同党章草案一起分发各个支部征求意见，准备提交第二次代表大会正式通过。根据各地提出的意见，恩格斯于 1847

---

* 本文是应《读书》杂志编辑部之约而写，载该刊 1979 年第 4 期(7 月出版)，收入《新华月报(文摘版)》1979 年第 9 期。

年 10 月底至 11 月初又写了党纲的第二个稿本，即《共产主义原理》。这两个稿本都是采用当时在欧洲工人革命团体中流行的问答体写成的。恩格斯虽然受大会的委托起草了这个文件，但是他自己对于这种一问一答的形式不大满意，认为这样很难充分表达无产阶级的世界观。他在 1847 年 11 月 23 日至 24 日致马克思的信中谈道，"我们最好是抛弃那种教义问答形式"①，主张以正式宣言的形式来起草党纲。马克思非常赞同这个意见。在 1847 年 11 月 29 日至 12 月 8 日于伦敦召开的共产主义者同盟第二次代表大会上，马克思、恩格斯捍卫了无产阶级政党纲领的科学基础和革命原则。大会委托他们两个人以宣言形式拟定纲领。1848 年 2 月问世的《共产党宣言》在写作过程中曾经吸取了并且进一步发挥了《共产主义信条草案》和《共产主义原理》两个稿本中提出的一系列科学共产主义原理。这就是《共产党宣言》这个历史文献三个稿本的由来。

长期以来，人们都以为党纲的第一个稿本已经遗失了。历史上一些久已失传的重要文献一旦被发现，那是令人感到多么喜悦和振奋啊！1968 年在德意志联邦共和国汉堡国家与大学图书馆手稿部的卷档中，从共产主义者同盟一大代表、同盟汉堡支部负责人马滕斯的遗物里发现了五份同盟一大的文件，其中就包括《共产主义信条草案》这份珍贵的文献，这真是可喜的发现！这是一份石印的德文文件，从影印件来看可以判定那是恩格斯的笔迹。有人认为恩格斯就是这个文献的作者，有人认为恩格斯只是作者之一。不管怎样，恩格斯负责执笔起草这个文献，或者说这个文献出于恩格斯的手笔，则是可以肯定的。这个文献收入 1969 年汉堡豪斯韦德尔书店出版的贝尔特·安德烈亚编的《共产主义者同盟创建文献汇编》一书，不久这个文献即被译成俄文、法文、英文。1976 年中共中央党校外文资料编译室译印了这个文献；1977 年《内蒙古大学学报》（哲学社会科学版）第 5 期发表了王先恒同志的译文。中文本《马克思恩格斯全集》第 42 卷收入了本文。

把《共产主义信条草案》和《共产主义原理》《共产党宣言》这三个党纲稿本（以下简称《信条》《原理》《宣言》）对照起来学习和研究，是很有教益、很有意义的。我们从中可以体会到,革命导师为制定严整、精确的纲领真是锲而不舍、呕心沥血、一丝不苟、精益求精。

《信条》这个名词包含有宗教的味道,后来改名为《原理》,最后决定用《宣言》作为党纲的名称,这是最为合适的。

《信条》约有三千五百字,《原理》增加到约一万二千多字,而作为"周详的理论和实践的党纲"的《宣言》全文约达三万字。

《信条》分为二十二个问题,《原理》对这些问题作了增删和归并,扩充为二十五个问题。《原理》采用了《信条》中的绝大部分内容,并作了重要的补充,后来《宣言》又作了更详尽的阐述。例如,关于无产阶级夺取政权后应当采取的过渡性措施,在《信条》第十八个问题中只提出了"使所有儿童享受国家公费教育"等三项;在《原理》中就增加到十二项,其中进而提出了"把教育和工厂劳动结合起来"②的创见。而在《宣言》中又进一步提炼为十项措施,在教育方面全面概括为"对一切儿童实行公共的和免费的教育。取消现在这种形式的儿童的工厂劳动。教育同物质生产结合起来,等等"③。

最为难得可贵的是《信条》中保留了《原理》中所缺少的三个问题的答案。《原理》中有三个问题是没有答案的。"第九个问题:无产者和手工业者有什么区别?"编者在脚注中写道:"在恩格斯的手稿中,以下是空白,没有第九个问题的答案。""第二十二个问题:共产主义组织将怎样对待现有的各民族?""第二十三个问题:共产主义组织将怎样对待现有的各宗教?"对民族和宗教这两个重要的问题,《原理》中仅写着:"保留原案。"原案到底是什么,由于过去没有找到党纲的第一个稿本,所以一直不知究竟。长期以来,广大的马克思主义者都为这三个问题的答案暂付阙如而感到非常遗憾!现在恰好在《信条》中都找到了回答,这就弥补了《原理》中的空白,真是喜出望外!关于无产者和手工业者有什么区别?在《信条》第十二个问题中是这样回答的:"手工业者的目的是为自己挣得资本,并以此来剥削其他工人。"当资本主义不发达的时候,"手工业者往往还可以达到这个目的"。当资本主义竞争非常盛行时,"这种前景就消失了,手工业者日益变成无产者"。"因而手工业者获得解放的途径,要么是变成为资产者,或通常说的进入中间阶层,要么是由于竞争变成为无产者(这是现在经常发生的情况)并参加无产阶级的运动,即多少是自觉的共产主义运动。"这就指明了手工业者的过渡性及其成为无产阶级同盟军的可能性。关于民族问题和宗教问题,《信条》指出,在共产主义制度下,随着私有制度的消灭,民族必然融合在一起,宗教要归于消亡。

许多科学共产主义的原理,虽然后来在《原理》和《宣言》中作了更充分的论述,但是在《信条》中保存了更精练的概括,这对于我们学习和掌握马克思主义的基本观点是有帮助的。例如,《信条》把共产主义者的目标简明地概括为"把社会组织成这样:使社会的每一个成员都能够充分自由地发展和发挥其全部才能和力量,但并不因此而损害这个社会的基础"。这就从个人与社会的关系指明了共产主义的本质特征。关于暴力革命的必要性,《信条》是这样表达的:"世界上几乎所有国家的无产阶级的发展都受到有产阶级的暴力镇压,因而是共产主义者的敌人以暴力促成革命。"这个回答真是言简意赅。

《信条》在马克思主义政党的文献中第一次正式提出了"过渡时期"的概念。它指的是从无产阶级夺取政权起到消灭了私有制、建立了公有制为止这个时期。大家知道,后来马克思是到1875年才在《哥达纲领批判》中详细论述了从资本主义到共产主义的过渡时期。

与《原理》比较,有些问题在《信条》中是从不同角度来回答的,这也给我们以新的启发。例如,关于为什么不能一下子就废除私有制这个问题,《原理》是从只有生产力高度发展才能废除私有制的角度分析的,而《信条》则是从必须提高群众觉悟这个角度着眼的。"群众的发展是不会按照命令行事的。它受到群众所处环境的发展的制约,因而是逐步前进的"(指废除私有制这件事)。这样既从物质条件又从思想条件两方面来理解为什么不能一下子废除私有制问题,岂不是更全面吗?

《信条》中有一些表述不精确之处,后来得到改正。例如,《信条》中有九处提出共产主义者要实现"财产公有"。"财产公有"这原是早期空想共产主义者使用的一个概念,含义相当模糊。"财产"是法律概念,它究竟指的是生产资料还是生活资料? "公有"究竟指的是什么范围? 是"社有""村有""市有"或"国有"? 况且"公有"也是有阶级性的。封建地主阶级不是搞过什么祠堂、家族的"公田"吗? 资产阶级不是也搞过国有化吗? 在《原理》中虽然还使用过一次"财产公有",但同时又提出由社会"共同使用全部生产资料"的明确要求。在《宣言》中进一步的提法是"把资本变为属于社会全体成员的公共财产"。在 1850 年马克思写的《法兰西阶级斗争》一书中更明确地概括为"生产资料归社会占有"的简明公式。正如恩格斯后来所说,这是"第一次提出了世界各国工人政党都一致用以概述自己的经济改造要求的公式","这样,这里就第一次表述了一个使现代工人社会主义既与形形色色封建、资产阶级、小资产阶级等的社会主义截然不同,又与空想和自发的工人共产主义所提出的模糊的'财产公有'截然不同的原理"。④这个提法的变化也说明了马克思主义不是一成不变的教条,而是随着实践逐步精确完善、不断丰富发展的。

总之,《信条》的发现,对于我们进一步研究马克思主义的形成、共产主义运动的开端和科学共产主义的原理,都有重要的意义。这一珍贵的文献值得我们认真深入地学习。

注释:

① 《马克思恩格斯全集》(第 27 卷),人民出版社,1972 年,第 123 页。

② 《马克思恩格斯选集》(第一卷),人民出版社,1972 年,第 220 页。

③ 同上,第 273 页。

④ 《马克思恩格斯全集》(第 22 卷),人民出版社,1965 年,第 593~594 页。

学习《共产党宣言》的第二个稿本：
恩格斯著《共产主义原理》*

在我国社会主义建设与社会主义改造的高潮中，广大干部学习马克思列宁主义理论的兴趣与热情也大大提高了。许多同志在开始学习理论的时候，迫切需要一些入门书。在这方面，除了可以阅读一些解释性的通俗小册子之外，我认为最好应该多读原著，因为原著是阐述马克思列宁主义的最可信的第一手作品。恩格斯在1890年给布洛赫的信中曾说："我请您根据原著来研究这个理论，而不要隔一道手——这实在要容易得多呵。"①但是有人认为原著深奥、浩繁，必须在"入门"之后再去啃它。其实不然，在经典著作中有不少正是短小精悍、通俗简明的最好的入门书。例如《共产党宣言》《卡尔·马克思》等即是，恩格斯的《共产主义原理》无疑也是最好的入门书之一。

《共产主义原理》写于1847年，它是马克思主义的早期重要文献之一。19世纪40年代的欧洲社会正处于资本主义制度的内在矛盾明显暴露、无产阶级反对资产阶级的斗争空前高涨的时期。当时好多国家的先进分子曾组成了一个命名为"共产主义者同盟"的革命组织。这个组织为了制定纲领曾讨论了由沙佩尔和莫尔提出以及由赫斯修改过的草案。恩格斯彻底批判了这个草案中的乌托邦观点。后来恩格斯接受委托起草一个新的草案。《共产主义原理》就是恩格斯为"共产主义者同盟"草拟的第二个纲领草案，并

---

* 本文是应《读书》杂志之约而写，载该刊1956年第3期(3月出版)。

于1847年11月在伦敦召开的"同盟"第二次代表大会通过。这个草案按当时所盛行的习惯,是采取"问答书"的形式。但是恩格斯在1847年11月给马克思的信中写道:"我想最好抛掉问答书的形式,把这东西叫作《共产党宣言》。因为其中不能不涉及历史,所以现在的形式是完全不合适的。"②根据这个建议,后来马克思、恩格斯重新合写了内容更为丰富的正式的纲领——《共产党宣言》。可见,《共产主义原理》乃是《共产党宣言》的第二个稿本,它是创作《共产党宣言》的准备和基础(因此这篇文章在恩格斯生前没有发表)。两书的主要内容与基本思想也是一致的,所以我们完全应该把《共产主义原理》当作学习《共产党宣言》的必读参考书。

《共产主义原理》包括恩格斯对于二十五个问题的回答,可惜其中有三个问题的回答未保存下来。③在这仅有一万二千多字的短文中,恩格斯对于有关共产主义学说的诸原理用通俗的语言作了深入浅出的论述。

首先,恩格斯开宗明义给共产主义下了一个简明的定义。他说:"共产主义是关于无产阶级解放条件的学说。"这个定义真是一语道破了共产主义的真谛!

恩格斯给共产主义所下的定义可以说是全书的总命题。围绕着这个总命题,全书大体上论述了以下四个问题:①无产阶级的产生、阶级地位和历史使命。②为什么共产主义必然代替资本主义?③共产主义社会是什么样?④如何达到共产主义的胜利?

恩格斯指出,无产阶级就是19世纪的工人阶级,这个阶级不是一向就有,而是随着产业革命产生的。这就纠正了当时沙佩尔等人把无产阶级说成仿佛在古代罗马帝国时代就已经存在的说法,也批驳了他们把资本主义社会中的一般文化艺术工作者,甚至小资产阶级都包括在无产阶级之内的观点。接着,恩格斯对比了无产阶级和历史上其他劳动阶级(奴隶、农奴、手工工场工人等)的区别,说明无产阶级虽然比奴隶、农奴等处于较高的社会发展阶段,但是它所处的阶级地位不同。因为"奴隶只要废除一种奴隶制就能解放自己","农奴由于他们这样或那样加入了有产阶级的队伍并受竞争的作用而得到解放"。然而无产者"只有通过消灭竞争、私有制和一切阶级差别才能获得解放"。即是说,无产阶级所处的阶级地位决定了它肩负有消灭一切私有制和一切阶级差别的历史使命。

接着,恩格斯根据生产关系必须与生产力性质相适应这一客观规律,论证了资本主义必然灭亡和共产主义必然胜利的问题。资本主义大工业盲目发展和自由竞争的结果,几乎定期地发生经济危机,这种危机"不但使无产者陷于灭亡的绝境,而且也使许多资产者陷于破产"。"这种强大的容易增长的生产力已经发展到超出私有制形式和资产阶级能力的地步,以致经常引起社会秩序的剧烈强制性的瘫痪。因此,现在废除私有制不仅有可能,而且是完全必要的了。"只有建立公有制的共产主义制度才能"由整个社会按照一定的计划和按照全体公民的需要来领导工业生产"。

那么共产主义社会究竟是什么样呢?首先,它不仅将消灭资本主义社会的一切灾难,而且将使工业和农业达到真正的繁荣,"这样一来,社会就将生产出足够的产品,可以把分配组织得满足社会成员的需要"。其次,随着生产的高度发展,阶级矛盾和城乡矛盾也将彻底消灭。

恩格斯在书中所阐明的有关如何达到共产主义胜利的诸原理,是特别值得我们注意的。

恩格斯认为无产阶级革命不能一下子就废除私有制,"只能逐步改造现存社会,并且只有在为废除私有制所必需的大量生产资料已创造出来之后才能废除私有制"。据此,我们可以体会到我们党在过渡时期对资本主义工商业所采取的利用、限制和改造的政策是完全符合马克思主义的理论原则的。

在书中,恩格斯破天荒第一次提出了可以用和平赎买的办法来消灭私有制的原理。他在回答"能不能用和平的办法来废除私有制"这一问题时说道:"但愿如此,共产主义者当然是最不反对这种办法的人。"接着,他在说明无产阶级夺取政权后所必需采取的各项最主要措施时又指出:"一部分用国营工业竞争的办法,一部分直接用纸币赎买的办法,逐步剥夺土地私有者、工厂主和铁路及海船所有者的财产。"(着重点是引用者加的)可见,通过和平道路、采取赎买办法来消灭私有制,在马克思主义创始人看来,不仅在原则上是允许的,而且正是我们所希望的。当我们从理论上来研究我们党目前对资本主义工商业实行社会主义改造的政策时,正应该反复咀嚼恩格斯的上述指示,从中吸取理论营养。消灭私有制是我们进行革命的基本目的,至于用强力剥夺或和平改造的方法来达到这个目的则需视各个国家所处的具体内外环境而定,不可能千篇一律。和平方法之所以是我们最希望的,就因为它将使经济变革过程中所遇到的困难和损失减少到最低限度。恩格斯在这里所设想的"用纸币赎买的办法",欧洲许多人民民主国家,如波兰、捷克斯洛伐克、匈牙利、罗马尼亚、保加利亚等国在消灭封建地主土地所有制时就曾经采取过,我国目前正采取这个办法消灭资本主义私有制。

恩格斯在说明对待代表小资产阶级的民主主义的社会主义者的态度时还规定了存异求同的策略原理。他认为一方面要善于和他们"达成协议",另一方面"并不排除讨论那些存在于他们和共产主义者之间的分歧意见"。最后,恩格斯在回答共产主义者怎样对待现有的其他各政党这一问题时,也充分阐明了要尽量争取哪怕仅是"暂时还有共同的利益"的一切同盟军。众所周知,马克思主义的这一策略原理在中国共产党领导的革命斗争中是被创造性地卓有成效地运用着。

(注:文中引证均见《共产主义原理》一书,人民出版社,1955 年。)

参考文献:

①《马克思恩格斯文选》(两卷集)(第 2 卷),莫斯科中文版,第 490 页。

② 转引自叶·斯捷潘诺娃:《恩格斯传》,中共中央马克思恩格斯列丁斯大林著作编译局译,人民出版社,1955 年,第 51~52 页。

③ 这三个问题的回答后来在 1968 年新发现的恩格斯执笔的《共产主义信条草案》中均保留有原样。详见本书《新发现的〈共产党宣言〉的第一个稿本》一文。

《共产党宣言》的由来及其确立的
科学社会主义六个基本原则 *

一、世界上第一个共产党第一次代表大会提出制定党纲问题

1846 年年底,正义者同盟决定近期召开代表大会进行改组。1847 年 1 月间伦敦正义者同盟和共产主义通讯委员会派其委员约瑟夫·莫尔(1812—1849)为代表到布鲁塞尔商谈改组同盟之事。他当面听到马克思对有关共产主义理论的重要问题作出准确回答之后,恳切邀请马克思,随后又到巴黎邀请恩格斯,连同他们的团体一起加入正义者联盟,并领导改组同盟的工作。正义者同盟人民议事会于 1847 年 2 月发出气壮山河的长篇告同盟书,强调指出:"我们显然是在迎接着一场波澜壮阔的、决定人类世世代代命运的革命运动","只有在欧洲无产阶级的帮助下人类才能获得解放",我们必须尽快召开一次共产主义者代表大会,创建共产主义政党,为此要求各地选出代表,在 5 月 30 日以前自筹经费来伦敦报到。①马克思、恩格斯考虑到正义者同盟已经建成为一个国际性的工人政党组织,有群众基础;同时,"同盟"的领导人已表示放弃魏特林主义并同意接受马克思、恩格斯的共产主义理论,而且积极着手筹备召开共产主义者代表大会,于是他

---

* 本文摘自拙文《世界上第一个共产党共产主义者同盟创建运动》,载《中国延安干部学院学报》2013 年第 3 期。收入本书时对内容稍加补充,并加上五个小标题,这样便于读者掌握要点。

们欣然同意参加改组正义者同盟,把它变为共产主义政党。

1847年6月2日至9日在伦敦秘密召开一次改组正义者同盟的共产主义者代表大会,它是作为世界历史上第一个共产党的第一次代表大会载入史册。有英、德、法、比、瑞士等国的大约二十多名代表与会。恩格斯作为巴黎支部的代表、马克思的亲密战友威廉·沃尔弗作为布鲁塞尔支部的代表参加了大会。马克思当时在布鲁塞尔因经济拮据未能出席(当时代表赴会要自己承担差旅费),但他为大会的召开做了许多准备工作,包括对提交大会讨论的新的章程草案提出了原则意见。

"一大"没有保留下原始记录,从6月9日大会结束那一天发出的《共产主义者同盟第一次代表大会致同盟盟员的通告信》得知:"一大"在听取了原同盟中央的工作报告之后,主要解决了如下八个重大问题:

第一,大会决定把正义者同盟改名为共产主义者同盟。因为正义者同盟这个名称已被叛徒向普鲁士政府告密,更为重要的是每个人可能对"正义"有不同的理解,而"我们的特点不在于我们一般地要正义——每个人都能宣称自己要正义,而在于我们向现存的社会制度和私有制进攻,而在于我们要财产公有,在于我们是共产主义者",就需要有一个能够表明我们究竟是些什么人的合适名称,"于是我们选用了这个名称"。②从党的名称"共产主义者同盟"就可以看出,这个党的性质和奋斗目标是为共产主义而斗争。可以这样理解,共产主义是最鲜明、最具体的正义,实现共产主义才是最大、最高的正义。但是还保留了"同盟"这个传统的叫法。按照马克思、恩格斯的本意是径直名为共产党。马克思、恩格斯在很多场合还是习惯于把共产主义者同盟称为共产党,例如他们就把同盟的正式纲领称为《共产党宣言》。在同盟的正式文献中也时常自称"共产党"③。

第二,大会决定以"全世界无产者,联合起来!"这样具有鲜明阶级性、国际性、团结性、组织性和战斗性的口号,代替了原正义者同盟的"人人皆兄弟"的旧口号。这后一口号是受资产阶级"博爱"思潮的影响,缺乏阶级观点,缺少辈分观念,又排除占有"半边天"的女性,而且软弱无力,无所作为。这里还要稍带说明，"全世界无产者，联合起来！"的中文译文是不准确的。按照德文、英文、法文、俄文等西方文字，应该译为"所有国家无产者，联合起来！"因为当时除西欧北美少数国家外，大多数国家都还没有发展现代工业，因此都还没有现代无产者。而且正因为各国无产者有其国家属性，所以不容易联合起来，为此才要号召他们摆脱本国国家观念，加强国际联合。

第三，大会讨论了恩格斯起草的准备作为党的纲领的《共产主义信条草案》。这是党纲的第一个稿本，它按照当时在欧洲工人政治团体中流行的问答体写成，共分二十二个问题，约三千五百字，包括两方面内容：①关于无产阶级的定义、形成的特点；②关于共产主义者的奋斗目标、道路、方法和措施。《信条》提出共产主义者的目标是"使社会的每一个成员都能完全自由地发展和发挥他的全部才能和力量，并且不会因此而危及这个社会的基本条件"。这就明确指出了科学共产主义的奋斗目标是实现每一个人的自由解放和全面发展，而且明显改变了原来正义者同盟的保留着魏特林平均共产主义标记的宗旨："使世界上一切人享受自由，使任何人都不比别人生活得好些或坏些。"大会决定把恩格斯起草的这个纲领草案分发到各支部征求意见，以备在下一次代表大会上审议通过。

第四，大会通过了主要按照马克思、恩格斯的意见起草的《共产主义者同盟章程》，共分七章三十六条。其中规定了同盟的目的、对盟员的要求、盟员的纪律、接收盟员的办法、同盟的各级组织机构、盟内组织和活动准则。新章程剔除了原正义者同盟章程中密谋、宗派主义以及权力过度集中于中央的内容，把党建立在民主制的基础上。把党代表大会作为党的最高权力机关，中央委员会只是党代表大会的执行机关，而且规定党代表大会必须每年召开一次，即实行年会制。这个章程还要分发各支部征求意见后在下一次代表大会上正式通过。

第五，为了使无产阶级政党真正以马克思、恩格斯的"批判的共产主义"作为指导思想，鉴于魏特林主义已经成为工人运动中的一具政治思想上的僵尸,"我们不愿意拖着尸体走",因此大会决定把坚持魏特林平均共产主义观点和宗派密谋策略的人开除出去,以保持党的指导思想的科学性和组织队伍的先进性。

第六,党中央在致同盟盟员通告信中通报了伦敦、巴黎、里昂、马赛、汉堡、比利时、瑞士、美国等各地支部的情况和存在的问题,表明思想不统一、组织不健全依然使党面临危机,因此中央决定要派特使帮助整顿组织,发展新党员。

第七,决定创办机关报刊,后定名为"共产主义杂志",作为宣传共产主义和党的主张的阵地,任命威廉·沃尔弗为编辑,先在7月份暂时免费发行一期试刊,号召各地方组织踊跃捐款和投稿给予支持。

第八,决定提前于11月29日在伦敦召开党的第二次代表大会,以便"彻底解决当前的重要问题",主要是制定纲领和章程的问题(按照盟章规定每年8月召开一次代表大会,第二次代表大会本应于1848年8月举行)。

共产主义者同盟是马克思主义同西欧工人运动初步相结合的产物和体现。同盟第一次代表大会的召开标志着世界上第一个马克思主义政党的建立,标志着国际共产主义运动的兴起。1847年6月2日"一大"的开幕日,可以视为国际共产主义运动的诞生日。④我深信2047年6月2日,国际共产党人将隆重纪念国际共运二百年。

二、共产主义者同盟第一次代表大会后至第二次代表大会对党纲草案的讨论

"一大"之后,同盟随即从多方面开展活动。在6月9日闭幕的当天,即由大会主席沙佩尔和秘书沃尔弗草拟了一份重要的通告信,秘密发出致同盟盟员,其中除了概述大会的筹备经过和重大成就外,还要求各支部对党纲"进行严肃的、仔细的考虑","进行特别热烈的讨论",并把补充意见和修

改建议提交中央委员会，"为了共产主义运动的利益……应当再次向大多数人呼吁并把我们准备好的东西留待第二次代表大会去通过"。大会号召盟员要不怕困难、危险和牺牲，加倍努力，"使同盟成为欧洲的一个强大组织"。大会深信："我们代表着一个伟大壮丽的事业。我们正宣布历史上最伟大的变革，这个变革，无论就其彻底性还是就其成果的丰硕来说在世界史上是无与伦比的。""历史的发展本身将引起一场伟大的革命"，"这场革命终将爆发"，"这场斗争和这一胜利是值得为之奋斗终身的"。⑤这封气势恢宏、气冲霄汉宣告国际共产主义运动诞生及其重大历史意义的通告信连同新章程、新纲领等当即寄往法国、德国、比利时、瑞士和瑞典等国十个城市的支部；同时还从伦敦派出了五个全权特使，两个到美国，三个分别到德国、荷兰和挪威，在那里筹建新的支部。按照党章规定，中央委员会的成员由所在地区的区部委员会选举产生，于是在代表大会闭幕之后不久，就由伦敦区部委员会选出沙佩尔、莫尔和鲍威尔三个人组成中央委员会，主持日常工作。沙佩尔原是德国吉森林学院的学生，后在巴黎当过排字工人，到伦敦后靠在德国侨民中讲授语文维持生活。莫尔原是伦敦的钟表匠。鲍威尔原是法兰克尼亚的皮鞋匠。恩格斯曾经称这三个人是德国的"职业革命家的典型""第一批革命无产者"⑥；他们原都受魏特林主义的影响，又都是正义者同盟的主要领导人。现在他们接受了马克思主义之后，又当选为共产主义者同盟的主要领导人。既然同盟的改组主要是由马克思、恩格斯领导促成的，为什么他们二人均未当选党中央领导人呢？这是因为党中央的委员并非由党代表大会选举产生，而是由党代会确定党中央设在伦敦，再由伦敦区部选举长住伦敦的领导人担任中央委员。他们既是职业革命家（以革命为职业），又是业余革命家（在社会职业工作之余从事革命活动），要靠自己工作职业取得收入谋生。

在中央委员会领导之下，各地方组织相继改组或新建。在德国的柏林、汉堡、莱比锡、科隆、威斯特伐利亚、爱北斐特，在法国的巴黎、里昂、马赛等地都建立了区部或支部。在比利时很快就建立了两个区部，一个在列日，另一个在布鲁塞尔。8 月 5 日在布鲁塞尔成立了同盟支部和区部委员会,马克思当选为新支部的主席,并和日果、荣格、沃尔弗一起当选为区部委员会委员。布鲁塞尔区部是同盟最强有力的一个地方组织。在瑞典的一些地方建立了新支部,盟员已经超过一百名。在日内瓦,除了改组原有的一个支部之外,又新建了两个支部。在瑞士的十个以上地区建立了组织。

为了便于同盟在各地站稳脚跟,并在广大群众中开展工作、争取更多的群众,在同盟外围还建立了好几个群众团体。例如,1847 年 8 月底在布鲁塞尔组织了德意志工人协会,还有一个歌咏团。"这两个团体都受共产主义者同盟盟员领导,它们是入盟者的预备学校。"⑦秋后,在布鲁塞尔还成立了国际民主协会,把无产阶级革命派和小资产阶级以及资产阶级民主派团结在自己周围。11 月间比利时民主主义者律·若特兰当选为主席,马克思当选为副主席。该会发展成为国际民主主义运动的中心之一。在斯德哥尔摩建立斯堪的那维亚协会,这是激进民主派的协会,盟员约特雷克(翻译家、出版商)被选为主席。在伦敦和阿姆斯特丹也都有工人教育协会。同盟还与伦敦的民主派兄弟协会保持密切联系。这个协会是宪章运动的左翼代表人物和各国革命流亡者为了协调各国民主运动而于 1845 年建立的国际性民主团体,其核心分子都参加了共产主义者同盟。

除了组织工作、群众工作之外,同盟还致力于宣传工作。共产主义的传单盈箱满笥被运送到各地,派到瑞典去的特使不辞辛劳徒步走遍了这个北欧国家,在德籍工人中广为散发,受到工人们热烈欢迎。关于出版机关报刊一事因缺乏经费,延期到 1847 年 9 月才在伦敦德意志工人教育协会的印刷所印出了一期《共产主义杂志》试刊号。在刊物上第一次把"全世界无产者,联合起来!"口号作为刊头题词公诸于世。在刊登的沙佩尔、沃尔弗等人的文章中阐明了共产主义运动的理论和策略原理,批判了"真正社会主义"等社会主义流派,回击了德国小资产阶级政论家海因岑对共产主义者的攻击。试刊号在伦敦的书店和报亭里公开出售,销路很好,并且使得许多侨居这里的外国人刮目相视。试刊号寄到各地后也备受欢迎。这是同盟出版的唯一一期机关杂志。由于缺少经费无法单独出版自己的报刊,共产主义者同盟自1847年9月起只好利用在布鲁塞尔出版的《德意志—布鲁塞尔报》作为宣传阵地。这家报纸原是侨居比利时的德国政治流亡者于1847年1月创办的。9月以后马克思、恩格斯经常为该报撰稿,并对该报的方针产生直接影响,经过与原编辑伯恩施布太德商谈,马克思和恩格斯甚至掌管了编辑要务,实际上使该报成为党的机关报。同时,还通过德国的《威斯特伐利亚汽船》杂志、法国的《改革报》、英国的《北极星报》等发表文章。除了运用报刊之外,还出版了有关书籍。1847年7月出版马克思的《哲学的贫困》,系统而深刻地批判了蒲鲁东的《贫困的哲学》。这时共产主义者同盟盟员福尔塞尔在斯德哥尔摩另出版《共产主义和基督教》一书,专门批驳一个公开攻击共产主义的教士,说明共产主义与基督教的关系,并向人民宣传共产主义的原则。

各地方机构组织盟员讨论了中央下发的同盟章程和纲领草案,大多表示赞成,也提出了很多修改意见。同盟在开展活动中曾遇到不少困难。反动政府的迫害和追捕,警探的跟踪和监视,资产阶级和敌对分子在报刊上的诋毁和攻讦,经费的短缺和难筹,许多革命者因无固定收入生活无保障,还要加上思想观点不同的人从内部进行干扰。深受魏特林主义影响的人在德国、瑞士、美国到处活动。在汉堡有人主张对魏特林派要忍让、迁就,甚至要求恢复正义者同盟的名称;在莱比锡有人以中央委员会的通告信措词过分激烈为由退出同盟;在日内瓦等地,魏特林分子还妄想把同盟的支部拉到他们那边去。魏特林到纽约后立即在同盟内播下不和的火种,引起尖锐的争吵,结果使组织陷于瓦解。在巴黎各支部中,追随魏特林、蒲鲁东和"真正社会主义者"格律恩的人沆瀣一气,闹得乌烟瘴气。10月间有一个支部(两个人除外)居然声明反对共产主义的原则,中央委员会只好将它开除出盟。恩格斯当即于1847年10月中旬从布鲁塞尔返回巴黎,立即建立了一个新的支部,"整天奔跑,指点这指点那"⑧。还有二三十人正待接收入盟。他同时立即被选进同盟巴黎区部委员会,负责通讯工作。10月22日,他在同盟巴黎区部委员会会议上逐条分析并且批评了"真正社会主义者"赫斯拟定的与共产主义大相径庭的同盟纲领修正稿。恩格斯"还没有来得及谈到一半，大家就表示满意了。在没有任何反对的情况下"⑨，委员会乃决定委托他起草新的纲领草案。于是恩格斯当即着手起草名为"共产主义原理"的纲领草案。⑩这个共产主义者同盟纲领的第二稿同第一稿《共产主义信条草案》一样，还是采取问答形式。它比后者内容更丰富、思想更进一步，总共包括二十七个问题，约一万二千多字。他写信给马克思说："我开头写什么是共产主义，随即转到无产阶级——它产生的历史，它和以前的劳动者的区别，无产阶级和资产阶级之间的对立的发展，危机，结论。其中也谈到各种次要问题，最后谈到了共产主义者的党的政策中应当公开说明的那些内容。"⑪11月14日恩格斯当选为同盟巴黎区部出席同盟第二次代表大会的代表。11月23日至24日，他写信给马克思，指出："这次代表大会肯定是决定性的，因为这一次我们将完全按照我们自己的方针来掌握大会。"⑫他还建议："我们最好不要采用那种教义问答形式，而把这个文本题名为《共产主义宣言》。因为其中或多或少要叙述历史，所以现有的形式完全不合适。"⑬设在伦敦的中央委员会热烈期待马克思能够亲自参加这次对党的建设有决定意义的代表大会。它在1847年10月18日致布鲁塞尔区部的信中这样说："如果马克思能来参加大会，那我们一定会感到满意。我们一定尽力而为，减轻你们的开支。贡献出你们全部的力量吧。如果我们能克服这次危机，就一定能胜利。"⑭这封信中还指明，由于魏特林分子、蒲鲁东分子、"真正社会主义"分子还在同盟的几个支部搞分裂活动，还有人扬言，"说什么一切罪过都在于学者，应该把这些骗子从我们队伍里驱逐出去；什么接受一个学者入盟，就无异于向警察当局告我们的密，因为十个学者中就有九个是叛徒，等等"⑮。这封信最后还指出："目前，伦敦和布鲁塞尔是整个同盟的顶梁柱，如果这两根顶梁柱动摇或倒塌，那整个大厦就要土崩瓦解。"⑯在这种紧急状态下，马克思当然一定要亲自出席第二次代表大会。

1847年11月29日至12月8日在伦敦秘密召开了同盟第二次代表大

会。出席者有来自英、法、德、比、瑞士、波兰等国的代表约三十多人。马克思代表布鲁塞尔区部、比利时人特德斯科代表列日区部参加大会。马克思在从布鲁塞尔前往伦敦与会的途中还于11月27日在比利时的奥斯坦德会见了从巴黎路过此地的恩格斯,他们俩专门讨论了要提交大会讨论的纲领问题。这次大会仍然没有保留下来原始记录。我们只能从当时马克思、恩格斯之间的通信和后人写的回忆录中得知大会的主要实况。在十天的会期中,大会除了修改并通过章程之外,主要是辩论纲领问题。有些人因受魏特林主义、蒲鲁东主义和"真正社会主义"的余毒影响,仍然反对科学共产主义的原则。在长时间的热烈争辩中,分歧相当明显,怀疑不时出现。由于马克思、恩格斯鞭辟入里地透彻说明,"所有的分歧和怀疑终于都消除了,一致通过了新原则"⑰。代表们都同意恩格斯提出的不用教义问答形式,并将纲领称为《共产主义宣言》的建议。大会决定委托马克思、恩格斯起草新的纲领公之于世。参加这次代表大会的一位工人弗·列斯纳后来在回忆录中这样写道:"那是我第一次见到马克思和恩格斯,他们给我的印象是永远不会磨灭的。"他在描述了马克思、恩格斯的体态外表后这样说:马克思"能洞察一切。就在那时他的尖刻的讽刺已足以使他的论敌丧胆了。马克思是天才的人民领袖。他发表的演说简洁而有条理,逻辑性很强;他绝不浪费笔墨(应该是绝不浪费口舌——引者注)一字(词)一句都有深刻的内涵,都是整个论据中不可缺少的一环。在马克思身上嗅不到一点儿空想家的气息"。"恩格斯是马克思精神上的兄弟","他不大像一个学者,倒像一个年轻有为的近卫军上尉"。"恩格斯本人对现代社会主义的创立和传播做出了很大的贡献,但是他常常强调他那不朽的朋友的作用。像恩格斯这样的人,你对他了解得越深刻,就会越加敬爱他。"⑱

大会闭幕后,他们二人立即在伦敦、布鲁塞尔着手撰写党纲。12月底恩格斯返回巴黎后,纲领最后由马克思于1848年1月间精雕细琢;定稿时改称《共产党宣言》,月底寄往伦敦付印。2月24日伦敦的报纸同时发表了两条引人注目的重要新闻:一是《共产党宣言》正式问世,二是法国爆发了革命。无独有偶,这两件事的内在联系,正如恩格斯于 1893 年为《共产党宣言》意大利文版撰写的序言中所说的——"《宣言》原文的出版成了国际革命的预兆"⑲,同时表明第一个共产党刚刚建立不久,刚刚制定并公布了纲领,刚刚披上科学共产主义的戎装,就要投身到革命的沙场上去,率众驰骋,冲锋陷阵。

综上所述,1836—1846 年德国正义者同盟经过十年之久的活动为建党准备了良好的条件,积累了丰富的经验,造就了一批优秀的领导骨干。从 1846 年年初建立布鲁塞尔共产主义通讯委员会起,在它的领导下,经过近一年半时间的努力,在英、法、德、瑞士等国先后遍设了十个共产主义通讯委员会,从思想上、组织上、人事上作了充分准备,终于在 1847 年 6 月 2 日创建了世界上第一个国际性的共产党——共产主义者同盟。如果没有正义者同盟前十年准备的条件,仅靠近一年半的努力,第一个共产党还难以顺利建立。马克思自己在 1860 年还十分坚定地说:"共产主义者同盟是 1836 年在巴黎成立的。"⑳到 1847 年正义者同盟改组、改名为共产主义者同盟时,当即在 6 月和 11 月召开两次党代表大会,充分发扬党内民主,集中集体智慧,发挥马克思、恩格斯的个人才能,制定了党纲和党章,会后选出了中央领导机构,在英、法、德、比、荷、瑞士、瑞典和美国,共有八个国家建立了地方支部,拥有约四百个成员,创办了《共产主义者杂志》《德意志—布鲁塞尔报》等报刊。同时还拥有德意志工人协会、国际民主协会、民主派兄弟协会等外围群众组织,开展群众性的宣传和组织活动。这样,由于世界上第一个共产党的创建,就开辟了国际共产主义运动的新纪元。

三、共产主义者同盟的纲领三易其稿,《共产党宣言》成为指引国际共产主义运动的千秋明灯

纲领和章程是无产阶级政党最重要的基本文献,它是党的思想路线、政治路线和组织路线的集中反映,又是衡量无产阶级政党和无产阶级解放

运动水平的重要标志。马克思、恩格斯和其他第一批科学共产主义革命家在建立世界上第一个共产党的过程中十分重视制定纲领和章程问题，党的一大、二大制定的党纲和党章为党奠定了坚实的政治、理论基础和思想、组织基础。这个党纲和党章都是先后三易其稿，经过下发支部党员讨论，又经过两次党代表大会充分讨论修改审定。这个党纲和党章的制定体现了党员是党的主体，理论精英、政治精英是党的主脑。主脑与主体的结合体现了科学与民主的统一。

党纲是依据对形势的分析规定党的任务和奋斗目标的精要文本。从第一次代表大会提出《共产主义信条草案》，经过第二次代表大会讨论《共产主义原理》，到1848年2月出版《共产党宣言》，纲领的制定历时半年多，经过上下反复研究多次，集中了集体智慧，又凝结着马克思、恩格斯这两位思想家、理论家的卓越智慧和深邃思想，三易其稿，殚精竭虑，才终于完成。

《共产党宣言》（以下简称《宣言》）中文文本约三万字，由一个引言和四章构成。引言中说明制定和发表宣言的缘起：由于"共产主义已经被欧洲的一切势力公认为一种势力"，所以"现在是共产党人向全世界公开说明自己的观点、自己的目的、自己的意图并且拿党自己的宣言来反驳关于共产主义幽灵的神话的时候了"。[20]第一章资产者和无产者，从人类社会阶级和阶级斗争的历史说明资产者和无产者这两个阶级的由来及其斗争发展的各个阶段；从社会发展的客观规律论证"资产阶级的灭亡和无产阶级的胜利是同样不可避免的"[22]。第二章无产者和共产党人，从共产党的性质和特点说明党和阶级的关系，党的奋斗目标和理论原理，并且批驳资产阶级歪曲共产主义的各种谬论，着重提出了"两个决裂"的思想："共产主义革命就是同传统的所有制关系实行最彻底的决裂；毫不奇怪，它在自己的发展进程中要同传统的观念实行最彻底的决裂。"[23]第三章社会主义的和共产主义的文献，分门别类集中批判当时各种社会主义的或共产主义的流派。书中采取历史分析与阶级分析相结合的方法，把各种社会主义派别分为三类：第一类是要使历史倒退的反动的社会主义，封建阶级和小资产阶级的社会主义属之;第二类是要使历史停滞的保守的社会主义,资产阶级社会主义属之;第三类是要推动历史前进的批判的社会主义,空想社会主义属之。其中批判了空想社会主义者的种种错误,同时强调指出:第一,"他们的计划主要是代表工人阶级这一受苦最深的阶级的利益";第二,"它们提供了启发工人觉悟的极为宝贵的材料"。即是说,对于空想社会主义中的某些合理思想是要肯定、继承并加以发展的。第四章共产党人对各种反对党派的态度,其中通过对当时各种党派的具体分析,提出了"在当前的运动中同时代表运动的未来",在斗争所经历的各个发展阶段上始终代表整个运动的利益,"到处都支持一切反对现存的社会制度和政治制度的革命运动",而并不因此放弃批判的权利等策略原则。㉔从以上这些丰富的内容可以看出,《共产党宣言》确是一部"完备的理论和实践的党纲"㉕。

列宁后来指出:"这部著作以天才的透彻而鲜明的语言描述了新的世界观,即把社会生活领域也包括在内的彻底的唯物主义、作为最全面最深刻的发展学说的辩证法、以及关于阶级斗争和共产主义新社会创造者无产阶级肩负的世界历史性的革命使命的理论。"㉖党纲一般本来可以不必包括这么广泛的内容,可是第一次建立共产主义政党属于创业奠基性质,所以有必要系统地阐明无产阶级的新的科学世界观。这个世界观包括以下三个要点:第一,"每一历史时代的经济生产以及必然由此产生的社会结构,是该时代政治的和精神的历史的基础",简言之即社会生产力决定生产关系,社会经济基础决定上层建筑。第二,从原始土地公有制社会解体以来,"全部历史都是阶级斗争的历史,即社会发展各个阶段上被剥削阶级和剥削阶级之间、被统治阶级和统治阶级之间斗争的历史"。第三,"这个斗争现在已经达到这样一个阶段,即被剥削被压迫的阶级(无产阶级),如果不同时使整个社会永远摆脱剥削、压迫和阶级斗争,就不再能使自己从剥削它压迫它的那个阶级(资产阶级)下解放出来"。恩格斯反复指出:以上就是"贯穿《宣言》的基本思想"㉗,"构成《宣言》核心的基本思想"㉘。

四、《共产党宣言》确立的科学社会主义六个基本原则

从辩证唯物主义的世界观出发，《共产党宣言》阐发了科学共产主义理论的基本原则。恩格斯于 1878 年发表的《卡尔·马克思》一文中曾经这样说，1847 年共产主义者同盟二大委托马克思和恩格斯两人起草一篇宣言，"把党的基本原则规定下来，并公布于世。《共产党宣言》就是这样产生的"㉙。那么体现在《共产党宣言》中的科学社会主义的基本原则有哪些呢？依我体会，主要可以归纳为以下六条。

第一，从资本主义发展到社会主义是社会发展的客观规律。因为在资本主义制度下形成的，高度发展的社会生产力必然与资本主义私有制发生不可克服的矛盾，并要求实现社会主义公有制。《共产党宣言》指出："资产阶级的所有制关系，这个曾经仿佛用法术创造了如此庞大的生产资料和交换手段的现代资产阶级社会，现在像一个魔法师一样不能再支配自己用法术呼唤出来的魔鬼了。""资产阶级用来推翻封建制度的武器，现在却对准资产阶级自己了。"㉚可见资本主义必然灭亡和社会主义必然胜利乃是社会生产力发展不可抗拒的客观规律。同时应该认识到，资产阶级在市场竞争中还在不断增强自我调节的能力，因此从资本主义发展到共产主义又是一个客观的自然的历史进程，不能操之过急，不能人为主观加速实现。马克思于 1859 年在《政治经济学批判》序言中又强调指出"两个决不会"，即"无论哪一个社会形态，在它所能容纳的全部生产力发挥出来以前，是决不会灭亡的；而新的更高的生产关系，在它的物质存在条件在旧社会的胎胞里成熟以前，是决不会出现的"㉛。当今世界资本主义尽管矛盾重重、危机深重，但是资产阶级仍有自我调节能力，美国、德国等都还在掀起第三次或第四次工业革命。当代世界资本主义还在世界五大洲到处发展，它还具有一定的生命力，社会主义者不可急于求成，要善于探索新的对策。

第二，从资本主义发展到社会主义不可能自发、自动实现，一定要依靠

工人阶级和人民大众的革命性的实践行动去实现。《共产党宣言》指出："资产阶级不仅锻造了置自身于死地的武器；它还产生了将要运用这种武器的人——现代的工人，即无产者。"㊳资产阶级"首先生产的是它自身的掘墓人"㊴。"只有无产阶级是真正革命的阶级"，是"掌握着未来的阶级"。㊵他们"在这个革命中失去的只是锁链。他们获得的将是整个世界"㊶。可见，无产阶级是资本主义的掘墓人和未来共产主义的建设者，它是改变资本主义和实现共产主义的主要依靠力量。特别值得重视的是《共产党宣言》把从事"精神生产"的脑力雇佣劳动的知识分子看作无产阶级的一个重要组成部分。当代随着新科技革命的迅猛发展，脑力雇佣劳动者在改变世界中所占的比重和所起的作用已经越来越超过体力雇佣劳动者。工人阶级要改变资本主义实现社会主义，还要善于联合广大人民群众。《共产党宣言》指出："总之，共产党人到处都支持一切反对现存的社会制度和政治制度的革命运动。"㊷就是说，无产阶级要善于配合一切反对现存资本主义制度的广大人民群众，才能形成强大的统一战线，来把资本主义社会改造为社会主义社会。只有人民群众才是社会历史发展的根本动力。

第三，共产主义政党是无产阶级实现其改变资本主义、实现社会主义的历史使命的领导核心。这是因为，人民群众自发的、分散的革命斗争不可能取得革命的建设的胜利。《共产党宣言》指出："在实践方面，共产党人是各国工人政党中最坚决的、始终起推动作用的部分；在理论方面，他们胜过其余无产阶级群众的地方在于他们了解无产阶级运动的条件、进程和一般结果。""共产党人的理论原理，决不是以这个或那个世界改革家所发明或发现的思想、原则为根据的"㊸，而是以社会发展的客观规律和各国的具体国情为依据的，所以只有共产党才能充当领导无产阶级实现社会主义的核心力量。党在领导社会主义运动实践过程中难免会在纲领、路线、方针、政策和任用干部、组织行动中犯各种错误，这有赖于发扬党内民主和人民民主来尽快改正，所以同盟在党章中确立了民主制的组织原则和体制，防止个人专断。后来实践表明，共产党人把共产主义运用于本国实践中，发生严重分歧时,一国出现两三个共产党竞争的新现象,这应该视为正常态,这样能避免一党制党内残酷斗争。

第四,共产党人必须领导无产阶级和人民大众,开展各种形式的斗争去夺取政权,执掌政权,以政权作为基本阵地,来逐步改造社会,改变世界。《共产党宣言》指出:"共产党人的最近目的是","使无产阶级形成为阶级,推翻资产阶级的统治,由无产阶级夺取政权"。又说:"工人革命的第一步就是使无产阶级上升为统治阶级,争得民主。"③这个民主政权虽然是由共产党领导,但是并非实行一党制,而是要联合其他工人政党和民主政党共同治理国家。《共产党宣言》第二章、第四章谈到共产党要与英国宪章派、北美土地改革派、法国社会民主党、瑞士激进派、波兰民族解放派共同战斗。《共产党宣言》指出:"共产党人到处都努力争取全世界民主政党之间的团结与协调。"㉟既然在夺取政权的斗争中要联合各民主党派,当然在掌握政权后也要联合他们共同治理国家。这说明无产阶级的政权是无产阶级和人民大众共享、共产党联合各民主党派有广泛民主的政权。1850 年以后,马克思、恩格斯进而把无产阶级民主政权表述为"无产阶级专政",这只是表明无产阶级的政权要实现无产阶级的历史使命,要维护无产阶级的根本权益,并非不给资产阶级以选举权、发言权等,更不是要镇压整个资产阶级,而只是镇压《共产党宣言》中所指出的"叛乱分子"。㊵长期以来,各国共产党在领导工人阶级和人民大众夺取了政权之后都忽视了"争得民主"的重要性、迫切性和艰巨性,同时扩大了"专政"的对象和烈度,把无产阶级专政变成共产党一党专政,实际是背离了《共产党宣言》。这是必须拨乱反正、正本清源的。

第五,无产阶级掌握政权后要经历一个从资本主义到社会主义的过渡时期,在过渡时期,要利用无产阶级国家政权来对社会进行逐步改造。《共产党宣言》中提出了过渡时期的十条纲领,其内容基本上可以概括为五个方面:①改变所有制,如实现土地国有化,"剥夺地产,把地租用于国家支出";"没收一切流亡分子和叛乱分子的财产"收归国家所有;"把全部运输业集中在国家手里";通过国家银行把信贷集中在国家手中。②通过改革税收制度限制私人资本发展,如征收高额累进税和遗产税,旨在限制私人资本剥削和发展。③"按照共同的计划,增加国家工厂","开垦荒地和改良土壤",旨在大力发展工农业生产,"尽可能快地增加生产力的总量",以改善民生。④"实行普遍劳动义务制,成立产业军,特别是在农业方面","把农业和工业结合起来,促使城乡对立逐步消灭",也就是要使农业产业化、工业化,这是解决"三农"(农业、农民、农村)问题的切实举措,也是消除工业与农业、工人与农民之间对立的根本途径。⑤"对所有儿童实行公共的和免费的教育","把教育同物质生产结合起来",这是普及教育、提高公民文化素质、培养一代共产主义新人的切实举措,也是消除脑力劳动与体力劳动对立的根本途径。这十大纲领五个方面措施就是从改变所有制、发展生产力、改善民生、解决"三农"问题、发展教育事业着手,逐步改造旧社会,使过渡时期的社会稳步前进,在发展物质生产、消灭城乡对立和培养一代新人这三个方面,为过渡到共产主义准备条件。至于过渡时期需要多长时间,需要采取哪些更加具体的政策和措施,要视各国具体情况而定。《共产党宣言》早已指出:"这些措施在不同的国家里当然会是不同的。"㊶在资本主义不发达的国家,更有诸多封建主义的糟粕,诸如封建君主专制主义、皇权主义、官僚体制和官僚主义、官本位特权、家长制、夫权制、小农意识、宗法观念、个人迷信等,在过渡时期要首先彻底清除这些糟粕,更是艰巨的历史任务。不发达国家即便自认为已结束过渡时期进入社会主义社会,实际上还是处于社会主义初级阶段,要彻底清除封建主义残余,要发展生产力,提高文明程度,赶超先进资本主义国家,这些仍然是长期艰巨任务。

第六,共产党人最终的奋斗目标是通过消灭资本主义私有制,实现共产主义社会所有制,消灭阶级和阶级差别,达到每个人的自由解放和全面发展,建立"自由人联合体",实现社区自治,从事愉快创新劳动,过着幸福美满生活。《共产党宣言》这样说:"代替那存在着阶级和阶级对立的资产阶级旧社会的,将是这样一个联合体,在那里,每个人的自由发展是一切人的自由发展的条件。"㊷早在1846年写成的《德意志意识形态》一书中,马克思、恩格斯就已指出："只有在共同体中,个人才能获得全面发展其才能的手段。"⑬在 1867 年出版的由马克思所著的《资本论》第一卷第一篇第一章第四节中更简明地提出未来共产主义社会将是"自由人联合体"的新概念。这种"联合体""共同体",在国家和国际范围就是"人类命运共同体"的最高形式,在基层就是我们现在所说的社区。"社区"在英文中是 community,它与英文"共产主义" communism 是同一个词根。可以说共产主义是抽象名词,社区是实体名词,共产主义的实现和归宿就是在社区实现自由人的自治。⑭到 1875 年马克思进而认识到共产主义社会不容易在过渡时期结束后立即建成,所以他在这一年写成的《哥达纲领批判》一文中,把共产主义社会划分为第一阶段和高级阶段。他认为在共产主义社会第一阶段还存在旧社会的残迹,生产力还不够发达,人的思想觉悟还不够高,劳动还是谋生手段,只能实行"按劳分配"、各取所值的原则,只有到共产主义社会高级阶段生产力高度发达,而集体财富的一切源泉都充分涌流,人的思想觉悟更高,人们可以从事愉快劳动时,才能实行"各尽所能,按需分配",即各取所需。⑮到 20 世纪初,波兰女革命家卢森堡、随后还有列宁才把共产主义社会第一阶段明确定名为社会主义社会。由此可见,人们对社会主义、共产主义的认识,都在与时俱进地不断深化中。

以上所述,《共产党宣言》中展示的科学社会主义的六条原则具有理论的完整性、逻辑的系统性、内涵的广博性和实践的多样性,它是经久有效、普遍适用的。至于《共产党宣言》中阐述的一般原理的实际运用,正如《共产党宣言》所指出的:"随时随地都要以当时的历史条件为转移。"也就是说不应该教条式地到处生搬硬套。例如《共产党宣言》中所说的:"无产阶级用暴力推翻资产阶级而建立自己的统治"和无产阶级"以统治阶级的资格用暴力消灭旧的生产关系"。⑯到 70 年代以后马克思、恩格斯就改变为英、法、德等发达国家有可能和平过渡到社会主义,有可能采取赎买办法逐步改变资本主义私有制。再例如,《共产党宣言》认为:"联合的行动,至少是各文明国家的联合的行动,是无产阶级获得解放的首要条件之一。"⑯也就是说,那时认为无产阶级革命必须由英、法、德等国无产阶级联合行动,共同取得胜利。到 1915—1916 年第一次世界大战出现新的历史条件,列宁就提出社会主义可能在资本主义统治较为薄弱的某一国首先取得胜利。

可见,《共产党宣言》所确立的科学共产主义的基本原则与具体原理是有区别的。基本原则不能背离,但是具体原理则要与时俱进,勇于突破,灵活改变,善于创新,否则共产党人在实践中就会犯重大错误。

《共产党宣言》本来只是世界上第一个国际性共产党的纲领,其内容是针对当时英、法、德等主要西欧国家的实际情况制定的"详细的理论和实践的党纲"⑱。可是由于它第一次揭示了科学世界观,对世界历史、世界现状和世界未来作了全面精辟的概述,又是第一次阐发了科学共产主义基本原则和一般原理,所以它成为划时代的、彪炳千秋的经典文献。恩格斯在《共产党宣言》1888 年英文版序言中说:"《宣言》的历史在很大程度上反映着现代工人阶级运动的历史;现在,它无疑是全部社会主义文献中传播最广和最具有国际性的著作,是从西伯利亚到加利福尼亚的千百万工人公认的共同纲领。"⑲当今,我们仍然可以说它是当代国际共产主义运动的共同纲领。《共产党宣言》是指引国际共产主义运动的千秋明灯。

五、《共产党宣言》的中译文有值得重新推敲之处

《共产党宣言》自 20 世纪初开始在我国传播以来,据我考证,已出版有二十三种中文译本(其中香港出版的三种,台湾出版的四种),发行有上百万册,它是百年来改变中国命运最重要的马克思恩格斯主义经典名著,可以说是红色中华第一书。当今我们在学习这本红色经典时,仍然感到对于其中某些中文译文值得重新推敲,仔细斟酌,这样才有利于我们准确理解原文,并且密切联系实际。这里仅举一例作为提示。《共产党宣言》在引言开头提出:"一个幽灵,共产主义的幽灵在欧洲游荡",这种说法从何而来?是何含义?所谓"幽灵"就是鬼魂,为什么共产主义成为幽灵?长期以来我对"幽灵"的译法

是存疑的,总想马克思为什么会把共产主义比喻为"幽灵"? 最近我在细读《国际共产主义历史文献》第一卷时,才发现了源头,才弄清了"幽灵"这种译法错从何来。原来是有一位住在德国布雷斯劳的社会主义者大约于1846年7月写给住在布鲁塞尔的马克思的亲密战友威廉·沃尔弗的一封信中有这样的说法:在布雷斯劳这个地方,共产主义者的秘密活动受到警察的严密监视,"因此,在这里,以这种方式存在的共产主义完全是一个幽灵,不过只是对敌人而言,而按照密谋活动的计划,它也同样是一个幽灵……这样的幽灵是一个令人非常讨厌的敌人,是一种看不见摸不着的敌人,这种东西在它作为庞然大物身强力壮地从黑暗走向光明以前,越不被人看清,危险性就越小"㉚。很可能沃尔弗当时把这封来信转给马克思看过,"共产主义幽灵"这样形象逼真的比喻给马克思留下了深刻的印象。所以他在《共产党宣言》开头就采用"共产主义的幽灵"这个说法。那么"幽灵"是何意呢? 古汉语"幽灵"一词出自《晋书·佛图澄传》:"将军天挺神武,幽灵所助。"此处幽灵指人们肉眼看不见的神鬼。在现代汉语中幽灵指人死后的灵魂或称鬼魂,这当然是人们缺少科学知识迷信的产物。作为无神论唯物主义者的共产党人怎么会把共产主义比喻为鬼魂呢? 即便是共产主义的敌人也不会把共产主义看作子虚乌有的鬼魂。如果共产主义是鬼魂,那么旧欧洲的一切反动势力,从教皇、沙皇到德国的警察等为什么还要纠合一起兴师动众对之进行围剿呢? 足见"幽灵"的译法是不妥的,不符合原意的。细查1949年前的各个《共产党宣言》中译本,我们就会发现,1920年陈望道的第一个译本是译为"怪物",1938年成仿吾译为"巨影"(1953年他改为"魔影",1978年他又改为"魔怪"),1943年博古译为"幽灵",同年陈瘦石别开生面地译为"精灵",1949年莫斯科外国文书籍出版局译为"怪影"。1949年后,1958年中央编译局的第一个中译本还是采用1949年莫斯科译本的"怪影",自1964年中央编译局的第二个中译本起,迄今一直都采用1943年博古译本的"幽灵"。

对以上七种译法加以比较,我认为陈瘦石译为"精灵"是最为贴切,又最具有深刻、深远意义的。我于2011年6月应约为中华书局出版《共产宣言》汉译纪念版撰写的长篇序言中即已指出："我以为'精灵'译法既符合原意，又具有中国特色。精灵者精巧灵异之物。在古汉语中有'精灵'一词，犹指精怪、神仙。在《共产党宣言》中'共产主义的精灵'特指第一个共产党——共产主义者同盟，它拥有近四百个党员，在欧洲多国从事'地下'革命活动，这使多国反动统治者惊恐万状，所以他们联合起来对之进行围剿。'共产主义精灵'的说法暗含着：当今像精怪般的共产党人将来会变为神通广大的神仙，会磨练为顶天立地的巨人。"[51]当时我还没有读到上述德国一个社会主义者1846年从布雷斯劳给沃尔弗的信，最近读到此信时发现这位社会主义者早在近170年前就已预见到"共产主义的精灵"将来会"作为庞然大物身强力壮地从黑暗走向光明"，如果共产主义是幽灵、鬼魂，怎么可能会成长为"庞然大物身强力壮地从黑暗走向光明"呢？足见"幽灵"的译法应该改为"精灵"才符合实际。还要追根溯源加以说明的是，中译文之所以有"怪物""怪影""幽灵""精灵"等七种不同译法，原因在于原文是个多义词。《共产党宣言》是用德文写成的，德文Gespenst，词典释义为鬼、幽灵、鬼怪、鬼魂、怪影、幻影、强迫的危险；《共产党宣言》英译本用specter，辞典释义为幽灵、鬼影、恐怖的根源、纠缠不去的心中暗鬼；《共产党宣言》法译本用spectre，辞典释义为妖怪、幽灵、幻象；《共产党宣言》俄译本用npuзpak，辞典释义为幻影、幽灵、怪影；《共产党宣言》日文译本用的是汉字中的怪物二字，陈望道1920年的中译本就是借用日译本的怪物一词。既然原文是多义词，所以就要求译者必须联系原文上下文深入思考原文的含义，才能选用最恰当的译文。作为《共产党宣言》作者之一的恩格斯于1883年6月29日致弗·阿·左尔格的信中曾经说过这样感触良深的话："翻译《共产党宣言》是异常困难的。""说实在的，《共产党宣言》的翻译一直使我害怕——它使我想起我在一切文献中最不好翻译的这部文献上所白白耗去的艰苦时刻。"[52]其实《共产党宣言》的绝大部分内容通俗易懂，明白晓畅，最费解的只包括开头的"幽灵"等几个单词和几句话语，这就需要我们译者和读者认真反复思考，深入探究。所以我认为《共产党宣言》引言的第一句话如果改译为"一个精灵,共产主义的精灵,在欧洲大地出没"就好懂了。这指的是,第一个共产党的几百名党员在欧洲多国从事地下秘密革命活动。

注释:

① 《国际共产主义运动历史文献》(第二卷),中央编译出版社,2011年,第5~6页。

② 同上,第45页。

③ 例如在《共产主义者同盟第一次代表大会致同盟盟员的通告信》中就两次自称"共产党"。参见《国际共产主义运动历史文献》(第二册),中央编译出版社,2011年,第49~50页。

④ 以1848年2月24日《共产党宣言》的出版日作为科学社会主义的诞生日较为合适,然而1847年6月2日同盟"一大"的召开表明第一个共产主义政党已经正式开始活动,这一天理应是国际共运的诞生日。

⑤ 通告由大会主席沙佩尔、秘书沃尔弗起草并化名签署发出。参见《国际共产主义运动历史文献》(第二卷),中央编译出版社,2011年,第49~51页。

⑥ 《马克思恩格斯选集》(第四卷),人民出版社,1995年,第191~192页。

⑦ 《国际共产主义运动历史文献》(第二卷),中央编译出版社,2011年,第110页。

⑧⑨ 《马克思恩格斯全集》(第27卷),人民出版社,1972年,第114页。

⑩ 《共产主义原理》全文参见《马克思恩格斯文集》(第一卷),人民出版社,2009年,第676~693页。

⑪ 《马克思恩格斯全集》(第27卷),人民出版社,1972年,第123页。

⑫ 《马克思恩格斯文集》(第十卷),人民出版社,2009年,第55页。

⑬ 同上,第56页。

⑭⑮⑯⑱ 《国际共产主义运动历史文献》(第二卷),中央文献出版社,2011年,第154页、157页、208页。

⑰ 《马克思恩格斯文集》(第四卷),人民出版社,2009年,第237页。

⑲ 《马克思恩格斯文集》(第二卷),人民出版社,2009年,第26页。

⑳ 《马克思恩格斯全集》(第14卷),人民出版社,1964年,第463页。

㉑ 《马克思恩格斯文集》(第二卷),人民出版社,2009年,第30页。

㉒ 《马克思恩格斯文集》(第二卷),人民出版社,2009年,第43页。

㉓ 同上,第 52 页。

㉔ 同上,第 65~66 页。

㉕ 同上,第 11 页。

㉖《列宁选集》(第二卷),人民出版社,1995 年,第 416 页。

㉗《马克思恩格斯文集》(第二卷),人民出版社,2009 年,第 9 页。

㉘ 同上,第 14 页。

㉙《马克思恩格斯文集》(第三卷),人民出版社,2009 年,第 453 页。

㉚《马克思恩格斯文集》(第二卷),人民出版社,2009 年,第 37 页。

㉛ 同上,第 592 页。

㉜ 同上,第 38 页。

㉝ 同上,第 43 页。

㉞ 同上,第 41 页。

㉟㊱ 同上,第 66 页。

㊲ 同上,第 44 页。

㊳ 同上,第 44 页、52 页。

㊴ 同上,第 66 页。

㊵ 同上,第 52 页。

㊶ 连同以上引用"十大纲领"的话,均参见《马克思恩格斯文集》(第二卷),人民出版社,2009 年,第 52~53 页。

㊷《马克思恩格斯文集》(第二卷),人民出版社,2009 年,第 53 页。

㊸《马克思恩格斯选集》(第一卷),人民出版社,1995 年,第 119 页。

㊹ 参见高放:《以马克思主义为指导,大力加强社区建设》,中共中央党校主办《中国党政干部论坛》,2003 年第 9 期,收入《高放文集》之八《马克思主义与社会主义新论》,黑龙江人民出版社,2007 年,第 402~407 页。

㊺ 参见《马克思恩格斯文集》(第三卷),人民出版社,2009 年,第 430~438 页。

㊻《马克思恩格斯文集》(第二卷),人民出版社,2009 年,第 43 页、53 页。

㊼ 同上,第 50 页。

㊽《马克思恩格斯选集》(第一卷),人民出版社,1995 年,第 248 页。

㊾ 同上,第 256 页。

(50)《国际共产主义运动历史文献》(第一卷),中央编译出版社,2011 年,第 383 页。

(51) 我 2011 年 6 月写成的这篇序言,曾以"《共产党宣言》改变了中国的命运"为题首先发表于《中国延安干部学院学报》2011 年第 4 期,后被收入《新华文摘》同年第 19 期。

(52)《马克思恩格斯全集》(第 36 卷),人民出版社,1974 年,第 46 页、361 页。

《共产党宣言》不是在白天鹅咖啡馆写下的

——兼谈马克思在布鲁塞尔的七个住处 *

马克思、恩格斯的不朽名著《共产党宣言》是于 1848 年年初在比利时首都布鲁塞尔写成的。可是历来有关史书中从未具体说明他们是在布鲁塞尔的什么地方进行写作的。

中央电视台《正大综艺》的《世界真奇妙》节目里曾提出了一个很新鲜的问题:马克思在布鲁塞尔白天鹅咖啡馆写下了什么著作? 有一位女学生抢着回答:"《共产党宣言》。"我真不知道这位女学生是从哪一本历史书中获得这个知识的,也许这只是她的猜想。然而节目主持人当即表态:"完全正确。"这就更使我感到惊讶! 像《共产党宣言》这样一本长约三万字经过缜密构思、字斟句酌的重要文献,怎么可能在熙来攘往、人声嘈杂的咖啡馆里撰写呢? 实在令人难以置信。我当即给《正大综艺》编辑组去了信提出我的看法,并请他们告以这段史料出处。好些日子没有得到回音,后来又几次打电话查询,有关编辑才说这个答案是正确的、有根据的,材料出处是新华出版社 1987 年出版的《西欧剪影》。果真如此吗?

《西欧剪影》分上、下两册,是我国好几位访问西欧诸国的记者与学者的采访录。在下册中有一篇陆亨俊同志写的《比利时、荷兰、卢森堡:欧洲的心脏》。文中写到"寻访马克思在比利时的足迹"时说,在布鲁塞尔市中心大广场东北隅的白天鹅旅馆是"马克思在布鲁塞尔期间的一个重要的革命活

---

* 本文载于《世界史研究动态》(中国社会科学院世界历史研究所主办)1991 年第 7 期。

动基地"①。接着作者描述了一番目睹的情景:"从外表来看,白天鹅旅馆是个一门两窗的四层小旅馆,正门上方塑着一只白色的天鹅,还有建于1698年的字样……现在已是一家高级餐厅,因为已有近300年历史,所以显得有些古香古色。"下一段作者另说,马克思在布鲁塞尔"虽然只有三年,但是却是他一生中很重要的一个历史阶段。他在布鲁塞尔进行了大量的革命活动,并和恩格斯一道起草了震撼旧世界的划时代文献《共产党宣言》"②。文中还说:"马克思在布鲁塞尔的三年中曾先后住过两个地方,其中时间最长、活动最多的是同盟路5号的旧址。"随后还记述了作者去寻访同盟路5号的经过。但是马克思从来没有在白天鹅旅馆居住过,怎么能够硬把马克思在白天鹅旅馆进行革命活动和写下《共产党宣言》这两件事实混为一谈呢?这岂不是望文生义、穿凿附会的不准确说法吗?

马克思在白天鹅旅馆究竟进行了什么革命活动呢?梅林和费多谢耶夫等人写的《马克思传》均未提及此事。只有德国柏林迪茨出版社1967年出版、海因里希·格姆科夫等著的《马克思传》,有一段记叙:"每逢星期三和星期日的晚上,工人协会的会员就在'天鹅饭店'③(即坐落在宏伟广场的那家布鲁塞尔屠宰业同业公会的旧会所)聚会。马克思经常参加这些集会,因为他认为'尽管公开活动还很有限',但它对每个人都起着非常振奋的作用。(见马克思1847年10月26日致格奥尔格·海尔维格的信)星期三晚上有关于政治问题和社会问题的报告会和讨论会。星期日晚上通常由威廉·沃尔弗对一周政治形势作综述,随后就开始社交性的娱乐活动,节目表上有唱歌、朗诵、跳舞或话剧。会员的妻子也参加这些晚会。有时燕妮·马克思在会上朗诵,给晚会增添了光彩。"④马克思的重外孙罗伯尔-让·龙格著的《我的外曾祖父卡尔·马克思》(最早于1977年在巴黎出版法文版,随即出了英、德、俄、日、中等世界主要语种的译本)也有一段记叙:"每星期三和星期六晚上,马克思在布鲁塞尔肉商商会的'天鹅之家'⑤里给人们讲资本主义剥削的秘密和历史唯物主义的基本原理。"龙格在这里说的星期六晚上可能比格姆科夫说的星期天晚上更符合实际,因为当时欧洲常在周末举行晚会。查马克思、恩格斯生平活动,得知他们于 1847 年 8 月底⑥在布鲁塞尔建立了德意志工人协会,很快就在德国侨民中发展有约百名会员。他们每周在"天鹅饭店"聚会活动两次。马克思夫妇多次参加这些活动,开展革命宣传和联系群众工作。马克思除了与工人朋友们亲切交谈外,还几次发表讲演。12 月 14 日前后至 30 日,他在这里向工人协会会员们作了三次题为"雇佣劳动与资本"的报告,也就是上述龙格所说的"给工人们讲资本主义剥削的秘密和历史唯物主义的基本原理"。这个报告由马克思自己整理,部分发表在 1849 年 4 月《新莱茵报》上,到 1880 年首次出版单行本,以后译成多种文字出版。所以要说马克思在天鹅饭店完成了《雇佣劳动与资本》这本名著,那是可以的。可是没有任何材料能够说明,马克思在这里同友人们交谈或者向工人们宣讲过刚刚为党起草的尚未发表的党纲《共产党宣言》。

那么《共产党宣言》究竟是在布鲁塞尔的什么地方写下的呢?这就要弄清马克思在布鲁塞尔的住所。上引陆亨俊的采访录,说马克思在布鲁塞尔有三个住地,龙格在写他的外曾祖父的传记中则说有四个住所。据我考证,应该是七个,而不止是三个或四个。马克思一家从 1845 年 2 月 3 日至 1848 年 3 月 4 日,流寓布鲁塞尔三年又一个月,住址竟变换了六处:①马克思夫妇于 1845 年 2 月初被法国政府驱逐出境,先后到达布鲁塞尔。他们带着刚满 10 个月的女儿燕妮最先只得投宿圣居杜尔广场 12 号布瓦索瓦日旅馆。②找到住房后于 3 月中旬⑦迁居帕歇科街 35 号,圣约翰医院对面。这里是市区房租较低的房间,但是对于没有固定收入的马克思来说,还是难以负担。③5 月初⑧又搬到东郊卢万门外圣若瑟–汤–诺德区同盟路 5 号,这里是工人集中的地区,房租低,又便于联系工人群众。这时恩格斯也从巴门来到布鲁塞尔,住在马克思家隔壁 7 号,⑨两人相邻朝夕合作共处约一年。4 月间琳衡也来到这里,继续照顾马克思一家的生活。9 月 26 日,马克思的第二个女儿劳拉就诞生在这里。④由于住得很挤,1846 年 5 月上旬马克思只好离家,到圣居杜尔平原路 19 号"野林"暂住一段时间。他于 5 月 14 日给约·魏德迈的信中说:"你知道,我手头很紧。为了使自己在最近期间在这里暂时还能过得下去,我把最后的一些金银饰物和一大部分亚麻布都当掉了。为了节约起见,我还暂时放弃了自己的家,而迁到'野林'这里。"⑩到8月初,他还叮嘱友人把来信寄到"野林"郎努瓦先生宅。⑪龙格大概未曾细读这些信件,所以他没有提到马克思还在"野林"住过3个多月。⑤同年年底,马克思一家又迁往纳缪尔(又称伊克塞尔)郊区奥尔良路42号,这里是比利时讲法语的瓦龙人聚居的较为僻静的地区。⑥直到1848年2月19日又迁到市中心圣居杜尔广场的平原路居住。直到3月4日他被比利时政府驱逐出境。⑫龙格在书中也未提到这最后的住宅。

马克思、恩格斯于1847年11月27日分别由布鲁塞尔和巴黎前往伦敦,参加11月29日至12月8日召开的世界上第一个共产党——共产主义者同盟第二次代表大会。大会委托他们俩起草一个周详的理论和实践的党纲。会后他们在伦敦就已着手起草。马克思于12月13日前后返回布鲁塞尔,恩格斯随后于17日也到此地。两个亲密战友一起在奥尔良路42号马克思的寓所里商定了党纲的名称、结构、内容和写法。恩格斯于12月底赶回巴黎。最后由马克思一人执笔,从12月底到1848年1月底断断续续写成(其间他还参加了其他很多活动),由他夫人协助誊清,寄到伦敦印刷出版。可见,马克思是在布鲁塞尔郊区奥尔良路42号窄小而简陋的寓所写下《共产党宣言》这部思想深刻、智慧超群、气势恢宏、妙笔生花的光辉作品的。

注释:

① 杨翊等:《西欧剪影》,新华出版社,1987年,第699页。

② 同上,第700页。

③ 此处德文原文为 Zum Schwan。Schwan 即天鹅,Zum=Zudem,相当于英文 to them,Zum Schwan 意为"到天鹅来"。

④ [德]海因里希·格姆科夫等:《马克思传》,易廷镇等译,生活·读书·新知三联书店,1978年,第91页。

⑤ [法]龙格：《我的外曾祖父卡尔·马克思》，李渚青译，新华出版社，1982年，第95页。这里"天鹅之家"法文原文为 maison du eygne，eygne 即天鹅，maison 即家、店之意。从法文、德文原文并结合"天鹅"实际来看译为天鹅饭店、天鹅旅馆、天鹅之家均可，但是把它改为天鹅咖啡馆似乎不妥，因为这里不曾开过咖啡馆。

⑥ 格姆科夫等著《马克思传》误为1847年年底建立，见该书第90页。

⑦ 龙格在《我的外曾祖父卡尔·马克思》中说："在4月份，住在巴什柯（通译帕歇科）街35号"（第87页），此说不准确。马克思于1845年3月24日给亨·海涅写信时在开头右上角标明"于布鲁塞尔圣约翰医院的帕歇科街35号"〔《马克思恩格斯全集》（第27卷），人民出版社，1972年，第457页〕，可见他于3月中旬迁到此处。

⑧ 费·阿多拉茨基主编的《马克思生平事业年表》写道：1845年"5月1日马克思从圣居杜尔平原路迁到圣若塞–汤–诺德郊区同盟路5号"，材料出处注明"布鲁塞尔社会保安部档案关于马克思的文件"。（生活·读书·新知三联书店，1977年，第48页。）燕妮·马克思在1865年写的《动荡的生活简记》中也说："5月我们搬到圣卢温门外同盟街的一个小房子里，房子是勃廖艾尔博士让给我们的。"（苏共中央马克思列宁主义研究院编：《回忆马克思恩格斯》，人民出版社，1957年，第250页。）

⑨ 恩格斯于1845至1846年间从布鲁塞尔写给友人的几封信，均注明写于"布鲁塞尔圣若塞–汤–诺德区同盟街7号"〔参见《马克思恩格斯全集》（第27卷），人民出版社，1972年，第461页、462页；第50卷，第404页〕。陆亨俊在布鲁塞尔采访录中却说："据有关资料记载，恩格斯在开始一段时间里就住在3号，即马克思家的隔壁。"〔《欧洲的剪影》（下册），新华出版社，1987年，第701页〕此说不确，看来应该是住在7号。

⑩《马克思恩格斯全集》（第27卷），人民出版社，1972年，第468页。

⑪ 同上，第457页。

⑫ 弗·阿多拉茨基主编的《马克思生平事业年表》提到：1848年"2月19日马克思从伊克塞尔郊区奥尔良路迁到布鲁塞尔圣居杜尔平原路，在那里直到2月26日才在警察局报上户口"。材料来源注明是"布鲁塞尔司法部，危险分子（Risque Tout）案卷中马克思准备启程的案卷；《全集》国际版第6卷第657页"。又说："3月3日傍晚5时马克思收到比利时国王签署的限他24小时内离开比利时的命令。""3月3日夜到3月4日，正当马克思准备启程的时候，警察闯进了住宅，逮捕了他。他被拘留18小时。然后被押送到法国边界，和妻子一起从那立即去巴黎；他的妻子也曾被逮捕和拘留，遭到警察的极其粗暴的

对待。"（［苏］费·阿多拉茨基主编：《马克思生平事业年表》，生活·读书·新知三联书店，1977年，第76～78页）。拘留所这最后一夜一天，应该算是马克思在布鲁塞尔的第七个住所。

再谈《共产党宣言》
不是在白天鹅咖啡馆起草的 *

《参考消息》5月24日发表的《白天鹅餐厅:〈共产党宣言〉的诞生地》说:1848年马克思和恩格斯是在布鲁塞尔的白天鹅咖啡馆起草了比利时工人党的《共产党宣言》。这种说法有三点与史实不符。

第一,马克思是于1847年12月底至1848年1月底在布鲁塞尔郊区奥尔良路42号寓所写出《共产党宣言》,不可能在人声喧扰的餐馆静思执笔。

第二,恩格斯于1847年12月17日到布鲁塞尔马克思寓所暂住,两人合议党纲的名称、体例、内容、结构和写法,恩格斯于12月底赶回巴黎,《共产党宣言》是由马克思一人执笔完成的,绝非他们二人在白天鹅餐馆合写的。

第三,《共产党宣言》是世界上第一个共产党——共产主义者同盟的纲领,并不是比利时工人党的纲领。比利时工人党成立于1885年,1945年重建时才改名比利时社会党。1921年另建立比利时共产党。文中说:比利时人在1848年"暂时定名为工党,1921年或者1919年才正式定名为社会主义党,这些纲领与重大决定都是在白天鹅咖啡馆里做出的"。此说完全不符合

---

* 载《参考消息》2011年6月21日第11版"读者来信"栏目。该报发表记者写的这篇报道,表明他上大学时没有认真学过《共产党宣言》,否则怎么会相信两个德国人马克思和恩格斯会为比利时工人党起草纲领呢?本文收入本书时另加上现在的标题,以便与本书上一篇文章相呼应。

实际。

　　贵报记者仅根据现在白天鹅餐馆经理洛佩斯的介绍写出报道,未曾核对史料。当然,1845—1848 年,马克思客居布鲁塞尔期间,确曾多次光临白天鹅咖啡馆,在这里联络友人、联系群众,开展过革命宣传活动。

《共产党宣言》是何日出版的？*

《共产党宣言》(以下简称《宣言》)这本光辉文献曾经被人们喻为马克思主义、科学社会主义的"出生证书"。那么它的出生日期究竟是哪一天呢？这却是人们长期没有搞清楚的一个问题。我在北京图书馆看到最早在伦敦出版的该书德文原版本，在那灰绿色硬封面上只印有"1848 年 2 月发表"字样。迄今世界上出版的图书都是只印有出版年月，而极少标明日期。像《宣言》这样划时代的经典精品，很有必要进一步查清它的确切出版日期，以便人们适时纪念马克思主义的诞生，回顾马克思主义的战斗历程和主要成就，反思马克思主义者面临的新形势和新任务。所以我将把为此跟踪考证了好多年的结果献曝，以期引起人们的兴趣和重视。

一、马克思、恩格斯本人是怎么说的

首先我们要考察《宣言》的作者马克思和恩格斯本人对这件事是怎么说的。

他们在《宣言》1872 年德文版序言中只是说："《宣言》原稿在二月革命前几星期送到伦敦付印。"①恩格斯在《宣言》1888 年英译本序言中也是说："手稿于 1848 年 1 月用德文写成，并在 2 月 24 日的法国革命前几星期送

---

* 载《马克思主义与现实》, 1997 年第 6 期。

到伦敦付印。"②并没有说《宣言》是何时出版的。可是恩格斯在《宣言》1890年德文版序言中却冒出这么一句话:"在《宣言》最初发表时期(1848年1月)。"③既然是1月才写成,怎么可能1月就发表出来呢? 显然这是笔误。

马克思在1860年11月写成的《福格特先生》一书中写道:"宣言于1848年初问世"④;恩格斯于1877年6月在《卡尔·马克思》一文中说:《宣言》"第一次发表在1848年二月革命前不久"⑤;马克思于1880年5月为恩格斯的《社会主义从空想到科学的发展》法文版写的导言中也是说:"《宣言》在二月革命前不久出版。"⑥由于《宣言》出版之日,马克思、恩格斯都不在伦敦,而在布鲁塞尔,所以他们难以知道确切的出版日期。

值得探究的是,恩格斯在《宣言》1893年意大利文版序言中这样说:"《共产党宣言》的发表,可以说正好碰上1848年3月18日这个日子,碰上米兰和柏林发生革命,这是两个民族的武装起义。"⑦成仿吾主要根据《宣言》德文版原文翻译的这句话是:"共产党宣言的发表可以说适逢1848年3月18日那天,适逢米兰和柏林的革命,这是两个民族的武装起义。"⑧这两种译法意思完全一样。按照这个译文,读者自然产生这样的疑问:恩格斯怎么会把《宣言》发表的时间推迟到3月18日呢? 实在令人费解。恩格斯的这篇序言是用德文写的。经查1970年的柏林狄茨出版社的《宣言》德文本,发现这句话在"碰上"或"适逢"之前还有"几乎"(fast)一词,俄译本也有"几乎"(почти)一词。⑨所以1949年莫斯科外国文书籍出版局印行的《宣言》百周年中文纪念版曾经把这句话译为:"《共产党宣言》几乎是适逢1848年3月18日那天公布的。"这样译法既准确又好懂。上述德文本还有一条注,再参考其他有关资料,就不难理解恩格斯的这种说法。原来《宣言》2月间初版只印几百本,短短几天即售毕发完,《德意志—伦敦报》从3月3日至19日又第二次赶紧排版印刷一千册运往巴黎、柏林等地。由于《宣言》的第一版、第二版是在2月底至3月底发行的,所以恩格斯才有这种"几乎碰上"或"几乎适逢"的说法。

如果漏译了"几乎"一词,就会被误解为《宣言》的出版日期为3月18

日。据查英译本和日译本也都漏译"几乎"一词，于是一部分日本共产党人就把《宣言》的出版日期解释错了。我见过日本共产党（左派）中央委员会机关报《人民之星》编辑部编写的一份《宣言》解说材料，其中这样说：《宣言》"作为共产主义者同盟的纲领，与1848年3月18日米兰和柏林的革命同时，用英文、德文、法文、意大利文、弗拉芒文和丹麦文公布于世"⑩。

看来只凭马克思、恩格斯本人的著述，无法解决《宣言》的确切出版日期问题。只有通过知情人的记叙和有关证实资料，才能弄清真相。

二、《宣言》出版于2月24日

一位老工人、共产主义者同盟老盟员弗·列斯纳在1898年发表的回忆录中写道："1848年初从布鲁塞尔送来了《共产党宣言》手稿。我把手稿送到印刷所，并在那里取回清样交给卡尔·沙佩尔校对，这也算为发表这一划时代的文件尽了一点力。""《共产党宣言》出版于1848年2月。我们在接到它时也接到了巴黎二月革命的消息（二月革命开始于2月24日——作者注）。"⑪后来出版的有关马克思、恩格斯生平的书写到《宣言》的发表时间时，大体上都是根据这种说法。例如苏联马克思恩格斯列宁研究院院长弗·阿多拉茨基于1933年为纪念马克思逝世五十周年而编辑的《马克思生平事业年表》写明：1848年"2月底《共产党宣言》在伦敦出版"⑫。俄文版《马克思恩格斯全集》各卷所附的"马克思恩格斯生平事业年表"则说得更具体一些："2月24日左右《共产党宣言》在伦敦出版。"⑬1982年秋我读到新华出版社新出版的罗伯尔-让·龙格著的《我的外曾祖父卡尔·马克思》（原书是1977年巴黎法文版，由李渚青据1979年俄文版译出）一书时惊喜地发现书中有这样一句话：《宣言》"这个文献是在伦敦利物浦大街46号'比索普门'印刷厂里印刷的，它是一个只有23页的小册子，于1848年2月24日问世"⑭。罗伯尔这本书是查阅了大量真实史料之后写成的，应该说是可信的。尽管他并未列举材料的具体出处，并加以论证，但是关于《宣言》的出版时间毕竟已经从"2 月底"或"2 月 24 日左右"这种模糊说法，进入到"2 月 24 日"这个精确的日子了。

改革开放以来，我有好几位友人先后出访英国，我都拜托他们查询此事，但是均无所获。有一位学者还问到侨居英国多年的著有多卷本《马克思主要流派》的波兰人克拉科夫斯基。他居然不屑一顾地揶揄说："这种事只有你们中国人感兴趣！"他写了大量著作是旨在反对、否定马克思主义，这种人当然对这件很有意义的事不感兴趣。前几年南京师大徐耀新教授到英国进修时曾帮我查阅过 1848 年 2 月的《泰晤士报》，也一无所得。回想当年《宣言》是作为侨居伦敦的德国人的秘密革命团体自己印发的宣传品，英国最有影响的持官方立场的这家报纸当然不会刊登有关《宣言》出版的消息，共产主义者同盟大概也未在该报登过新书广告。我还曾请北京大学曹长盛教授到马克思故乡特利尔市参观访问，查找有关《宣言》的资料，可惜他带回的一箱资料在长途转运中丢失了。倒是英国朋友帮助我查清了一半。1992 年 3 月 20 日英国苏萨克斯大学戈登·怀特教授到我们系进行学术交流时，我向他求教此事。他于 6 月 10 日给我回信说："你要我查明《共产党宣言》出版的确切细节，我征询了伦敦的卡尔·马克思纪念图书馆，他们告我如下信息：(1)该书于 1848 年 2 月 24 日在伦敦初次出版德文本，出书者为布格哈德出版社，由设在主教路利物浦街 46 号的工人教育协会印刷；(2)第一个英译文载于 1850 年 11 月 9 日出版的《红色共和党人》杂志，由海伦·麦克法林翻译。我希望这个信息对你有用。"

究竟有何根据把《宣言》的出版日期定为 2 月 24 日呢？这还是一个未解之谜。本来我还想请怀特教授再向马克思纪念图书馆问个究竟，正好这时我读到德国洪堡大学教授曼弗雷德·克利姆著《马克思文献传记》一书，终于得到圆满解决。该书最早是 1970 年莱比锡版，1992 年河南人民出版社出版李成毅等人的中译本。书中写道："1848 年 2 月 25—29 日，大部分《宣言》在'霍尔博恩车站德罗利巷 191 号'协会所在地售出。"⑮原来是 2 月 24 日印刷装订完毕，正式出版，25 日开始面世售出。依此确定 2 月 24 日为《宣言》出版日,我认为是理由充分、查有实据的。

关于《宣言》的出版日期,还有一种说法。1895 年 8 月 5 日恩格斯逝世后,在意大利《人民呼声报》8 月 17 日发表的无署名悼念文章中说:"1848年 2 月 15 日发表了《共产党宣言》。"⑯为什么确定是这一天呢? 文中没有说明。最近我读到美国学者弗·勒·本德写的《〈共产党宣言〉的历史和理论背景》一文,也从中找到了答案。本德根据一本很详尽的资料书——贝尔特·安德烈亚斯编的《马克思恩格斯的共产主义宣言:历史和参考书目(1848—1918 年)》(1963 年米兰版第 9 页),提到:《宣言》"第一版的印刷大约完成于 2 月 14 日和 28 日之间"⑰。上述 2 月 15 日发表了《宣言》一说,可能是依据这里所讲该书第一版印刷大约开始完成于 2 月 14 日。可是,事实上《宣言》是在 2 月 25 日才面世出售,所以《宣言》的出版日期还是定为 2 月 24日较为准确。

三、《宣言》出版时间的另外几种说法

中国早期的无政府主义者刘师培(署名申叔)在其所写的《〈共产党宣言〉序》中曾说:"及千八百四十七年,乃以共产主义同盟之名,公揭于众……时马氏及因氏(指马克思和恩格斯——引者注)均为社会主义大师……嗣同居伦敦,适同盟成立,以宣言起草相委。次年 2 月初旬,遂以宣言公于世。"⑱此处所说 2 月初旬问世,是不准确的。

资产阶级民主革命派青年政治家朱执信于 1905 年(刚 20 岁)写的《德意志革命家小传》中说:《宣言》出版于伦敦,"时为法国革命之前十四日"⑲,那是 2 月 10 日。这种说法也是缺少根据的。

值得重视的是,1948 年 2 月《宣言》出版一百周年纪念时,苏联是在哪一天举行活动的。据我手边保存的一份 1948 年春天我在老解放区北方大学学习时剪辑的 3 月 3 日《人民日报》,报上第 2 版头条有这样的报道:"【新华社陕北 1 日电】莫斯科讯:人类解放的划时代的宪章的《共产党宣

言》于 2 月 27 日届满一百周年。苏联各地普遍热烈庆祝。"在该报同日同版刊登的新华社编写的"国际一周"述要中也这样说:"在本周内,全世界劳动人民热烈迎接其具有伟大历史意义的节日——《共产党宣言》诞生一百周年纪念。一百年前的 2 月 27 日,世界劳动人民的伟大导师——马克思与恩格斯,发表了解放无产阶级及人类的《宣言》。"当时苏联果真把《宣言》的出版日期定于 2 月 27 日吗? 经查阅中央编译局收藏的 1948 年 2 月 27 日俄文《真理报》,在头版头条社论的位置刊登了醒目的题为"马克思主义的歌中之歌"的无署名文章,开头第一句写道:"一百年前的 1848 年 2 月下旬,《共产党宣言》问世。"文中概述了《宣言》的要点与意义。报纸第 2 版几乎以整版篇幅刊登了苏联最高苏维埃主席团副主席库西宁撰写的长篇文章《〈共产党宣言〉对当代国际工人运动的意义》,其余篇幅报道了苏联各地庆祝《宣言》出版一百周年的活动,另在第 3 版发表了联共(布)中央机关理论刊物《布尔什维克》主编波诺马廖夫纪念《宣言》的文章《工人阶级的历史任务》。在 2 月 27 日前后几天的《真理报》上均无反映有关《宣言》的文稿。另在 18 日的第 2 版、第 3 版和 19 日的第 3 版、第 4 版连载了科学院院士、外交部副部长维辛斯基纪念《宣言》一百周年的长文《〈共产党宣言〉中的国家问题》。

再查东北解放区的《东北日报》(在哈尔滨市出版)1948 年 3 月 4 日第 3 版,刊登有根据莫斯科 2 月 27 日广播的《纪念共产党宣言百周年》一文内称:"百年前——1848 年 2 月,共产党宣言这一历史性文献出现了。"这里也没有说《宣言》是在 2 月 27 日出版的。看来是新华社编者和记者当时在陕北听到苏联在 2 月 27 日纪念《宣言》百周年的广播,牵强附会,误以为这一天正是《宣言》的出版日期,才发出了上述电讯和"国际一周"述要。实际上当时苏联只知道《宣言》是在 2 月下旬出版的。直到 1955 年苏联国家政治书籍出版局开始出版《马克思恩格斯全集》第 2 版时,在书的附录"马克思恩格斯生平事业年表"中也只是写明"2 月 24 日左右《共产党宣言》在伦敦出版"[21]。1974 年苏联出版的一本纪念《宣言》125 周年的学术论文集还只是说《宣言》于"1848 年 2 月发表"[22]。可见苏联人长期以来并没有弄清《宣言》的确切出版日期。

上述新华社陕北 1948 年 3 月 1 日电讯的误导在我国有长期影响。到 1958 年 2 月《宣言》出版 110 周年纪念来临时,新华社又在 2 月 27 日发出专电,介绍《宣言》的背景、要点和意义,作为"国际资料"供各报选登;《光明日报》《工人日报》《中国青年报》《北京日报》等都在 26 日、27 日或 28 日发表纪念《宣言》110 周年的署名文章。中央人民广播电台在 2 月 24 日至 3 月 2 日这一周的《广播节目报》中专门登出《纪念〈共产党宣言〉发表 110 周年》的短文,开头便说:"在 110 年前的 2 月 26 日,人类最伟大的天才创作(的)《共产党宣言》发表了。"中央人民广播电台还定于 26 日和 27 日请人就《宣言》作广播演讲。这里又把《宣言》的出版日期从 27 日提前到 26 日。

我们该澄清史实,在 2 月 24 日纪念《宣言》这个伟大文献。

注释:

①②③《马克思恩格斯选集》(第一卷),人民出版社,1995 年,第 248 页、254 页、260 页。

④《马克思恩格斯全集》(第 14 卷),人民出版社,1964 年,第 465 页。

⑤⑥《马克思恩格斯全集》(第 19 卷),人民出版社,1963 年,第 117 页、260 页。

⑦《马克思恩格斯选集》(第一卷),人民出版社,1995 年,第 268 页。

⑧《共产党宣言》,成仿吾译,人民出版社,1978 年,第 22 页。

⑨我手边的俄译本是原苏联国家政治书籍出版局 1950 年版的第 27 页。

⑩见日文《人民之星》,1972 年 3 月 10 日,第 201 期。

⑪《回忆马克思恩格斯》(胡尧之等据苏联国家政治出版局 1956 年版译出),人民出版社,1957 年,第 169 页、170 页。

⑫见该书生活·读书·新知三联书店,1977 年,第 75 页。

⑬中央编译局编译:《马克思恩格斯生平事业年表》,人民出版社,1976 年,第 33 页(该书把附录在全集各卷中的年表汇编在一起)。

⑭见该书 1982 年 6 月版第 96 页。此外"比索普门"(Bishopsgate)这个音译意译相结合的词译得不对,应该译为"主教路利物浦街 46 号协会的印刷厂印刷"。Bishop(比索普)

并非人名,意为主教;gate 在此处不当"门"解,而指"路"。易廷镇等译,格姆科夫等著的《马克思传》(生活·读书·新知三联书店,1978 年,第 98 页)也误译为"比索普门"。

⑮ [德]曼弗雷德·克利姆:《马克思文献传记》,李成毅等译,河南人民出版社,1992 年,第 160 页。

⑯ 见苏联和民主德国的马列主义研究院合编:《恩格斯逝世之际》:斯人译,北京出版社,1985 年,第 191 页。

⑰ 见中央编译局主办《马克思恩格斯列宁斯大林研究》,1997 年第 3 期,第 161 页。

⑱ 载在东京出版的中文《天义报》,1908 年 3 月 15 日第 16—19 期合刊第 509 页。

⑲ 见《辛亥革命前十年时论选辑》(第 2 集上册),生活·读书·新知三联书店,1963 年,第 136 页。

⑳《马克思恩格斯全集》(第 4 卷),人民出版社,1958 年,第 642 页。

㉑ 见康诺娃:《〈共产党宣言〉的出版和传播史》,载《共产主义的宣言和现时代》,莫斯科政治书籍出版社,1974 年,第 234 页。

马克思主义的歌中之歌千古嘹亮 *

一、"歌中之歌"典故的由来和含义

1848 年 2 月 24 日在伦敦问世的马克思和恩格斯合著的《共产党宣言》开辟了世界工人运动、社会主义运动和共产主义运动的新时代。历来众多名家对这本历史丰碑式的马克思主义经典名著都作出了很多精彩的高度评价。曾任苏联共产党总书记约·维·斯大林曾经一语破的,热情赞颂此书是"马克思主义的歌中之歌"。这一名言警句出自何处? 在已出版的《斯大林全集》《斯大林文选》等著作中均未查到。我发现此话最早出现在苏联国家出版局 1948 年出版的《〈共产党宣言〉一百年》(新华书店于 1949 年发行中译本)一书中。这本文集收入当时苏联科学院通讯院士普·弗·尤金和苏联科学院院士、苏共中央马恩列学院院长马·鲍·米丁等人写的纪念文章,他们引用此话时都未注明出处,显然它是出自尚未公布的斯大林文稿。后来苏、中等国学者引文大概均源于此。斯大林在这里所用的"歌中之歌",不是一般用语,而是出自西方基督教《圣经》的著名典故。旧约"雅歌"篇英文原名就是 Song of Songs,把"雅歌"译为"歌中之歌"就更为准确了。这一篇共八

---

* 本文写于 1994 年 11 月 18 日,是为兰州大学管理系张兴杰同志著《马克思主义的歌中之歌——〈共产党宣言〉研究》所写的序言,该书由兰州大学出版社 1995 年出版。另发表于《新视野》,1995 年 3 月号。

章,内容全是男女之间互相倾诉钟爱之情的歌,开头一句便是"所罗门的歌是歌中之歌"。所罗门本是公元前 9 世纪以色列的国王,他英明贤能,治国有方,宠爱后妃,善写诗歌。他又是当时一位最杰出的诗人,写有五千多首诗歌。他写的情歌被当时民间奉为最优雅的诗歌。斯大林借用"歌中之歌"是为了说明:《共产党宣言》乃是卷帙浩繁的马克思主义原著中的精粹和极品。

已译为中文出版的《马克思恩格斯全集》共五十卷,约三千两百万字;即将出版的《马克思恩格斯全集》中文第二版共六十卷,约有四千万字;国外正在陆续出版的《马克思恩格斯全集》一百卷本,字数更远超于此。如果不是专门研究者,皓首穷经也难卒读。但是精读这本《共产党宣言》,就可以领会并掌握马克思主义的精华了。1992 年年初,邓小平同志在著名的南方谈话中,在讲到他毕生的宝贵经验时指出:"学马列要精,要管用的。长篇的东西是少数搞专业的人读的,群众怎么读?要求都读大本子,那是形式主义的,办不到。我的入门老师是《共产党宣言》。"①这是多么重要而深刻的启示啊!

《共产党宣言》之所以能够成为"马克思主义的歌中之歌",是由于它系世界上第一个共产主义政党——"共产主义者同盟"第一次向全世界公布的"周详的理论和实践的党纲"②,这个文献的性质要求它全面阐述马克思主义的世界观、人生观以及马克思主义政党的任务和奋斗目标。因此,必须涉及哲学、经济学、社会主义学、政治学、政党学、社会学、伦理学、民族学、宗教学、文化学、教育学、历史学、地理学、未来学等众多学科领域。《共产党宣言》的确就人类社会生活的各个领域都发表了精辟见解,有许多真知灼见、至理名言,构成了博大精深的科学体系。我们在现实生活中遇到什么重大问题,大都可以从本书找到答案或者得到启迪。③这本浓缩的著作真可谓袖珍版马克思主义百科全书。

二、如何评价《共产党宣言》迄今仍有争议

由于《共产党宣言》对很多问题只有简要结论,甚至只有片言只语、一带而过,况且有些论述已经被后来的实践证明确实过时了,所以理论界历来有人对它进行批评或责难。至今还有人认为对《共产党宣言》的评价不宜太高。

1988 年 5 月 2 日《理论信息报》(北京出版)刊出白明韶、谭兵同志的文章《对〈共产党宣言〉评价之我见》。作者不同意我主编的《国际共产主义运动通史教程》中认定《宣言》"第一次系统而完整地阐述了科学社会主义的思想体系"的说法。他们认为《宣言》只能说是科学社会主义的出生证,"它在当时并不成熟、'完整'或'全面'"。我曾在 6 月 13 日出版的该报发表拙文《〈共产党宣言〉的历史地位和理论价值》一文,提出商榷意见。愚意所谓"系统而完整"是相对而言,不能把它绝对化。比较而言,《宣言》不仅是第一本,而且是唯一的一本系统而完整地阐明了马克思主义思想体系的经典文献。"进而言之,我认为《宣言》还是第一本简明学习马克思主义的百科全书,或马克思主义的袖珍本……《宣言》既是一本全面学习马克思主义思想体系的入门书,又是一本经常检索马克思主义基本观点的工具书,更是一本深入领会马克思主义科学真理的经典书。这本不同凡俗的书融思想性、理论性、知识性、艺术性于一体,体系严谨、观点鲜明、结构紧密、叙述生动,真是百读不厌,温故悟新!"至今我依然坚持这些看法。

无独有偶,1990 年《社会主义研究》(武昌出版)第 2 期又登出四川省委党校研究生徐瑞同志写的《〈共产党宣言〉的历史和理论地位再思考》一文,再次提出不能随意拔高此书。作者说:"列宁认为《宣言》已对马克思学说'作了完整的、系统的,至今仍然是最好的阐述'④这一说法对世人继续评价《宣言》产生了极大影响。稍后,斯大林在列宁的评价基础上又给《宣言》加上了马克思主义的'歌中之歌'的评语,这更是造成人们往往带着绝对化的

眼光去评价《宣言》。"作者还指名我主编的《社会主义思想史》更认为:"《宣言》是把马克思主义哲学、政治经济学和科学社会主义的原理融为一体的无产阶级的完备理论。"接着,作者用大量篇幅从三个方面九个论点反驳我们的"完备"说。对任何事物的评价大都是仁者见仁,智者见智,难以强求统一。对《宣言》的历史地位和理论价值,我既已发表过拙见,就没有再撰文对此进行辨析。现在,我仍不拟在这时逐点加以批驳。我只想强调一点:我们所谓的"完备理论"是相对而言,不能把它绝对化。我们在上述"完备理论"说法的上下文已经写明:《宣言》"问世标志着科学社会主义理论体系的初步形成","它体现了马克思主义形成时期理论的最高成就,宣告了马克思主义的诞生"。这岂不是已经对所谓"完备理论"的相对性作了界定吗? 我们所说的"完备理论",与马克思、恩格斯自己所说的"周详的理论"是相近的。既是"周详",就可算"完备",哪有"周详"而不完备之理? 当然,这种"周详"和"完备"都是相对而言。绝无把它看作不可逾越的顶峰之意。徐瑞同志硬说我们对《宣言》的评价是"带封顶意义的""宗教式光环",这完全是不实之词。他在文中认定:《宣言》主要是为第一个无产阶级政党制定革命斗争策略,而不是着重阐明一个完备的理论体系。"这种说法显然是片面的,是违背马克思、恩格斯自己的"周详"之说的。实际上,《宣言》只在第四章论述了革命斗争的策略,前三章都是着重阐明理论,而且构成了较为完备的理论体系。

当然,从《宣言》出版以后一百多年的当今时代高峰来看,《宣言》对众多学科、诸多问题的论述并不充分,还有重大遗漏,甚至还有事过境迁、必须加以修正之处。所以当今我们学习《宣言》,不能教条式地理解和照搬,必须多方加以充实和补缀,方能融会贯通,取其精华,做到古为今用、洋为中用。

三、值得推荐的一本学习《共产党宣言》的优秀辅导读物

兰州大学管理科学系张兴杰同志自 1989 年获得硕士学位、开始任教以来,就主讲《马克思主义原著选读》课程。他在教学的同时加强研究,用课余时间写成了这部三十多万字的专著《马克思主义的歌中之歌——〈共产党宣言〉研究》。书中论述了《宣言》产生的历史和时代背景,占据的历史地位,以及丰富的内涵和永恒的价值。特别是从哲学、经济学、社会学、政治学、法学、政党学、民族学、教育学、历史学、文学、社会主义学十一个学科领域来阐述《宣言》的理论内容,对《宣言》这部袖珍版马克思主义百科全书作了较为充分的发挥。这同我对《宣言》的理解和评价是一致的,所以我很高兴能先睹这部书稿,并乐于为之作序。我读后感到本书既联系其他马克思主义原著阐述了《宣言》的众多原理,对马克思主义的一些重大问题提出了自己独到的看法(尽管有些看法别人未必都同意);既分析了马克思主义基本原理的巨大作用和长久价值,又实事求是地指出了它在某些方面的不足或过时之处;既指明了它在理论上的重大意义,又强调了它在实践中应该如何具体运用。总的看来,本书既是一部比较系统、深入的研究性学术专著,又是引导人们学习《共产党宣言》这本马克思主义精品以及其他马克思主义原著的启蒙读物。本书是作者结合教学按照教材体例来撰写的,因而显得结构周密,层次清楚,资料翔实,叙述简明,行文通俗,引人入胜。我相信它对广大读者学习和领会马克思主义是颇有帮助的。

以《共产党宣言》为代表的整个马克思主义的核心是要实现全世界无产者、劳动者和全人类的解放,即要达到人人都摆脱社会和自然的奴役,实现德、智、体、美的全面发展,建立"自由人的联合体"。无产者、劳动者和全人类这三者的解放,不仅通过政治革命(夺取政权)、经济革命(以公有制取代私有制)和思想文化革命(树立马克思主义的思想指导,建设人民大众的新文化),而且更要依靠科技革命、产业革命和生产力革命。以往我们只强

调了前三个革命,而忽视了后三个革命。其实后三个革命是更带根本性、全局性和长期效用性的,前三个革命应该以后三个革命为后盾和基础,才能圆满达到目标。《宣言》中用了很多浓墨重笔强调了科技革命、产业革命和生产力革命的历史作用和历史意义。在这方面,本书写得还不够集中,不够充分。希望作者在本书再版时能够结合当代新科技革命、新产业革命、新生产力革命的实际,再增写一章生产力学。

在当今以微电子信息技术为先导的全方位科技革命、产业革命和生产力革命的新时代,我们环顾全球一村、世界一体的新前景,岂不是更加深切感受到:《共产党宣言》的熠熠光辉依然照耀着全世界无产者、劳动者和全人类解放斗争的锦绣前程?《共产党宣言》的激越歌声依然鼓舞着全世界无产者、劳动者和全人类奔向自由幸福的美好胜境。

《共产党宣言》出现于19世纪,它所预言的资本主义必然发展到社会主义的真理,在20世纪已开始在一些国家变为现实;《共产党宣言》诞生于公元第二个千年的后期,它所揭示的共产主义社会的理想,到公元第三个千年的后期,必将在全世界五大洲普遍实现。我们的后世子孙,千秋万代都将洗耳恭听并且和声赞颂它所发出的争取全人类解放的最强音。例如,《宣言》中宣告:"代替那存在着阶级和阶级对立的资产阶级旧社会的,将是这样一个联合体,在那里,每个人的自由发展是一切人的自由发展的条件。"⑤恩格斯认为这就是"用不多几个字来表述未来新时代的思想"⑥,也是未来社会主义、共产主义新世纪的基本思想。这难道不是全人类解放的最强音吗?

啊!

马克思主义的歌中之歌百年高吭绝唱!

马克思主义的歌中之歌千古悠扬嘹亮!

马克思主义的歌中之歌万世余音绕梁!

注释：

① 《邓小平文选》(第三卷)，人民出版社，1993 年，第 382 页。

② 《马克思恩格斯选集》(第一卷)，人民出版社，1972 年，第 228 页。

③ 1976 年朱德委员长曾对人说："现在许多问题讲来讲去，总是要请教马克思与恩格斯，总是看《宣言》是如何讲的。"

④ 《列宁选集》(第二卷)，人民出版社，1972 年，第 437 页。

⑤ 《马克思恩格斯选集》(第一卷)，人民出版社，1972 年，第 273 页。

⑥ 《马克思恩格斯全集》(第 39 卷)，人民出版社，1974 年，第 189 页。

《共产党宣言》的历史地位和理论价值*

《理论信息报》5 月 2 日刊登白明韶、谭兵同志《对〈共产党宣言〉评价之我见》，文中不同意我们把《宣言》说成"第一次系统而完整地阐明了科学社会主义的思想体系"，而认为《宣言》只是科学社会主义的出生证。其实，婴儿既已出生就是从毛发躯体到骨骼血肉、从四肢五官到五脏六腑一应俱全的成型的人，岂能否定婴儿是系统而完整的人？当然婴儿并非是成熟的成人。

作者还以《宣言》中并未涉及工农联盟思想等，来说明《宣言》所阐述的科学社会主义思想体系并不完整。这样论证问题也有片面性。所谓"系统而完整"是相对而言，不能把它绝对化。如果要说马克思、恩格斯有哪一本著作比《宣言》更系统、更完整地论及科学社会主义的所有问题，恐怕一本也找不出来。比较而言，应该说《宣言》不仅是第一本，而且是唯一的一本系统而完整地阐明了科学社会主义思想体系的经典文献。《资本论》《反杜林论》等巨著论述的广度和深度虽然都超过《宣言》，但是仅就对科学社会主义基本原理的系统、完整阐述而言，也还都不及《宣言》。进而言之，我认为《宣言》还是第一本简明马克思主义百科全书，或马克思主义袖珍本。举凡马克思主义哲学、经济学、社会主义学、政治学、法学、社会学、民族学、宗教学、伦理学、教育学、文化学、历史学、未来学以至文学艺术等方面的基本观点，

---

* 载《理论信息报》(北京)第 155 期,1988 年 6 月 13 日出版。

在《宣言》中都有反映。可以说《宣言》既是一本全面学习马克思主义思想体系的入门书，又是一本经常检索马克思主义基本观点的工具书，更是一本深入领会马克思主义科学真理的经典书。这本不同凡俗的书融思想性、理论性、逻辑性、艺术性于一体，体系严整、观点鲜明、结构紧密、叙述生动，真是百读不厌，温故悟新！

《宣言》的这些特色，不仅是马克思、恩格斯智慧超群、殚精竭虑的结晶，而且是文献本身的性质决定的。《宣言》是世界上第一个共产党的纲领。刚刚诞生的共产党要把它的世界观、社会观、历史观和未来观尽量系统而完整地公诸于世，诉诸群众。正如恩格斯在《宣言》1888 年英文版序言中所说：1847 年党代表大会决定委托马克思和他两人起草一个"周详的理论和实践的党纲"。本来他们从 1843 年起就开始形成科学社会主义的基本观点，在《英国工人阶级状况》《神圣家族》《德意志意识形态》《哲学的贫困》等著作中已先后从不同角度表述了他们的观点。到 1847—1848 年党委托他们起草周详的党纲时，正好是系统而完整地和盘托出科学社会主义思想体系的机会。正如列宁在 1913 年写的《马克思学说的历史命运》中所说：《宣言》"已对这个学说作了完整的、系统的、至今仍然是最好的阐述"[①]。随后列宁在 1914 年写的《卡尔·马克思》一文中又指出：《宣言》"这部著作以天才的透彻鲜明的笔调叙述了新的世界观，即包括社会生活在内的彻底的唯物主义、最全面最深刻的发展学说辩证法以及关于阶级、关于共产主义新社会的创造者无产阶级所负的世界历史使命的理论"[②]。可见我们评定《宣言》是"第一次系统而完整地阐明了科学社会主义的思想体系"，可以说有充分根据，并不悖事实。诚然，如果我们在"系统而完整"之前加上"比较"一词，就更精确、更周密一些。

在今天看来，《宣言》自有很多欠缺甚至错误，正要我们总结新的实践经验，向前去发展《宣言》的基本原理。但是对于历史文献首先要认清它比之前人增添了哪些新内容，有什么新进展，在历史上起过何等作用，这样才能充分肯定其历史地位。我认为《宣言》至今依然是需要认真研读的马克思主义的最基本文献,仍旧是人们直接了解并掌握马克思主义全貌的最便捷的最佳读物,不应该因其历史局限性而贬低其历史地位和理论价值。

注释:

① 《列宁选集》(第二卷),人民出版社,1972年,第437页。

② 同上,第578页。

魅力无穷的经典名著

——《共产党宣言》出版 150 周年 *

自从 16 世纪西欧开始进入资本主义时代,就萌发了社会主义思潮。社会主义旨在克服资本主义私有制造成的种种弊病,建立社会化程度更高的新的社会形态。从 1516 年第一部空想社会义名著莫尔的《乌托邦》问世以来,世界上已涌现千万种社会义论著。其中传播时间最长、流传地域最广、发行数量最大、拥有读者最多、震撼人心最强、影响世界最深的,首推 1848 年 2 月 24 日在伦敦出版的马克思、恩格斯合著的《共产党宣言》(以下简称《宣言》)。该书本是世界上第一个共产党(当时名为共产主义者同盟)的"完备的理论和实践的党纲"(见《宣言》1888 年英文版序言)。初版是德文本,发行仅一千册,不满一个月又重印,一年之内连续印六次;到 1871 年又在德、瑞(士)、英、美等国至少印过十二种不同的版本;1872 年、1883 年和 1890 年又三次出版新版,作者为本书连写了三篇序言。《宣言》在初版的 1848 年,即被译为瑞典文和法文发表。英文于 1850 年、1872 年、1888 年出版过三种译本,恩格斯还为 1888 年英译本写过序言;在美国还出版过两种多少有些损害原意的英译本。法文译本在 1848 年 6 月巴黎起义前不久第一次印行之后,又有 1850 年、1872 年、1886 年三种译本。俄文译本从 1869 年起到 1948 年《宣言》出版百周年时,先后有过十种译本;马克思、恩格斯

---

* 本文原是我在中共中央党校参加纪念《共产党宣言》出版 150 周年研讨会上的发言,载《中华读书报》,1998 年 3 月 4 日第 5 版。

曾为1882年俄译本写过序言。波兰文译本早在1848年德文出版后不久就在伦敦出现,后来还有1883年在日内瓦出版的版本和1892年在伦敦出版的版本,恩格斯还为1892年波兰文版写了序言。意大利文版是1893年出版的,73岁高龄的恩格斯又为之写了热情洋溢的最后一篇序言。一本19世纪40年代出版的书,到70年代至90年代还一再出版,并且印行多种外文译本,著者亲自先后为之写过七篇序言,这在图书出版史上是绝无仅有的。如果说《宣言》的传播在19世纪还是限于欧洲和美洲的话,那么到20世纪,随着资本主义工业和工人运动扩展到全球,《宣言》也传遍了世界五大洲。除了几乎所有欧洲各国的文字都有《宣言》译本之外,还有日文、中文、朝鲜文、蒙古文、越南文、印尼文、印地文、土耳其文、阿拉伯文等各种译本陆续问世。迄今,《宣言》已用两百多种文字出版了一千多个版本,发行了几千万册,在几亿读者心目中树立了光辉的理想,激起了战斗的热情。《宣言》之所以如此持久地具有无穷的魅力,正因为它包括了哲学、经济学、社会主义学、政治学、社会学、历史学、文化学等众多学科的精华,是袖珍版马克思主义百科全书,是马克思主义的精品、珍品和极品,是无产阶级和全人类解放的指南,是人类文明发展史的划时代杰作。

由于《宣言》具有极高历史价值,所以它的1848年首版本已成为稀有的最珍贵的善本。当初发行的一千册,德文本在1848年革命失败后多已为反动统治者所没收,余下的在纳粹统治时期又被大批销毁。目前首版本仅存十册。大英图书馆、巴黎国家图书馆、美国国会图书馆、阿姆斯特丹国际社会史研究所各有一册;苏联也保存有一册,1984年10月苏联举办《宣言》世界各种版本展览时这个珍本曾经参展,引起了参观者的特别兴趣。更加造成轰动的是1986年5月28日一册首版本《宣言》在伦敦苏富比拍卖行以两万四千六百英镑售出。这本书盖有一个与纳粹机关有关的印章,终于奇迹般地幸存下来。预计售价只是一万三千英镑至一万八千英镑之间,结果几乎翻了一番,以更高价卖出。购买者是英国一家最大的以搜集犹太文化为宗旨的私人企业。无独有偶,1988年11月19日该拍卖又以两万两千英镑售出一册《宣言》第二版,得宝者是伦敦书商伯纳德·夸里奇。

一方面是早期罕见的《宣言》版本变成珍奇高昂物,另一方面则是近期重版的《宣言》成为畅销抢手货。1996年新年刚过,伦敦出版界就传出一则爆炸性新闻:《宣言》的销售量激增,已突破一万册,进入英国畅销书行列;在苏格兰销路更好,已位居第五畅销书之列。许多购买者不仅把它当作精神食品,而且视为收藏珍宝。足见《宣言》所阐发的科学真理至今仍然具有很强的魅力。这种早期版本和近期版本双重市场轰动效应的现象在社会科学书籍出版史上堪称独特景观。其根源就在于《宣言》具有历史与现实的双重社会轰动效应。

今年是《宣言》出版150周年纪念。深受《宣言》教益的中华儿女对此特别重视。众多报刊已陆续发表纪念文稿。好多地方已举行或将举行纪念《宣言》的学术研讨会。中央电视台与中央编译局已于2月24日开机联合拍摄有关《宣言》的大型电视文献纪录片。中央编译出版社已隆重推出《宣言》珍藏版和纪念版,内容全文辑录最早的德文1848年原版和最新的1995年中文版,还收入中央编译局图书馆馆藏世界各国《宣言》版本的封面二十余帧,其中包括1920年陈望道翻译的中文第一版的封面(中文先后有过十五种译文)。书中还首次发表已故国画大师蒋兆和1954年摹绘的马克思和恩格斯肖像。珍藏版函套和封面选用珍贵的金丝楠木镶嵌紫铜文字和优质羊皮制作,采取尖端的激光雕琢和传统的手工打磨工艺,是世界上迄今为止《宣言》最精美雅致的版本。珍藏版只印五百册,编号发行,每册定价六百元。纪念版封面和函套采用进口荷兰硬纸板,正文和插页选用瑞典蒙肯纸,发行五千册,每册定价一百二十元。人民出版社还于去年8月印出《宣言》普通版三十多万册,供广大干部和大学生学习用。中央编译局《宣言》150年课题组今年还将推出《宣言》论文集和译文集两种。

江西人民出版社已经出版顾海良主编的《画说〈共产党宣言〉》,该书别开生面,图文并茂,依文出画,以画释文,图解了《宣言》的基本内容和发展、传播过程。

《共产党宣言》在中国的传播 *

19世纪最伟大的思想家和革命家卡尔·马克思逝世100周年的纪念日即将来临。马克思主义百年来传遍了世界各个角落,成为当代最有影响的社会思潮之一,成为当今近十亿人口的社会主义中国的指导思想。《共产党宣言》(以下简称《宣言》)是全面阐述马克思主义、科学社会主义基本观点的最有代表性的科学著作和纲领文献。本文拟细述《宣言》在我国传播的历史进程,从中领悟马克思主义、科学社会主义在东方这样一个大国逐步生根、发芽、成长和开花结果的规律。

一、《宣言》在我国旧民主主义革命时期的片断传播

《宣言》在1848年问世的时候,中国这个东方古老的封建主义大国刚刚在鸦片战争中败于西方新兴的资本主义的大英帝国不久。这一年英国在上海扩充租界,第二年美、法两国侵略者也乘虚而入在上海强行划分租界,中国正逐步由封建社会开始沦为半殖民地半封建社会。中国社会的落后性使它在相当长的时间内不具备传播马克思主义的土壤。直到19世纪末,当时睁眼探首向西方学习的封建主义和改良主义的代表人物都不曾注意到

---

* 本文是1983年3月提交在中共中央党校举办的纪念马克思逝世100周年学术研讨会上的论文,收入《国际共运史论文集》,人民出版社,1983年。

马克思主义。连马克思的名字还是在他逝世之后十六年,即1899年才在我国出版的一本书刊上首次出现。①而我国人民从书刊上开始知道《宣言》一书,那是20世纪初的事。

《宣言》究竟是在哪一年开始被介绍到中国来的呢?苏联学者曾经提出"1902年梁启超翻译了《共产党宣言》"②。事实上,资产阶级改良派代表人物梁启超从来没有翻译、介绍过《宣言》,他只在这一年写的《进化论革命者颉德之学说》一文中提到马克思的名字,当时译作"麦喀士",下注:"日耳曼国,社会主义之泰斗也"。③最初介绍《宣言》的是改良派在上海筹办的广智书局于1903年翻译出版的《近世社会主义》一书(日本福井准造著,1899年有斐阁版,赵必振译)。此书曾四次提到《宣言》。首先,书中写到马克思到伦敦参加共产主义者同盟的代表大会。"一千八百四十七年,乃草(原书误排为"革")其宣言书,公刊之,为国际的劳动者结合同盟之端绪。"④其次,书中还引证了《宣言》开头关于同盟目的和结尾最后一段重要言论,然后指出:"此宣言书之执笔者,即加陆马克斯,以其共产的意见,发为公论,以布于天下,而为一大雄篇。"⑤再次,书中写到1845年马克思与恩格斯汇集布鲁塞尔,"越三年,又于此地为伦敦共产党而草宣言书"⑥。最后,在书后附录关于各国社会主义运动大事年表中又提到1848年"马克斯恩格尔斯自朴陆斯(即布鲁塞尔——引者注)寄赠共产党之宣言书"⑦。这就是中国人民在《宣言》出版五十五年之后,马克思逝世二十年之后通过这本译书对这本重要著作的历史背景、中心思想和重大意义的片断了解。

在我国最早正式开始介绍和翻译《宣言》的,是以孙中山为首的资产阶级革命派。革命民主主义者孙中山于1895年筹划十月间在广州举行第一次武装起义失败后,被迫流亡国外,继续探求革命真理。1896年9月他由美国抵达英国伦敦,在这里被清使馆无耻绑架蒙难十二天脱险之后,继续居住伦敦近一年。他在大英博物馆等处图书室博览群书,刻苦攻读。他除了悉心钻研资产阶级民主主义理论外,还广泛接触各种社会主义学说。就在这时,他作为一个中国人第一次读到马克思的《共产党宣言》《资本论》等雄篇宏论,眼界大为开阔,并且敦促留学生研究《宣言》等书。他又身历其境目睹伦敦产业工人举行总罢工并遭政府军警残酷镇压的情景。如他自己后来所说:在这期间"所见所闻,殊多心得。始知徒致国家富强,民权发达如欧洲列强者,犹未能登斯民于极乐之乡也。是以欧洲志士,犹有社会革命之运动也。予为一劳永逸之计,乃采取民生之义,以与民族、民权问题同时解决,此三民主义之主张所由完成也"⑧。

孙中山虽然没有接受马克思主义,但是确实从《宣言》等书吸取到营养,形成了自己的观点体系。1905年8月他在东京建立中国同盟会,11月同盟会机关报《民报》创刊,主要宣传革命的三民主义。当时革命派自认为民生主义就是社会主义,所以《民报》上也刊登介绍西方社会主义学说和社会主义运动的文稿。在孙中山的鼓舞和推动之下,由刚满20岁的青年革命者、当时激进思想的先锋朱执信撰写了《德意志革命家小传》,署名蛰伸,发表于1905年11月26日出版的《民报》第2号。他在这一篇文章中记叙马克思、恩格斯的革命生涯时第一次介绍了《宣言》的写作背景、中心思想和历史意义,还译出了该书的五段话和第二章的十条纲领全文。写到《宣言》的出版时,文中说:马克思、恩格斯在布鲁塞尔传播其学说的"共产主义者群宗之。万国同盟共产会(即共产主义者同盟——引者注)遂推使草檄,布诸世,是为共产主义宣言。马尔克(即马克思)之事功,此役为最,以压制之甚也,间关而出版于伦敦"⑨。文中指出:在《宣言》中讲社会主义与以前的空想革命家大不相同之处就是把"阶级斗争"作为历史发展的基础。于是文中引证《宣言》开头、当中和结尾关于阶级斗争的五段论述,译出《宣言》中关于十条纲领的原文并对其中几条加以解释。然后写道:"共产主义宣言之大要如是。既颁布,家户诵之。而其所惠于法国者尤深。""马尔克既草共产主义宣言,万国共产同盟会奉以为金科玉律。故诟美马尔克、诟病马尔克者,咸是焉归。"⑩全文用近七页、两千八百字的篇幅(约占全文一半)介绍《宣言》,这是中国人第一次对《宣言》的扼要介绍和具体了解。

朱执信是1904年才由官费派出到日本留学,只在东京法政大学速成科学习经济学一年。他是从一些日文书刊初学到马克思主义的。《宣言》一书是在 1904 年才由幸德秋水与堺利彦二人从英文合译为日文，刊登于 11 月 13 日《平民新闻》第 53 号上（不包括第三章）。朱执信又据日文并参照英文摘译片断。由于社会、阶级和个人的局限性，他既没有接受马克思主义，也未能正确地理解马克思主义，以致某些地方译得很不准确。例如他把"全世界无产者，联合起来！"这一国际主义的口号译成"噫，来，各地之平民其安可以不奋也"。然而他当时确是抱着同情马克思主义的态度来介绍《宣言》的，而且力图从中吸取救国救民之道。这一点他在此文的序言中是明白写出了的。他认为"社会的运动以德意志为最，其成败之迹足为鉴者多，而其功实马尔克、拉萨尔、必卑尔（倍倍尔）等尸之。故不揣颛蒙，欲绍介之于我国胞。翔赡博洽，所未敢云，所期者数子之学说行略，溥遍于吾国人士脑中，则庶几于社会革命犹有所资也"⑪。这就是说，他正是为了中国的社会革命有所借鉴而执笔介绍马克思主义。他之所以译出《宣言》中的十大纲领，显然是考虑到这些过渡性的措施有可供我国革命借鉴之处。他后来在《民报》上发表文章主张土地国有、铁路国有，无不直接受《宣言》的影响。

1906 年由东京中国留学生会馆社会主义研究社出版的《社会主义神髓》（幸德秋水著、蜀魂遥译）一书的封底曾刊印有《共产党宣言》中译本的新书预告，可见《宣言》这时已经全文译为中文，即将出版。可惜，至今我们尚未找到这个版本，也可能没有出版过。

在《民报》上介绍《宣言》的，除了朱执信之外，还有著名革命民主主义者宋教仁和叶夏声。1906 年 6 月发行的《民报》第 5 号上发表了一篇长达一万一千两百多字的《万国社会党大会略史》一文。此文是根据日本社会主义者大杉荣发表在《社会主义研究》创刊号上的同名文章编译的，译者宋教仁对原文略加修改后，署名劲斋发表。文中介绍了第一国际和第二国际历次代表大会的情况。开宗明义，文章开头就指出："阶级斗争之幕既开矣，旗鼓堂堂，为执戈立矛而进于两阵之间。然富绅者有政府、警察、军队、学人、僧侣等为之援助者也。"⑫而平民多数依靠什么为武器才能取得胜利呢？作者回答说:"马尔克之作共产党宣言也。"接着作者译出《宣言》末尾的一段话:"吾人之目的一依颠覆现时一切之社会组织而达者,须使权力阶级战慄恐惧于共产之革命之前。盖平民所决者,惟铁锁耳,而所得者则全世界。"又曰:"万国劳动者其团结。"⑬这一段话比之原先朱执信在《民报》第2号上的译文已大有进步。作者引述《宣言》结语之后写道:"呜呼,是可以观万国社会党之大主义矣。"⑭这表明,作者已明确认识到,各国社会党是以《宣言》所阐述的伟大的马克思主义作为自己的指导思想,所以它们力量雄厚,前途无量。在1906年9月发行的《民报》第9号上发表了叶夏声(署名梦蝶生)撰写的《无政府党与革命党之说明》一文。文中说明:革命党人的主张并非无政府主义,社会主义者也非无政府主义;社会主义者主张依靠共和政体的政府以达到平等。"然而其进行之方法果如何,观其共产党之宣言,乃农工奖励银行之设置,可证其主义之非乌托邦者。其宣言凡十条。"⑮接着文中列举了《宣言》中的十条纲领(基本上采用了朱执信在《民报》第2号上的译文,只有个别改动),然后写道:"以上十条皆社会党之谋实行之事业也。""如上所言,则社会主义所主张之概也。"⑯作者还据此说明无政府主义与社会主义有三点区别:前者在废灭政府,后者在利用政府;前者轻蔑政治、破坏法律,后者重视政治、服从法律;前者为绝对的利己主义,后者则"平和而有秩序,且博爱者也"⑰。最后作者明确表明自己的态度:"若以余之私见而评定之,则余以为社会主义较无政府主义其根据确实。"⑱并且明确得出结论:"此余所以袒社会主义欤。"⑲也就是说,作者赞同《宣言》中所阐发的社会主义,而不赞同无政府主义。

当时革命党人中有一部分人是受无政府主义的影响,在他们创办的刊物上曾经宣扬过无政府主义。但是就在宣扬无政府主义的刊物上也介绍过《宣言》。刘师培之妻何震于1907年6月在东京创办《天义报》半月刊,这是我国第一个宣传无政府主义的杂志。1907年10月出版的该刊第8、9、10期合刊上刊登的"新书预告"中发布了"马尔克斯(即马克思)等著"《共产党宣言》"不日出版"的消息。1907年1月、2月出版的该刊第13—14期合刊上刊登了《女子革命与经济革命》一文,文后译载了《宣言》中批判资产阶级婚姻制度的几段内容。在 1908 年 1 月 15 日出版的该刊第 15 期上登载了民鸣翻译的恩格斯于 1888 年为《宣言》英文版写的序言全文。编者在后记中说:"按共产党宣言,发明阶级斗争说,最有裨于历史。此序文所言,亦可考究当时思想之变迁,欲研究社会主义发达之历史者,均当从此入门。宣言全文,亦由民鸣君译出,另于下册增刊号载之。"⑳1908 年 3 月 15 日出版的《天义报》第 16—19 期合刊上登载了《宣言》前引和第一章全文。开头译文是"欧洲诸国,有异物流行于其间,即共产主义是也。"㉑作者是从 1905 年日本《社会主义研究》创刊号上刊登的幸德秋水和堺利彦的日译文转译的,所以中译文带有浓厚的日译文色彩。例如第一章资产者与无产者,就径直照搬日译文译为"绅军阀"与"平民"。可惜《天义报》只发表了《宣言》第一章的译文,没有继续登完全书。

这本鼓吹无政府主义的刊物,为什么要发表《宣言》的中译文呢? 这在刘师培(署名申叔)写的《共产党宣言序》中说得颇为明白。他们认为马克思的共产主义学说已经渐渐融化于巴枯宁的集产主义之中,"由是共产之良法美意亦渐失其真,此马氏学说之弊也"。不过《宣言》此书叙述完备,"欲明欧洲资本制之发达,不可不研究斯编;复以古今社会变更,均由阶级之相竞,则对于史学发明之功甚巨,讨论史编亦不得不奉为圭臬。此则民鸣君译斯编之旨也"。他们视《宣言》为"入门"和"圭臬",也就是说,考虑到《宣言》这个历史文献的重要性,才不得不译为中文,供研究参考之用。

此外,革命派中的井勿幕㉒于 1908 年 2 月以陕西留日学生中的同盟会会员为核心,在东京创办了《夏声》杂志。在他的直接领导下,该刊曾三期连载《二十世纪之新思潮》一文,对《宣言》和《资本论》的主要内容也作了介绍。

1912 年中国社会党绍兴支部在上海出版的《新世界》杂志第 2 期发表了《社会主义大家马儿克之学说》(煮尘重治作、蛰伸译述)一文。文中除绪论和传略外,重点介绍了《宣言》和《资本论》二书的概略。对《宣言》一书的概述近三千字,重点是介绍其阶级斗争的思想和第二章末尾的十项纲领。值得注意的是,这篇文章从内容到文字基本上是抄自上述《民报》第2号朱执信写的《德意志革命家小传》。[23]关于十项纲领的译文完全与朱执信的文章一样(只有第七项的后半句话略有差别)。只是对纲领内容的解释有所不同。《新世界》由于是中国社会党的刊物,所以在解释中加进了该党的观点。例如,关于同认相继权(即废除继承权)这一项,文中指出:"此条本党已著为党纲,想同党诸君均能明了。"[24]中国社会党是一个鼓吹无政府主义的同时又掺杂社会改良主义的小资产阶级政党。它在刊物上刊登一些介绍马克思主义的文章,无非是为了点缀门面,笼络人心。

总之,在我国旧民主主义革命时期,《宣言》曾经得到初步介绍和片断传播,翻译发表过其中若干段落和部分章节。一般说来,《宣言》都是在某个国家形成现代工业无产阶级、开展工人运动的基础上由一些初步具有共产主义世界观的革命知识分子开始传播的。可是,在半殖民地半封建的中国则另有自己的一些特点。当时中国的工业无产阶级刚处于形成过程中,还不具备传播马克思主义的条件。领导民主革命的资产阶级民主革命派主要是从西方资产阶级民主主义的理论中寻求救国救民之道。然而20世纪之初已是国际社会主义运动洪流汹涌澎湃、从欧美冲向东亚日本之际。在这种国际背景下,所以战斗在第一线的中国激进的资产阶级革命党人在主要输入西方资产阶级民主主义理论的同时,也夹杂着介绍一些马克思主义,尤其是片断介绍马克思主义的代表作《宣言》,甚至对《宣言》抱同情、支持的态度,有的人还试图从《宣言》中吸取营养,用以解决中国革命的实际问题。当然,有的人介绍《宣言》却别有用心。不管怎样,由于种种的局限性,他们不可能接受《宣言》的基本观点,以致也没有出版《宣言》的中文全译本。但是正是中国资产阶级革命派的代表人物使《宣言》在我国得到最初的片断的传播,这一历史事实和历史功绩才是应该加以充分肯定的。

二、《宣言》在我国新民主主义革命时期的全面传播

1919 年俄国十月革命的胜利从根本上改变了世界的面貌和历史的进程。1919 年五四运动之后我国现代工业无产阶级登上政治舞台,从此开创了无产阶级领导的新民主主义革命的新时期,马克思主义正式传入我国,作为马克思主义精华的《宣言》也就在我国获得全面传播。

在五四运动爆发前夕,即在 1919 年 4 月 6 日出版的由李大钊、陈独秀主编的《每周评论》第 16 号上"名著"专栏中,发表了署名舍[25]摘译的《共产党宣言》。在译文之前明确指出:这个宣言是马克思和恩格斯"最先最重大的意见","其要旨在主张阶级斗争,要求各地劳工的联合,是表示新时代的文书"。[26]译文约一千字,内容是《宣言》第二章最后部分,包括十条纲领全文在内。译文是采用这时刚刚开始流行的白话文体(以前《宣言》的部分中译文都还是用文言文体),译文质量比以前也有所提高。例如旧译"结合农工业使之联属,因渐泯邑野之别"。新译改为"农工互相联合,渐废城与乡的区别"[27]。

在 1919 年五四运动高潮之中,李大钊主编的北京《晨报》副刊和陈独秀主编的《新青年》月刊同时开辟了"马克思研究"专栏。《晨报》副刊从 5 月 5 日至 8 日连载了日本河上肇作、渊泉译的《马克思的唯物史观》一文,《新青年》第 6 卷第 5 号(5 月出版)还加以转载。此文摘要介绍了《宣言》第一章,开头就先引证《宣言》中"一个妖怪,徘徊欧洲——共产主义的妖怪"一句,还引证了《宣言》几段著名论述。

中国第一个马克思主义者李大钊在《新青年》第 6 卷第 5、6 号(5 月、11 月出版)上发表《我的马克思主义观》,系统说明了马克思主义的基本观点。其中第五、第六两部分介绍并摘译了《宣言》关于生产力决定生产关系、经济基础决定上层建筑、阶级斗争推动社会历史发展以及无产阶级的历史使命和无产阶级国际主义等重要论述。这篇中国人自己第一次阐发《宣言》基

本思想的宏文在传播马克思主义方面起了重要的启蒙作用。

1919 年北京大学经济系学生李泽彰从英文译出了《宣言》全文,㉘题为"马克思和恩格斯共产党宣言",在 11 月出版的《国民》杂志第 2 卷第 1 号上先行发表了第 1 章,原拟分期连载。可是当时属于资产阶级右翼的胡适教授把他找去,对他这样说:"你快毕业了,译出《共产党宣言》,毕业后你还做不做事? 若要做事就不要再登下去!"㉙这一番威胁与利诱的谈话终于打动了译者,使他撤回译文;㉚后来李泽彰也就靠着胡适的引荐进了商务印书馆,嗣后又当上经理。㉛

尽管有人畏怯退缩,但是仍有受《宣言》的熏陶进而埋头翻译《宣言》、挺身出版并传播《宣言》者。

1919 年,五四运动爆发的时候,28 岁的陈望道留学日本四年取得法学学士学位之后归国,在杭州浙江第一师范学校任教。他积极投身于新文化运动,遭到反动当局迫害,旋即被迫"自动离职"。这一年年底他回到故乡浙江义乌分水塘村悉心攻读马克思主义著作,从英文本并参照日本文,把《宣言》全部译为中文。㉜1920 年春,他应邀到上海参与编辑杂志的工作,旋即参加上海共产主义小组的活动。这一年 8 月上海社会主义研究会作为"社会主义研究小丛书第一种"出版了他翻译的《共产党宣言》,这是在中国出版的这部马克思主义重要文献的第一个全译本。现在看来,这个译本有很多缺点甚至错误,但是它是把马克思主义的基本原理大体上正确地(虽然好多地方不准确)翻译过来了。由于它正切合当时的广大仁人志士探求救国救民新路线的迫切需要,所以不断再版重印,广为传播。8 月间出版一千多册,立即散发完;9 月间就再版。1921 年 7 月中国共产党建立后在上海创办人民出版社,《宣言》当即列为"马克思全书"的一种再次出版。为了对付反动军阀政府的迫害,书上曾故意把出版社的社址写成广州昌兴马路。出版机构后来又改为上海书店、国光书店、春江书店、平民书社、新文化书房等;译者姓名改为陈佛突、陈晓凤等。到 1926 年 5 月,此书已经印了十七版。可以说,此书的传播为中国共产党的建立奠定了思想基础,为党的成长指明了正确的方向,为我国培养了一整代马克思主义者。我们党的主要领导人大都从学习《宣言》受到马克思主义的启蒙教育,并通过《宣言》努力广为传播马克思主义。

1920年3月,李大钊在北京大学秘密发起组织了"马克思学说研究会",《新青年》和新出版的《宣言》中译本等革命书刊就成为研究会的主要读物。研究会在一份通告中曾向会员和进步青年推荐中文书籍二十多种,其中首要的就是《宣言》。这个研究会还依靠会员自愿捐款创办了一个小型图书馆,按英文共产主义一词的谐音,取名"亢慕义斋",广为搜集、采购、订阅各种马克思主义书刊。图书馆收到《宣言》等新书后,许多会员和非会员的进步青年争先借阅,辗转相传。他们如饥似渴,不分昼夜,多少次聚集在红楼图书馆的灯光下和中央公园幽静的来今雨轩,埋头攻读,悉心领会。有时还共同讨论,互相交流心得体会。当时学习的《宣言》除了陈望道的中译本之外,还有研究会的会员罗章龙、王有德、宋天放等从德文翻译的中文油印本。其中部分译文还被《京汉工人流血记》一书引用过。[33]李大钊本人于1920年9月起还在北大先后开设过"唯物史观研究""社会主义与社会运动"等课程,在课堂上讲授过《宣言》的基本思想,传播马克思主义真理。在李大钊的推动下,北京的最初一批共产主义者、北大马克思学说研究会的骨干,于1921年元旦在长辛店创办了劳动补习学校。他们引导工人学习《宣言》和《共产党》月刊等,并向工人通俗地宣讲"工人为什么要有政党"等革命道理。受李大钊的委托,研究会的积极分子高君宇于1921年夏天由北京返回太原,在其母校省立第一中学秘密散发两千本《宣言》,传播马克思主义,批驳无政府主义,使好些青年划清马克思主义与无政府主义的界限,走上了正确的革命道路。

毛泽东谈到自己如何转变为马克思主义者时说过:1920年间,"有三本书特别深地铭刻在我的心中,建立起我对马克思主义的信仰"。"这三本书是:《共产党宣言》,陈望道,这是用中文出版的第一本马克思主义的书……到1920年夏天,在理论上,而且在某种程度的行动上,我已成为一个马克思主义者了。"㉞又说:"记得我在1920年,第一次看到了考茨基的《阶级斗争》,陈望道翻译的《共产党宣言》和一个英国人作的《社会主义史》,我才知道人类自有史以来,就是阶级斗争史,阶级斗争是社会发展的原动力,初步地得到认识问题的方法论。可是这些书,并没有中国的湖南、湖北,也没有中国的蒋介石和陈独秀,但我只取了它四个字:'阶级斗争',老老实实地来开始研究实际的阶级斗争。"㉟可见《宣言》一书既帮助青年毛泽东树立了马克思主义世界观,又促使他掌握了马克思主义方法论,学会运用马克思主义来解决中国革命实际问题。不止于此,他还努力传播《宣言》,兼善他人。在他创办的文化书社中,曾广为推销《宣言》等革命书刊;在他领导建立的湖南马克思主义研究会和俄罗斯研究会中,曾把《宣言》列为会员必读书籍之一,使更多青年学习到马克思主义。

1920年夏天,任弼时、肖劲光等六个人经湖南俄罗斯研究会介绍到上海加入工读互助团,主要学习俄文,准备到俄国勤工俭学。刘少奇当时是这个团体的负责人之一。每个星期日专学马列主义理论,一般都是请人作报告。经常来这里讲课的是陈望道,他主要是讲他翻译的《宣言》的基本思想。这是当时他们能够读到的第一本马克思主义著作,使他们思想大为解放。尤其是刘少奇努力学习《宣言》的情况,给大家留下了深刻的印象。据肖劲光回忆:"少奇同志几乎没有个人爱好,从不闲聊天,也不随便上街。我们不住在一起,但看见他的时候,多是在学习俄文、阅读《共产党宣言》,思考着中国革命问题。"㊱1921年他们到俄国进莫斯科东方劳动者共产主义大学学习时,还继续学习《宣言》等书。

周恩来早在1918年日本留学期间就向往十月革命和马克思主义。1919年他从京都大学经济系主任河上肇教授创办的《社会问题研究》半月刊开始接触马克思主义,并了解《宣言》一书。6月间回国后投身学生爱国民主运动。他是在1919—1921年成长为马克思主义者的。1920年5月至6月间他因在天津领导爱国民主运动被捕入狱期间,曾用六个晚上在狱中组织的讲演会上系统传播马克思主义,分题讲述马克思的生平和学说,其中也介绍了《宣言》一书。他于7月间出狱,10月间赴法参加勤工俭学。后来他在回忆往事时说过:"到法国去以前,我阅读了《共产党宣言》、考茨基的《阶级斗争》和《十月革命》的译本。这些书是《新青年》杂志主持出版的。"㊳他在法国参加工人运动期间,还和当时留法的革命者一起继续学习《宣言》。他在叙述旅法一年思想的变化时写道:"我方到欧洲后对于一切主义开始推求比较",终于选择了共产主义,"定妥了我的目标"。㊴1920年2月蔡和森到达巴黎后,猛看猛译马克思主义著作,以"霸蛮"精神硬是从法文本先后译出了《宣言》《社会主义从空想到科学的发展》等书,并把译稿拿给大家传阅学习。9月间在法国南部蒙达尼召开留法学生代表会议并与无政府主义作斗争时,蔡和森带病出席,要向警予、蔡畅把他译的《宣言》全文抄在纸上,张贴在会场四壁,供与会者学习。蔡和森还一边指出原句,一边进行解释和分析。这对于引导留学生从无政府主义转向马克思主义起了很大的作用。周恩来来到巴黎后经常同蔡和森等一起讨论、研究马克思主义的理论和实际问题。1921年2月周恩来等在巴黎酝酿成立了社会主义青年团,1922年7月改组为中共旅欧总支部,下辖旅法、旅德、旅比(比利时)三个支部。总支先后出版《少年》《赤光》刊物,宣传马克思主义,探讨中国革命问题。在《少年》杂志第九号封面上就印有《宣言》中的一段话。同时,还从国内运来《宣言》《响导》等革命书刊,在留学生中传播,引导许多有志之士走上革命道路。

朱德就是这时在德国读到《宣言》的。他在回忆往事时说过:1921年以前在四川只能看到杂志上的普通文章,"我们连一份《共产党宣言》都没有,那是最先翻译成中文的马克思主义文献"㊴他于1922年9月到法国,10月到德国,11月由周恩来介绍入党。那时中共在柏林的支部几乎全力以赴组织党员学习,除自学外每星期还举行三次讨论会,"研究和讨论了已经译成中文的马克思主义文献《共产党宣言》和共产主义的入门书"㊵,分析并探索了中国革命的各个问题。正是学习《宣言》等马克思主义著作,使朱德"认识了历史发展的规律,结合其他的研究和经验,我就找到了了解中国历史——过去和现在——的一把钥匙"⑪。朱德后来曾经同史沫特莱这样谈起他这个时期的学习收获。他说："我在德国研究马克思列宁主义的书籍，参加了中国共产党，从此开始走上了新的革命旅程。"⑫

在党的领导下，由于第一批马克思主义者坚持不懈的努力，在短短几年时间内，《宣言》很快就传遍我国南北城乡。例如，1921 年邓子恢等人在福建龙岩组织"奇山书社"，社员曾发展到两百多人，集资购置《宣言》《新青年》等革命书刊，在社内进行学习、讨论，还汇集心得编为"读书录"。魏野畴⑬于 1923 年春在北京加入共产党后，夏天回陕西榆林中学任教，向学生宣讲《宣言》《国家与革命》等马列著作。仅两年时间，就有许多青年如刘志丹、谢子长等在他的影响下走上革命道路。恽代英在武汉主办的利群书社也引进《宣言》等多种革命书刊，对好多青年进行马克思主义的启蒙教育。董必武于 1921 年 7 月参加党的第一次代表大会回来后到武汉中学工作，在这里建立党团支部和学生会，在学生中宣传《宣言》的革命思想。他们还组织人油印、传抄《宣言》，散发到省内各县。到 1924 年春夏，黄安县的城镇和农村，已有《宣言》等革命书籍的油印本和传抄本颇为流传。

到 1926 年革命高潮时，新参加革命队伍的许多青年迫切要求学习革命理论。这时中国共产主义青年团主办的《中国青年》杂志曾经提出"革命青年必读的书十种"，《宣言》就是其中一种。仅是平民书社从 1926 年 1 月至 5 月就翻印了十次。7 月北伐战争开始后，《宣言》印得更多，随军散发。好多人就是在《宣言》的指引下通过革命战争的锻炼走上了共产主义的道路。彭德怀就是突出的一例。他出身贫寒，只读过两年私塾，11 岁起给地主放牛，还当过煤窑工人和挑土工人，1916 年 18 岁参加湘军，1919 年当连长，后升营长、团长，在北伐战争中屡建战功。1926 年秋攻打武昌时结识了共产党员段德昌，段德昌对他进行党的教育，介绍他读《宣言》等革命书刊，这才使他懂得并信仰马克思主义，决心跟着共产党干革命。在白色恐怖下他于 1928 年年初入党，毅然决然走上了为民族和阶级的解放奋斗终生的道路。他后来曾经这样讲到《宣言》一书对他的巨大影响："以前我只是对社会不满,很少看到有进行根本改革的希望。在读了《共产党宣言》以后,我不再悲观,开始怀着社会是可以改造的新信念而工作。"④"共产党人不屑于隐瞒自己的观点和意图",《宣言》中的这句至理名言对于形成他那种耿直刚正、无私无畏、直言不讳、肝胆照人的性格和作风不无直接的影响。

1927 年,第一次国内革命战争失败后,中国共产党人和广大革命者面临严峻的考验,《宣言》在险恶的逆境中继续广为传播并产生巨大影响。以毛泽东为代表的共产党人把《宣言》的基本思想运用于中国半殖民地半封建社会的实际,逐步摸索到并开辟了建立农村根据地和以农村包围城市的新的革命道路。《宣言》在开辟新道路方面是发挥了精神武器的作用的。例如,1927 年南昌起义部队在潮汕失败后,新入党的贺龙转移到上海。这时党中央派他和周逸群、徐特立等七位同志,带一本《宣言》和两支手枪前往湘鄂西开展游击战争,开创农村革命根据地。这七个人就是依靠这一本书和两支手枪作为精神武器和物质武器,终于创造了拥有两万五千名红军、包括十七个县的湘鄂西革命根据地。1932 年春至 1934 年秋,夏曦等人在湘鄂西地区推行王明的"左"倾路线,给革命造成重大损失。夏曦盲目怀疑根据地的党团组织,1933 年春擅自决定解散军队中的党团组织。贺龙当面质问他:"共产党领导的军队,没有各级党组织行吗?"夏曦气势汹汹地把桌子一拍,瞪眼喊道:"贺龙,你才入党几天,懂得多少马克思主义?为中共更加布尔什维克化而斗争就要反对你们的右倾……"贺龙神情痛苦,然而大义凛然,毫无惧色。他曙地"砰"一声猛击桌子,站立起来,冷静而沉着地大声回答道:"我贺龙文化不高,党龄不长。但自从周恩来同志介绍我入党以后,我反复学过《共产党宣言》,我坚信'英特纳雄耐尔'一定会实现。谁也休想阻挡得住!"⑤在中央正确领导的支持下,经过斗争才克服了"左"倾路线,使得部队以新面貌开始长征路上的胜利进军。

徐特立也是在 1927 年大革命失败后毅然加入共产党的。1928 年年初他和贺龙等人带着《宣言》去开辟农村根据地。1929 年党送他到苏联中山大学学习,他就刻苦攻读《宣言》等马列原著。1931 年他回到中央苏区工作,担任教育部代部长、部长等职务。苏区缺少纸张，印刷条件又非常困难。但是工农政府仍想法用土纸、木板、油印、石印等办法来印刷、出版、传播马克思主义著作。在瑞金就用木板印刷了一批《宣言》。徐特立找到一本《宣言》，十分珍惜，不知读过多少遍，生怕被别人抄走，还经常藏在床上禾草堆里。他"一读二读以至无限制的读，每次都发现有自己未了解的新东西"⑯。在残酷的战争环境中，他不仅反复精读《宣言》的名言警句、深刻领会《宣言》的基本原理，而且密切联系中国红色区域的实际加以运用。例如《宣言》中讲道："对一切儿童实行公共的和免费的教育"，"把教育同物质生产结合起来"。他在领导苏区教育工作中就身体力行，开展识字运动，举办列宁小学、夜校、俱乐部等。在缺乏师资的情况下，他提倡"能者为师"，发动群众自己来教育自己；在缺乏劳力的情况下，他让儿童参加一些附带的非主要的劳动，实行半工半读制。后来这本《宣言》竟被人抄走。他回忆往事时还深为惋惜地说："这是我最痛心的一回事，因为这是我学习理论的唯一工具。"⑰

国民党反动派在全国范围内建立了反动统治之后，一方面对革命根据地实行军事围剿，另一方面在白区加紧文化围剿，三令五申查禁革命书刊。从1929到1936年，共查禁六百七十六种社会科学书刊。《宣言》一直是被查禁的重要图书之一，罪名是"宣传共产主义"⑱。但是革命的火种是扑不灭的。好多人不怕迫害，密藏《宣言》，继续学习，坚持不懈。有的人被捕坐牢，还精读《宣言》，磨炼斗志，提高认识，准备再战。⑲共产党人和革命文化工作者一直坚韧不拔、百折不挠地继续传播《宣言》。陈望道的中译本还重新出版，例如1933年上海春江书店再次重印。为了躲避敌人迫害，书名只好改为《宣言》，译者也改为仁子。直到1936年，党在上海的文化书房还最后一次再版这个译本。

此外，在20世纪30年代和40年代又出现了五种《宣言》新的中文全译本。

1930年，以上海中外社会科学研究社名义出版了华岗（当时他在上海党中央宣传部工作，新中国成立后任山东大学校长）翻译的《宣言》英汉对照本。除收入《宣言》本文外,还包括马克思、恩格斯于 1872 年、1883 年、1890年为《宣言》写的三篇序言。这是《宣言》的第二个中文全译本,译文质量显有提高。同年由我们党在上海的出版机构华兴书局以上海社会科学研究社名义出版了署名潘文鸿编的《马克思主义之基础》一书。此书把华岗译的《宣言》和三篇序言全部收入,另外还增加了恩格斯的《共产主义原理》和马克思的《雇佣劳动和资本》,共有六篇马克思、恩格斯的作品。1931—1932 年我们党在北方的出版机构北方人民出版社曾经重印了《马克思主义之基础》一书。1938 年此书又以上海社会科学出版社名义、署名编译者彭汉文,由汉口竟成印务局印刷发行;1939 年又由健全出版社印行,此书的编者序中写道:从前中文译为《共产党宣言》,其实当发表这个宣言的时候在任何国家都还没有共产党成立,所以现在译为《共产主义宣言》;马克思、恩格斯后来为《宣言》的许多序言对于原文"在许多地方又有非常重要的补充",所以尽可能搜集,附于原文之后。可见这个版本从名称、内容到译文都具有一些新的特点。

1937 年,抗日战争爆发后,延安成为中国革命的中心,同时也是马列著作出版的中心。党中央为加强马列著作的翻译和出版工作,1938 年春成立了解放社。这时中央宣传部弄到了一本德文版的《宣言》,交给成仿吾、徐冰二人合译。成仿吾译前半部、徐冰译后半部,四篇序文也由二人各承担一半,译毕之后互校,又经几个同志审校,于 1938 年 8 月在延安由解放社出版。1938 年9 月 18 日出版的《解放》杂志第 52 期曾登载了出版《宣言》的新书通告,柯柏年还著文介绍过此书。这是第一次根据《宣言》德文原文译出的新本子(成仿吾 1929 年留学德国时曾根据德文本并参照英、法文译本译出《宣言》,这个稿本当时曾托一个德共党员带往莫斯科交给蔡和森,不幸丢失)。此书是作为"马恩丛书第四种"问世(这套丛书共出十三种)。这个版本在各个抗日根据地和大后方,以至敌占区翻印出版。香港的"中国出版社"于 1939 年 7 月以"马列主义理论丛书"名义出版了乔木(即乔冠华)校译的《宣言》新版本。他是根据英译本对成仿吾、徐冰的译本作了一些校订。此书后来于 1942 年 7 月和1947 年 11 月又重印过。

1943 年 8 月，延安解放社又出版了博古的校正本，他是根据俄译文对成仿吾、徐冰的译本作了较多修改，并且新译了《宣言》的 1882 年俄文版序。1943 年中共中央规定高级干部必须学习《宣言》《社会主义从空想到科学的发展》《左派幼稚病》《两个策略》《国家与革命》五本马列原著。至今在中国革命博物馆里还陈列着周恩来保存的他自己当时在延安窑洞内学习的《宣言》一书。书是白底、绿字封面，上面竖写签名"周恩来，一九四三、十二、卅延安"⑤。1949 年年初毛泽东号召全党加强理论学习，并进一步扩大规定，十二本书列为"干部必读"，《宣言》就是其中一种。于是《宣言》在全国大量发行，各级干部人手一册，成为干部自学马列主义理论的基本读物。可见即使在革命战争烽火连天的年代，我们党也非常重视用《宣言》的基本思想来武装广大干部。

1948 年，在《宣言》出版 100 周年之际，中国人民正在全力以赴地进行解放战争，未能出版新译本并举行纪念活动。这时在苏联外国文书籍出版局工作的几个中国同志根据《宣言》的 1948 年德文原版译出全文和马克思、恩格斯前后为此书写的全部七篇序言，于 1949 年年初在莫斯科用中文出版"百周年纪念版"。全国许多地区刚解放，这个版本曾广为流传。从 1949 年 6 月起人民出版社和一些地方出版社还多次重印过这个译本。

综上所述，《宣言》在我国新民主主义时期在中国共产党的领导之下经过革命知识分子的努力，才得到全面的传播。好些共产党人、马克思主义者先后从英文、日文、德文、法文、俄文都译出过全文，先后出版过六种中译本；并由最初没有一篇序言，发展到有三篇序言，四篇序言，以至全部七篇序言。各种译本译文的质量不断改进提高。各种译本前后印行过几万册，在白区和红区、前线和后方、城市和农村都有所传播。它不仅培养了一整代中国的马克思主义革命家，而且通过他们使广大群众初步懂得了马克思主义，通过他们把马克思主义与半殖民地半封建的中国实际相结合，形成了新民主主义革命的理论路线、方针和政策，开创了农村包围城市的道路，终于在中国共产党领导下于 1949 年取得了新民主主义革命在全国范围内的胜利。这是《宣言》的基本思想在一个东方大国的巨大胜利。

三、《宣言》在我国社会主义革命和社会主义建设时期广泛而深入的传播

1949 年 10 月 1 日，中华人民共和国的成立标志着我国进入了由新民主主义向社会主义过渡的新的历史时期,进入了社会主义革命和社会主义建设的新时期。马克思列宁主义是我们社会主义国家的指导思想。新中国成立以来,我们党一直非常重视对广大干部和青年学生进行马克思列宁主义的政治理论教育,一直把出版、学习《宣言》作为重大事情看待。

从 1949 年到 1954 年,人民出版社和很多地方出版社多次按照"百周年纪念版"的中译本重印《宣言》。《宣言》作为"干部必读"的十二本马列原著之一,同时又作为大学政治理论课的基本读物之一,从理论上武装了广大干部和青年。

1953 年,为纪念马克思诞辰 135 周年,中国人民大学出版了成仿吾校译的《宣言》"纪念版"。他在"重校后记"中谈道:他和徐冰于 1938 年合译的本子缺点很多;1944 年从敌后回延安时曾加以校正, 但这个校正本在胡宗南进攻延安时遗失了;这次校正因徐冰忙于其他工作,又只能由他一个人进行;他虽然注意到《宣言》思想明确、文字简洁的特点,但某些地方可能依然生硬。"好在《宣言》是宜于细嚼的珍品,对那些细心研究或反复钻研的同志们,我相信还是会有帮助。"[51]

1954 年,莫斯科外国文书籍出版局出版了《马克思恩格斯文选》(两卷集),书中收入了《宣言》及其七篇序言,译文是在"百周年纪念版"的基础上校订的。这部两卷集后来又由我国几次重印,流传甚广。

1958 年,中共中央马恩列斯著作编译局翻译《马克思恩格斯全集》第 4 卷时,又在上述《马克思恩格斯文选》两卷集译文的基础上,对《宣言》的译文作了校订。全书于同年由人民出版社出版。

1964 年,中央编译局参照《宣言》德文版和经过恩格斯审阅过的英文本和法文本,对《宣言》的中译文又作了一次字斟句酌的校订,这成为国内至今流传最广的译本。1972 年人民出版社出版中央编译局选编的《马克思恩格斯选集》四卷本时,选进了《宣言》及其七篇序言,译文就是采用 1964 年的。这四卷本我国所有的干部人人必备,普遍学习。

1975 年,人民出版社为广大工农兵群众选编了《马列著作选读》三本,按照马克思主义三个组成部分分册。在科学社会主义这一册中,选进了《宣言》全文和 1872 年、1883 年两篇序言。这就更便于《宣言》在工农兵群众中广为传播。

从 1975 年起,成仿吾在助手们帮助之下对《宣言》又进行了较严格的校正工作,初步定稿后曾广泛征求专家的意见,并到工厂、公社与部队中听取广大群众的意见。与此同时,他们在北京图书馆找到《宣言》1848 年德文原版,发现其他德文本同这个原版都有数目不同的差异,有的竟达四十八处之多。据此他们又作了必要的修改,并增加了若干注释。这个修订本于1976 年在中央党校印出试用时,曾得到朱德委员长的关注。他亲自去看望成老,说这个译本很好,他一口气就读下去了。他强调指出:"这种经典著作讲的都是一些根本问题,如阶级斗争问题、民族与国家问题、家庭与妇女问题等等,都讲清楚了。现在许多问题讲来讲去,总是要请教马克思与恩格斯,总得看《宣言》是如何讲的。"②这个校译本于 1978 年由人民出版社出版。

这样,新中国成立以来我国先后出版过五种《宣言》的校译本。译文质量可以说是精益求精,不断提高。不同译本译文风格相异,各有千秋。据统计,新中国成立以来,不包括马克思、恩格斯的文选、选集和全集,仅《宣言》中文单行本,人民出版社先后就发行七百四十万册(各地方出版社重印数字未计在内)。

1958 年 11 月,文字改革出版社出版了《宣言》注音本。全书用汉语拼音,逐行对照,这既便于学习汉语拼音方案的人练习和巩固,又有利于他们学习理论。

1965年12月,古籍出版社出版了《宣言》线装宣纸本,这是具有我国民族特点的一种新版本。

除了汉文译本之外,民族出版社于1971年10月至12月先后以藏、蒙、朝、维、哈五种少数民族文字翻译出版《宣言》,从1972年元旦起在全国陆续发行。新疆人民出版社于1973年9月出版维吾尔文新文字版,1974年9月出版哈萨克文新文字版,1975年8月出版托威蒙古文版。这些版本使马克思主义的光芒照耀我国边疆各少数民族的人民。

1971年5月,我国盲文出版社出版了《宣言》盲文版,以后又陆续重印过。这使得盲人也能见到马克思主义的阳光。

1974年,上海出版了《宣言》的木刻雕版本,这是我国独具民族特点的又一种新版本。雕版印刷术是我国古代劳动人民的伟大发明创造之一,至今已有一千多年的悠久历史。它是用中国独具的笔、墨、纸等原材料书写,然后进行雕刻、印刷。雕版书的书写、刻版、水印、装订艺术的完美结合,具有铅印本或影印本所没有的精美印刷效果,而且保存年代长久。《宣言》木雕版是上海书画社于1973年5月组织人员刻印,11月底全部完成,1974年4月出版。

三十多年来各出版社先后还出版了有关《宣言》的专著、解说、辅导材料等二十多种,报刊上发表了有关《宣言》的研究成果和学习笔记等达一千多篇。

《宣言》各种版本在我国城乡各族人民中间的广泛传播,使亿万人民掌握了马克思主义基本原理,提高了马克思主义理论水平,激发了他们大干巧干社会主义的热情,推动了我们国家沿着社会主义航道乘风破浪,高歌猛进。

《宣言》中关于无产阶级历史使命,阶级斗争,无产阶级专政,无产阶级政党领导,生产资料私有制的社会主义改造,教育与物质生产相结合,如何解决民族、妇女和国际团结等问题的论述,对我国社会主义革命和社会主义建设事业起了重要的指导作用。

党中央在领导我国社会主义革命和社会主义建设事业中非常强调以马克思主义作为"指导我们思想的理论基础",十分重视作为马克思主义基本原理结晶的《宣言》一书。"有许多干部都亲自听到过,毛主席说自己每年都要把《宣言》读几遍。"③毛主席曾多次表示,要结合中国革命和建设的经验为《宣言》写序言,做注释。可惜他的这一宏愿未能实现。1963年经毛主席审定,党中央决定开列包括《宣言》在内的三十本马列著作作为高级干部必读的书籍。为了照顾老同志阅读方便,《宣言》还印了大字本。毛泽东思想中关于人民民主专政的理论,关于实现国家工业化和农业、手工业、资本主义工商业社会主义改造的方针和政策,关于正确处理敌我和人民内部两类矛盾的学说,关于长期共存、互相监督和百花齐放、百家争鸣的方针,关于党的建设和群众路线、独立自主的方针等,都是在社会主义时期对《宣言》的正确运用和重大发展。刘少奇、周恩来等领导同志也时常学习并热情关注《宣言》一书。刘少奇同志于1950年10月3日在中国人民大学开学典礼上曾以自己亲身经历说明准确地翻译和理解《宣言》多么重要。他说1920年他在莫斯科时见到当时苏俄政府发行的卢布上用好几国文字印有"全世界无产者,联合起来!"的口号,可是中文却误译为"四海之内皆兄弟"。他以此勉励广大师生要努力学习马列理论和外语,力求做到准确地翻译和理解马列著作。后来他在工作中还经常叮嘱身边的工作人员要时刻牢记并切实实现马克思和恩格斯关于全世界无产者联合起来的国际主义思想。他在1958年、1960年和1965年三次认真重读了《宣言》的部分章节,并加过圈点和眉批。他还教育子女把《宣言》作为马克思主义的启蒙的必读书。㊿周总理在日理万机之中,20世纪50年代还同《宣言》全译本的最初译者陈望道交谈《宣言》。他"对《共产党宣言》英文版作了一些分析,和我商讨翻译上的一些问题。给了我很大的启发"㉟。

广大工农群众根据自己的切身体会,在学习《宣言》时把这一伟大著作的要点归纳为:两个必然(资产阶级必然灭亡,无产阶级必然胜利),两个决裂(与传统私有制和传统观念决裂),两副担子(中国革命和世界革命的担子)。这样归纳对于深入领会《宣言》的基本思想是有帮助的。他们还在《宣言》精神的鼓舞下在生产斗争中、在各条战线上,做出了重大的贡献。

广大知识分子通过学习《宣言》改造了旧思想,认识了社会发展规律,树立了无产阶级世界观。他们之中好多人还深入研究《宣言》的思想和译文,提出自己的独立见解;或者把《宣言》的立场、观点、方法运用于自己的专业,在各门学科中有所突破,有所创新,为攀登科学文化高峰做出了杰出的贡献。

许多同志正是通过反复学习《宣言》,受到马克思主义的深刻教育,并且在关键时刻以《宣言》为武器进行战斗。在这方面,张志新烈士堪称典范。20 世纪 50 年代初,她在中国人民大学学习时,通过学习《宣言》《资本论》等原著"认识了阶级斗争,进一步了解了社会发展的动力和工人阶级是历史上最先进的阶级"。正如她自己所说:通过学习"使我在阶级感情上有了莫大的变化。我要为工人阶级的彻底解放的事业贡献出自己的一切"⑥。50 年代末,她在辽宁工作时,对社会上刮起的"共产风"感到不切实际,于是就带着实际问题重读了《宣言》《国家与革命》等马列著作,就如何过渡到共产主义、能否取消商品生产和交换问题,大胆地提出了自己的看法;并且还与别人合作,摘编出有关资料出版,帮助大家提高认识,抵制错误倾向。60 年代,在被捕坐牢期间,她在狱中仍然坚持学习《宣言》等书,坚持与林彪、"四人帮"反革命集团的倒行逆施进行斗争。1969 年 10 月,她写下了气壮山河的、被赞为"一个共产党员为真理而斗争的宣言"的万言书。她按照《共产党宣言》的精神和风格,庄严地宣告:"只有共产党员才能展出全部政治胸怀,因为她知道自己言行的动机、目的是为了革命,她懂得这一事业的磊落光明。所以在公开坦白的政治斗争中,本来就应该严肃认真,堂堂正正。""要敢于正视真理,不管真理使人多么痛苦! 走自己的路让人家去说吧! 想要革命吗? 你就应当是强者——这就是一个共产党员的宣言!"⑰在《宣言》的感召和鼓舞下,她坚贞不屈,视死如归,最终于 1975 年 4 月 4 日惨遭杀害。

1976 年，党中央粉碎"四人帮"，尤其是 1978 年党的十一届三中全会拨乱反正，端正了路线，这就为我们更好地掌握并贯彻《宣言》的思想创造了条件。今后在实现四个现代化的征途中还要继续努力学习《宣言》，正确运用《宣言》，并且以新的实践经验进一步丰富发展《宣言》，为把我国建设成为现代化的高度民主的、高度文明的社会主义强国而奋斗。

四、在我国传播《宣言》的若干历史经验

我国人民是在马克思逝世之后二十年，即 1903 年才开始知道《宣言》一书的。通过近八十年来《宣言》在我国传播的历史，我想大体上可以总结出以下八条历史经验。

第一，《宣言》早在 19 世纪已经传遍了欧美各国，为什么它到 20 世纪才传到中国来？简言之，因为更早在我国不具备传播马克思主义、传播《宣言》的社会条件，所以这并不是某些人的疏忽和过失。到 20 世纪初，随着我国资本主义的初步发展和资产阶级、无产阶级的形成，这部说明无产阶级与资产阶级之间阶级斗争的科学论著才可能在我国土壤里生根、发芽。

第二，在资本主义国家，一般都是在工人活动初步发展起来之后，由第一批接受马克思主义的知识分子来传播马克思主义、介绍《宣言》的。在半殖民地半封建的中国，国内工人运动尚未兴起，而资产阶级领导的反帝反封建的民族民主革命运动却首先蓬勃发展起来了。而这种民族民主革命运动又是在马克思主义传遍欧美、国际社会主义运动激荡全球的形势下进行的，所以努力向欧美寻求救国救民之道的资产阶级革命派中的最激进分子，可能同情马克思主义，主观上也想以社会主义来解决中国社会问题。因此，在我国是由第一批同情马克思主义的资产阶级革命派人士最初来介绍马克思主义和《宣言》的。但是由于落后国家经济和阶级关系的特点以及他们本身阶级和思想的局限性，决定了他们只能对马克思主义和《宣言》作出局部的、片面的介绍，而不可能接受马克思主义，不可能全面传播《宣言》，

也不可能完整、准确地理解《宣言》的原文和思想。

第三,在我国全面传播《宣言》,还只能是在工人运动初步开展起来、无产阶级作为独立政治力量登上历史舞台之后。在我国肩负起全面传播《宣言》任务的,还只能是最初接受马克思主义的革命知识分子。恩格斯说过:"翻译《宣言》是异常困难的"⑱,《宣言》是"在一切文献中最不好翻译的"⑲。由于难以译得准确,所以好多语种的《宣言》译文前后都有多种译本。例如,《宣言》至少有过三种法译本,五种英译本,八种俄译本。要把《宣言》译为与西方文字迥然不同的中国文字,更可以说是难上加难。有赖我国革命知识分子的辛勤劳动,精雕细琢,精益求精,才使得《宣言》在我国先后出版过十种全译本(包括重新校译本),译文质量不断提高,《宣言》才能够准确地得到广泛而深入的传播。可见要准确地传播马克思主义,是需要呕心沥血、一丝不苟的精神。

第四,传播马克思主义精华的《宣言》,必然遭到反动统治阶级的查禁和迫害。只有在共产党领导之下有计划、有组织地出版,还要善于巧妙地隐蔽地进行斗争,例如改换书名、作者和出版社,声东击西,秘密印刷和传送,油印和传抄等,百折不挠,不怕艰险,才可能使马克思主义躲过敌人的搜查,冲破敌人的禁令,得到全面的传播。

第五,要使《宣言》得到全面广泛而深入的传播,还要在共产党领导之下有计划、有组织地倡导学习。例如,规定"革命青年必读""干部必读",号召自修和业余学习,举办学习班、干校、党校,列入各类学校学习计划,召开报告会、讨论会,出版各种辅导读物和研究成果等。总之,要善于通过各种渠道,运用各种方法,为传播马克思主义开路。

第六,要使《宣言》得到全面、广泛而深入的传播,首先要造就一支马克思主义的队伍,使一部分革命知识分子领会并掌握《宣言》的基本思想,了解并熟悉《宣言》的内容。其次,再通过这些马克思主义知识分子的通俗讲解,把《宣言》广泛地传播到广大工农群众中去,与群众相结合,为群众所掌握,使之成为指导群众斗争的思想武器。

第七，传播《宣言》的最终目的是为了运用马克思主义来指导本国的革命运动。马克思、恩格斯曾经一再表明："《宣言》中所发挥的一般基本原理直到现在还是完全正确的"，"这些基本原理的实际运用，正如《宣言》中所说的，随时随地都要以当时的历史条件为转移"。⑩要把《宣言》中分析欧美资本主义国家无产阶级革命的基本原理，运用于亚洲半殖民地半封建的中国，则更带有特点。以毛泽东为代表的中国共产党人创造性地把《宣言》中的马克思主义基本原理与中国的具体历史条件相结合，领导中国人民取得了新民主主义革命和社会主义革命、社会主义建设的胜利，使凝结于《宣言》中的马克思主义种子在我国生根、发芽、成长之后，得以鲜花盛开，硕果累累，从而又以新的经验丰富、发展了马克思主义。如果只限于翻译、出版、学习《宣言》，而未能结合本国实际来运用、丰富、发展《宣言》，那犹如纸上谈兵，毫无实战意义。在运用中遇到挫折和失败时，还要认真总结，从头做起。《宣言》在西欧和北美早在19世纪就获得广泛传播；在亚洲，于1905年译为日文出版，于1919年译为土耳其文出版，于1924年译为印度尼西亚文出版，20年代中期也在印度出版。可是这些国家的无产阶级至今尚未取得政权。在我国，革命和建设也都经历过曲折的道路。如何在各国运用《宣言》来指导无产阶级的解放斗争取得更大的胜利，这是有待各国马克思主义者努力探索的重要课题。

第八，要正确地运用《宣言》还要不断排除右的或"左"的干扰。我们党在历史上好几次犯过右倾或"左"倾的错误，给革命带来了严重损失。当我们犯这些错误时，往往是片面地理解甚至引用《宣言》的某些词句，这样就不可能全面理解并运用《宣言》来指导革命斗争。例如，在民主革命时期犯右倾投降主义错误时，往往就片面强调《宣言》中关于资产阶级在历史上起过非常革命作用的论述，而丢掉了要坚持无产阶级领导权的原理；而犯"左"倾冒险主义错误时，往往就片面强调《宣言》中关于国内战争不可避免的论述，而丢掉了要对空谈和幻想采取批判态度的原则。在我国基本上消灭了剥削阶级、进入社会主义社会以后，还片面强调《宣言》中关于阶级斗争的论述,忽视了无产阶级在夺取政权后要发扬民主并尽可能快地增加生产力总量的方针。总结多年的实践经验,看来在把马克思主义与本国实际相结合方面,首先要求对马克思主义原理和原著应有完整、准确的理解,切忌主观、片面,断章取义,这样才不至于割裂原著、引经据典来为错误的方针政策寻找理论根据。

以上这些传播《宣言》的经验,大体上也就是传播马克思主义的一般规律。

让我们记取这些历史经验,为使《宣言》更加深入人心,在我国实现社会主义现代化的新长征中发挥更大的作用而努力奋斗吧!

注释:

①《大同学》([英]器德著,李提摩太、蔡尔康译),《万国公报》,第121期、123期,另见广学会光绪二十五年(1899年)线装本,第16~17页、40页。

②古尔柏等:《殖民地附属国新历史》(上卷第4册),读书出版社,1948年,第94页。

③《新民丛报》第18期,1902年9月15日出版。

④《近世社会主义》(第2编),广智书局1903年线装本,第3页。

⑤同上,第13页。

⑥《近世社会主义》(第4编),广智书局1903年线装本,第34页。

⑦同上,附录第5页。

⑧《建国方略》,载《孙中山选集》(上卷),第172页。

⑨⑩《民报》(第2号),《德意志革命家小传》,第5页、11页。

⑪《民报》(第2号),第3~4页。

⑫⑬⑭⑮《民报》(第5号),第80页。

⑯⑰⑱⑲《民报》(第7号),第119~122页。

⑳《天义报》(第15期),第468页。

㉑《天义报》第16—19期合刊,北京各图书馆未查到存本。承日本友人、京都大学人文科学研究所狭间直树先生为我寄来了复印本。引文见该刊合刊,第511页。《天义报》于第19期以后停刊,《宣言》一书也就没有登完。

㉒ 井勿幕是陕西蒲城人,1888 年生,1903 年留学日本,1905 年加入中国同盟会。曾以侠魔笔名在《夏声》杂志上发表过多篇宣传反帝反封建的民主主义思想的文章。1911 年辛亥革命陕西起义的主要领导人。1918 年被杀害。

㉓《新世界》由煮尘主编,朱执信在《民报》发表的文章署名蛰伸;而《新世界》发表的《社会主义大家马儿克之学说》一文却署名煮尘重治作,蛰伸译述。显然,此文是由《新世界》主编根据朱执信的文章改写的。

㉔《新世界》(第 2 期),第 11 页。

㉕ 署名舍者即成舍我(1898—1991)。此人是著名报人,创办过《世界日报》等。

㉖《每周评论》(第 16 号),第 2 版。

㉗ 这句话现在通译为"把农业和工业结合起来,促使城乡之间的对立逐步消灭"。

㉘ 见许德珩老师 1982 年 3 月 24 日给笔者的复信。

㉙ 许德珩:《纪念五四话北大》,《北京大学学报》,1979 年第 2 期。

㉚ 民鸣在 1907 年和李泽彰在 1919 年,两次都已译出《宣言》全文,但都只刊登了第一章,而未能全文发表。这也是表明资产阶级代表人物的不彻底性并非偶然的巧合。

㉛ 参见《北京大学同学录》(北大档案室藏件)。

㉜ 由于陈望道是留日学生,加上他采用了《宣言》日文版的某些译法(例如"万国劳动者团结起来呵!"),所以人们往往以为他是从日文本翻译的。可是据他自己说:"有一次,周总理亲切地问我:《共产党宣言》你是参考哪一国的版本翻译的? 我回答说:日文和英文,主要是英文。"(《深切的怀念》,《文汇报》,1977 年 1 月 15 日。)

㉝ 参见《新文学史料》,1979 年第 3 集。

㉞ 参见[美]埃德加·斯诺:《西行漫记》,董乐山译,生活·读书·新知三联书店,1979 年,第 131 页。

㉟ 毛泽东:《关于农村调查》(1941 年 8 月 13 日),《人民日报》,1978 年 12 月 13 日。

㊱ 肖劲光:《忆早期赴苏学习时的少奇同志》,载《红旗飘飘》(第 20 集),中国青年出版社,1980 年,第 3 页。

㊲[美]斯诺:《周恩来早年的生活》(1936 年陕北访问记),载《周恩来访问记》,香港万源图书公司,1976 年,第 9 页。

㊳ 周恩来:《西欧的赤况》,《新民意报》(天津),1923 年 4 月 15 日。

㊴㊵ [美]艾格妮丝·史沫特莱:《伟大的道路——朱德的生平和时代》,梅念译,胡其安、李新校注,生活·读书·新知三联书店,1979 年,第 150 页、179 页。

㊶ 同上,第 150 页、179 页、193 页。

㊷ 朱德:《辛亥革命回忆》,《人民日报》,1961 年 10 月 10 日。

㊸ 魏野畴,陕西兴平人,1897 年生,1917—1921 年在北京高等师范学校上学。1926 年以后曾任陕甘区委常委兼宣传部部长、皖北特委书记,1928 年被捕牺牲。

㊹ 参见[美]埃德加·斯诺:《西行漫记》,董乐山译,生活·读书·新知三联书店,1980 年,第 245 页。

㊺ 谷志标:《三次寻找党,忠心鉴日月——纪念贺龙同志逝世十周年》,《光明日报》,1979 年 6 月 9 日。

㊻㊼ 徐特立:《再论我们怎样学习》,《解放日报》,1942 年 4 月 1 日。

㊽《中国现代出版史料乙编》,中华书局,1955 年,第 210、244～245 页。

㊾ 例如,新中国成立后曾任公安部副部长的徐子荣,于 1932—1936 年坐牢期间就精读了《共产党宣言》《资本论》等书。参见《人民日报》,1979 年 4 月 5 日。

㊿ 1979 年 10 月 23 日华国锋总理一行访德期间曾专程来到特里尔市瞻仰马克思的故居,他们代表中国人民将周恩来 1943 年学习过的这本《宣言》的复制品作为赠礼奉献。

(51)《共产党宣言》,成仿吾校译,中国人民大学,1953 年,第 72 页。

(52)《共产党宣言》,成仿吾译,人民出版社,1978 年,第 68～69 页。

(53) 范若愚:《无产阶级将获得整个世界——纪念〈共产党宣言〉发表 130 周年》,《人民日报》,1978 年 2 月 18 日。

(54) 参见王光美同志 1982 年 7 月 22 日给笔者的信。

(55) 陈望道:《深切的怀念》,《文汇报》,1977 年 1 月 15 日。

(56)《中国人民大学》(校刊),1976 年 6 月 20 日第 3 版。

(57)《理论与实践》,1979 年第 4 期。

(58)《马克思恩格斯全集》(第 36 卷),人民出版社,1974 年,第 46 页。

(59) 同上,第 361 页。

(60)《马克思恩格斯选集》(第一卷),人民出版社,1956 年,第 228 页、238 页。

《共产党宣言》有二十三种中译本 *

2008 年 7 月 3 日出版的《光明日报》发表了中共中央编译局副秘书长杨金海研究员的《〈共产党宣言〉与中华民族的百年命运》一文(以下简称《杨文》),文中就《共产党宣言》(以下简称《宣言》)十二个中译本的译者、特点、出版情况等作了全面、扼要的概述,对读者了解马克思主义在我国的传播很有帮助。我从 1950 年中国人民大学创办伊始,一直教政治理论课,几乎年年都要学习、讲解《宣言》。对这一本划时代的最重要的马克思主义文献可以说我心有专注,情有独钟,长期搜集、收藏不同版别的中译本,并进行比较研究。《杨文》促使我去盘点核实我所知道的各种中译本,累计竟有二十三种之多,足见《宣言》是多年来对我国影响最大、最深远的马克思主义经典著作。现在把《杨文》尚未提到的十一种中译本简介如下,并对《杨文》某些不确切和过于简略之处稍加订正和补充。

一、1949 年以前有九种中译本

早在 1998 年为纪念《共产党宣言》出版 150 周年,我曾在 3 月 4 日出版的《中华读书报》发表《魅力无穷的经典名著》一文,文中提到"中文先后

* 本文原稿登于《光明日报》2008 年 10 月 16 日第 11 版《光明论坛》,后全文发表于《中共天津市委党校学报》2009 年第 2 期。

有过十五种中译本"①。当年 5 月我到中央编译局参加中国国际共运史学会常务理事会时,编译局一位老领导曾经问我:"老高,你说《宣言》有十五种中译本,真有这么多种吗?"我说,这是依据我搜集到的资料统计出来的。近十年来,我又查寻到八种中译本,所以总共有二十三种。本文所补充介绍的这十一种,其出版地点是:两种在东京、一种在北京、一种在莫斯科、三种在香港、四种在台北。

第一种中译本是 1907 年在东京出版的。由当时留日学生署名蜀魂翻译的。东京社会主义研究社 1906 年 12 月出版的幸德秋水著、蜀魂译《社会主义神髓》一书曾附有社会主义研究社的"社会主义丛书出版预告",其中列出全是蜀魂译的五本书,有一本《共产党宣言》,德国马尔克、嫣及尔(即马克思、恩格斯)合著。②

第二种中译本是 1908 年在东京出版的。由当时留日学生署名民鸣翻译的。1908 年 1 月 15 日在东京出版的《天义》报月刊第 15 卷曾经刊出该报关于出版社会主义书籍的如下广告:"本报下册汇列新译各书成一最巨之册,其目如下",第一本书就是《共产党宣言》,马尔克斯因格尔斯著(即马克思恩格斯著),还有克鲁泡特金著《面色略夺》等。广告之末还写明:"特此预告,不日出版。"在这一期《天义》报上还首先发表了民鸣译的恩格斯著《共产党宣言》1888 年英文版序言。③查 1908 年 3 月 15 日出版的《天义》报第16、17、18、19 卷合刊,登载有民鸣译的《共产党宣言》前引和第一章全文。但是 3 月下旬该报停刊,没有见到后续第二、三、四章译文,也没有见到此书单行本。

二十多年前,我曾写信请日本朋友、京都大学狭间直树教授(研究中国近代史的著名专家)帮我查寻日本各图书馆是否收藏有以上两种中译本,承他复信告以均无所获,并且复印了上述《社会主义神髓》一书的版权页和《天义》报所载民鸣译《宣言》的前引和第一章,寄赠给我。版权页上增加的信息有社会主义丛书的代售处为日本东京神田区骏河台铃木町中国留日学生会馆。《宣言》第一章的标题资产者与无产者,民鸣译为绅士与平民。现在我把 1907 年、1908 年这两种中译本的信息公之于众,深望热心人继续寻觅。

第三种中译本是《杨文》评介的 1920 年陈望道翻译的。在国内最早出版的这个中译本在 20 世纪 20 年代至 30 年代多次多处重印,广为传播,可以说是培养了一整代马克思主义者和共产党人。我也是在 1944 年上高中二年级前,一位进步老师借给我读这个译本,才受到马克思主义的启蒙教育。后来直到 1980 年我才从《红旗》杂志社图书资料室借到 1965 年该社翻印的陈望道译本的简体字本复印一册。陈译本第一版只印了一千册,现在仅保存有十一册。《杨文》列出了这十一个收藏处,可惜其中有四处写得不准确。现据红色收藏家范强鸣选编的《红色中华第一书》(中央党校出版社 2007 年版)的图文解说和有关资料加以订正。中国革命博物馆已于 2003 年 2 月 28 日改名中国国家博物馆,延安革命博物馆应为延安革命纪念馆(自 1950 年 7 月建馆起从未改名),山东广饶市博物馆自 1995 年 12 月改名山东东营市历史博物馆,浙江上虞县档案馆应为浙江上虞市档案馆(上虞自 1992 年 10 月 18 日撤县改市)。

第四种是 1930 年华岗译本。《杨文》只说华岗是"我党理论家",这里略加补充。华岗(1903—1972),生于浙江龙游贫农之家,1920 年小学毕业考入衢州省立第八师范学校,1924 年转入宁波四中续读高中,把幼名华延年改名华少峰。这一年春开始在报刊发表文章,多署名少峰,秋后加入中国社会主义青年团,不久即担任宁波地委宣传部部长,1925 年夏因从事革命活动被校方开除,团中央即任命他为南京地委书记,9 月他在南京加入共产党。从此奔波于大江南北,1928 年受命作为代表到莫斯科参加中共六大和中国共青团五大,在会上当选团中央委员兼宣传部部长,还兼任中共江苏省委的部分工作。1929 年党中央在上海成立华兴书局,他受命要按照 1888 年恩格斯亲自校订的英文版《共产党宣言》重新翻译出版。他参照他学习过的陈望道的译本,字斟句酌,反复推敲,终于在 1930 年年初,由华兴书局出版了第一次署名华岗译的《共产党宣言》中英文对照本(从这时起他发表文稿才用华岗)。我是在 1973—1978 年因人大停办,转到北大教书期间,从北大图书馆头一次借读到这个译本。到 1982 年秋才又从北大借出此书复印一册。

另外,我于 1957 年年底在东四人民市场旧书店还买到《马克斯主义的基础》一书,署名彭汉文编译,上海社会科学研究社 1938 年 5 月出版,内容包括华岗译《宣言》。长期以来我对此书编译者彭汉文是否华岗别名,难以判明。《杨文》也讲道:"1930 年 3 月,华兴书局又以上海社会科学研究社名义出版了署名潘鸿文的《马克思主义的基础》一书。该书除收入华岗翻译的《共产党宣言》和上述三篇序言外,还收入恩格斯的《共产主义原理》和马克思的《雇佣劳动与资本》","不难看出,该书的译者和编者对《共产党宣言》已有了很深的研究"。按照这种说法,该书编者潘鸿文和译者华岗似乎是两个人。我认为,这两本书的书名与内容完全一样,此书编者潘鸿文与上述我买到的那本书的编译者彭汉文,发音相近,可以肯定是同一个人。那么潘鸿文与彭汉文是否华岗的别名呢?前两年华岗的女儿华景杭来拜访时我同她探讨了多次。华景杭 1947 年出生,华岗于 1955 年因胡风案蒙冤入狱(1972 年惨死狱中,1980 年彻底平反),她不可能知道往事细节。从她送给我的向阳著《华岗传》(浙江人民出版社 2003 年版)得知:华岗 1924 年在宁波四中参加革命活动时有一位亲密战友潘念之,本是宁波育德中学教师,比华岗大几岁,当时他担任团宁波地委书记,华岗是宣传部部长,"团宁波地委给上级写了许多报告,署名都是潘枫涂(念之)和华少峰的名字或代号"④。我们都认为华岗以潘鸿文为别名出书很可能是为了纪念他的老战友,至于到 1938 年又改名为彭汉文,可能由于此书已从上海改为在汉口出版。

第五、六、七种中译本,就是《杨文》所写的 1938 年成仿吾、徐冰合译本,1943 年陈瘦石译本和博古校译本。虽然博古的校译本是 1943 年 8 月才出版,可是《杨文》又说这个译本发行量极大,"自 1938 年到 1949 年估计在几百万册"。这里所说的 1938 年显然不准确,发行量也不可能达几百万册。当时各解放区干部总数才约有几十万人。我于 1948 年在解放区华北大学当研究生时,也是研读这个译本。

第八种中译本是乔冠华校译本。为纪念 1948 年《宣言》出版百周年，中国出版社在香港出版了这个校译本。我早知有这个新版本，但是在国内一直查不到。直到 1988 年 10 月我到香港中文大学讲学时才复印一册带回。该书仍然署名译者成仿吾、徐冰。乔木（乔冠华的笔名）在校后记中说："由于德文版本之不易找到，目前的译本是根据英文校的——尽管原译是根据德文译的。除掉误植和个别的字句而外，比较重要的校正可以说是很少的。"如果只看这个说明，就会认为这个新版本不能算是新译本。但是我粗略比较一番，改动竟有近百处之多。仅举一例，原译第二章在表明共产党与其他无产阶级政党的区别时说：共产党"坚持整个无产阶级的超出民族的共同利益"，乔木校译时改为"坚持全然和民族问题无关的整个无产阶级的共同利益"。所以本书尽管乔木谦虚地仍然署名成仿吾、徐冰译，实际上应该说是一种新的校译本。

第九种中译本是苏联外国文书籍出版局在莫斯科出版的《宣言》百周年纪念版。《杨文》说："1949 年初该版本运到中国"，此说恐不准确。该版本里封明确印有"一九四九。莫斯科"，即是说该书最早也是 1949 年春天才出版。我是 1949 年 3 月 6 日随华北大学队伍进入北京城，曾经贪婪地多次逛书店，到 12 月间才买到这个珍本（也可能早几个月已开始出售）。

二、新中国成立后有八种中译本

第十种中译本是 1953 年成仿吾的校译本。中国人民大学于 1953 年 12 月 5 日出版了《共产党宣言》新版本，封面写明"马克思诞生一百三十五周年纪念版"，里封写明成仿吾、徐冰合译，又加上〔校译版〕，印数 2349 册，定价 0.26 元。当时学校发给我们马列主义基础教研室全体教师人手一册。成仿吾副校长在"重校后记"中说：1938 年他与徐冰合译的本子有很多缺点，直到 1944 年他从敌后回到延安才利用空闲加以校正，但是这个校正本在胡宗南进攻延安时遗失了，这次校正又是他一人作的。这次校正他又作了很多修改。例如，《宣言》开头一句，旧译"一个巨影在欧罗巴踯躅着"，新译改为"一个魔影出现在欧罗巴"；第一章节一句，旧译"一切过去社会的历史是阶级斗争的历史"，新译改为"一切从来的社会的历史是阶级斗争的历史"。

　　第十一种中译本是苏联外国文书籍出版局于 1954 年在莫斯科出版的《马克思恩格斯文选》两卷本第 1 卷中的《共产党宣言》的译文。粗读可能以为此书就是采用上述莫斯科 1949 年年初出版的《宣言》百周年纪念版的译文。细加比较之后就会发现，全书(不包括四篇序言)修改有六十七处之多，应该算是一个新的校译本。例如，在《宣言》开头引言中，百周年版译为"各国共产党人"，《文选》改译为"属于各种不同民族的共产党人"，这是重要的订正。因为 1848 年世界上只有一个共产党，即共产主义者同盟，它约有四百个党员，有德、英、法、比等多种民族成员。

　　第十二、十三、十四、十五、十六种中译本，就是《杨文》所说的中央编译局于 1958 年、1964 年、1972 年、1995 年、2008 年先后重新校译的五个译本。这是出版数量最大、影响最大的译本。

　　第十七种中译本就是《杨文》最后简略提及的 1978 年人民出版社出版的成仿吾根据德文重新校译的新译本。本来自 1953 年 1 月中央编译局建立以来，人民出版社通常出版中央编译局翻译的马列主义经典著作，为什么 1978 年能够另外出版成仿吾翻译的《宣言》呢？内中秘情现在可以披露。原来是成老对中央编译局的译本不大满意。他从 1954 年起先后调任东北师大和山东大学校长，"文革"中横遭批斗。1972 年 8 月毛主席见到山东省委上报的要保护的老干部的名单，其中就有成仿吾，毛主席特批"此人来北京"。9 月他来京，可是到翌年 2 月仍未安排工作，只好又回济南。1974 年 7 月他写信给毛主席，谈到马克思、恩格斯原著的翻译问题，又说自己有德、英、法、俄、日五种语言文字能力，愿意从事这方面的翻译工作。8 月间毛主席批示同意他专门从事马克思恩格斯著作中文本校正工作，"在中央党校安排一个位置，给几个助手"，并且要他来京参加国庆大典。12 月间他出任中央党校顾问，调李逵六、白晓明等熟谙德文等外文的年轻同志协助他重新校译《宣言》《哥达纲领批判》《社会主义从空想到科学的发展》等原著。1975年8月《宣言》校译本初稿铅印出来后，成老曾派人到北大国际政治系找到我（1970年人民大学停办后我于1973年调到北大教书）。他还记得我这个当年的“年轻小伙子”，要我参加初稿的讨论。他甚至还约请乔冠华同志参加讨论（乔当时担任副总理兼外交部部长，无暇顾及）。这个校译本经过三年努力、三易其稿，到1978年11月才问世，初版印数五万册，1979年3月18日我收到他赠书一册。这个新译本对中央编译局的译本作了很多、很大修改。成老在讨论中多次对我们讲：《宣言》开头一句原来译为“幽灵”，这是博古1943年根据俄文本改的，改坏了，幽灵是死人的灵魂，马克思用的德文Gespenst不是这个意思。1938年他把此词译为“巨影”，1953年改为“魔影”，1978年又改为“魔怪”。可见《宣言》中的重要词语，他在几十年之中一直都在不断推敲应该如何准确、鲜明、生动地译为中文。当然，1978年他这个新译本也并非别人都能同意的，都认为译得最好的。近三十年前我曾拟好了要点，准备就这个新译本写一篇书评，提出一些不同看法。我亲自到中央党校成老寓所找他面谈。当时中国人民大学复校刚一年，成老是校长兼党委书记，全面主持学校工作，极为忙碌。但是他依然热情地同我交谈《宣言》中的好多译文问题。没有料到，他认为“译文只有是否准确问题，不能百家争鸣”。由此我想拙文只有留待成老百年之后再写了。1984年5月17日老校长仙逝，享年87岁。如今，我也已年过八旬，每次到西郊人大，见到矗立在校园的成老的塑像，对这位参加过长征的老革命家、老教育家都充满敬意，至今还不便下笔。

三、香港、台湾的六种译本

第十八种中译本是1998年4月香港新苗出版社为纪念《宣言》发表150周年而出版的。这家出版社是香港的托洛茨基派共产主义者办的，这本

《宣言》是作为"新苗丛书"第十三种,用优质纸张,且印刷精美,封面采用一张罕见的马克思正在凝神点燃含在嘴中的雪茄烟的半身照片。内容增加了比利时托派理论家曼德尔的《共产主义的前途》(写于1990年年初,许由译)和托洛茨基的《共产党宣言九十周年》(写于1937年,刘宇凡、向青译)两篇文章作为导读,列在前面。《宣言》本身的译文没有署名,经我对照,基本上是采用中央编译局1995年版的译文,但是修改有八十二处之多,应该也算是一个新的校译本。例如,第一章中"现代的国家政权不过是管理整个资产阶级的共同事务的委员会罢了"改译为"现代的国家的行政部门不过是管理整个资产阶级的共同事务的委员会罢了"。

第十九种中译本是台湾《当代》杂志于1998年4月1日发行的第128期(复刊第四期)作为"《共产党宣言》150年专辑"而全文特载的译文。这份杂志是我于2000年5月在美国访问考察时从友人处借来复印的。这一期的专辑还发表了《迈向〈共产党宣言〉》《〈共产党宣言〉与现代性》《幽灵与精神》《韦伯论〈共产党宣言〉》《正义的条件》《永远的死对头》六篇纪念文稿。全文特载的《宣言》,经我核对,基本上是采用中央编译局1958年的第一次译文,但是又修改了几十处,也应该算是一个新的校译本。这个译文总的看来是把口头语较多地修改为书面语。例如把"同它"改为"与之",把"把它"改为"将之",把"前后"改为"前夕"等。

台湾在蒋经国晚年从1987年7月1日起逐步开放报禁、书禁,言论自由和信仰自由得以渐渐实现。20世纪90年代以来自愿学习马克思主义者慢慢增多。我于1995—1996年到台湾考察、讲学两个月,看到好几所大学已开设马克思主义课程,已涌现一批马克思主义学者。正是在这种历史背景下,1998年《宣言》发表150周年时《当代》杂志才出特辑,可能还另有其他刊物登载纪念文章。不久前北京红展网主任、主编范强鸣同志,还帮我从网络上查到21世纪以来台湾新出版的三种《宣言》新译本,我都已买到。这三种新译本都是小32开本,封面封底设计独特,色彩鲜艳,印刷精美,内容除了《宣言》本文和七篇序言之外,都附有解释性的文字说明。这些特点使得原著既能吸引读者,又便于读者阅读和携带、收藏。

第二十种中译本是唐诺译,台湾脸谱文化出版社 2001 年 7 月 10 日出版。译者是台湾宜兰人,1958 年生,台湾大学历史系毕业,写过推理小说,目前从事出版和自由写作。这本《共产党宣言》是译者翻译的"人类最伟大的声音"五本丛书之一。这一套丛书大概原是美国人选编的,其中有四本全是美国人的作品:1776 年杰斐逊起草的《独立宣言》,1854 年《西雅图酋长的谈话》、1950 年《福克纳诺贝尔文学奖致答问》、1963 年马丁·路德·金的《我有一个梦》。即便美国人的眼光局限在本国,然而还不得不把德国人写的《共产党宣言》视为"人类最伟大的声音"。这一套丛书注明"适用对象:高中学生,以及对知识仍有热望的普通人"。既是普及本,所以每本都附有译者编写的"说明",对原书作者和历史背景、内容要点、思想价值等作了介绍,而且每本书都是中英文对照,这样便于读者同时学习英文。这本《共产党宣言》有很多新译法。例如,第一章资产者与无产者,改译为资产阶级与无产阶级;第二章末尾那句话改译为:"我们将拥有一个每个人为己身自由发展、而且以之为所有人自由发展条件的联合体。"封面在《共产党宣言》书名之上加上一行"先知的文件"这样高度评价的标题。译者的"说明"长达两万字,但是在我们看来,并没有对《宣言》的历史意义和当代价值作出准确的阐释。

第二十一种中译本是台湾启思出版社 2003 年 2 月出版,封面与封底基本上一样,都是橘黄色,上端都印有白色《共产党宣言》五个特大号汉字(其中"产党"二字是繁体字),封面书名之下引用恩格斯在《宣言》1883 年德文版序言中概述《宣言》基本思想的一句经典名言:每一历史时代的经济生产以及必然由此产生的社会结构,是该时代政治的和精神的历史基础;因此全部历史都是阶级斗争的历史。封面当中印有马克思恩格斯著。最底下一行是启思出版集团国际华文版。封底当中印有"全世界无产者,联合起来!"本书没有署名译者。对照译文,是对中央编译局 1995 年的译文作了上百处修改。如把引言中的"教皇"改为"教宗","当权"改为"当政"。把第一章中"各民族的精神产品"改为"各民族精神活动的创造物"。

第二十二种中译本是管中琪、黄俊龙译,台湾左岸文化出版社 2004 年 6 月出版的。本书是该出版社编辑室选编的"人类的经典"丛书第三十四种。封面上在书名《共产党宣言》之下还加印有"最伟大的社会主义文件"作为副标题。《宣言》本文是管中琪从德文翻译的,译者毕业于台湾德国语文研究所,后在德国哥廷根大学游学一年,译有《贾(歌)德谈人生》等多本论著。《宣言》的译文有不少新奇之处。如第一章的标题为"布尔乔亚成员与普劳分子",第四章标题为"共产党回应诸多反对派的态度",最后一句话译为"全世界普劳分子,联合起来!"书前列有洪镰德教授写的《推荐马克思和恩格斯的杰作〈共产党宣言〉(1848)及其新译》的评介文章和英国著名历史学家霍布斯邦(我们译的霍尔斯鲍姆)写的《〈共产党宣言〉导论》,此文本是作者为《宣言》出版 150 周年英文纪念版写的导论,由黄俊龙从英文翻译,译者为苏格兰圣安德鲁大学国际学院博士生。这两篇评论中的某些论点是有失偏颇的。

在 2001 年至 2004 年短短三年之中竟有三种译本面市,可见台湾社会学习马克思主义者在增长。

第二十三种中译本是香港三联书店 2005 年 9 月出版的。该书是作为"改变世界的宣言"丛书之一。这套丛书共有四本,其余三本是美国的《独立宣言》、美国梭罗著《公民抗命》和美国卡逊著《寂静的春天》。丛书主编是美国尼尔·腾布尔,他囿于民族眼光,只把美国人写的三本书视为"改变世界的宣言"。即便如此,他不得不承认马克思、恩格斯这两个德国人写的《共产党宣言》也是改变世界的一本宣言。这一套丛书每一本除编入原著外,还另加有序言、背景和作者、直接影响、深远影响、参考读物和网站、索引等,便于读者深入理解原著。《共产党宣言》这一本的有关资料是左涛译的,经我查对《共产党宣言》原著基本上是采用中央编译局 1995 年的译文,细加对照发现修改有八十四处之多。例如,"等级君主制"改为"半封建君主制","国家工厂"改为"国营工厂","大量的教育因素"改为"启蒙和进步的新因素"等等。应该说这也算是一种新的校译本。

北京红展网(http://www.181855.com)主编范强鸣同志，多年致力于收藏马克思主义和党建文献文物，他办的马克思展厅展出《共产党宣言》中外文珍本一百二十多种，还有1949年后出版的一百二十多种，以上我所列的中译本基本上都有。

总之，更多新译本的涌现不仅更广泛地传播了这本改变人类历史命运的不朽名著，而且有助于中华民族炎黄子孙更准确、更深入地理解这本经典文献。

注释：

① 高放：《高放文集之四·国际共产主义运动别史》，中国书籍出版社，2002年，第818页。

② 《五四运动前马克思主义在中国的介绍与传播》，湖南人民出版社，1986年，第274～275页。

③ 同上，第286～293页。

④ 向阳：《华岗传》，浙江人民出版社，2003年，第53页。

我完成了毛主席的夙愿

——为《共产党宣言》汉译本写序言 *

一、《共产党宣言》汉译本的由来和演变

1848 年 2 月 24 日在伦敦出版的《共产党宣言》(以下简称《宣言》)德文本,是卡尔·马克思(时近 30 周岁)和弗·恩格斯(刚过 27 周岁)为世界上第一个共产党——共产主义者同盟撰写公布的详细的理论和实践的党纲。这本划时代文献的问世开辟了世界共产主义运动新纪元。随着世界共运波浪起伏的发展,《宣言》在 19 世纪后半叶先后被译为英文、法文、俄文、意大利文、波兰文等多种欧洲文字出版。到 20 世纪初,《宣言》翻山越岭、漂洋过海传播到了亚洲。1906 年 3 月,日本人堺利彦在他主编的《社会主义研究》(创刊号)上发表他与幸德秋水从 1888 年英文版翻译为日文的《宣言》全译文。中国留日学生署名蜀魂者当即把《宣言》从日文译为汉文,于 1907 年由东京社会主义研究社作为"社会主义丛书"之一在东京出版。另一位中国留日学生署名民鸣者也把《宣言》从日文译为汉文,于 1908 年 3 月 15 日出版的《天义报》上刊登了《宣言》的前引和第一章,该报新书预告还声明即将出

---

* 毛主席生前曾经多次表示要结合中国革命的经验,为《共产党宣言》写序言、做注释。2011 年中华书局纪念中国共产党成立 90 周年,出版《共产党宣言》汉译纪念版,几次约请我为之写序言,我只好从命,于 2011 年 6 月 20 日写成初稿,8 月 12 日修订。本文曾以"《共产党宣言》改变了中国的命运"为题刊登于《中国延安干部学院学报》2011 年第 4 期,并被收入《新华文摘》第 11 期。

版《宣言》全译本。1907 年和 1908 年在东京用文言文出版的《宣言》的这两个汉译本,二十多年来我曾经拜托好几位朋友在国内外查寻,迄今尚未见到。

1917 年俄国十月革命的胜利,加速了马克思主义在中国的传播。1920 年 8 月,作为中国最早的一批共产党员,陈望道主要从日文本翻译的《宣言》,在上海由社会主义研究社出版。这犹如一盏耀眼的明灯,划破了处于暗夜的古老中国,为先进分子用马克思主义来武装自己的头脑,指明了救国救民的新方向。《宣言》第一个汉译本的传播,为 1921 年 7 月中国共产党的创建奠定了政治、理论和思想基础。这个汉译本在 20 世纪二三十年代各地曾经重印几十种版本,广为流传,可以说它培养了一整代中国的马克思主义者。1930 年年初,中共地下组织在上海创办的华兴书局又出版了时任共青团中央委员兼宣传部部长华岗从英文本翻译的《宣言》英汉文对照本。这个新译本随后又以"马克思主义的基础"为书名在国民党统治区多次重新出版。1937 年中共中央进驻延安后,非常重视马列主义经典著作的翻译、出版与学习。1938 年 8 月,成仿吾、徐冰从德文翻译的《宣言》在延安由解放社出版发行。1942 年延安开始"整风运动"后,党中央更加重视干部的马列主义经典著作学习。1943 年 8 月,延安解放社又出版了博古依照俄文版《宣言》校译的新译本。延安解放社出版的这两种《宣言》汉译本,曾经在数个解放区重印,广为传播。1943 年 9 月,在重庆又出现了商务印书馆印行的《宣言》的第五种汉译本,这是全国解放前在国内出版的唯一由非共产党员、亦非共产主义者翻译的版本。译者陈瘦石(1908 年 2 月 2 日—1976 年 3 月 13 日),是鲜为人知的业余翻译家。他是江苏无锡人,1933 年毕业于国立中央大学英国语言文学系,先后任行政院资源委员会秘书和中国银行机要股股长。他利用业余时间曾与其弟陈瘦竹合译英国著名哲学家罗素的名著《自由与组织》,又独立译出劳克斯(W.N.Loucks)与胡特(J.W.Hoot)合著的西方经济学名著《比较经济制度》上、下两册。在该书下册附录中附有《宣言》全文。从译文看,译者并未见过上述已有的四种汉译本,全是自己独立精心构思译出的。译文确有其独到之处,有些句子和词语译得比较好懂,比较中国化(以下再举实例)。此书是在国民党统治区出版,是作为一本西方经济学著作的附录,在解放区有翻印本。1998年《宣言》出版150周年之际,我曾经在国家图书馆见到这个翻印本。它是64开竖排平装袖珍本,这样便于干部装在制服兜中。书里未署出版单位和出版时间。封面左上角印有红五星和镰刀铁锤,封底写明摘自《比较经济制度》。全书六十四页,所见藏本缺第一页、二页,第三页、四页还有破损。这是非常珍稀的善本。1948年《宣言》出版百周年来临之际,又出版了两个新译本。其一,香港中国出版社印行的乔木(乔冠华)的校译本,以英译本为依据,对成仿吾、徐冰1938年的译本作了很多修改;其二,苏联外国文书籍出版局于1949年年初在莫斯科发行的《宣言》百周年纪念版,未署译者姓名,很可能是从1931年起担任该出版局中文编辑部主任的翻译家谢唯真(1906—1972)主持翻译的。以上七个《宣言》汉译本,大都是适应中国革命的需要在20世纪20至40年代分别从日文、英文、德文、俄文翻译过来先后出版的。

中华人民共和国成立以来,《宣言》的出版以中共中央编译局的译本作为通用的标准版本。人民出版社于1958年、1964年、1972年、1995年、2010年先后出版过中共中央编译局的五种汉译本,每一种译本都是经过译者集体认真校译的。从五十至七十年代,还有过《宣言》的其他三种汉译本,即1954年苏联外国文书籍出版局在莫斯科出版的《马克思恩格斯文选》两卷集中的《宣言》文本(谢唯真校译)及1953年中国人民大学出版、1978年人民出版社出版的成仿吾的两个校译本。此外,1998年以来我还阅藏有香港和台湾出版的《宣言》六种繁体字新译本。①以上各种译本情况,详见拙文《〈共产党宣言〉有二十三种中译本》(载《光明日报》2008年10月16日,经修订后另刊于《天津市委党校学报》2009年第2期)。

二、《共产党宣言》是指导中国共产党的最重要的马克思主义文献

中国共产党自 1921 年建立起就坚信马克思主义，以马克思主义作为指导思想和行动指南。《宣言》是最早译为汉文出版、汉文译本最多、印数最多，并且传播最广的马克思主义经典文献。中国共产党的创建人和领导人都熟读过《宣言》，并且以《宣言》的思想结合中国实际，指导自己的实践活动。《宣言》堪称指引中国共产党艰苦奋斗、曲折前进、不断创新的"红色中华第一书"。

这里试以《宣言》对毛泽东的影响为例，来说明《宣言》对中国革命与建设的具体指导作用。1936 年，毛泽东与美国记者埃·斯诺谈话时说道："有三本书特别深刻地铭记在我的心中，使我树立起对马克思主义的信仰。我接受马克思主义，认为它是对历史的正确解释，以后，就一直没有动摇过。这三本书是，陈望道译的《共产党宣言》，这是用中文出版的第一本马克思主义的书；考茨基著的《阶级斗争》，以及柯卡普著的《社会主义史》。到了 1920 年夏天，我已经在理论上和在某种程度的行动上，成为一个马克思主义者，而且从此我也自认为是一个马克思主义者了。"②1941 年，毛泽东在《关于农村调查》的讲话中又说："记得我在 1920 年，第一次看到考茨基的《阶级斗争》，陈望道翻译的《共产党宣言》，和一个英国人作的《社会主义史》，我才知道人类自有史以来就有阶级斗争，阶级斗争是社会发展的原动力，初步地得到认识问题的方法论。可是这些书上，并没有中国的湖南、湖北，也没有中国的蒋介石和陈独秀。我只取了它四个字，'阶级斗争'，老老实实地来开始研究实际的阶级斗争。"③毛泽东遵循《宣言》指明的阶级斗争理论，深入调查中国社会阶级状况，尤其是总结了中共在大革命后期的右倾错误和 1927—1933 年的三次"左"倾错误，认清了中国的武装斗争不能走 1848 年欧洲革命、1871 年巴黎公社革命和 1917 年俄国十月革命城市起义的道路，

独立开创了中国特色的工农武装割据、以农村包围城市、最后夺取城市的新路,独立开创了通过新民主主义革命和新民主主义社会过渡到社会主义社会的新路。这是对《宣言》所揭示的马克思主义理论的新发展。毛泽东除了自己非常认真研读《宣言》上百遍(每年要读三四遍)外,还于 1942 年 11 月在中共西北局高干会议上要求高级干部注重理论,准备读书,从《宣言》起到《季米特洛夫文选》止,选读三四十本。1945 年,他在党的七大政治报告《论联合政府》中要求全党读五本马列主义的书,其中首要的一本就是《宣言》。1949 年 3 月,党的七届二中全会正式作出全党干部学习十二本马列著作的决定,其中第一本就是《宣言》。毛泽东在这十二本书目上特别批写"干部必读"四个字。1949 年中华人民共和国成立,可以说正是《宣言》——这本马克思主义精粹极品中所蕴含的科学精神长期哺育的硕果。

1949 年新中国成立后,毛泽东依然以《宣言》为指导进行我国的社会主义革命和社会主义建设。他曾经在他研读的《宣言》第二章末尾关于"无产阶级运用自己的政治统治,一步一步地夺取资产阶级所有的全部资本"的论述以及过渡时期的十条纲领旁划上直线、曲线,甚至加上两三个圆圈。我国是采用加工订货、部分公私合营、全行业公私合营、"四马分肥"给予定息等逐步渐进、公私兼顾的方式和平改造私营资本主义工商业,同时采用互助组、初级生产合作社、高级生产合作社的渐进方式改造农业和手工业。到1956 年我国基本上实现了对农业、手工业和资本主义工商业的社会主义改造,宣告我国已进入社会主义社会。这又是创造性发展马克思主义的范例。出乎意料的胜利不免令人冲昏头脑。从 1957 年起,我们党领导人在指导思想上转向"左"的方面。这时的毛泽东由于误解了《宣言》,错估了国内外形势,在基本上消灭了阶级之后,还以阶级斗争为纲,导致 1957 年错划了五十多万个资产阶级右派分子。1958 年又急于求成,推行"大跃进"和人民公社运动。8 月间他到河北省徐水县视察时,曾经把《宣言》连同康有为的《大同书》推荐给当地干部学习。④把科学社会主义的经典文献《宣言》和中国空想社会主义的代表作《大同书》结合在一起,要在还是用铁锹、锄头种地的中国农村搞共产主义试验,这显然是背离了科学社会主义,带有浓重的空想社会主义色彩。1963 年,毛泽东又要党中央下达高中级干部学习三十本马列著作的决定,其中第一本还是《宣言》。在盛行"左"的路线和对领袖个人崇拜的社会背景下,那时广大干部包括我自己在内,大都是从"左"的方面去理解《宣言》。例如强调阶级斗争、暴力革命、消灭私有制、与传统的所有制和观念彻底决裂等。毛泽东对官僚主义嫉恶如仇,对中国可能复辟资本主义忧心忡忡。他误认为中国已经形成"官僚主义者阶级"和"走资本主义道路的当权派",于是发动"无产阶级文化大革命"来揭发、批判、斗争、清除这个敌对阶级和走资派。1966—1976 年"文革"十年浩劫造成重大灾难。"文革"期间他仍然教导全党要学习《宣言》,要"认真看书学习,弄通马克思主义"。实际上那时很多干部包括我在内,都偏离了马克思主义,都误读了《宣言》。我们党在二十多年之中偏离马克思主义、误读《宣言》、犯"左"的路线错误,正是由于脱离我国实际、急于求成,且又盛行个人崇拜、个人集权和领导职务终身制所造成的。这个深刻的历史教训我们一定要记取。

1978 年党的十一届三中全会发扬党内民主,解放思想,拨乱反正,正本清源,端正了党的指导思想和基本路线,重新总结历史经验教训,实行改革开放方针,探索中国特色社会主义新路。邓小平于 1992 年年初中国改革开放的重要转折关头在南方谈话中强调指出:"我的入门老师是《共产党宣言》。""实事求是是马克思主义的精髓。"⑤应该说,这时我们才认清了古老、落后、有浓厚封建专制主义传统、作为东方农业大国的中国国情的特点。从中国当前现实情况出发,《宣言》第二章末尾所指明的以下这样四个理论亮点最具有重要的指导意义:第一,"工人革命的第一步就是使无产阶级上升为统治阶级,争得民主";第二,建立工人民主政权后要"尽可能快地增加生产力的总量";第三,发展生产力的关键是"把农业和工业结合起来,促使城乡对立逐步消灭";第四,发展生产力的目的是要达到"每个人的自由发展是一切人的自由发展的条件"。《宣言》的这四个理论要点,简而言之就是发展生产力,发展工农业,发展人民民主,发展公民自由。我国改革开放三十多年来所采取的各种方针政策,可以说都是在坚持四项基本原则(社会主义道路、人民民主专政、共产党领导、马克思主义指导)的前提下,遵照并且创造性地发展了《宣言》上述这四个理论要点。当今在坚持以《宣言》来指导我国的社会主义现代化建设时,还要继续纠"左"防右。根深蒂固的"左"的观念迄今依然束缚一些人的思想,他们还在强调"要立足暴力革命","要狠抓阶级斗争","要尽快消灭私有制","要大力限制非公经济"。另外一些人则转向右的方面,扬言《宣言》所指出的"资产阶级在历史上曾经起过非常革命的作用"的观点迄今仍然熠熠闪光,我国改革开放的成就主要是私有经济创造的,我国现代化还要进一步私有化等等。只有排除"左"、右两方面的干扰,我国才能沿着中国特色社会主义的新路开拓前进。

总之,九十年来正是《宣言》指引中国共产党领导中国人民改变了中国的命运。正是《宣言》指引中共,使深陷半殖民地半封建社会困境与绝境的中国避免了走资本主义道路的种种灾难,开辟了中国从新民主主义过渡到社会主义又华丽转身为中国特色社会主义的新路。

三、当今出版《共产党宣言》七种汉译本汇编的意义

为纪念中国共产党成立九十周年,中华书局编辑出版的《共产党宣言》(汉译纪念版),把1920年至1949年间传播的七种《宣言》汉译本汇编成书问世。这是出版界的盛举,我认为有以下四个方面的意义。

第一,从政治意义看,《宣言》汉译本的持续出版表明中国共产党自1921年创立起就是坚信马克思主义,就是以马克思主义为指导,并且不断努力使马克思主义时代化、中国化、大众化,切实结合中国实际,创造性地发展马克思主义。中共领导人不但自己认真研读《宣言》,深入体会《宣言》,坚决贯彻《宣言》,灵活运用《宣言》,创新发展《宣言》,而且还多次号召、要求、组织广大革命干部刻苦学习《宣言》,真正掌握马克思主义的精神实质,

坚持马克思主义的立场、观点、方法。中国共产党独立形成的毛泽东思想和中国特色社会主义理论,包括邓小平理论、"三个代表"重要思想以及当今正在落实贯彻的以人为本的科学发展观,可以说都是马克思主义基本原则,都是《宣言》基本思想与我国各个时期实际相结合的政治理论的结晶。这些都是中国共产党在政治上的突出优势。

第二,从文化意义看,《宣言》汉译本的持续出版是在中国持续传播马克思主义文化,持续提高中华民族的文化自觉,持续增强中华民族的文化吸引力和影响力。中华民族是有其固有的以儒学为主要内容的文化传统。自1919年五四运动兴起新文化运动以来,一部分人固守儒学文化传统,抵制外来西方资产阶级倡导个性解放的新文化,另一部分人则照搬西方资产阶级新文化,力图在中国形成类似西方从14世纪到16世纪那样的文艺复兴运动,使中国完全西化。实际上西方资本主义并没有使大多数穷人得到自由发展,所以到19世纪中叶又涌现了马克思主义主张要实现"每个人的自由发展"的无产阶级新文化。五四运动兴起的新文化运动有两股潮流:一是以胡适为代表的引进西方的自由主义新文化,二是以李大钊、陈独秀为代表的弘扬西方的马克思主义新文化。这两种新文化都在对中国人起启蒙作用。后者的作用越来越超过前者。1920年陈望道翻译的《宣言》汉文本的出版就是在中国传播马克思主义新文化的开端。随后多种《宣言》新译本的出版更是形成了持续传播马克思主义新文化川流不息、波澜壮阔的浪潮。当今我们强调马克思主义新文化,既要继承儒家文化"天下为公""仁者爱人"、从"和解"达"和谐"、从"小康"达"大同"等优秀精华,又要剔除其反映古代农业宗法社会自然经济和专制主义的糟粕,使中华文化更上一层楼,更显示出中国特色,使中国在世界上更拥有中华文化的突出优势。

第三,从思想意义看,《宣言》汉译本的持续出版,是强调要用马克思主义对我国广大干部、青年和人民大众进行持续的思想教育,使马克思主义成为我国公民的主导思想、主流思想、主位思想、主体思想。中共九十年来持之以恒地强调学习马克思主义,近来更注重马克思主义的时代化、中国化和大众化，不断要求各级领导干部和广大群众牢固树立马克思主义的世界观、人生观和价值观。《宣言》就是学习和掌握马克思主义的最精要、最精辟、最精粹的第一手原著。尤其是在当今国际形势大变化、大调整、大转折的全球化大浪潮中，和国内社会大改革、大开放、大转型的现代化大浪潮中，国人对马克思主义呈现出多种不同的态度：有人否定马克思主义，有人歪曲马克思主义，有人从"左"或右的方面理解马克思主义。这就更需要我们重视学习马克思主义，完整准确地体认马克思主义，用发展了的马克思主义来武装自己的头脑，增强我们的思想威力和思想魅力。2011 年 5 月 13 日，中共中央政治局常委、中共中央党校校长习近平同志在中央党校新学员开学典礼上的讲话中，号召广大党员干部学习马克思主义经典著作。我想首要学习的一本就是《宣言》。学好马克思主义，我们就有思想上的突出优势。

第四，从学术探讨、理论研究意义看，《宣言》汉译本的持续出版，为我们深入领会《宣言》的微言要义，精确理解《宣言》的精深思想，提供了多种比较和方便。我是 1944 年在福州英华中学读高中一年级时，一位进步教师介绍我第一次读《宣言》，受到马克思主义启蒙教育。1948 年在解放区华北大学当研究生时又精读《宣言》。从 1950 年中国人民大学组建开办起，我一直在这里执教马列主义政治理论课，多次讲授过《宣言》，并时常遇到学员提出《宣言》中较难理解的原理和文句。这就促使我长期注重搜集我学习过的五种外文（即英、俄、法、德、日文）《宣言》版本，以及所有中译本和各种研究成果、注释读物。对《宣言》，可以说我书有独爱，文有独赏，理有独尊，情有独钟。我感到各种中译本的译者都是殚精竭虑、精益求精、字斟句酌、精心翻译。我细加比较之后发现，历史上传播最少的陈瘦石的译本，有些译文是译得较为贴切的。这里试举两例为证。《宣言》开头一句现在通译为"共产主义的幽灵"（幽灵的通俗说法就是鬼魂），这是采用 1943 年博古校译本的译法；最早陈望道译为共产主义的"怪物"；随后成仿吾于 1938 年译为共产主义的"巨影"，1953 年改为"魔影"，1978 年又改为"魔怪"，1949 年莫斯科版译为"怪影"。这些译法都与这里所用的"共产主义"难以搭配,所以都未能精确表达原意。而陈瘦石译为"共产主义的精灵"。我以为"精灵"译法既符合原意,又具有中国特色。精灵者,精巧灵异之物。在古汉语中有"精灵"一词,犹指精怪、神仙。在《宣言》中"共产主义精灵"特指第一个共产党——共产主义者同盟,它拥有近四百个党员,在欧洲多国"地下"出没活动,这使多国反动统治者惊恐万状,所以他们联合起来对之进行围剿。"共产主义精灵"的说法暗含着:当今像精怪般的共产党人将来会变为神通广大的神仙,会磨炼成长为顶天立地的巨人。《宣言》第二章还有一句名言,现在通译为"工人没有祖国"。而陈瘦石译为"工人没有国家"。祖国者每个人生来俱有的祖籍之国,人人都有祖籍之国,为什么"工人没有祖国"呢?但是天下工人阶级是一家,工人具有国际性、世界性、全球性,所以他(她)不单属于某个国家。可见译为"工人没有祖国",很费解;而译为"工人没有国家",很好懂。正如恩格斯所说:"翻译《宣言》是异常困难的。"⑥"说实在的,《宣言》的翻译一直使我害怕——它使我想起在一切文献中最不好翻译的这部文献上所白白耗去的艰苦时刻。"因此有不同的中译本,就便于读者细心对照、比较辨析、准确精到领会《宣言》中的各个词语。尤其是中华人民共和国成立以前《宣言》的七种汉译本,当今已经很难找到、找全,所以中华书局为纪念中国共产党成立 90 周年汇编这七种《宣言》汉译本作为纪念版出版,这对于学术探讨、理论研究,具有特别重要的意义。

《人民日报》1978 年 2 月 18 日刊登中共中央党校副校长范若愚(1912—1985)为纪念《宣言》发表 130 周年撰写的《无产阶级将获得整个世界》一文。文中透露:"毛主席曾多次表示,要结合中国革命的经验为《宣言》写序文、做注释。遗憾的是,毛主席的这一愿望没有实现。"当时读到这两句话,我就想:有朝一日总会有人来完成毛泽东这一没有实现的夙愿的。2011 年 5月 20 日,中华书局编辑部负责人来舍借阅我收藏的《宣言》稀有版本,同时约请我为即将出版的这本《宣言》汉译纪念版撰写序文。我深感难度很大、力不从心,且年老体弱多病、教研任务繁重,难以承担,只好婉言谢却。承蒙书局负责人厚爱，一再要我执笔。我又想：作为《宣言》的老读者、老教师、老学者，也有必要趁此机会把我毕生不断学习《宣言》所积累的资料和思考的问题，简要写出，奉献学界。于是欣然命笔，勉力写成这篇长序。不当之处，竭诚欢迎批评指正。如果对读者有所裨益，则幸甚！

　　肃此为序，敬请垂察。

注释：

　　① 香港的两种中译本是：1998年新苗出版社纪念《宣言》150周年版（未署译者姓名）和2005年香港三联书店版（左涛译）。台湾的四种中译本是：1998年《当代》杂志刊于"《共产党宣言》150年专辑"（未署译者姓名），2001年脸谱出版社唐诺译本，2003年启思出版集团译本（未署译者姓名），2004年左岸文化出版社管中琪、黄俊龙译本。

　　②《毛泽东自述》，人民出版社，1993年，第39页。

　　③《毛泽东文集》（第二卷），人民出版社，1993年，第379页。

　　④ 靳树鹏《真假天堂梦》，《炎黄春秋》，1998年第4期。

　　⑤《邓小平文选》（第三卷），人民出版社，1993年，第382页。

　　⑥ 恩格斯：《致弗·阿·左尔格》（1883年6月29日），《马克思恩格斯全集》（第36卷），人民出版社，1974年，第46页。

毛泽东 1919 年末 1920 年初读到的
《共产党宣言》是谁的译本

——《共产党宣言》没有刘仁静译本,确有罗章龙等人译本

记得那是 1944 年夏天,我在福州英华中学读完高中一年级的暑假,从我非常尊敬的进步老师陈衡庭先生处借读到马克思、恩格斯著《共产党宣言》和美国记者斯诺著《西行漫记》中译本,受到马克思主义教育并对中国共产党有了初步了解。1946 年我高中毕业考上北京大学,积极参加学生民主运动,学到更多马列主义经典著作。1948 年 1 月投奔解放区参加革命,本想去当随军记者,没有料到从 1950 年中国人民大学创办起却一直执教马列主义政治理论课。在"文化大革命"期间,我重读《西行漫记》一书,重温毛主席的革命生涯。印象深刻的是看到他说:"1920 年冬,我第二次到北京时,我读了许多关于苏联的事情,同时热切地寻找中国当时所能见到的一点共产主义书籍。有三本书特别深刻地铭刻在我心中,建立起我对马克思主义的信仰。我一旦接受了马克思主义是对历史的正确解释后,我对马克思主义的信仰就从未动摇过。这三本书是《共产党宣言》,陈望道译,这是第一本以中文出版的马克思主义的书;《阶级斗争》,考茨基著;《社会主义史》,柯卡普著。"①

毛泽东这里所读的《共产党宣言》的第一个中译本,他的确说的是陈望道翻译的,这引起了我的注意。我在 1944 年最初读到的《共产党宣言》是谁的译本,我没有注意到。后来我读到并保存手边的是 1943 年博古的校译本,1953 年成仿吾的译本和中共中央编译局的译本等与毛泽东所说的 1920 年读到的译本,既然是陈望道的译本,我就想法儿去找这个译本拜读。

大约是 1973—1974 年，我偶然得一位在《红旗》杂志的图书资料室工作的朋友送我一本《红旗》杂志社于 1965 年刊印的陈望道旧译的《共产党宣言》，封面上注明"按一九二零年九月版翻印"（陈望道中译本第一版是 1920 年 8 月，因封面误排为《共党产宣言》，9 月即出版订正的第二版）。我如获至宝，细心拜读。我想毛泽东所说的 1920 年冬在北京最早读到的《共产党宣言》大概就是这个译本。可是细查毛泽东第二次到北京的时间，1919 年 12 月中旬至 1920 年 2 月中旬就南下上海折回长沙，可见他 1919 年年底 1920 年年初在北京读到的《共产党宣言》不可能是 1920 年 8 月、9 月才出版的陈望道的译本。

随后我读到毛泽东早年在湖南第一师范学校读书时，老师黎锦熙老先生于 1968 年写的回忆毛主席的文章。其中写道："我此次去看他时，主席坐在大殿（福佑寺——引者注）正中香案后。很长的香案，左边是平民通讯社的油印机和通讯稿件，可见有些稿子可能是主席自编自创自印的。右边是一大堆关于社会主义的新书刊，我在这里第一次读到《共产党宣言》的全文。"②这一段论述引起我特别关注的是毛主席当时读到的这一本《共产党宣言》究竟是谁的中译本。

到 1977 年夏天，我打听到黎锦熙老先生就住在我家附近北京东城区朝阳门内南小街。黎老是著名语言文字学家，我手边一直保存有他主编的《汉语辞典》（1937 年商务印书馆初版，1957 年重印）。这时黎老已经卧床不起，生活由他女儿黎渝和女婿张天佑服侍。我先通过电话与他女儿黎渝联系，说是主要想问黎老关于他见到毛主席当年读《共产党宣言》的事情。经黎老同意，我约好我的密友、中国人民大学中共党史专家胡华教授于 1977 年 9 月 25 日上午去拜访黎老。他一家住在东四头条东口、南小街很简陋的平房里。当年黎老已经 87 周岁，半卧在病榻上，说话声音细小，但是思维依然清晰。他虽然早年在湖南第一师范学校教过毛泽东语文课，但是他只比毛泽东大三岁，毛泽东是他的非常优秀杰出的学生，他们师生像是兄弟一般关系。我这次去拜访他，主要是问他当年见到毛主席读的《共产党宣言》

是什么样的版本,是谁的译本。他说据他当年的日记记载,是1920年1月4日下午到毛主席的住处、北京北长街99号去看望,主席正忙于处理平民通讯社的编稿和发稿工作。"他案头右边堆放一批书刊,最显眼的是摆在最上面的一本名为《共产党宣言》的书。"我当即问他:"是什么样的版本? 是现在通行的这样的报纸印刷的平装本吗? 上面是否印有出版单位和译者的姓名?"黎老沉思片刻,明确回答:"那不是当时叫做平装本的书,而是刻蜡版印出的油印本,薄薄的一本书,上面没有印刷出版单位和译者姓名。很可能是当时北大一些学生学习马克思主义自己编印的。当时北大学生有一个名叫罗章龙的,他早在长沙时参加过毛主席的新民学会,他们本有交往。"他的这些回答已经满足了我所提出的要求,我们看黎老身体很虚弱,稍坐片刻就告退了。很不幸,半年后媒体报道黎老于1978年3月27日逝世,享年88岁。

根据黎老提出的这些重要情况和线索,很快我就注意到罗章龙先生于1978年9月4日对中国近代史研究所发表的《四忆北京大学马克思学院研究会》的文章,其中读到他于1918年9月考入北京大学时,1919年受五四运动影响,于1920年3月参与发起成立北京大学马克思学说研究会,研究会设有翻译组。"我们德文组曾译过《共产党宣言》,是从德文翻译的,有油印本。"我想,1920年毛主席到北京时,大概已有一个《共产党宣言》油印本了。③显然毛泽东1919年年底1920年年初读到的《共产党宣言》就是罗章龙送给他的油印本,可能是个截译本。

可是1996年中央文献出版社出版的权威性的《毛泽东传(1893—1949)》(中共中央文献研究室编)却说:1919年年底毛泽东到北京时,"当时和毛泽东交往甚密的邓中夏、何孟雄、罗章龙等举办的'亢慕义斋'('亢慕义'是德文'共产主义'的译音);油印了刘仁静翻译的《共产党宣言》。1920年1月4日下午,黎锦熙到北长街99号福佑寺平民通讯社会晤毛泽东,在他工作的香案上便看到一本《共产党宣言》。"这里所说的情节与黎锦熙、罗章龙所写的基本一致,只是这个《共产党宣言》油印本的译者却由罗章龙等人变成了刘仁静。《共产党宣言》真有过刘仁静的译本吗？此前我从未有所见闻。《毛泽东传(1893—1949)》这部中共中央文献研究室编的权威性著作是集体编著的，由金冲及主编，在全书论证中说："本书力求用第一手丰富而可靠的资料，写出比较翔实的信史"，"参加全书写作的有五个作者，金冲及对全书作了较多的改写和补充并负责定稿"。

这样一部严肃的论著，我想其中每一件史料理应都有可信的依据。全书第一至六章执笔者是陈晋，他是长期研究毛泽东著作的后起之秀，著述甚多，后任中央文献研究室副主任。于是我就特地打电话向他请教，问他书中所说刘仁静翻译的《共产党宣言》这个史料有何依据。他说他的原稿都写有史料出处，待他查到后给我回话。可是过了好长时间并无回音。我估计他可能因忙忘了这件小事，于是又给他去电话查询，他说："高老师，对不起，我查原稿这一句话并未注明出处，后来我查了半天没有查到，所以一直没有给你回电话。"我相信他一定是有根据的。不过我告诉他："据我查证，这本《共产党宣言》油印本的译者应该是罗章龙等人，而不是刘仁静。这件小事只好以后慢慢细查吧。"我想起刘仁静的儿子刘威立同我有联系，还曾经赠他写的《刘仁静》一书给我，这是河北人民出版社1997年出版的"中共一大代表丛书"之一，一大代表十三人，每人出一本。这套丛书由我的老朋友郑惠、张静如主编。《刘仁静》这本由其亲属来为之立传。他们父子二人都是在人民出版社退休的，他从出版社总编辑张惠卿处了解到我对"托派"问题有研究，所以他把自己新写评论其父的文章连同《刘仁静》一书于2002年5月30日签名寄给我。《刘仁静》一书共三十二万字，以翔实的资料对其一生是非功过作了较为客观公正的评述。书中讲到刘仁静"五四"时期的活动，但从未提及他翻译《共产党宣言》之事。我特地打电话给他说明我查证《共产党宣言》一书最早中译本的具体情况。他明确回答说："我父亲在北大是学英文，没有学过德文，从未听他说过参加翻译《共产党宣言》之事，你所查证的，由罗章龙等人从德文翻译的油印本，应该是可信的。"

看来，《毛泽东传》中毛泽东当时所读到的刘仁静译本的说法，可能是依据某些当年老同志口述误传的,至今没有任何可信的依据。

借此《共产党宣言》出版170周年即将来临之际,我把多年查证的情况撰写出来,供读者参考。

注释:

①[美]埃德加·斯诺:《西行漫记》,董乐山译,生活·读书·新知三联书店,1979年,第131页。

②中共中央文献研究室编:《毛泽东年谱(1983—1949)》修订本(上卷),中央文献出版社,2013年,第50页注释1。

③罗章龙的这次访谈录后摘录编入《共产主义小组》(上)一书,中央党史资料出版社,1987年,第309～313页。

《共产党宣言》并无瞿秋白译本 *

一、所谓《宣言》有过三个中译本的说法不符合实际

《山西日报》2009 年 9 月 18 日发表老作家一丁（张文君）写的《长治发现 60 年前的〈共产党宣言〉（图）》（以下简称《丁文》）。文中写道："在喜迎新中国成立 60 周年的日子里，笔者从长治市的旧书摊上，淘得一本马克思、恩格斯合著、博古校译的《共产党宣言》，该书由太行新华书店于 1949 年 2 月印行，32 开，繁体字竖排。"对作者淘得的这个版本，我们留待文末再作分析。

首先要澄清作者在文中讲到的如下一段信息："经查阅党史资料，中国有过三个《共产党宣言》译本。第一个是建党前上海的马克思主义宣传者陈望道的译本，第二个是建党后当时共产党的主要理论家瞿秋白译本。这两个译本对于建党和发展党的力量方面起过很大作用。第三个是 1949 年 2 月太行新华书店印行的博古的校译本。"这种说法使我感到非常诧异。据我所知，新中国成立前在国内出版的《宣言》共有五个中译本。第一个中译本是 1920 年 8 月上海社会主义研究社出版、陈望道翻译的。第二个中译本是 1930 年 1 月上海华兴书局出版、华岗翻译的。第三个中译本是 1938 年 8 月

---

* 载上海《社会科学报》2010 年 2 月 25 日第 3 版。

延安解放社出版,成仿吾、徐冰合译的。第四个中译本才是 1943 年 8 月解放社出版、博古校译的(博古是对成仿吾、徐冰从德文直译的本子按俄文重新校译,作了较多修改)。可见博古的校译本是第四个中译本,并非如《丁文》所说的是第三个译本;它也不是如《丁文》所说的是在 1946 年 4 月博古因飞机失事牺牲后,"太行区党委决定将此译本由太行新华书店印行,向国内解放区公开发行",而是早在 1943 年 8 月先在延安由解放社公开出版,然后华北、山东、东北各解放区书店从 1945 年到 1949 年纷纷重印。第五个中译本是 1943 年 9 月出版的陈瘦石译本。可在北京红展网马克思展厅查阅到上述五个中译本。

二、所谓瞿秋白是第二个《宣言》译者也没有根据

至于《丁文》郑重提到的第二个译本是瞿秋白所译,更令我十分惊讶。据我所知,国内任何书刊从未记载瞿秋白译过《宣言》。为了彻底查清真相,我重新翻阅了多本瞿秋白传记,均未写有此事。又细查丁景唐、文操合编的《瞿秋白著译系年目录》(上海人民出版社 1959 年版),发现这位无产阶级革命家确实翻译过多篇倍倍尔、列宁、斯大林的以及托尔斯泰、高尔基等人的作品,但是从未涉及马克思、恩格斯的著作。再详读周永祥编写的《瞿秋白年谱》(广州人民出版社 1983 年版),得知瞿秋白于 1917 年年初春到北京,9 月考入北洋军阀政府外交部设立的俄文专修馆(今北京东总布胡同十号),学习俄语,自修英、法语,并继续研究文学、史学和哲学;1918 年(19 岁)开始阅读新书刊,读过《宣言》等书,接受新思想,形成新世界观、人生观(见该书第 10~11 页)。这时国内尚未出版《宣言》中译本,估计他读的是俄文版或英文版的《宣言》。1920 年 10 月他在俄专未毕业,就应北京晨报馆和上海时事新报馆的聘请,以特派员名义被派到苏俄考察十月革命后俄国新变化。在苏俄约两年,他写了大量报道和《俄乡纪程》《赤都心史》两本著名散文集。1922 年 2 月他经张太雷、张国焘介绍加入中国共产党。1923 年 1

月回国,6月在中共三大当选中央委员,负责宣传工作,担任中共中央机关刊物《新青年》主编,又在上海大学任教务长兼社会学系主任。这时《宣言》第一个中译本译者陈望道任中文系主任,瞿、陈二人合作共事近四年,博闻强学的瞿秋白理所当然读过 1920 年 8 月出版的陈望道翻译的而且多次重印的《宣言》中译本。1925 年初瞿秋白在中共四大上继续当选为中央委员后成为党中央重要领导人。1928 年后担任共青团中央宣传部部长的华岗(1925 年加入中共,1903 年生,比瞿秋白小四岁),奉命重新翻译《宣言》,于 1930 年 1 月第二个《宣言》中译本以英汉对照本形式,由上海华兴书局出版了。这时瞿秋白与华岗都在上海从事党的地下秘密工作,瞿秋白没有必要再去重译《宣言》。1934 年 1 月瞿秋白离开上海转移到江西中央苏区瑞金,当即被选为中华苏维埃共和国中央执行委员会委员,担任教育人民委员(即教育部部长),随即兼任国立苏维埃大学校长,夜以继日忙于教育工作。10 月底中央红军开始长征,瞿秋白因肺病严重,被迫留守江西,仍担任中央分局宣传部部长兼中央办事处教育人民委员。1935 年 2 月他在转移中不幸被俘,6 月壮烈牺牲。综上所述,瞿秋白从未翻译过《宣言》。《丁文》所谓第二个译本是瞿秋白所译,纯属子虚乌有。

三、所谓《宣言》三个译本不同特点的说法也不符合事实

《丁文》还言之凿凿地写道:"博古的译本与陈望道、瞿秋白译本有两个明显的不同,一是通俗易懂语言简炼,普通党员都能听懂,看懂,二是陈望道、瞿秋白译本最后一句话是全世界无产者联合起来!而博古译本最后一句话则是:为一切国度无产者,联合起来呵!"且不说这里所说的"第一点不同"是否符合实际,却要说这里所讲的"第二点不同"也不符合实际。陈望道译本的最后一句是译为"万国劳动者团结起来呵!"瞿秋白虽然没有翻译过《宣言》,但是他在自己写的文章中却自译过《宣言》中最后一句话。1921 年他译为"世界无产阶级联合起来!"[①]1931 年他又译为"全世界工人联合起

来！"②可见，陈望道与瞿秋白都不是译为"全世界无产者联合起来！"而博古译本的最后一句话，《丁文》却在原译文"一切国度无产者，联合起来呵！"之前随意另加上一个"为"字。

四、如实评鉴《丁文》所说的发现六十年前的《宣言》新版本

如前所述，1943 年 8 月在延安出版的博古校译的《宣言》，随后各个解放区的书店都有翻印的。北京红展网马克思展厅的范强鸣同志已收藏中文版《宣言》珍本七十多种，并已收藏太行新华书店 1949 年 3 月印行的这本博古校译的《宣言》，但与《山西日报》9 月 18 日刊登的封面图式和字体不一样。他专程坐火车到山西长治市拜访 76 岁高龄的《丁文》作者一丁。这位老同志的名片上印有"一丁（张文君），作家、高级记者，长治市赵树理研究会常务副会长，《赵树理研究》杂志主编"。范强鸣同志向这位老作家收购了这个"新"版本回京仔细核对，发现其封面是仿制的，原来封面上的马克思、恩格斯头像是木刻的，现这本《宣言》封面的马恩头像却是采用 1967 年人民出版社出版的《宣言》封面的锌版图样；"共产党宣言"五个字也改为现代的准圆体。问及究竟根据什么党史资料记载，历史上有过瞿秋白翻译的《宣言》的译本，这位老作家也答不出来，看来他凭的只是自己不实的印象。

上述事例使我深有感触。我要奉劝有关老同志，在记述往事时，一定要细心核查准确，谨慎言说，切不可只凭个人记忆信手随意下笔，以免以讹传讹，误导读者。

注释：

① 《瞿秋白文集》（第一册）《赤都心史》一文，人民文学出版社，1953 年，第 129 页。

② 丁景唐等编：《瞿秋白著译系年目录》，上海人民出版社，1959 年，第 52 页。

《共产党宣言》并无柯柏年译本 *

《中国人民大学学报》1992 年第 3 期刊登时任该校校长袁宝华写的《延安整风是一次脱胎换骨的思想革命运动》一文。文中这样写道:"通过整风,大大提高了全党马克思主义水平。就我自己来说,入党前,读过《共产党宣言》,当时读起来,很多不懂,不甚了了。在延安学习,那时非常认真,从《共产党宣言》学起,硬是一字一句地学。学《共产党宣言》,是译者柯柏年作的辅导。"我当时拜读此文,认为这里所说的《共产党宣言》译者柯柏年是不对的,译者应是成仿吾、徐冰。我同柯柏年(1904—1985)熟悉。他是广东潮汕人,原姓名李春蕃,早年在汕头中学读书时就参加学生运动,1920 年转学到上海沪江大学附中,1923 年入沪江大学社会学系,因参加学潮翌年转到中国大学,由瞿秋白夫人杨之华介绍加入中国共产党,1930 年为上海"左联"党组成员,1937 年到延安,1938 年任中央马列学院西方革命史研究室主任,1940 年他翻译的马克思名著《拿破仑第三政变记》由解放社出版,他还译过马克思的《法兰西阶级斗争》等书。关于柯柏年的生平和译著,详见《中国翻译家辞典》,中国对外翻译公司 1988 年版,第 318~319 页。1941 年他在《解放》半月刊发表《关于〈共产党宣言〉(书刊介绍)》,在《解放》122、123、125 期连载。1950 年他又在北京出版的《学习》杂志第 3 卷第 9 期至第 12 期连载《介绍〈共产党宣言〉》长文,对这本经典著作作了精要的阐释,1951

---

* 载《广东社会科学》2010 年第 2 期。

年8月由学习出版社另出单行本。至今我还保存有这个本子。20世纪50年代柯柏年任外交部美澳司司长,我曾拜访过他,向他请教有关《共产党宣言》的一些问题。1942年延安整风运动中学习的《共产党宣言》肯定是1938年延安出版社出版的成仿吾、徐冰合译本。

1995年我在参加中国人民大学一位老教授的追悼会时遇见袁宝华校长,我当即顺便告诉他有关柯柏年的情况,说明柯柏年从未翻译过《共产党宣言》,请他再查证史实。不久前,我又读到《百年潮》2005年第5期袁宝华写的《回忆陈云同志对我的教诲》一文,很高兴地得知他已采纳了我的意见,改变了说法。文中这样说:"他(指陈云)主持全体干部学习《共产党宣言》。这本书是延安出版的,每人一册。陈云请柯柏年为我们辅导,念一段讨论一段,陈云还向辅导员提问题。"《共产党宣言》共有二十三种中译本(详见《光明日报》2008年10月16日拙文),但并无柯柏年译本。

《共产党宣言》第一个中译本图文解说

——《红色中华第一书》评介 *

中共中央党校出版社最近出版的这本书从内容到形式都别具一格，非常珍贵。

毛泽东于 1936 年与斯诺谈道："陈望道译的《共产党宣言》，这是用中文出版的第一本马克思主义的书。"1975 年周恩来对陈望道说："这是马列老祖宗在我们中国的第一本经典著作。"可见 1920 年 8 月在上海出版的陈望道译的马克思、恩格斯著《共产党宣言》（以下简称《宣言》）堪称"红色中华第一书"，它在 20 世纪二三十年代多次重版，发行几万册，广为流传，培养了一整代我国的马克思主义者，对于指导中国革命、改变中国面貌起了重要作用。本书初版仅印一千册，迄今全国仅发现九本。《红色中华第一书》的内容就是重新影印陈译《宣言》的初版和再版。这两版的译文完全一样，区别仅在于初版封面是红色，书名误排为《共党产宣言》，再版封面是蓝色，书名改正了。

本书内容除了重印陈译《宣言》外，还包括一本设计周详、印制精美的《宣言》和《中国共产党章程》图文解说集，系统介绍了历来《宣言》和《党章》的各种版本，套色复印了这两种文献的原书封面，并且加上简要的文字说明。其中收入本书编者范强鸣同志长期悉心收集的解放前出版的《宣言》和《党章》各七十种不同的版本（中国国家图书馆馆藏《宣言》和《党章》分别为

---

* 载中共中央党校主办《学习时报》2007 年 8 月 20 日第 2 版。

三十三种和三十种不同的版本），这些珍贵历史文献的书影，生动地表明作为马克思主义精粹的《宣言》的传播为中国共产党把马克思主义中国化提供了充沛的理论源头和强大的精神动力。编者在图文解说中选编了李大钊、毛泽东、周恩来、邓小平等一代伟人成长与《宣言》关系的故事，还精心选编了《宣言》名言警句，分为改革开放与开拓世界市场、观念创新与创新思维、共产党的先进性、发展生产力、自由人联合体与人的全面发展、团结与协调等十个专题，把新中国成立前出版的《宣言》的六种不同中译本的相关译文与当前最新中译本的译文摘录下来，排列在一起，便于读者加以比较，细心体会。

治学要下苦功　避免以讹传讹
——以《共产党宣言》首句译词"幽灵"为例 *

一、对报刊上误传陈译"幽灵"的跟踪查寻

最近读到《江苏行政学院学报》2008 年第 5 期发表的《马克思主义在中国的早期翻译及传播》一文,其中竟有这样的说法:"陈望道将《共产党宣言》的首句译为:'一个幽灵,共产主义的幽灵,在欧洲徘徊',并采取'幽灵'加上注解的办法来解释马克思、恩格斯的原意。"可是据我所知,并找出我保存的陈望道所译《宣言》的复印件来看,书上明明都是印着"有一个怪物,在欧洲徘徊着,这怪物就是共产主义",而且书中并没有什么注解。"怪物"怎么被改变为"幽灵"呢? 实际上,"共产主义的幽灵"的译法起源于博古1943 年在延安出版的《宣言》校译本。怎么竟被移花接木改换到陈望道的译本中来呢? 于是我就想法打听到这篇文章作者李百玲博士的电话,向她指出这种说法是不符合实际的,并且问她的根据何在。当天下午她就回电话对我的指点表示感谢,并且说明她的根据是《福建党史月刊》2004 年第 1 期红霞云的《陈望道:〈共产党宣言〉第一个中文版翻译者》。我想,一定要对这种以讹传讹的说法追根溯源、清查到底,弄个水落石出,避免今后继续误

---

* 载《天府新论》2009 年第 3 期。

传下去。

我请博士生张万杰和韩冰帮我从网络上下载有关文稿，并从图书馆借阅有关书刊细查。上述2004年《福建党史月刊》上的这篇文章对陈望道当年如何处境困难、冥思苦想翻译《宣言》还有一段细致的描述。譬如说："他不时翻阅着《日汉辞典》《英汉辞典》，聚精会神字斟句酌地翻译，每一句话、每一个词，都要译得准确、妥帖，翻译的难度颇高。""'一个幽灵，共产主义的幽灵，在欧洲徘徊。'这是《共产党宣言》的首句。他挖空心思，寻找一个一开头就能吸引中国人，具有震撼效果的句子，起码也要让中国人民接受它、传播它的词。最终还是采取'幽灵'加上注释的办法。"这一段把"幽灵"的译法硬加在陈望道头上的子虚乌有的描述是抄引何处呢？我就再往前追查。结果在2001年第12期《党史博采》发表的邓沛写的《陈望道与〈共产党宣言〉中译本》中，就查到有以上这种"挖空心思""最终还是采取'幽灵'，加上注释的办法"等词句。更往前寻觅，终于在上海《文汇报》2000年4月27日"笔会"副刊上找到顾潜的《陈望道与〈共产党宣言〉》。文中写得更为细致："在语言学方面颇有造诣的陈望道深知，许多文章的精彩处往往在开头。为了引起读者的注意，他着意将《共产党宣言》的第一句话译得不同凡响。他字斟句酌，几经推敲，终于在稿子上写下了这行在中华大地上传诵至今的名句：'一个幽灵，共产主义的幽灵，在欧洲徘徊。'从这个中译本诞生至今的八十年间，无论解放前还是解放后，经过了多少个版本，这个开头始终无任何译法能够替代它、超越它。中共早期革命者罗章龙在陈望道之后试图将德文版原著《共产党宣言》译成中文。开始这一句，他反复琢磨之后不得不沿用陈望道的译法。"这位作者怎么敢这样肯定"幽灵"是陈望道首译、后人的译法都无法超越它呢？我查明了作者工作单位是复旦大学出版社，当即去信向他请教，同时告以"幽灵"译法并非始于陈望道，而是1943年博古首创的。

后又收到顾潜同志给我带的研究生韩冰发来回复的电子邮件。其中这样说："陈把《宣言》第一句话译为'共产主义的幽灵在欧洲徘徊'，确是他第一个译成'幽灵'的。依据是:我在20世纪60年代初曾在旧书店买到过一本解放前出版的《共产党宣言》,当时我只是一个初中一年级或是二年级学生,记忆力特别强,这第一句话给我的印象特别深,记得我看后曾琢磨过,把共产主义比喻成'幽灵'是否妥当呢? 可惜这本封面和纸张都已发黄发脆、我珍藏了几十年的小册子,终于在几次搬家后而遗失。他的这篇《宣言》是20世纪20年代初在家乡翻译的(我在《文汇报》那篇散文中写到的)。我买到的他翻的那本小册子应该是沿用他过去的译法,不可能丢弃自己的而改用人家的,比如,博古的译法。只能是博古仿照他的。"他在回信中还谈到党史纪实作家叶永烈也写过《宣言》中这句话的翻译问题。

顾潜同志说得这样肯定、绝对,这里就提出一个新问题:陈望道译的《宣言》是否出版过修订本? 我手边只有陈译1920年第1版和第2版以及1965年《红旗》杂志社简体字版三本复印件,不足以证明陈译《宣言》没有修订本。于是我向红色收藏家范强鸣同志咨询,他主办的北京红展网收藏有一百二十多种《宣言》的各种版本,其中陈译《宣言》就有不同年代出版的十种版本。他查后告我:陈译《宣言》只有一种译本,从未见过另有校译本、修订本,所有陈译版本都是译为"怪物","幽灵"译法确是起源于博古的校译本。我另查了所有记述陈望道与《宣言》的有关文稿,特别是翻阅了陈的学生和秘书邓明以教授撰写的最为详尽的《陈望道传》(复旦大学出版社2005年5月第2版),从未有人提及陈在1920年翻译出版《宣言》之后,曾经对其译文作过修改。而顾潜同志在复信中也表示陈望道不可能丢弃自己原来的译法而改用别人的译词。这就表明顾潜同志的记忆是不准确的。那么他究竟有何根据硬说"幽灵"的译法是陈望道首创的呢? 我还要顺藤摸瓜。

我首先查顾潜同志来信中提到的叶永烈的有关著作。在1991年上海人民出版社出版的《红色的起点》中,确有一段描述陈望道当年翻译《宣言》的景况:"他不时翻阅着《日汉辞典》《英汉辞典》,字斟句酌着。这是一本很重要的书,又是一本很难译的书。头一句话,便使他绞尽脑汁,这才终于译定为:'一个幽灵,共产主义的幽灵,在欧洲徘徊。'"书中接着还写到罗章龙后来在从德文本翻译《宣言》时经过反复琢磨,思索再三,不得不沿用陈望道首创的"幽灵"的译法。最后他还点评说:"足见陈望道译文的功力和严谨。"①果真是像叶永烈所着意描述和论断的这样吗?其实查一下《宣言》的日文译本,就是采用汉字"怪物"和"徘徊",所以陈望道并不需要"字斟句酌""绞尽脑汁",就可以径直把《宣言》首句译为中文了。我们再进一步细查罗章龙自己对这个问题是怎样记述。

二、误传陈译"幽灵"的源头在罗章龙的回忆录

1984 年 9 月生活·读书·新知三联书店出版的罗章龙回忆录《椿园载记》,讲到他于 1920 年前后在北大当学生时参与集体翻译《共产党宣言》等书时有以下这样的说法:"《共产党宣言》原著理论深邃,语言精炼。但要达到以上三个标准(即严复提出的信达雅——引者注)殊为不易。我们先是就原著反复诵读,并背诵一些精辟的段落,不懂的地方就集体研究。然后直译,但译出来后仍自觉不能完全满意。后来我们在必要的地方试加了一种解释性的文字,使读者明白文章的含义。例如,《共产党宣言》第一句:'一个幽灵,共产主义的幽灵,在欧洲徘徊。'(陈望道译语)对于这句话研究时间很长,觉得怎么译都不甚恰当,'幽灵'在中文是贬意词,'徘徊'亦然。于是加了一段说明文字:'有一股思潮在欧洲大陆泛滥,反动派视这股思潮为洪水猛兽,这就是共产主义。'以后我们译的《共产党宣言》中文本油印出来了,由于当时不便公开,同时恐译文不尽准确,只在内部传阅学习,在以后公开发行的《共产党宣言》之前,在北京见到的油印本,可能就是这个版本。"②罗老在这里所谈的这一段思之密密、言之凿凿的往事,似乎令人感到确可信据,以致著名作家叶永烈都信以为真,在《红色的起点》中加以引用,并加上细致、生动的描述。我深知罗老(1896—1995 年)一生坎坷。他本是党的早期党员,在党的三大、四大、五大、六大上都当选中央委员或候补中央委员,历任全国铁路总工会主席、全国总工会党团书记等职,后因不同意中

共中央的某些主张,另成立"中央非常委员会",于 1931 年 1 月被开除党籍。然后他在河南大学、湖南大学当教授,1949 年曾参与湖南和平解放运动。新中国成立后继续在湖南财经学院等校执教,改革开放后任中国革命历史博物馆顾问,第五、第六届全国政协委员。我早从图书馆看到他在 20 世纪 80 年代出版的回忆录《椿园载记》,只是稍微浏览。这次为探究"幽灵"译文问题,我借出此书细读深思之后感到他的记叙不可靠、不可信。这可以从以下三点提出质疑。

第一,罗章龙本人在 1978 年和 1983 年前后的说法不一致。1978 年 9 月 4 日《罗章龙在中国革命历史博物馆革命史座谈会上的发言》这样说:1919—1920 年我在北大参与翻译马克思主义著作,"后来翻了一二十本书,有的出版,有的没有出版,《共产党宣言》就印出一种本子来,是从德文中翻译出的一种本子,所以流传不广。"又说:"到 1920 年毛主席到北京时,大概已经翻出了稿子来了,油印印了个本子。"③这段回忆看来是准确的。毛泽东是 1919 年 12 月 18 日到达北京,1920 年 4 月 11 日离北京去上海。据中共中央文献研究室编《毛泽东传(1893—1949)(上)》记载:"当时和毛泽东交往甚密的邓中夏、何孟雄、罗章龙等办的'亢慕义斋'(即共产主义小室),油印了刘仁静翻译的《共产党宣言》(此处说刘仁静翻译不准确,应是罗章龙等人翻译——引者注)。1920 年 1 月 4 日下午,黎锦熙到北长街九十九号福佑寺平民通讯社会晤毛泽东, 在他工作的香案上便看到一本《共产党宣言》,还有一堆关于社会主义的新书刊。"④曾经有人认为毛泽东当时在北京福佑寺读到的《共产党宣言》,是陈望道的译本,或者是发表在《国民》杂志上的李泽彰翻译的《共产党宣言》第一章。记得 1977 年我与好友中共党史专家胡华教授一起到东四朝阳门内一个胡同里小宅院拜访过毛泽东当年的老师、著名语言学家、辞典编纂家黎锦熙(1890—1978)老先生,那时他已年老体弱卧床不起,但是思维依然清晰,他很肯定地对我们说,当时看到毛泽东在认真阅读的是一本油印的薄书而不是铅印书或杂志。所以罗章龙在 1983 年《椿园载记》中所说的他们在 1919 年年底翻译《宣言》时就参考了

1920 年 8 月在上海出版的陈望道译本，在时间上竟相差大约一年，显然是罗老记错了。

第二，罗章龙不仅 1978 年与 1983 年的说法不一致，而且他在 1983 年《椿园载记》中所写的上述那段话，我们细加推敲也能发现其前后自相矛盾。前面他说得活灵活现，对陈望道所译的"共产主义的幽灵"这句话如何反复琢磨，"研究时间很长，觉得怎样译都不甚恰当，'幽灵'在中文是贬义词，'徘徊'亦然。于是加上一段说明文字"以后油印出来在内部传阅，等等。可是后面他又说："在以后公开发行的《共产党宣言》之前，在北京见到的油印本，可能就是这个版本。"按照他前面所说，那是陈望道译《宣言》出版在先，所以他们才能参照陈译"幽灵"的译法；可是根据他后面所说，那是他们的油印本出在先，然后才公开出版陈译《宣言》。这岂不是前后自相矛盾吗？究竟是油印本出现在先，还是陈译《宣言》出版在先？二者必居其一，不能兼容。事实上，《宣言》油印本 1919 年年底已经印出，而陈译《宣言》是 1920 年 8 月才在上海出版。因此，罗章龙等人在 1919 年年底翻译《宣言》时绝不可能读到陈译《宣言》，更不会借用陈译"幽灵"词语。连毛泽东这样博学强记的伟人仅相隔十几年的事情都记错了。例如他于 1936 年同美国记者斯诺谈话时竟说："我第二次到北京期间（即 1919 年 12 月至 1920 年 4 月——引者注）"读到"陈望道译的《共产党宣言》"。⑤如前所述，他当时读到的实际上是罗章龙等人译的油印本《宣言》。

第三，如前所述，陈望道译的《宣言》只有一个译本，开头一句他就是译为"共产主义的怪物"，从未修订过译文，也从未发现过有陈译为"幽灵"的版本曾经在社会上流传过或保存在什么单位。罗章龙等人翻译的《宣言》油印本，至今也没有发现过，所以没有实际材料能够证明罗章龙回忆录所言的真实性。也没有真凭实据能够证明上述顾潜所说的他上初中时"记忆力特别强"、陈望道所译的"共产主义的幽灵""这第一句话给我的印象特别深"这些断语的真实性。对任何历史问题都必须以历史文件为依据，不能以任何人的回忆录来定断。由于迄今还没有找到罗章龙等人当年翻译的《宣言》油印本,所以也就无从判定他们最初究竟把"幽灵"一词译为什么。德文 Gespenst 意为幽灵、鬼怪、鬼魂、怪影、幻影。也可能是他们翻译组中的某个人当年曾经提议译为"幽灵",或者是后来罗章龙本人另读到 1943 年博古的校译本或者 1964 年以后中央编译局的译本,从这些译本中看到都用"幽灵"的译法,因而在自己脑子中打下了深深的烙印,以致在他晚年写回忆录时产生了对往事错位的追忆和记述。从心理学和记忆学的研究,我们得知出现这种错位回忆有多种多样的原因:有的是因先入为主或后入为主,有的是因相关信息或相似信息传入误导。看来罗老回忆录中的差错在于把后来经历的相关事物提前了。罗章龙写完《椿园载记》时已经是 87 岁高龄,他在 1983 年 9 月中秋节为本书写的自序中说:从抗战时期到 20 世纪 50 年代,他写了十几万字回忆录,"文化大革命"中全稿散失,多年辛劳毁于一旦,改革开放以后重写,"由于时间仓促,本书内容失当与错误之处所在都有,至希读者指教,以便再版时改正"。可见他本人也还认为其回忆录有"失当与错误"。可惜我在他生前久未细读此书,未能及早发现他在"幽灵"一词引用上的差错。他已于 1995 年 2 月 3 日享年 99 岁逝世!现在只能在他身后为之订正。

更令人感到奇怪的是,杨纪元编的《〈共产党宣言〉在中国》一书竟收入如下这样一段历史资料:1956 年 6 月 17 日,陈望道在写《回忆党成立时期的一些情况》时说:"在宣传工作方面,1921 年元旦,我们曾经用贺年片,在正面写上'恭贺新禧'四个字,背后印上宣传共产主义的口号(抄自《共产党宣言》),到处分发。""上海人民见到贺年片后,惊呼:'不得了,共产主义的幽灵游荡到上海来了'。"①陈望道本人在 1920 年 8 月出版的《共产党宣言》中文全译本,明明是译为"共产主义的怪物,在欧洲徘徊",为何他在 1956 年写的回忆录中却把自己当年的译文也改为"共产主义的幽灵"在"游荡"呢?莫非他自己也记错了?莫非他把《共产党宣言》中后来 1943 年博古译的"共产主义的幽灵"和 1949 年莫斯科外国文书籍出版局译的"游荡",都当作自己当年的译文?为了查清这个问题,我先找出陈望道 1956 年 6 月发表的回忆文章,其中只有上述引文的前一句话,并无后一句话。为此,我又专门写信并打电话向中共西安市委党校杨纪元教授咨询,问他引用上述历史资料中后一句话的出处。承他复信告我,摘自陈望道的《关于上海马克思主义研究会活动的回忆》载《复旦学报》1980 年第 3 期。可是我找出这篇文章核对,原文确曾又谈到 1921 午元旦为上海人民发出贺年片正面写"恭贺新禧"、背面写共产主义口号一事,然而随后原文只是说"人们一看到贺年片就惊呼:'不得了,共产主义到上海来了。'"⑦并非像杨纪元教授编的书中所说:上海人民惊呼:"不得了,共产主义的幽灵游荡到上海来了。"可见"幽灵游荡"显然是编者没有认真核对原文,按照自己错误的记忆附加到陈望道的原文中去的。

看来误认为"幽灵"一词起源于陈望道译本的始作俑者正是罗章龙老先生,后经别人反复引用,甚至还另加上个人想象的夸张铺叙,迄今已经误传了二十五年。切望学界人士以此为鉴,治学一定要下苦功,核对主要史料,还要动脑筋思考是否可信,不能辗转相抄,不动脑筋不加思考辨析。这虽然仅是一个译词的差错,但也应该一丝不苟认真对待,按照历史本来面目记事。但愿在这个问题上今后不要再出现以讹传讹。

注释:

① 叶永烈:《红色的起点》,上海人民出版社,1991 年,第 124 页。

② 罗章龙:《椿园载记》,生活·读书·新知三联书店,1984 年,第 89~90 页。

③ 转引自彭明:《五四运动史》,人民出版社 1984 年,第 464 页。

④ 中共中央文献研究室:《毛泽东传(1893—1949)(上)》,中央文献出版社,1996 年,第 57 页。

⑤《毛泽东自述》,人民出版社,1993 年,第 39 页。

⑥ 杨纪元:《〈共产党宣言〉在中国》,陕西人民出版社,1991 年,第 62~63 页。

⑦ 陈望道:《关于上海马克思主义研究会活动的回忆》,《复旦学报》,1980 年第 3 期。

第二部分　探求《共产党宣言》真理

开启真理宝库的七把金钥匙

——研读《共产党宣言》感悟七篇序言 *

2009年9月18日党的十七届四中全会通过的《中共中央关于加强和改进新形势下党的建设若干重大问题的决定》提出了"建设马克思主义学习型政党"的任务。为了落实贯彻这一重要决定，全党各级领导干部首先就要重视学习马克思主义基本著作。卡尔·马克思于1999年被英、法媒体评定为人类社会公元第二个千年最伟大的思想家。他留下的丰富思想遗产对于当代世界和未来人类社会发展，仍然有重大的指导意义。可是《马克思恩格斯全集》中文第1版就有五十卷大厚本，即使是专业工作者也难于卒读，新出版的《马克思恩格斯文集》也有十卷本。其中最基本、最重要的代表作有两本，即《共产党宣言》（以下简称《宣言》）和《资本论》。这两本马克思主义经典原著被称为无产阶级的"圣经"，这是学习马克思主义者首先必读的宝书。《圣经》分为"旧约"和"新约"两部分，《宣言》和《资本论》也可以说相当于"旧约"和"新约"。《宣言》完成于1848年1月，当年马克思不足30岁，恩格斯才28岁；《资本论》第1卷出版于1867年，第2、3、4卷后来是由恩格斯整理出版的。马克思、恩格斯后期的思想比起前期当然也发生不少新变化。读《宣言》可知其前期的思想全貌。

《宣言》全文约两万五千字，七篇序言约一万四千字，超过原文的一半，

* 本文原是2009年秋后对博士研究生的一次讲课稿，经修改、补充后发表于《中国浦东干部学院学报》2010年第5期（9月出版）。

另有大约三千字的注释,共约四万两千字。读《宣言》首先要读作者自己写的七篇序言。我从未见过任何一本经典名著有原作者自己写的这么多篇序言。从这七篇序言可以看出《宣言》的重要性。从时间长度来看,《宣言》从1848年出版以来延续了近半个世纪之久,一直在欧洲多国出版新译本、新版本;从空间宽度来看,从西欧的英文版到中欧的德文版、意大利文版,到东欧的俄文版、波兰文版乃至北美的英文版,《宣言》不断在欧美广为传播;从作者经历的丰富度来看,马克思、恩格斯在青年时期发表《宣言》之后,亲自参加了1848年欧洲革命,密切观察并指导了1871年巴黎公社革命,还积极投身于多种合法和非法、公开和秘密的建党与理论研究的活动。由于时间长度、空间宽度和作者经历的丰富度这三方面的原因,所以原作者有必要先后写了七篇不同版本和译本的序言,从多角度来说明有关《宣言》的一系列问题。特别是他们一再总结新的斗争经验,对《宣言》的基本思想、一般原理和具体设想等进行深刻的阐述。这七篇序言只有两篇是马克思、恩格斯合写的,有五篇都是在马克思逝世后由恩格斯独自撰写的。恩格斯还对《宣言》后来的新版本和新译本增加了很多新注释。这些都非常值得我们认真学习,细心研读。

从1950年中国人民大学创办起,我在课堂上讲《宣言》已经整整六十年了。依据我的最新体会和感悟,我从七篇序言中提炼出七个要点,形象地比喻为七把金钥匙。我认为掌握了这些金钥匙,就便于开启《宣言》乃至整个马克思主义的真理宝库。

一、第一把金钥匙

要认清《宣言》是宣告世界共产主义运动兴起的划时代的精品与长歌。对任何经典著作首先要了解其写作的历史背景,认清为何会产生这个文献及其要解决什么问题。马克思、恩格斯在1872年写的第一篇德文版序言中开宗明义地说道:"共产主义者同盟这个在当时条件下自然只能是秘密团体的国际工人组织,1847 年 11 月在伦敦举行的代表大会上委托我们两人起草一个准备公布的详细的理论和实践的党纲。"这就是《宣言》一书的由来。这里所说的共产主义者同盟乃是开天辟地以来世界上第一个共产党,它为什么会在 1847 年成立呢? 这是经过了十几年时间的酝酿和准备的。

19 世纪 30 年代西欧工人运动风起云涌,主要有三大工人运动:1831 年法国里昂工人的起义,提出了要"建立共和国"的口号;1836—1848 年英国工人开展了宪章运动,要求工人的选举权,并组织了全国宪章派协会,这是历史上第一个群众性的工人政党;1844 年德国西里西亚纺织工人的起义。这三大工人运动的失败表明无产阶级应该建立一个强有力的政党来领导工人阶级的斗争,使工人们自发的斗争变为自觉的斗争。德国于 1833 年建立流亡者同盟,成员多是流亡于法国、瑞士的德国革命者,成员成分复杂。1836 年无产者战士从中分立出来,另组成正义者同盟,主张通过密谋手段与少数人起义实现共产主义。

马克思、恩格斯于 1842—1846 年完成了从资产阶级知识分子到无产阶级知识分子、从唯心主义者到辩证唯物主义者、从民主主义者到共产主义者的三个转变。他们从 1846 年起分别在布鲁塞尔和巴黎建立共产主义通讯委员会,联络志同道合者,积极准备建立共产主义政党。1847 年 6 月 2 日正义者同盟在伦敦召开盟员代表大会进行改组, 改名为共产主义者同盟。这次代表大会就作为共产主义者同盟第一次代表大会载入史册。大会通过了党章,宣布第一个国际性共产党建立。这个党约有近四百个党员,其中主要是德国流亡者、手工业工人,在英、法、德、美、比、荷、瑞典、瑞士八国建立有支部, 党中央设在伦敦 (1848 年 3 月迁到巴黎,旋即又迁到科隆,1849 年德国革命失败后又迁回伦敦)。正式建党后要向全世界发表一个详细的理论和实践的党纲,表明共产党人的世界观、人生观、价值观和党的历史任务与奋斗目标。

《宣言》就是代表世界上第一个共产党发表的具有划时代意义的极其重要的文献。这个文献不是一蹴而就,一次定稿的,而是历经了十个月,上下审议,三易其稿。集中集体智慧发挥精英才能。头两稿是恩格斯执笔,采用当时西欧革命团体流行的问答体。第一稿写于 1847 年 4 月至 5 月,名为"共产主义信条草案",内分二十二个问题,6 月初召开的一大通过后发到各支部征求意见。同年 10 月至 11 月恩格斯又写了第二稿,名为"共产主义原理",增为二十五个问题。在 12 月初举行的二大上经过热烈讨论,大会委托马克思、恩格斯以宣言的形式制定正式的党纲。他们商定《宣言》由问答体改为论述体,由马克思一个人执笔。马克思吸收了恩格斯起草的两稿的基本内容,两个亲密战友又经过反复磋商,马克思的夫人也参与了这项工作。马克思殚精竭虑,字斟句酌,一笔不苟,一气呵成,于 1848 年 1 月底完成《宣言》稿本,从布鲁塞尔寄往伦敦党中央,2 月 24 日以共产主义者同盟名义在伦敦正式发行德文版《宣言》。

1850 年《宣言》第一个英译本由海伦·麦克法林女士译出,以"德国共产党宣言"为名,刊登在伦敦英国宪章派主办的《红色共和党人》周刊 11 月间出版的第 21—24 期上。该刊主编乔·哈尼在序言中第一次指出《宣言》作者的姓名(哈尼是马克思、恩格斯的好友)。1852 年共产主义者同盟解散后出版的《宣言》新版本和新译本才署名作者为马克思、恩格斯。

二、第二把金钥匙

要认清《宣言》是什么性质的文献。它是第一个国际性共产党的党纲。很多人都说《宣言》是纲领性文件,最新出版的十卷本《马克思恩格斯文集》第二卷题解也这么说。《宣言》本身就是党的纲领,我认为多一个"性"字是不必要的,说它是"纲领性文献"反而模糊了它的性质。纲领意即总纲要领,它从分析当前形势入手,规定党的斗争任务,包括当前任务和长远任务。

这里要着重认清的一点是:1890 年德文版序中强调《宣言》出版时称为共产主义而不称为社会主义,因为 1848 年时社会主义是站在工人阶级以外的资产阶级的运动,只有共产主义才是工人阶级的运动。《宣言》在第一、

第二章综述了资产者与无产者的由来与斗争以及无产者与共产党人的关系之后,强调共产主义政党纲领规定党的任务"是宣告现代资产阶级所有制必然灭亡"(1882 年俄文版序言和 1888 年英文版序言两次指出)。这里所说的资本主义私有制必然灭亡只是从资本主义发展的必然趋势和最终结果而言,并非说共产党人可以用行政命令和群众运动来迫使其灭亡。实践证明,资本主义私有制迄今还有生命力,其内在矛盾注定其将来必将灭亡。《宣言》第二章末尾指明:"工人革命的第一步就是使无产阶级上升为统治阶级,争得民主。"即是说共产党人的当前任务即最低纲领是要使无产阶级联合起来去掌握政权,建立工人民主国家。然后采取剥夺地产、征收高额累进税、废除继承权等过渡性的一系列措施,为逐步废除资本主义私有制创造条件。《宣言》还明确指出:共产党的最终奋斗目标即最高纲领是在消灭阶级和阶级对立后建立自由人的联合体,"代替那存在着阶级和阶级对立的资产阶级旧社会的,将是这样一个联合体,在那里,每个人的自由发展是一切人的自由发展的条件"(见《宣言》第二章最后一段)。这一句中文只有五十四个字的精辟而又精彩的警世恒言在 1894 年被恩格斯用来作为最简明最准确的"表达未来新时代的思想"①。共产党人要建立"自由人联合体"这个伟大目标和美好理想令人神往,催人奋进。

《宣言》不仅是第一个共产党的纲领,在 1852 年 11 月共产主义者同盟因遭到欧洲反动势力镇压被迫解散后,《宣言》仍有长久影响。从 20 世纪 50 年代初到 90 年代初,《宣言》又在德、英、美多次重版并被翻译为英、法、俄、丹麦、意大利、波兰、西班牙、亚美尼亚八种文字版本,甚至一种文字有好几种译本。可以说,"《宣言》的历史在很大程度上反映着 1848 年以来现代工人运动的历史"(见 1890 年德文版序言)。1888 年英文版序言指出《宣言》"是从西伯利亚到加利福尼亚的千百万工人公认的纲领"。

当今《宣言》已出版有两百多种文字的一千多个版本(中文版就有二十三种译本),发行了几千万册,它更可以说是世界五大洲各国共产党人公认的共同纲领。后来在国际共运中还出现过新的纲领或宣言,如 1864 年的

《国际工人协会宣言》，即第一国际的纲领，这也是马克思起草的。第二国际没有发表过成立宣言和纲领。第三国际于1919年成立时发表《共产国际宣言》和《共产国际行动纲领》，后来又有1928年共产国际纲领、世界社会主义国家共产党的1957年《莫斯科宣言》等，都是《宣言》的继续，但是其理论高度和深度以及写作水平都未超过《宣言》。

三、第三把金钥匙

要明确《宣言》的基本思想是什么？这在1883年德文版和1888年英文版序言中两次明确指出："每一历史时代的经济生产以及必然由此产生的社会结构，是该时代政治的和精神的历史的基础；因此（从原始土地公有制解体以来）全部历史都是阶级斗争的历史，即社会发展各个阶段上被剥削阶级和剥削阶级之间、被统治阶级和统治阶级之间斗争的历史；而这个斗争现在已经达到这样一个阶段，即被剥削被压迫的阶级（无产阶级），如果不同时使整个社会永远摆脱剥削、压迫和阶级斗争，就不再能使自己从剥削它压迫它的那个阶级（资产阶级）下解放出来——这个基本思想完全是属于马克思一个人的。"这一段话包括三个要点：从经济生产深度来剖析社会结构中经济基础和政治、文化上层建筑的互动关系；从阶级斗争高度来考察社会形态的更替变迁；从历史发展长度认识工人阶级的解放在当今时代为什么必须而且可能消灭阶级剥削和压迫，达到无产阶级和全人类的解放。这三点是唯物史观的最基本观点。这是从社会观的深度、政治观的高度和历史观的长度来概括《宣言》的基本思想。这三"观"总的来说都属于世界观。恩格斯十分谦逊地一再表明："这个基本思想完全是属于马克思一个人的。"实际上是他们两个人早在1848年前的几年中就已经分别提出这个思想了。

恩格斯于1888年在《路德维希·费尔巴哈和德国古典哲学的终结》中还说："我和马克思共同工作40年，在这以前和这个时期，我在一定程度上独立地参加了这一理论的创立,特别是对这一理论的阐发。但是,绝大部分基本指导思想(特别是在经济和历史领域内),尤其是对这些指导思想的最后的明确的表述,都是属于马克思的","马克思比我们大家都站得高些,看得远些,观察得多些和快些。马克思是天才,我们至多是能手"。②唯物史观的这三个基本要点在当今也要与时俱进更全面、更深入地理解。

人类阶级社会的历史是通过阶级合作与阶级斗争的交错互动来推进社会变革,而不是单纯只有阶级斗争。在阶级社会中如果年年月月日日都进行阶级斗争,社会生产就停顿了,实际上只有阶级矛盾尖锐化时才有阶级斗争。我们不能把唯物史观简单地归结为经济决定论、阶级与阶级斗争决定论。实践证明:生产关系对于生产力的发展,政治和精神文化对于经济基础的变化,在特定条件下也起重大甚至决定的作用;处于权力中心的个别人物对于历史的进步或曲折、倒退比起广大群众有时也起更大甚至决定的作用。

人类社会历史的发展变迁往往是众多合力造成的。恩格斯在 1890 年致布洛赫的信中指出:要重视历史发展中"一切因素间的相互作用",其中"作为必然的东西通过无穷无尽的偶然事件向前发展",各种因素"是融合为一个总的平均数,一个总的合力"。③有重点而又全面地用合力来观察历史发展与现实变化,是最为深刻的。2006 年中共中央决定以"和谐"理念来协调、化解阶级矛盾和各种矛盾,这是对唯物史观的重大新发展。当代世界随着新科技革命的迅猛发展和知识经济、知识社会的形成,近几年西方出现了"后唯物史观"的新理念,强调新科技知识(包括人文社会科学新知识)对推进社会进步具有最为突出的作用,这是符合实际的。

四、第四把金钥匙

要明确《宣言》的一般原理原则是什么。1872 年德文版序言中说:"不管最近 25 年来的情况发生了多大的变化,这个《宣言》中所阐述的一般原理整个说来直到现在还是完全正确的。"1888 年英文版序言又说:"的确,《宣言》的原则在世界各国工人中间都已传播得很广了。"这里所说的一般原理、原则,依我最新体会主要包含六条:①依据社会化生产力与私人占有生产资料的生产关系的矛盾运动,资本主义社会必然逐步发展到共产主义社会;②共产主义的实现不单是客观经济发展的过程,还必须要依靠工人阶级联合广大人民群众进行长久不懈的斗争, 既有阶级斗争还有生产斗争;③人民群众的斗争要有工人阶级先锋队共产党的坚强正确的领导;④党要联合各民主党派领导人民斗争的首要一步是掌握政权,建立人民当家做主的新型国家;⑤掌握政权后要经过一个过渡时期来提高生产力总量并且逐步从多方面来改造旧社会, 过渡时期长短要依据各国发展程度而不同;⑥过渡时期之后也就是消灭了私有制、消灭了阶级与阶级对立,国家消亡之后,才能建成共产主义自由人联合体,使人人得到自由解放和全面发展,社会实现高度自治。这六条原理原则详见《宣言》第一、二、四章。这六条原理可以更可简明概括为科学、民主、政党、政权、过渡和大同。

20 世纪 60 年代我受"左"的思想影响,把暴力革命也作为《宣言》的一条原理原则。《宣言》中有三处固然都是强调暴力革命,但是从 19 世纪 70 年代起由于议会民主的发展,马克思、恩格斯已多次讲过发达国家工人阶级及其政党可能通过议会民主、合法斗争的和平道路掌握政权。例如,马克思于 1872 年 9 月 8 日在《关于海牙代表大会》的讲话中曾经提出:"像美国、英国……也许还可以加上荷兰——工人可能用和平的手段达到自己的目的。"④恩格斯在 1895 年进而指出:"对旧策略必须加以修正。德国人作出的利用选举权夺取我们所能夺得的一切阵地的榜样,到处都有人效法。"⑤可见工人阶级领导人民群众要掌握政权,这是一条基本原理原则,暴力革命与和平过渡这是掌握政权的两条道路。在当今世界,由于新科技革命迅猛发展,大多数资本主义国家社会保障制度和议会民主越来越发展,暴力革命之路越来越难以走通,而议会民主和平过渡之路还有待长期艰苦努力探索。

五、第五把金钥匙

必须认清共产主义基本原理的实际运用。正是在《宣言》1872 年德文版和 1888 年英文版序言中明确提出：这些基本原理的实际运用随时随地都要以"当时的历史条件为转移"。上述这六条原理原则如何与各国实际相结合来具体贯彻，这有待很多的党努力长期探索，不是简单照搬就能一蹴而就的。有三篇《宣言》序言还指出了在俄国、意大利和波兰要如何运用这些原理。1882 年俄文版序言谈到俄国公社的土地公有制能否成为共产主义发展的起点，这实际上是落后国家能否先进入共产主义的问题。马克思、恩格斯晚年明确回答：假如俄国革命将成为西方无产阶级革命的信号而双方互相补充的话，那么现今的俄国土地公有制便能成为共产主义发展的起点，意即落后国家要依靠西方发达国家无产阶级的援助，否则落后国家不能先进入共产主义。

现在理论界有不少人都说马克思、恩格斯晚年已经指明落后国家可能比先进国家先进入社会主义，这完全是误解，并不符合实际。1892 年波兰文版序言指出：波兰只有摆脱了俄国统治取得民族独立，才能进行无产阶级的共产主义革命。民族独立革命与共产主义革命要分两步走，但两者之间有内在联系。后来波兰在 1945 年走上社会主义道路，然而长期在苏联严密控制之下，照搬苏联模式，难以独立自主地探索社会主义，所以波兰的社会主义到 1989 年终于失败，重新回到资本主义。1893 年意大利文版序言指明：意大利、匈牙利、德国、波兰和俄国工人要联合起来采取共同国际行动，才能取胜。

然而至今英、法、美等国工人阶级还难以采取联合行动，所以未能掌握政权。苏联和东欧多国共产党虽然掌握了政权，甚至宣布基本上建成了社会主义，但是在 1989—1991 年三年间都垮台失败了，其共同原因是这些国家的共产党都没有把《宣言》的基本原理与本国的实际相结合。首先是苏联从1929年起不顾本国生产力落后的状况，急于在短短几年内用行政命令和群众运动的方法消灭私有制，建立官本位的公有制，又形成权力过度集中的政治和文化体制，并且培植党政官员高薪特权集团。这种有严重弊病的苏联模式在二战后又强加给东欧各个社会主义国家。苏联模式长期拒不进行切实改革，终遭覆灭。其经验教训是值得认真汲取的，看来应当好好掌握运用马克思主义基本原理要以"当时的历史条件为转移"这把金钥匙。

六、第六把金钥匙

七篇序言帮助我们认清《宣言》的内容有哪些过时了，要增加什么新思想。1871年德文版和1888年英文版序言明确指出：《宣言》第二章末尾提出的过渡时期十条纲领，第三章对各种社会主义、共产主义文献的批判，第四章对各种反对党派的态度的论述，因时过境迁，情况发生了很大的变化，那些设想现在都"已经过时"。同时又指出：《宣言》"在原则上今天还是正确的"，也就是说，过渡时期依然要采取过渡性的措施，不能急于求成，工人阶级掌握政权后不能立即过渡到共产主义去；对各种错误的社会主义、共产主义思潮依然要采取分析批判态度；对各种反对党派依然既要联合又斗争。

此外，1872年德文版和1888年英文版序言都提出，要增加两个新思想：①1871年巴黎公社工人阶级第一次掌握政权七十二天。新经验证明："工人阶级不能简单地掌握现成的国家机器，并运用它来达到自己的目的。"原来《宣言》只说工人要掌握政权，争得民主，未具体表明对旧国家机器采用什么态度。有了1871年巴黎公社工人打碎旧的国家机器、建立新型国家经验之后，所以要增加打碎旧的国家机器的新思想。现在看来这个新的增补未必有普遍意义，因为打碎旧国家机器是与暴力革命联系在一起，如果采取和平过渡就必须利用旧国家机器，逐步进行改造。而且现代资本主义的国家机器已经在一定程度上由统治人民的机器变为管理社会的机器,不能简单将其打碎。②还要增加一个新内容,对此恩格斯虽然笔下写到,但是没有点明这是新看法,我在这里要着重加以说明。这就是马克思、恩格斯从反对社会主义转变为赞成社会主义。如前所说,1847年社会主义是资产阶级运动,共产主义是工人阶级运动,所以发表《宣言》时采用共产主义,而不用社会主义。那么马克思、恩格斯怎样从反对社会主义转变为赞成社会主义,而且把社会主义和共产主义作为同义语呢?弄清这个问题对于理解社会主义和共产主义很有现实意义。

《宣言》刚出版就迎来欧洲1848年革命,这场革命主要是发生在法、德、奥三国,还有意、匈、罗、捷、波五国卷入。欧洲各国主要是民族民主革命,只有1848年6月巴黎工人大起义是反对资产阶级政府,要建立社会主义,曾经提出"社会共和国"主张。法国工人6月起义只经过五天(22—26日)斗争就失败了。马克思、恩格斯回到德国参加革命斗争,他们也看到工人拥护社会主义的较多。于是在1850年出版的《1848年至1850年法兰西阶级斗争》第三章中已经提出:"无产阶级就愈益团结在革命的社会主义周围,这种社会主义就是宣布不断革命,就是实现无产阶级的阶级专政,这种专政是达到消灭一切阶级差别。"马克思用"革命的社会主义"以区别于路易·勃朗等改良的社会主义。到1864年成立第一国际(国际工人协会)时,英、法、德工人信社会主义者更多,马克思在这里为了争取"国际"中受其他社会主义派别影响的工人,于是也打出了社会主义旗号,收回共产主义。这就是恩格斯在1888年英文版、1890年德文版序言中所说的:马克思在1864年起草的《国际工人协会成立宣言》中"有一个充分广泛的纲领,使英国工联,法国、比利时、意大利和西班牙的蒲鲁东派以及德国的拉萨尔派都能接受"。

马克思起草的这个纲领"其行文之巧妙连巴枯宁和无政府主义者也不能不承认"。其中不提共产主义,甚至也不提社会主义,但是提出工人阶级要组织工人政党,"夺取政权已成为工人阶级的伟大使命"。要组织合作劳动、联合劳动,在组织章程中更提出要"消灭阶级"。还说"只有当协会组织起来并为知识所指导时,人数众多才能起决定胜负的作用"。这里"知识"就是指马克思主义理论,共产主义、社会主义理论。第一国际期间马克思、恩格斯还是争取到了很多工人群众的支持,使得其他社会主义派别在工人中的影响大为减少。由于共产主义在广大工人中曲高和寡而社会主义却大受广大工人欢迎,所以到1873—1874年马克思、恩格斯才把共产主义理论改称为科学社会主义。从《宣言》的七篇序言中可以看到,虽然恩格斯曾经两次声明1847年反对社会主义,把自己的理论取名为共产主义,但是从1888年英文版序言起恩格斯就多次从正面使用"社会主义"一词,如称"社会主义运动""社会主义革命""大陆的社会主义""科学社会主义"等。

我在这里还要强调指出,恩格斯到晚年认识到共产主义比社会主义更难实施,所以他在1891年致施米特的信中提出新的说法。施米特准备写关于向共产主义过渡的问题,恩格斯希望他对这个写作计划要认真考虑。恩格斯说:"我劝您:放它九年,先不拿出! 这是目前存在的所有问题中最难解决的一个,因为情况在不断地变化。例如,随着每一个新托拉斯的出现,情况都要有所改变;每隔十年,进攻的目标也会全然不同。"⑥1894年12月13日恩格斯给考茨基写信说:"共产主义一词我认为当前不宜普遍使用,最好留到必须更确切的表达时才用它,即使到那时也需要加以注释,因为实际上它已三十年不曾使用了。"⑦恩格斯在1894年1月26日《未来的意大利革命和社会党》中甚至在引用《宣言》时还悄悄地、不加声明地把共产党改为社会党。他说:"自从1848年革命以来,时常为社会党人带来极大成就的策略就是《共产党宣言》的策略,在无产阶级和资产阶级的斗争所经历的各个发展阶段上,社会党人将始终代表这个运动的利益……社会党人为工人阶级的最近的目的和利益而斗争……"由于恩格斯未加说明地把共产党改为社会党,所以《马克思恩格斯选集》的编者不得不在此处加注:恩格斯在引证时把"共产党人"一词换成"社会党人"。⑧这表明恩格斯晚年赞成工人阶级政党改名社会党,不要再称共产党,因为共产主义比社会主义更难实现,当时尚不知共产主义的具体方案。这是很重要的一点启示。

当然,这并非说当今共产党都要改变为社会党,因为从 1918 年起原来的社会党已经分裂为共产党和社会党两家。恩格斯晚年关于不宜普遍使用共产主义一词的说法,是要我们不要急于实现共产主义,要努力不断探索通往共产主义之路。

七、第七把金钥匙

就是《宣言》的七篇序言对观察当今世界资本主义有何重大意义,这只是从我的学习体会和感悟出发来讲。我认为,当今在运用《宣言》时最值得我们探究和对待的问题是:当今世界资本主义为什么还有较强生命力? 当代我们要如何实现社会主义? 这两大问题我们要认真思考、做到心中有数。马克思、恩格斯预见资本主义在 19 世纪就要灭亡,列宁预见资本主义在 20 世纪就要灭亡,然而世界资本主义进入 21 世纪为何还灭亡不了? 其实,只要细读恩格斯于 1892 年、1893 年写的两篇序言,就会发现马克思、恩格斯早就已经对这个重大问题提供了马克思主义的答案。

1892 年波兰文版序言指出:1848 年革命"通过自己的遗嘱执行人路易·波拿巴和俾斯麦实现了意大利、德国和匈牙利的独立"。民族独立是不可逆转的历史趋势, 在 1848 年欧洲革命中无产阶级因力量薄弱未能实现民族独立而被镇压下去,但是资产阶级作为革命遗嘱执行人不得不实现民族独立。1893 年波兰文版序言又说:"那些镇压 1848 年革命的人违反自己的意志充当了这次革命的遗嘱执行人。"这个观点原是马克思在多篇著作中阐述的,特别是在《1859 年的爱尔福特精神》一文明确提出的。[9]后来实践证明,铁血宰相俾斯麦用胡萝卜加大棒的办法,他不仅实现了德国独立统一,而且既镇压德国社会民主党人(1878 年实行非常法令),又实行社会保障制度。其中包括 1883 年疾病保险法、1884 年工伤事故保险法、1889 年老年和残疾保险法,等等。俾斯麦这些保险法的实行,缓解了劳资矛盾,使得德国难以爆发无产阶级社会主义革命。到 20 世纪 30 年代美国民主党总统罗斯福新政时期公布一系列社会保险法，如对失业者实行救济与职业培训，建立残疾人保险与养老金制度，实行住房福利保障，消除贫民窟，保护妇女与童工，等等。1938年6月25日美国国会通过《公平劳动标准法令》，对就业者规定最低工资为每小时25美分，后增至40分；规定最高工作时数为每周5天36~40小时，即每天工作6~8小时，以提高就业率。1926年福特汽车公司实行5天工作周。到1938年，美国进而首先在世界上最早在全国范围内实行每周工作5天、休息2天的制度。二战后，社会保障工程与福利制度开始逐步普及到大多数发达资本主义国家。20世纪60年代以来新科技革命更加快了生产、工作与生活社会化的步伐；资本主义国家的职能也相应发生很大变化，由统治人民的机构在一定程度上逐步改变为管理社会的机构，其社会职能大为增强；再加上资本积极扬弃与消极扬弃的发展，即合作经济与股份经济的发展，当今的资本主义虽然依旧矛盾重重，危机不断，但是还是能够继续缓解矛盾，渡过危机，还是能够继续向前发展。

在新科技革命与工人运动、社会主义运动的推动下，开明的资产阶级政治精英与知识精英被迫顺应世界大势，被迫采取应对社会主义又含有社会主义因素的公共政策和各种社会福利制度。于是镇压社会主义运动的统治者扮演了被扼制和镇压的社会主义遗嘱的执行人，实际上为社会主义开启了新的通道。历史的发展竟有这种吊诡的异常现象，这种反面的偶然性也体现了历史客观发展规律的必然性和不可把握性。尽管这些革命遗嘱执行人所采取的应对社会主义的措施带有滑稽可笑的甚至歪曲的方式，然而它还是有利于广大劳动人民，有利于促进社会主义的发展。今后只要工人阶级和社会主义政党不懈斗争，这条新的通道可能会越走越宽广。

在当代资本主义世界，暴力革命、不断革命、世界革命要让位于和平改良、不断改良、世界改良。这并不排除个别国家因阶级矛盾激化可能爆发暴力革命，但是也很难取得胜利或巩固胜利。未来通往世界社会主义之路，将由各国工人阶级、广大人民群众和社会主义政党独立自主不懈探索，逐步渐进。到一定时候，可能有众多国家的社会主义运动会形成一种合力，会加快前进的步伐和速度。未来在决战时刻，可能还会出现较为激烈的斗争。《宣言》所昭示的"每个人的自由发展是一切人的自由发展的条件"的美好前景和胜境，一定会实现。

总之，只要从《宣言》的七篇序言中掌握了上述七把金钥匙，就便于我们深入学习《宣言》本文，开启《宣言》的真理宝库，全面领会《宣言》所蕴藏的各个真理，用以切实改变我们的主观世界和客观世界。

注释：

①《马克思恩格斯全集》(第39卷)，人民出版社，1974年，第189页。

②《马克思恩格斯选集》(第四卷)，人民出版社，1995年，第242页。

③同上，第696~697页。

④《马克思恩格斯全集》(第18卷)，人民出版社，1964年，第179页。

⑤《马克思恩格斯选集》(第四卷)，人民出版社，1995年，第522页。

⑥《马克思恩格斯全集》(第38卷)，人民出版社，1972年，第123页。

⑦《马克思恩格斯全集》(第39卷)，人民出版社，1974年，第203页。

⑧《马克思恩格斯选集》(第四卷)，人民出版社，1995年，第453页。

⑨《马克思恩格斯全集》(第13卷)，人民出版社，1962年，第462~465页。

《共产党宣言》的基本思想是什么？ *

　　《共产党宣言》(以下简称《宣言》)的基本思想是什么？这一问题过去似乎看法一致，然而最近的情况表明，大家在学习中还是有不同的理解的,有的认为恩格斯在《宣言》1883 年德文版序言中已对《宣言》的基本思想作了最透彻的说明,如果概括为一句话,那就是唯物史观;有的认为唯物史观只能是《宣言》的理论基础,《宣言》的基本思想应该说是阐明了无产阶级的领导,无产阶级和全人类才能获得解放,等等。大有众说纷纭、莫衷一是之概。

　　为什么对《宣言》的基本思想有各种各样的看法呢？我想,这在很大程度上是与《宣言》这一伟大文献的性质密切相关的。《宣言》可以说是第一部完整地系统地阐述马克思主义的百科全书,是马克思主义三大组成部分的结晶,因此对于《宣言》的基本思想可以从不同角度去把握,真是仁者见仁,智者见智,各抒己见,各有千秋。

　　本文试就这一问题谈一些个人的粗浅体会,不当之处,望同志们指正。

一、从世界观的高度来概括

　　在阐述《宣言》基本思想方面,最重要最权威的意见当然首推恩格斯在

---

　　* 本文是应《教学与研究》(中国人民大学主办)之约而写,载该刊 1964 年第 4 期。

1883年德文版序言中所作的概括。恩格斯是这样说的:"《宣言》中所始终贯彻的基本思想,即:每一历史时代的经济生产以及必然从此发生的社会结构,便是该时代政治和思想历史的基础;与此相适应的是(自从原始公共土地占有制解体时起)全部历史都是阶级斗争的历史,即社会发展各阶段上被剥削阶级与剥削阶级,被统治阶级与统治阶级间斗争的历史;在这个斗争现今所达到了的阶段上,被剥削被压迫的阶级(无产阶级)为要摆脱掉剥削它压迫它的那个阶级(资产阶级),已非同时使整个社会永远摆脱剥削、压迫以及阶级斗争不可了——这一基本思想完全是属于马克思一个人的。"①后来在1888年英文版序言中,恩格斯几乎用同样的语句又重申了这一观点。②

恩格斯这一段话包含三个互相联系、不可分割的原理:第一,社会存在决定社会意识,经济基础决定上层建筑;第二,阶级斗争是阶级社会历史发展的动力;第三,到资本主义社会阶级斗争已发展到非由无产阶级来消灭阶级、实现无阶级的共产主义社会不可。这三点显然是唯物史观的最基本观点。③可见,恩格斯在这里是从世界观的高度来概括《宣言》的基本思想的。

为什么恩格斯要从世界观的高度来概括《宣言》的基本思想呢? 我想,可以从以下三点来理解:

最重要的一点是,马克思、恩格斯时常把《宣言》看成初次系统阐述自己新世界观、新哲学观的科学著作。

1859年1月,马克思在《政治经济学批判》序言中回顾自己新的哲学观点的形成过程时曾经写到:当恩格斯于1845年春移居布鲁塞尔后,"我们决定共同钻研我们的见解与德国哲学思想体系的见解之间的对立,实际上是把我们从前的哲学信仰清算一下"。"在我们当时从这方面或那方面向公众表达我们见解的各种著作中",他首先举出了《宣言》。④1885年9月,恩格斯在《反杜林论》再版序言中也说:对"辩证方法与共产主义世界观的多少连贯的叙述",是"首先在马克思的《哲学的贫困》以及在《共产党宣言》中开始问世"。列宁后来也是把《宣言》看成马克思、恩格斯阐述其新世界观的代表作。他说:"这部著作极其透彻鲜明地叙述了新的世界观,叙述了包括社会生活在内的彻底的唯物主义,叙述了辩证法这一最全面最深刻的发展学说,叙述了关于阶级斗争、关于共产主义新社会的创造者无产阶级所负的世界历史革命使命的学说。"⑤

正由于《宣言》是新世界观的重要的起点和全面的蓝本,所以恩格斯强调唯物史观是其基本思想。

其次,我们也要了解,马克思、恩格斯曾经为《宣言》写过好几篇序言,为什么恩格斯特别在1883年的序言中强调唯物史观是《宣言》的基本思想。

恩格斯写这篇序言是在1883年的6月28日,这时距马克思逝世刚刚三个半月。恩格斯一开头就说:"本版序言,可惜已只好由我一个人来署名了。"可见恩格斯是怀着对自己最亲密战友的无限景仰来写这篇序言的。在马克思逝世后,恩格斯尤其注意总结、表彰这位最伟大思想家一生的科学成就。在《马克思墓前演说》中,恩格斯就指出过:"正如达尔文发现生物界的发展规律一样,马克思发现了人类历史的发展规律","马克思还发现了现代资本主义生产方式以及由其所发生的资产阶级社会的特殊运动规律"。⑥我们知道,科学社会主义正是奠定在这个发现的基础上。⑦在《宣言》1883年德文版序言中,恩格斯又一次强调了唯物史观的基本思想,而且非常谦逊地把这个社会历史发展规律的发现完全归功于马克思一个人。其实我们知道,早在1845年他和马克思合作之前就已独立探索过这个问题,并且在《英国工人阶级状况》等书中初步阐述了这一新的世界观。

此外还有一点我们也要注意到:马克思在世的时候,曾和恩格斯一起在他们合写的《宣言》1872年英文版序言和1882年俄文版序言中,对《宣言》作了修改或补充;可是在马克思逝世以后,"当然更决谈不到对《宣言》作什么修改或补充了"⑧。唯其如此,所以恩格斯认为更必须十分明确地再次"申述《宣言》的基本原理可以随时随地灵活应用,然而它的唯物史观的指导思想却是万古长青的"。这一点也是恩格斯从世界观高度概括《宣言》基本思想的原因所在。

二、从科学社会主义基本原理来理解

《宣言》不仅是辩证唯物主义与历史唯物主义新世界观的代表作,而且又是科学社会主义的第一个纲领。当初,共产主义者同盟本来就是委托马克思、恩格斯起草一篇宣言来"把党纲的基本原理和规定公布于世"⑨。《宣言》本身就是"周详的理论和实践的党纲"⑩。恩格斯也只是说:唯物史观是"构成《宣言》所阐明的党纲的基本原理"⑪,因此我们要了解《宣言》所阐明的党纲的各个原理,就要以这个核心为准,进一步深入研究《宣言》的具体内容。

那么作为科学社会主义的文献、作为国际无产阶级政党的纲领,《宣言》究竟叙述了哪些基本原理呢?即是说,它的基本思想是什么呢?在这方面,大家的理解又有所不同。

有的同志抓住无产阶级的历史使命问题。因为列宁指出过:"马克思学说中的主要的一点,就是阐明了无产阶级这个社会主义社会创造者的具有世界历史意义的作用。"⑫这一点既是空想社会主义认识不到的,又是马克思、恩格斯的伟大发现,而且在《宣言》中作了充分的阐述。从这一方面来看,这种见解是持之有故的。

有的同志抓住无产阶级专政问题。如果是从以下角度来理解,那是有道理的,马克思在给魏德迈的信中曾经强调无产阶级专政问题是他自己对于阶级斗争学说的新贡献。列宁也说过:是否承认无产阶级专政是真假马克思主义的试金石⑬;无产阶级专政问题是"无产阶级革命的根本内容","是整个无产阶级阶级斗争的最主要的问题"。⑭《宣言》中确实是着重地而且相当系统地论述了这一"最主要的问题"——诸如专政的历史必然性、专政的任务、专政与民主、专政的过渡性、专政消亡的条件等。⑮

有的同志则抓住无产阶级政党问题。如果是从以下角度来理解,那也是可以的。无产阶级政党的领导是无产阶级和全世界人民获得解放的根本保证。《宣言》作为无产阶级政党的第一个纲领,它专用第二章系统地阐述了无产阶级政党的性质、特点、任务等问题,还在第四章中阐述了无产阶级政党斗争的战略和策略原则。恩格斯后来在 1889 年 12 月 18 日致特利尔的信中总结他和马克思自 1847 年建立共产主义者同盟和创作《共产党宣言》以来达半个世纪之久的斗争经验时,曾经指出:"要使无产阶级在决定关头强大到足以取得胜利,就必须(马克思和我从 1847 年以来就坚持这种立场):无产阶级组成一个不同于其他所有政党并与它们对立的特殊政党,一个自觉的阶级政党。"⑯

总之,上述种种看法如果是作为个人在学习中的体会心得,从一定的意义上着眼,那都是言之成理的,但是我们要明确,这些原理也都是在唯物史观这一总思想指导之下派生的;而且看待《宣言》这一对马克思学说"作了完整的、系统的、至今仍然是最好的阐述"(列宁语)的文献,我们不要只抓一点,不及其余。

如果我们更全面地根据《宣言》的内容来看《宣言》所阐述的科学社会主义的基本原理,我想可以归结出以下七点:

第一,阐明了资本主义必然灭亡和共产主义必然胜利的规律:

第二,阐明了作为资本主义掘墓人和共产主义创建者的无产阶级的历史使命;

第三,阐明了无产阶级革命、当时强调了暴力革命是无产阶级实现其历史使命的必由之路;

第四,阐明了无产阶级专政是无产阶级实现其历史使命的最重要的杠杆;

第五,阐明了不分民族、不分国度无产阶级的国际主义团结是无产阶级实现其历史使命的力量源泉;

第六,阐明了无产阶级政党及其战略策略的正确领导是无产阶级实现

其历史使命的根本保证;

第七,阐明了与各种非科学社会主义划清界限,确立科学社会主义作为指南,是无产阶级实现其历史使命的思想前提。

有的人不同意把无产阶级革命等同于暴力革命列为《宣言》所着重阐明的一条基本原理。其理由是:在《宣言》的草本《共产主义原理》中,恩格斯曾经表明共产主义者但愿用和平的办法废除私有制。这种看法有一定道理。恩格斯这一提法,第一是因为当时共产主义者同盟的不少领导人还受空想社会主义的影响,他们认为可以通过和平的办法实现共产主义,据此恩格斯既从策略上考虑照顾了他们的愿望, 又在原则上跟他们划清了界限。第二是针对曾经在共产主义者同盟有过影响的布朗基主义和魏特林主义,前者把革命视为少数人的密谋,后者认为革命可以随心所欲地制造,所以恩格斯在这里斥责了任何密谋和革命的谬论。第三也是为了反驳资产阶级关于共产党人迷信暴力的诬蔑。在这里,恩格斯的中心思想固然是表达了和平过渡的愿望,同时也指明了暴力革命的不可避免性,这可以从他以下的一段话得到证明。他说:"几乎所有文明国家的无产阶级的发展都受到强力的压制, 共产主义者的敌人这样做无异是想尽方法引起革命。因此,如果所有这些最终把被压迫的无产阶级推向革命,那时,我们共产主义者将会用实际行动来捍卫无产阶级的事业,正像现在用言语来捍卫它一样。"[⑰]这里所说的:"实际行动"显然是指被压迫的无产阶级将以革命的强力行动来对付反革命的强力压制。这一点,我们还可以从恩格斯于 1846 年在巴黎同蒲鲁东主义者和"真正"社会主义者进行激烈争论时所表达的意见中得到佐证。那时他和论敌们争论了三个晚上,在论战中他"主要的是证明了:暴力革命是必需的","除了进行暴力的民主的革命外,不承认有实现这些目的(指共产主义——引者注)的其他手段"。[⑱]可见,这时恩格斯的观点和后来《宣言》关于暴力革命的观点是一致的。《宣言》指明了无产阶级国内革命战争的必然性,[⑲]并且公开声言:共产党人的"目的只有用暴力推翻全部现存的社会制度才能达到"[⑳]。这就表明:马克思、恩格斯在《宣言》中确实认定,暴力革命是无产阶级革命的必要形式。但是随着历史条件的变化,马克思和恩格斯晚年的看法已有所改变,所以不能将暴力革命简单地作为科学社会主义的一条革命原理。

还有人认为,与各种非科学社会主义划清界限未必可以作为《宣言》的基本思想之一提出。其理由是:这只是反对对立面的问题,不属于正面的科学社会主义原理范畴之内。但是我们要看到:科学社会主义的各个原理都是与非科学社会主义的观点对立的:科学社会主义要不被歪曲地得到广泛传播和彻底实现,就必须不断进行反对非科学社会主义的斗争。在《宣言》中,马克思、恩格斯之所以在正面阐述了科学社会主义的基本原理之后还要专辟一章来批判各种非科学社会主义流派。这就说明:科学社会主义正是在反对各种非科学社会主义思潮的斗争中诞生的。不破不立,不塞不流,只有深刻揭露了对立面,彻底驳倒了对立面,人们才能分清是非,泾渭自明。科学社会主义诞生以来一百多年的实践也证明:只有同一切机会主义进行不调和的斗争,国际共产主义运动才能不断发展,不断胜利。列宁早在1908 年总结马克思主义的发展规律时就指出:马克思的学说"在其生命的途程中每走一步都得经过战斗"。所以我觉得把这一条作为《宣言》的基本思想之一还是必要的。

关于《宣言》的基本思想,按过去传统讲法,一般是讲四条(即资本主义必然灭亡和共产主义必然胜利,无产阶级的历史使命,无产阶级革命和无产阶级专政,无产阶级政党)。我想,如果再增加三条(即把无产阶级革命和无产阶级专政分为两条,国际主义团结,反对非科学社会主义的斗争),这既符合《宣言》的内容,又具有非常重大的现实意义。

有的同志认为:如果要增加的话还可以再加上民族殖民地问题、农民问题、社会主义建设问题等,这些也都是《宣言》中论述到的问题。当然,作为马克思主义的百科全书,《宣言》所涉及的问题是极为广泛的。如果从更全面地反映科学社会主义的内容出发,把这些问题列为《宣言》的基本思想,也未尝不可。但是我认为《宣言》中阐述得最充分而又最重要的可以说就是这七个基本原理。

《宣言》所着重阐述的这些基本原理乃是马克思主义的精华,亦即我们通常所说的"放之四海而皆准的普遍真理"。谁如果违反了这些基本原理,那就是背叛。修正主义者伯恩施坦、考茨基之流正是极力攻击、歪曲这些基本原理。《宣言》也正由于它第一次全面而又深刻地阐述了这些基本原理,因此才能成为全世界无产阶级"公认的共同纲领"②,成为万古不朽的革命的科学文献。

三、从哲学与科学社会主义的统一来认识

以上分析了恩格斯从世界观高度对《宣言》基本思想的概括,也说明了《宣言》中关于科学社会主义的基本思想。那么这两种关于基本思想的提法是否有矛盾呢?如果不矛盾的话,两者的关系又是怎样呢?这样从这两方面来把握《宣言》的基本思想有什么好处呢?

我觉得这两种提法不但没有矛盾,而且正是相辅相成的,相得益彰。唯物史观虽然是《宣言》的基本思想,但是《宣言》并不是按哲学教科书的形式来写的,因此它不是一、二、三依序阐述唯物史观的各个原理,而是把握唯物史观体现在对人类全部历史、尤其是对全部近代史的分析中。恩格斯指出过:在《宣言》中,唯物史观的理论"曾被大体地应用于全部近代历史"②。科学社会主义的各个基本原理正是马克思、恩格斯应用唯物史观这一武器分析全部近代历史所得出的结论,《宣言》正是马克思主义创始人在马克思主义形成时期运用马克思主义哲学的最高典范。因此,可以说唯物史观是科学社会主义的理论基础、哲学基础,而科学社会主义则是唯物史观的具体运用。如果没有唯物史观,就不可能制定科学社会主义;如果只有唯物史观而不把它具体运用,那么哲学就会变成一些僵硬的教条。只有把唯物史观具体化,才能正确地观察扑朔迷离的社会现象,从而也才能使哲学变成革命实践的指南。列宁说:"马克思主义的真髓和活的灵魂,就在于具体地

分析具体的情况。"㉓毛主席非常重视这一点,他曾在自己的著作中反复引用过列宁的这句话。他还指出:"这种具体的分析,马克思、恩格斯首先给了我们以很好的模范。"㉔

辩证唯物主义与历史唯物主义是马克思主义者观察一切问题的基本立场、观点和方法,把握了这一要点才能把握住事物的本质。恩格斯从世界观的高度指出唯物史观是《宣言》的基本思想,这犹如高屋建瓴,便于我们掌握《宣言》的精神实质。列宁在概括《马克思恩格斯通信集》的内容时也指出过:"如果我们想用一个词来表明全部通信集的焦点,即其中所发表所讨论的一切思想集结的中心点,那么这个词就是辩证法。"㉕像恩格斯、列宁这样从世界观的高度去观察问题,对于我们领会经典著作有很大的帮助。

总之,我们要掌握《宣言》的基本思想,既要从马克思主义世界观的高度,又要看马克思、恩格斯如何运用这种世界观分析全部近代历史,从而阐明了科学社会主义的基本原理。这种理论结合实际的方法、灵活运用马克思主义哲学的方法,不仅是学习、研究《宣言》的基本方法,而且也是我们从事一切工作的基本方法。

注释:

① 《共产党宣言》,人民出版社,1960年,第5页。

② 同上,第10页。

③ 有的同志从这三点中单提出阶级斗争这一点作为《宣言》的基本思想来展开论述。这种突出重点的方法对于我们学习《宣言》也是有启发的。但是在我国阶级已经基本上被消灭之后,不宜夸大阶级斗争的作用。

④ 《马克思恩格斯全集》(第13卷),人民出版社,1961年,第10页。

⑤ 《列宁全集》(第21卷),人民出版社,1959年,第30页。

⑥ 《马克思恩格斯文选(两卷集)》(第2卷),人民出版社,1958年,第166页。

⑦ 同上,第165页。

⑧ 《共产党宣言》,人民出版社,1960年,第5页。

⑨ 《马克思恩格斯文选(两卷集)》(第2卷),人民出版社,1958年,第157页。

⑩《共产党宣言》,人民出版社,1960 年,第 7 页。

⑪ 同上,第 10 页。

⑫《列宁全集》(第 18 卷),人民出版社,1958 年,第 581 页。

⑬《列宁全集》(第 25 卷),人民出版社,1958 年,第 399 页。

⑭《列宁全集》(第 28 卷),人民出版社,1958 年,第 213 页。

⑮ 有的同志认为:马克思、恩格斯在《宣言》中"第一次提出了无产阶级专政的思想"。(见郑文竹:《〈共产党宣言〉的几篇序言》,《人民日报》,1964 年 5 月 31 日)这种说法是不确切的。早在 1845—1846 年他们合著的《德意志意识形态》一书中即已初次提出了无产阶级专政的思想。例如该书写道:"每一个力图取得统治的阶级,如果它的政治就像无产阶级的统治那样,预定要消灭整个旧的社会形态和一切统治,都必须首先夺取政权。"(《马克思恩格斯全集》(第 3 卷),人民出版社,1961 年,第 38 页)至于马克思第一次使用无产阶级专政这一概念,那是在《1848 年至 1850 年的法兰西阶级斗争》一书中,见《马克思恩格斯全集》(第 7 卷),人民出版社,1961 年,第 37 页、104 页。

⑯《马克思恩格斯书信选集》,人民出版社,1962 年,第 459 页。

⑰《马克思恩格斯全集》(第 4 卷),人民出版社,1961 年,第 366 页。

⑱《马克思恩格斯书信选集》,人民出版社,1962 年,第 13 页、14 页。

⑲《共产党宣言》,人民出版社,1960 年,第 39 页。

⑳ 同上,第 64~65 页。

㉑ 同上,第 9 页。

㉒《马克思恩格斯文选(两卷集)》(第 1 卷),人民出版社,1958 年,第 95 页。

㉓《列宁全集》(第 31 卷),人民出版社,1961 年,第 144 页。

㉔《毛泽东选集》(第 2 卷),人民出版社,1952 年,第 181 页、300 页、305 页、943 页。

㉕《列宁全集》(第 19 卷),人民出版社,1961 年,第 558 页。

坚持并发展《共产党宣言》的基本思想 *

  1848 年 2 月 24 日在伦敦问世的《共产党宣言》(以下简称《宣言》)是科学社会主义的诞生证书,是马克思主义的基本文献。一百四十年来,共产主义运动从西欧一隅扩展到世界六大洲,共产主义政党从一个发展到一百多个,共产党员从约四百人发展到九千万人,共产主义政党领导的社会主义国家从无到有,发展到当今的十几国,现在社会主义各国已约占世界领土的四分之一,世界人口的三分之一,世界国民收入的三分之一,世界工业产值的五分之二。这些成就都证明了《宣言》所阐述的马克思主义、科学社会主义基本原理已经变成实际,具有强大的生命力。今后我们仍然要坚持这些基本原理,以向前推进世界社会主义运动。但是我们还要看到,《宣言》出版时,只有英国一国刚实现以蒸汽动力为标志的第一次产业革命,世界刚开始蒸汽时代,资本主义世界体系刚开始形成;当今世界已进入电子信息时代,全方位的新科技革命正方兴未艾,世界经济政治文化一体化的趋势正逐步加强, 世界已开始进入社会主义和资本主义两种制度和平共处,协作和竞争的时代。在这种新历史条件下,需要在总结历史经验并结合时代新发展的基础上进一步发展《宣言》的基本思想。如果片面理解马克思主义,或者停留在原有基础上,或者把《宣言》中的个别论断当作千古不易的

---

  * 本文是为纪念《共产党宣言》发表 140 周年应《理论学刊》(中共山东省委党校主办)之约而写,载该刊 1988 年第 3 期。

教条来指导实践,势必造成严重危害。

一、发达的生产力是社会主义的首要基础

什么是《宣言》的基本思想呢? 恩格斯在 1883 年 6 月写的《宣言》德文版序言中鉴于在马克思逝世以后根本谈不到对《宣言》作什么修改和补充,所以他认为更有必要十分明确地重申如下一点:《宣言》中所始终贯彻的基本思想,即"每一历史时代的经济生产以及必然由此产生的社会结构,是该时代政治的和精神的历史的基础;因此(从原始土地公有制解体以来)全部历史都是阶级斗争的历史,即社会发展各个阶段上被剥削阶级和剥削阶级之间、被统治阶级和统治阶级之间斗争的历史;而这个斗争现在已经达到这样一个阶段,即被剥削被压迫的阶级(无产阶级),如果不同时使整个社会永远摆脱剥削、压迫和阶级斗争,就不再能使自己从剥削它压迫它的那个阶级(资产阶级)下解放出来"①。在 1888 年英文版序中,恩格斯又重申这个"构成《宣言》核心的基本原理"。恩格斯之所以一再申明这一点,因为它是整个马克思主义的基本原理,也表明《宣言》的许多具体原理应该随着社会情况的变化加以修改,而这个基本原理"至今还是完全正确的"②。对于《宣言》的这个基本思想我们也应该全面理解,既坚持又加以发展。

马克思、恩格斯的唯物史观首先强调"经济生产"是一切社会的首要的经济基础,亦即生产力是一切社会发展的最根本的决定力量,这是社会历史观的根本革命,一扫几千年以来只从精神或政治来解释社会发展的唯心史观。科学社会主义的这个基本观点也根本区别于空想社会主义。自 16 世纪以来空想社会主义者最先揭示了资本主义私有制的祸害,指明了必须以"财产公有"制来取代私有制,消灭阶级剥削和阶级压迫,建立理想的平等社会,这是不朽的功绩;但是他们以为在手工劳动和工场手工业的生产水平的基础上就可以消灭私有制和剥削阶级剥削制度,以为平均主义的分配就是真正的平等,这种单凭主观愿望和主观意志、忽视客观物质

条件和客观经济规律的观点仍然是唯心史观。科学社会主义不仅认为无产阶级在准备社会主义革命时需要现代工业生产力发展的基础，而且在社会主义革命胜利后仍然要以大力发展生产力为中心。《宣言》在谈到无产阶级夺取政权后的任务时，明确指出："无产阶级将利用自己的政治统治，一步一步地夺取资产阶级的全部资本"，"并且尽可能快地增加生产力的总量"。③可见无产阶级在实现其历史使命的进程中，按顺序是先建立社会主义政权，后建立社会主义生产关系，再大力发展生产力；然而按照《宣言》的基本思想，从本质上看，发达的生产力才是社会主义社会的首要基础。为了解放生产力，无产阶级才要夺取政权，为了有利于发展生产力，变革生产关系才要逐步进行，而不能一步登天；变革生产关系的目的也正是为了发展生产力；只有生产力发展了，才可能从根本上巩固并逐步完善社会主义政治经济制度。

由于种种历史条件先走上了社会主义道路的不发达国家，更要在夺取政权后把发展生产力作为中心任务，千方百计地、尽可能快地增加生产力的总量，只有强大的生产力才能从根本上巩固社会主义。离开了发展生产力，急于建成纯粹社会公有制的生产关系，是违背《宣言》基本思想的，实际上重复了空想社会主义的错误。从斯大林以来，一直认为经济基础就是生产关系的总和，而把社会生产力排除在经济基础之外。殊不知，没有生产力的经济基础岂不成为无根无土的浮萍？这种观点不仅导致在社会主义建设中忽视了把发展生产力放在首要地位，而且急于变革生产关系，急于建成纯粹公有制的生产关系。离开生产力这个主要标准来建设社会主义，就只能搞贫穷平均的社会主义。马克思主义认为：阶级的存在仅仅同生产发展的一定历史阶段相联系，只有生产高度社会化，生产力有了很大的发展，才可能真正消灭阶级。如果生产力还很落后，以为用政治运动或行政措施就可以一劳永逸地消灭阶级，这是对马克思主义的莫大误解。所以在剥削阶级和剥削制度基本上被消灭之后，集中全力发展生产力，更应该成为直接的中心任务。必须明确，发达的生产力是社会主义的首要基础和根本特征，发展生产力是社会主义的首要任务和根本使命。如果只是建立社会主义的政治制度和经济制度,而还没有发展起社会化、现代化的强大生产力,那么社会主义的政治、经济制度也必然是不完善、不巩固的,社会主义也是不完整、不够格的。

二、现代资本主义国家还能继续发展生产力

《宣言》基于对资本主义社会社会化大生产的发展与资本主义私有制的矛盾的分析,论证了资本主义私有制必然让位于社会主义公有制,论证了"资产阶级的灭亡和无产阶级的胜利同样是不可避免的"④。这在当年是了不起的科学预见。但是重新回顾历史,应该说在19世纪中叶蒸汽化机器工业刚刚建立不久而且尚未大面积普及的情况下,马克思、恩格斯就认为生产力已经增长到资本主义生产关系"所不能容纳的地步",资本主义已经衰老,社会主义已经临近,这是过高的估计。《宣言》中说:资产阶阶"像一个巫师那样不能再支配自己用符咒呼唤出来的魔鬼了"⑤。历史实践为什么证明情况并非完全如此呢? 这是值得研究和探讨的。历史上的奴隶主阶级和封建主阶级主要是依附于封闭的落后的自足自给的自然经济,生产力发展缓慢,统治的物质基础单薄,难以长久推行阶级合作,难以改善被统治阶级的生活状况,终于在阶级斗争中被推翻掉。近现代资产阶级则有所不同,它依托于开放的互通有无的商品经济,处于激烈竞争的旋流中,不进则退,不存则亡,所以它要千方百计拼命争取生存和发展。这就是资本主义条件下生产力得以较快发展的奥秘。起初,资产阶级主要靠延长劳动时间、增强劳动强度来加强剥削工人,这样必然遇到无产阶级的强烈反抗。在阶级斗争中资产阶级逐渐总结经验,越来越转向以发展科学技术、加强企业管理为主来提高劳动生产率,以降低产品成本,提高市场竞争能力。过去资本主义国家之间的矛盾往往通过战争手段来解决,资产阶级也感到这样既付出重大代价,又给无产阶级革命造成有利条件,所以战后发达资本主义国家转

向以高技术的竞争为主,来争夺市场和利润。与经济生产发展相适应,资本主义社会的民主法制和文化教育也获得较快发展。在生产力提高的基础上,资本家阶级既可以获得更高的剩余价值剥削率、更大的利润,劳动者阶级又可以逐步改善劳动条件和生活条件,劳动时间自 20 世纪 60 年代以来已逐步减少,目前最发达的资本主义国家每周约达三十一小时,每年还有四至六周的带薪休假。虽然阶级对立、两级分化、经济危机、失业等资本主义固有弊病还无法根治,生活在贫困线以下的还大有人在,但是可以通过国家政府的干预和各项福利措施使矛盾得到缓解,而不致酿成重大动乱。看来,资产阶级依靠商品经济的竞争能够较快地促进以科技为支柱的生产力的发展,依靠管理、民主、教育的发展和国家干预的加强,能够有效地支配、驾驭并且运用自己用符咒呼唤出来的地下魔力。所以一百四十年来,资本主义在发展生产力方面能够由蒸汽化逐步上升到电气化、原子化、电子化;在第一次产业革命之后,又实现第二次、第三次产业革命。现在最发达的资本主义国家依然居于新科技革命的最前列,在很多领域对发展生产力起带头作用。也就是说,现代资本主义在今后相当一个时期还能继续发展生产力,还能由电子信息化发展到光子化、生物工程化。

我们还要看到,由于经济生产的新发展,资本主义的社会结构和政治、精神方面都相应发生了变化。资本主义的所有权和经营权逐步分离,资本家雇佣的精明经理和高级管理人员等在生产中的作用愈益显著,国家的社会、经济、文化职能愈益增强,脑力劳动无产阶级的数量愈益增多,工人参与企业管理、参与地方自治、参政议政活动也愈加频繁,利用电脑手段使民众参与政治和社会活动的所谓电子民主正在发展。资产阶级推行的阶级合作使经济生产得到发展,阶级斗争已被钝化。并非只有阶级斗争才是社会发展的动力,在一定条件下阶级合作也能推进社会的发展。往往是又合作又斗争,合作中有斗争,斗争激烈时才打破合作。在新科技革命条件下,合作可能通过另一种形式的斗争得以较长期持续下去。这样按照《宣言》原来的设想,因经济危机和无产阶级贫困化加深而必然激化阶级矛盾和阶级斗争,并引起暴力革命的可能性,可以说越来越小。因此,在发达资本主义国家,为适应现代资本主义的新发展和新变化,众多有识之士都在重新探索走向社会主义的新道路。因循守旧,墨守成规,势必裹足不前,无所作为。

三、社会主义国家如何在发展生产力方面赶超资本主义国家

《宣言》和马克思、恩格斯的其他论著,一直都是预计社会主义将在资本主义发展程度最高的英、法、德等国首先取得胜利,然后带动、支援其他国家逐步走上社会主义道路。然而到 20 世纪,由于历史条件的变化,社会主义首先在资本主义不发达甚至很不发达的东欧和东亚十几个国家取得了胜利。当今社会主义国家,基本上实现了人民群众当家做主,消灭了剥削制度和剥削阶级,建立了强大的国防力量,能够打败并且有力地抵御帝国主义的入侵,经济生产和文化教育都获得较快发展,人民生活比之革命前有了很大改善,多方面显示了新型社会主义制度的优越性。但是勿庸讳言,以往由于缺少经验和种种失误,以致社会主义国家与发达资本主义国家之间在科技和生产力方面的差距拉大了。当今社会主义国家如何在发展生产力方面赶超发达的资本主义国家,这是有关社会主义兴败存亡的根本问题,也是社会主义国家发展战略的头等大事。

无产阶级在夺取政权后,怎样尽可能快地增加生产力总量,《宣言》中也提出了一些具体设想。除了逐步改革生产关系之外,还有逐步消灭剩余价值剥削,使工人创造的价值成为丰富和提高工人生活的手段,从而激发工人的劳动热情;按照总的计划开垦荒地和改良土壤,成立产业军,使农业工业化,把农业和工业结合起来,促使城乡之间对立逐步消灭;实行公共的免费的教育,把教育同物质生产结合起来;使无产阶级争得民主,逐步发展每个人的自由,等等。以往我们发展生产力不够快,有的是没有全面贯彻《宣言》的思想,如忽视了农业工业化;有的是对之进行片面的理解,如把教育同物质生产结合起来变成下乡下厂开门办学;有的是扭曲了马克思主

义,如《宣言》开头所强调的"一切社会的历史都是阶级斗争的历史"本来是指存在对立阶级的社会,可是我们在基本上消灭了对立阶级的六七十年代,仍然强调以阶级斗争为纲,而且在理论宣传中还把这种"左"的观点说成源于《宣言》。马克思、恩格斯早在《宣言》1872年德文版序中就已指出:《宣言》中基本原理的实际运用"随时随地都要以当时的历史条件为转移",《宣言》中所提出的发展生产力的措施"并没有什么特殊的意义。现在这一段在许多方面都应该有不同的写法了"。⑥所以社会主义国家如何尽快发展生产力还要从各国实际出发,进一步发展《宣言》的思想。

不发达国家在走上社会主义道路之后,长期处在发达的资本主义国家包围的特殊国际环境和本国封建主义传统影响的国内环境中,历史的形成了高度集权的政治、经济、文化体制。新中国成立前,我们是半殖民地半封建社会,新中国成立后只经过短短七年的过渡时期就进入社会主义社会。旧社会给我们留下了大量的自然经济和半自然经济,还有大量的文盲和半文盲,个人专权、个人崇拜、终身制、等级制、特权制、家长制等封建主义遗毒,不同程度地渗透到社会主义有机体制中来。在二十多年时间内又蒙受"左"的指导思想之害。因此,要加快生产力的发展就要彻底清除封建主义影响和"左"的影响,改革旧的高度集权的政治经济文化体制,建立新的充满生机和活力的体制;就要大力发展以社会主义为主体的多元化、多层次、多形式的经济和社会主义有计划的商品经济,以及与之相配合的社会主义民主政治和社会主义精神文明建设;就要把科技和教育放在首要位置,因为现代化的生产力主要是依靠科学技术的发明创造,依靠高级的复杂的脑力劳动。脑力劳动在创造价值方面所占的比重越来越超过体力劳动。如果忽视了科技和教育就会毁了社会主义,没有强大的最新科技和优化教育,就没有社会主义的未来。

要加快生产力的发展还要实行全方位的对外开放。除了对其他社会主义国家和发展中国家在开放中加强互相合作外,特别是要对发达的资本主义国家实行开放。开放就是对外体制的改革。过去由于发达资本主义国家对我们实行封锁禁运,我们认为当代资本主义已经绝对腐朽,一无可取,而且很快会被世界革命埋葬掉,所以对它采取封闭政策。《宣言》中指出:资产阶级"由于开拓了世界市场,使一切国家的生产和消费都成为世界性的了"⑦。各民族各方面的互相往来和互相依赖取代了地方和民族的自给自足、闭关自守状态,各民族的精神产品成了公共的财产,地方和民族文化形成为世界文化。这都是资本主义商品经济对外开放发展的积极成果。既然当代发达资本主义国家在科技、管理、民主的形式和机制、文化的繁荣和多样等方面都有可资借鉴之处,而且现在它们愿意同我们交往协作,社会主义国家如果继续采取封闭和排斥的对策,那就是作茧自缚,自甘落后。明智上策是在对外开放中争取和平与发展,反对战争和霸权主义,善于与发达资本主义国家和平共处、协作和竞争。"他山之石,可以攻玉。"社会主义要善于吸取现代资本主义的精华,来逐步增强自己的活力;同时排除资本主义的糟粕,防止资产阶级自由化。社会主义本来既是资本主义的对立物,又是资本主义的继承物。

当代各个社会主义国家立足本国所进行的各种改革,是在实践中发展《宣言》的伟大创举,是解放生产力,全面推进社会主义事业的光明大道。大约经过五十年到一百年的奋力拼搏,社会主义国家可能在发展生产力方面急起直追、迎头赶上,更全面更充分地显示社会主义的优越性,再加上资本主义世界进步人士的努力,到 21 世纪中下叶世界社会主义可能取得更大的进展和胜利。社会主义的现实基础和希望主要都在于尽可能快地增加生产力的总量。生产力是社会发展决定力量的观点是马克思主义的基本观点,我们要坚持并大力向前发展。我们坚持改革开放,以实现社会主义现代化为目标,就是坚持并发展了《宣言》中以"经济生产"、以生产力作为社会首要基础的基本思想,就是对科学共产主义创始人代表作的最好纪念。

注释:

①《马克思恩格斯选集》(第一卷),人民出版社,1972 年,第 232 页。

②《马克思恩格斯选集》(第一卷),人民出版社,1972年,第228页。

③同上,第272页。

④同上,第263页。

⑤同上,第256页。

⑥同上,第228～229页。

⑦同上,第254页。

《共产党宣言》为什么具有无限、永恒的魅力？ *

《共产党宣言》(以下简称《宣言》)，是作为世界上第一个国际性的共产主义政党——共产主义者同盟的纲领于 1848 年 2 月公诸于世的。一个政党的纲领或宣言，一般只限于表明该党的政治主张、斗争任务和执政的方针政策。《宣言》却不限于此，它以新兴无产阶级的立场阐明了科学的世界观和方法论，以严谨的科学理论为基础来批判资本主义旧世界、揭示共产主义新世界。《宣言》在世界历史上第一次对新诞生的马克思主义作了最初的、最全面的、最系统的、最深刻的、最精练的、最精彩的说明。它具有科学性、政治性、思想性、知识性和艺术性，所以它有着无限的、永恒的魅力。

《宣言》阐发的科学真理包含三方面的深刻内容，即三方面的理论：

第一，关于唯物史观的理论。《宣言》指明，生产力是人类社会历史发展的原动力，从生产力的发展引起生产关系、阶级关系和社会上层建筑的变动；阶级斗争是阶级社会发展的重要推动力；到现代资本主义因实现科技革命、产业革命出现社会化工业大生产之后，才有可能消灭阶级，进入无阶级的共产主义社会。这样，就从社会发展规律的深度深刻论证了资本主义为什么必然发展为共产主义。

---

* 本文是在一次纪念《共产党宣言》发表 150 周年研讨会上的发言，发表于《燧石》杂志(中国马克思主义研究基金会主办)1998 年第 3 期(5 月出版)。

第二,关于资本主义社会的理论。《宣言》指明:资产阶级虽然在历史上起过非常革命的作用,但是它又造成社会贫富两极的分化,形成"社会瘟疫"般的危机,使很大一部分生产力被毁灭掉。资本主义的生产力已经强大到资本主义的生产关系不能适应的地步;资本主义已经把人与人之间的亲情关系变成了纯粹的金钱关系;资本主义还生产了它自身的掘墓人——无产阶级。这些就决定了共产主义必要而且必能取代资本主义。

第三,关于共产主义社会的理论。《宣言》指明:无产阶级掌握政权后,要在逐步改变生产关系的同时,尽可能快地增加生产力的总量。只有生产力得到高度发展之时,才能消灭私有制、阶级对立和阶级差别;只有在生产力充分涌现之时,才能实现各尽所能、按需分配的原则。《宣言》指出:"代替那存在着阶级和阶级对立的资产阶级旧社会的,将是这样一个联合体,在那里,每个人的自由发展是一切人的自由发展的条件。"在《资本论》中,更简明地把未来共产主义的理想概括为"自由人联合体"。资本主义使一小部分资产者的自由得到畸形的发展,而绝大部分无产者却只有出卖劳动力的自由;只有共产主义才能使每个人的自由得到全面健康的发展。

《宣言》不仅具有严整的科学性,而且具有鲜明的政治性和强烈的思想性。《宣言》揭露了资本主义社会生产力社会化和生产资料私人占有的生产关系的矛盾、无产阶级和资产阶级的矛盾、西方宗主国和东方殖民地人民的矛盾、城市与乡村的矛盾、资产阶级内部的矛盾、无产阶级内部的矛盾,等等。指明了全世界无产者只有联合起来进行革命斗争,推翻资产阶级的统治,使无产阶级上升为统治阶级,争得民主,实行过渡性的纲领,逐步改造资本主义旧世界,建设共产主义新世界,才能使无产阶级和全人类最终获得解放。《宣言》还有力地批驳了资产阶级对共产主义的种种责难和歪曲,分门别类具体批判了形形色色的冒牌社会主义共产主义思潮,捍卫了科学共产主义理论的纯洁性。

《宣言》还具有丰富的知识性和生动的艺术性。《宣言》蕴含着哲学、经济学、社会主义学、政治学、法学、历史学、社会学、民族学、地理学、文化学、教育学、生产力学等众多学科的知识。细读之后，令人眼界大开，心胸宽阔，认识提高，思想敏锐。《宣言》还运用许多形象的比喻来说明深邃的哲理。例如，《宣言》开宗明义指明："一个幽灵，共产主义的幽灵，在欧洲游荡。""幽灵"这个提法和译法是非常深刻的，①它比"怪影""妖魔"等译法要好得多。幽灵者，若明若暗、时隐时显的精灵。②这说明，当时初生的共产主义的力量还较幼小，但是它已经使资产阶级深感恐惧和威胁，所以各国反动派要联合起来进行围剿。但是精灵既已诞生，在工人运动和人民解放运动哺育之下必将逐步成长壮大。一旦精灵与亿万人民大众相结合，并且在亿万人民群众身上扎根，必将产生无穷的智慧和威力，足以翻江倒海，翻天覆地，改造旧世界，开创新世界。

由于《宣言》把科学性、政治性、思想性、知识性和艺术性融于一体，所以它成为世界历史上任何阶级、任何政党所不曾有过的无与伦比、超群卓绝的伟大文献。它使 1776 年美国的《独立宣言》和 1789 年法国的《人权宣言》，以及 18 世纪末法国的《平等派宣言》等，都大为逊色。这一点是非常值得我们无产阶级的共产党人倍感自豪、引以为荣的。这就是为什么《宣言》成为一个半世纪以来在全世界传播时间最长、流传地域最广、发行数量最大、拥有读者最多、震撼人心最强、影响世界最深的政治文献。迄今，《宣言》已用世界五大洲二百多种文字出版了一千多个版本，发行了几千万册，在亿万读者心目中树立了光辉的理想，激起了战斗的热情。

正因为《宣言》具有无限的、永恒的魅力，所以它是世界历史上第一部十分完美的、百读不厌的、千年发光的、万世不朽的经典名著。

注释：

① 1998 年我写本文时还认为"幽灵"的译法是非常深刻的，后来我进一步研究，认为"幽灵"这个译法是肤浅的、不对的。马克思、恩格斯是无神论者，他们不可能把实实在在的共产主义者同盟盟员的秘密革命活动比喻为子虚乌有的"幽灵"。地主资产阶级虽然是有神论者，他们也不会愚蠢到对"幽灵"进行围剿，所以我认为"幽灵"应改译为"精灵"。

②我在文中又说:"幽灵者若明若暗隐时显为精灵。"我当时已经把幽灵理解为精灵,这是对的,但是幽灵与精灵一字之差,大有区别。幽灵是子虚乌有的鬼魂,而精灵则是精致、灵巧的怪物,精灵将来才能成长为巨人。用精灵比喻当时共产主义者同盟盟员进行的地下革命活动才是非常深刻的、形象的。2013年我在《中国延安干部学院学报》发表的《世界上第一个共产党——共产主义者同盟创建启动》一文中已经就"幽灵"应改译为"精灵"作了更详细的论证。此文已摘选入本书,见本书第一部分《〈共产党宣言〉的由来以及确立的科学社会主义六个基本原则》一文。

跨世纪的社会理想一定会实现

——纪念《共产党宣言》出版 150 周年 *

一、共产党人的目标是建立"自由人联合体"

《共产党宣言》(以下简称《宣言》)出版一个半世纪以来,指引世界共产主义运动历经惊涛骇浪,迂回曲折地开创了波澜壮阔的局面。共产主义运动之所以具有如此强大的生命力和吸引力,其重要原因之一就在于作为世界上第一个共产党纲领的、由马克思、恩格斯执笔的《宣言》深刻揭示了资本主义社会的内在矛盾,具体指出了无产阶级和全人类解放斗争的道路,科学阐明了共产党人的奋斗目标,它对于广大人民群众很有说服力和感召力。

什么是共产党人的奋斗目标呢? 有人顾名思义地认为共产党人的奋斗目标就是要实行共产制,消灭私有制,即把私人的生产资料收归国家和社会公共占有。早在《宣言》中,马克思、恩格斯就已经旗帜鲜明地指出:"共产主义的特征并不是要废除一般的所有制,而是要废除资产阶级的所有制。但是现代的资产阶级私有制是建立在阶级对立上面、建立在一些人对另一些人的剥削上面的产品生产和占有的最后而又最完备的表现。从这个意义上说,共产党人可以把自己的理论概括为一句话:消灭私有制。"①由于对

---

　* 本文是应《社会科学》(上海社会科学院主办)之约而写,载该刊 1998 年第 3 期。

《宣言》的这一段重要结论缺少准确的理解,以致有人误以为共产党人的奋斗目标就是消灭私有制。其实,共产党人只是认为:在发达资本主义国家,由于资本主义私有制已阻碍社会化大生产的发展,所以为着解放和发展生产力,才要变资本主义私有制为共产主义公有制;建立共产主义公有制本身并不是根本目的,而只是解放和发展生产力,达到消灭剥削、消除贫富两极分化、实现人的共同富裕和全面发展的重要手段,只是实现无产阶级和全人类解放的重要手段。

那么无产阶级和全人类在消灭剥削阶级、实现解放之后将怎样进行生产和生活呢? 这才是共产党人的最终奋斗目标。对此,《宣言》在第二章末尾有过非常精辟而又精彩的说法。那就是"代替那存在着阶级和阶级对立的资产阶级旧社会的,将是这样一个联合体,在那里,每个人的自由发展是一切人的自由发展的条件"②。在 1867 年出版的《资本论》第一卷第一篇第一章第四节中,则更简明地用"自由人联合体"这六个字来概括共产党人的奋斗目标。

西方资产阶级自以为只有资本主义取代了封建主义专制统治,才争得了民主自由,建立了"自由世界",而百般攻击社会主义、共产主义扼杀自由。正如《宣言》所指出的:资产阶级"一切关于自由的大话",仅仅对于"中世纪被奴役的市民来说,才是有意义的",而对于共产主义要"消灭资产阶级生产关系和资产阶级本身这一点来说,却是毫无意义的"。共产党人只是"要消灭资产者的个性、独立性和自由",同时要创造出比资本主义自由更广泛、最高度的共产主义自由,共产主义的最高目标是在全球范围内普遍成立"自由人联合体",实行自由人社区高度自治,那才是理想的世界大同和大同世界,才是《宣言》的真正精髓所在。

二、什么是自由? 应该怎样看待自由的历史发展?

在西方,"自由"(liberty)一词是在 14 世纪才出现的,它源于古拉丁文

libertat;"自由"的另一个词是英文 freedom,12 世纪之前已形成,它源于古英文 freodom。源于古拉丁文与源于古英格兰文的这两个词涵义一样,都是指从束缚中解放出来。人的自由是指人的思想、言论和行动由自己独立做主,从外界的束缚中解放出来。人们虽然向往自由、不断地争取自由,但是人们的自由无不受社会条件的束缚,所以"自由"历来都是相对的,而不是绝对的。然而自由的真谛并不在于它总要受束缚,而在于表现它的主体的自主自决性。社会越向前发展,人们也越要求争得更多更大的自主自决权,更少更小地受到束缚。因此,社会越向前发展,人们所争得的自由度也越高。从"自由"在历史上各个社会形态中的逐步发展,我们可以非常明显地看出这样一条基本的线索。

在原始社会,由于生产力极不发达,人们在氏族内部享有原始的朴素的自由,但是同时必须遵守氏族集体约定俗成的各项不成文的规章制度,如禁止族内婚等。正如恩格斯所指出的:"部落、氏族及其制度,都是神圣不可侵犯的,都是自然所赋予的最高权力,个人在感惰、思想和行动上始终是无条件服从的。"③任何人都无法随意抛开狭小的氏族而离群索居。

当生产力提高,形成了奴隶主阶级和奴隶阶级的对立以后,奴隶虽是没有任何自由的"会说话"的工具,但是可以被出卖、被赠予,奴隶主还要维持奴隶们最低的得以苟活的生存条件,而且奴隶还敢于有摆脱奴隶主压迫,争取自由的斗争。可见奴隶比起原始氏族成员固定隶属于某一个氏族,有时连起码的生存条件都没有保证,其自由度已略胜一筹。

到了封建社会,农奴还依附于封建地主,农民还束缚于一小块土地上,他们的人身自由和劳动自由都受到极大限制,所以他们还不断爆发抗租、抗税和争取人身自由的斗争。然而他们毕竟已经有一点儿自己的土地、农具和牲畜。比起奴隶,其自由度又有所提高。但是黑暗的中世纪,欧洲社会处于封建君主专制和教会神权统治双重压迫之下,人们在政治上和思想上备感压抑。随着城市手工工场和商品市场经济的发展,新型的资本主义生产方式在欧洲封建社会内部逐步成长。新兴的资产阶级深感必须高举思想自由、个性解放的大旗才能为资产阶级革命和资本主义的大发展扫清障碍。从 14 世纪至 16 世纪的欧洲文艺复兴运动到 17 世纪的英国清教徒革命,到 18 世纪的法国革命、美国革命,乃至 19 世纪的德国革命,资产阶级无不大讲特讲"自由"。1789 年公布的法国《人权宣言》,作为资产阶级反封建斗争的纲领性文件,对自由的定义和内涵作了明确的界定:"人们生来是而且始终是自由平等的。只有在公共利益上面才显出社会上的差别。""自由就是指有权从事一切无害于他人的行为。""自由传达思想和意见是人类最宝贵的权利之一;因此,各个公民都有言论、著述和出版的自由。"这里简明扼要地道出了新兴资产阶级的自由观,既体现了它的进步性,又明确了它的质的规定性,还暴露出它的局限性。1776 年美国的《独立宣言》扩大了争取自由的范围。它把"自由权"和"生命权""追求幸福权"三者并列为人人生而平等的不可转让的权利,宣告暴君"实不堪做一个自由民族的统治者",被统治的殖民地"名正言顺地应当成为自由独立的合众国"。这就表明,自由不仅是个人的权利,而且也是被压迫民族的奋斗目标。

总的看来,法国的《人权宣言》和美国的《独立宣言》把个人自由和民族国家自由这些属于政治范畴的自由作为资产阶级革命斗争的成果载入政治文献,使它具有法律效力。同时,资产阶级学者还从法律、经济、哲学、社会等范畴论述了自由的本质。法国法学家孟德斯鸠认定"自由是法律所许可的一切事情的权利",只有实行立法、行政、司法三权分立的政治体制才能防止有人滥用权力、切实保障公民的政治自由。英国经济学家亚当·斯密和大卫·李嘉图提出"经济自由"的口号,强调"自由竞争"与"贸易自由"是经济发展的自然的永恒的规律。德国哲学家黑格尔深刻说明了"自由是对必然的认识",自由不在于幻想中摆脱自然规律而独立,而在于认识这些规律,从而能够有计划地使自然规律为一定的目的服务;自由是在它根据对自然界的必然性的认识方面来支配我们自己和外部自然界,因此自由必然是历史发展的产物。

总之,只有到近代资本主义社会,随着资本主义现代化的实现,资产阶级及其代表人物,才从实际到理论使自由得到史无前例的大发展,使自由化与民主化、法治化、社会化、工业化、机械化、商品化、市场化、城市化、知识化等并列为资本主义现代化的重要文明成果。但是资本主义和资产阶级的统治又明显地揭示了它虽然实现了自由劳动,使工业无产阶级变成为自由雇佣劳动者,表面上似乎比历史上的奴隶和农奴自由得多,实际上从某种意义上说,其处境更不如奴隶和农奴、农民。奴隶连同自己的劳动力一次而永远地卖给奴隶主了,农奴、农民只出卖自己的一部分劳动力,"相反地,自由工人自己出卖自己,并且是零碎地出卖"④。无产阶级处在自由竞争之中,当他找不到自己劳动力的雇主时,生活就无保障,就要流落街头荒野。一个人连生存自由都不具备时,哪里还谈得上政治自由、思想自由呢?《宣言》中一针见血地指明资产阶级自由的实质是"把人的尊严变成了交换价值,用一种没有良心的贸易自由代替了无数特许的和自力挣得的自由"⑤。看来,无产阶级需要在继承历史上已有文明成果的基础上,对自由作出更高、更新、更系统、更深刻的论述。

三、马克思主义关于自由和自由人联合体的理论

马克思主义是马克思、恩格斯创立的无产阶级和全人类解放的科学。马克思、恩格斯从辩证唯物主义和历史唯物主义世界观的高度论证了只有建立"自由人联合体"才能实现无产阶级和全人类的解放。可见,关于自由和自由人联合体的问题是整个马克思主义的核心问题。马克思从人类社会历史发展规律的深度指明了人的真正自由是物质生产、社会生活和人的能力全面发展的结果,而并非是人生来俱有的。马克思在《1857—1858年经济学手稿》中把人类社会的历史发展划分为三大形态或三大阶段:"人的依赖关系(起初完全是自然发生的),是最初的形态,在这种形态下,人的生产能力只能是在狭窄的范围内和孤立的地点上发展着。以物的依赖性为基础的人的独立性,是第二大形态,在这种形态下,才形成普遍的物质变换,全面

的关系,多方面的需求以及全面的能力的体系。建立在个人全面发展和他们共同的社会生产能力成为他们的社会财富这一基础上的自由个性,是第三个阶段。第二阶段为第三阶段创造条件。"⑥这就是说,原始社会、奴隶社会和封建社会都属于人依赖人阶段,由于生产能力低,人的自由度也低;资本主义社会由于商品市场经济获得大发展,属于人依赖物阶段,由于生产能力提高了,人的自由度也提高了;到未来共产主义社会,由于共同的社会生产能力更提高了,人既不依赖人也不依赖物,人的自由个性独立地得到全面发展,这时才是真正自由的人,才能建立自由人联合体。在《资本论》第三卷中,马克思对未来"自由王国"的实现条件作了更透彻的说明。他说:"自由王国只是在由必需和外在目的规定要做的劳动终止的地方才开始;因而按照事物的本性来说,它存在于真正物质生产领域的彼岸。""这个自然必然性的王国会随着人的发展而扩大,因为需要会扩大;但是满足这种需要的生产力同时也会扩大。这个领域内的自由只能是:社会化的人,联合起来的生产者,将合理地调节他们和自然之间的物质变换,把它置于他们的共同控制之下,而不让它作为盲目的力量来统治自己;靠消耗最小的力量,在最无愧于和最适合于他们的人类本性的条件下来进行这种物质变换。"⑦

恩格斯于 1880 年发表了与马克思完全一致的观点。他说:无产阶级革命胜利、取得社会权力之后,"无产阶级使生产资料摆脱了它们迄今具有的资本属性,使它们的社会性有充分的自由得以发展。从此按照预定计划进行的社会生产就成为可能的了。生产的发展使不同社会阶级的继续存在成为时代的错误。随着社会生产的无政府状态的消失,国家的政治权威也将消失。人终于成为自己的社会结合的主人,从而也就成为自然界的主人,成为自身的主人——自由的人"。"这是人类从必然王国进入自由王国的飞跃。""完成这一解放世界的事业,是现代无产阶级的历史使命",深入考察这一事业的条件和性质,并使无产阶级认识到自己行动的条件和性质,"这就是无产阶级运动的理论表现即科学社会主义的任务"。⑧这两段言简意赅的论述，表明马克思主义认为真正的自由和自由人联合体需要三个条件：第一，物质生产领域的自由，使人成为自然界的主人。科技的高度发展使人认识和驾驭了自然界的发展规律，劳动不仅是谋生手段，更变成人的生活的第一需要和生命力的内在表现。第二，社会生活领域的自由，使人成为社会的主人。在物质生产的集体财富充分涌流之后，有必要也有可能消灭剥削和阶级差别，实行各尽所能，按需分配。这时人与人之间才实现了真正平等，人既不依赖人又不依赖国家和政党，而能在自由人联合体内外彼此协调。高度社会化的人不仅能够通过计划生产合理地调节人与自然界之间的物质变换，而且还能够合情合义地调节人与人之间的文化、感情和精神的自由交往。第三，人的能力全面发展的自由，使人成为自身的主人。人不仅是自由的主体，而且是自由的客体。每个人的自由发展不仅不妨碍他人的自由发展，而且有助于他人的自由发展，成为一切人自由发展的条件，也就是联合体之中人人互相依存，互相帮助，人人都能够自觉地约束自己，遵守联合体的规章，人人的能力都得到全面发展的自由。这种能力包括德、智、体、美、劳诸多方面。由于生产自动化的实现，工作日的缩短，社会的全面进步，未来的自由人能够具有从事多种体力劳动和脑力劳动的本领，这样才可能消除强制性的社会分工，从而根绝了产生私有制和阶级的可能性。

由此可见，马克思主义不仅把自由理解为对必然的认识和对客观世界的改造，而且视自由为对必然的能动驾驭和对主观世界的主动改造。自由是结束过去的束缚，创造未来的逍遥。自由是人的彻底解放、全面发展和逐步完善。自由的本质是把过去畸形的人改变为、培育为未来全面发展的人，全能的人。那时，"人在一定意义上才最终地脱离了动物界，从动物的生存条件进入真正人的生存条件"⑨。一旦全能的人普遍涌现，那么以往由畸形的人虚构出来的全能的神就将完全消失，宗教也将成为并不神秘的文化遗产。共产主义就是公共主义、自由人联合体就是公共化最高程度的具体表现和最终归宿，这是世界大同与大同世界的胜境。

马克思主义的自由观充分体现了自然、社会和人自身的统一，认识世界、改造世界和改造人的统一,自由发展与外部约束的统一,自主性与创造性的统一,物质与精神的统一,客观与主观的统一,抽象与具体的统一,相对与绝对的统一,有限与无限的统一,哲学、经济学、政治学、法学、社会学与人学的统一,而以人学为制高点和终结点(把自由归结为人的彻底解放、全面发展和逐步完善)。这才是马克思主义自由观的深刻、独到之处。

马克思、恩格斯在现代以蒸汽化为标志的第一次科技革命和自由资本主义时代,就能预见到"自由人联合体"的理想社会的远景,这可以说是独具慧眼地高瞻远瞩。后来经过以电气化为标志的第二次科技革命和垄断资本主义的发展,到当代又掀起了以电子化为标志的第三次科技革命和资本主义的更新发展,应该说人们实现从必然王国到自由王国飞跃的客观条件更加成熟了。只要我们善于创造性地向前发展马克思主义,善于用马克思主义唤起全世界无产者、劳动者和进步人士达成共识,善于团结、联合向往美好未来的各种社会力量,善于开展切合人民大众利益的各种形式的斗争,"自由人联合体"这种跨世纪的社会理想,在未来的新世纪中就会更加接近现实,并且迟早一定会实现。恩格斯于1894年还认为,"要用不多几个字来表达未来新时代的思想",除了摘引《宣言》关于建立自由人联合体那一段话之外,"我再也找不出合适的了"。⑩恩格斯摘引的这一段话不仅是给当时在日内瓦发行的《新世纪》周刊的题辞,而且也是未来共产主义新纪元的基本思想。

四、中国共产党人为实现马克思主义的自由观而奋斗

中国人民虽然背负沉重的封建专制主义的历史包袱,缺少民主共和的传统,但是"中华民族不但以刻苦耐劳著称于世,同时又是酷爱自由、富于革命传统的民族"⑪。颇为有趣的是,"民主""共和"等词汇都是我们借用日本人从西洋文字的译文移植过来的,而"自由"一词却是中国早就有的。《汉书·五行志》中已出现"自由",汉朝郑玄《周礼》注有"去止不敢自由"之说。到宋朝

时,"自由"已成为流行俗语。实际上我国古代早有庄子的《逍遥游》等名篇为"自由"奠定了思想理论基础,整个说来,我国长期处于封建君主专制统治之下,广大人民是少有自由的,我国历史上还不曾像古希腊、罗马那样,出现过"自由民"阶级。近代我国沦为西方资本主义列强的半殖民地之后,整个中华民族都备受压迫而失去自由。

20 世纪初马克思主义传入我国,中国共产党建立之后,面临着争取民族自由和人民自由的双重历史重任,早在 1922 年 7 月发表的《中国共产党第二次全国代表大会宣言》中第一次明确提出了彻底反帝反封建的民族民主革命纲领,主张力求:"各种自由权",向全国工农呼吁"为自由而战!"1925年革命先行者孙中山在临终遗嘱中明志:"余致力国民革命,凡四十年,其目的在求中国之自由平等。"孙先生赍志以殁,中国共产党人继承先哲遗愿,继续奋斗。1945 年毛泽东在党的七大上所作《论联合政府》的报告中又把"人民的自由"作为十大具体纲领之一提出,号召全国人民"将中国建设成为一个独立、自由、民主、统一和富强的新国家"。1949 年中国人民革命的全面胜利,新中国成立初步完成了民族自由和人民自由的双重任务。新中国成立前夕制定的具有临时宪法性质的《中国人民政协共同纲领》明文规定:"中国人民有选举权和被选举权","有思想、言论、出版、集会、结社、通讯、人身、居住、迁徙、宗教信仰及示威游行的自由权"。1954 年的正式宪法依然规定公民享有上述这些自由权。但是由于我国封建专制主义的历史积淀浓重,加上外来苏联党政领导过度集权模式的影响,实际上我国人民的各种民主自由权在实践中受到很多限制。1957 年毛泽东在《关于正确处理人民内部矛盾的问题》等著作中对马克思主义自由观作了进一步发挥和发展。可惜就在1957 年下半年共产党的指导思想转向"左"的方面之后,个人崇拜和个人集权盛行,党内的民主自由和人民的民主自由都受到很大破坏。长期以来都是集中压倒了民主,纪律压倒了自由。十年"文革"动乱期间,林彪、"四人帮"更是大肆践踏宪法规定的各项人民民主自由权利。

1978 年党的十一届三中全会发扬党内民主自由,端正了党的指导思想和行动路线。全会公报中明确指出："宪法规定的公民权利,必须坚决保障,任何人不得侵犯。"改革开放以来,我国的社会主义自由有所发展,其间又几次出现资产阶级自由化的思潮。由于长期以来"左"的思潮远未肃清,往往出现从"左"的方面来批判资产阶级自由化。这样不但难以选准资产阶级自由化的靶子,而且妨碍了社会主义自由的正常发展。当今我国处在社会主义初级阶段,社会生产力还不发达,多种经济成分和多种利益集团还存在,自由当然具有鲜明的初级阶段性与阶级性。但是鉴于以往长期忽视人民自由的过度集权的传统体制的影响,鉴于苏联东欧发生剧变的教训,我们必须加快政治体制和文化体制改革,尽力发展社会主义自由,逐步朝着"自由人联合体"的目标前进。应该清醒地看到,越发展社会主义自由,西方的资产阶级自由化在我们这里就越没有市场;越窒息社会主义自由,就越会助长资产阶级自由化,越搞"左"的一套,最后必然急剧转向右的方面。物极必反,历史辩证法是非常灵验的。

看来,重新深入认识马克思主义的自由观,完整准确地理解《共产党宣言》的基本思想,努力向前发展毛泽东思想和邓小平理论,把建立"自由人联合体"的社会理想在我国逐步加以贯彻实现,真是紧迫而艰巨的历史重任。

注释:

①②⑤《共产党宣言》,人民出版社,1997年,第41页、50页、30页。

③《马克思恩格斯选集》(第四卷),人民出版社,1995年,第96页。

④《马克思恩格斯选集》(第一卷),人民出版社,1995年,第337页。

⑥《马克思恩格斯全集》(第46卷),人民出版社,1979年,第104页。

⑦《马克思恩格斯全集》(第25卷),人民出版社,1974年,第926~927页。

⑧⑨《马克思恩格斯选集》(第三卷),人民出版社,1995年,第758~761页、757页。

⑩《马克思恩格斯全集》(第39卷),人民出版社,1974年,第189页。

⑪《毛泽东选集》(第一卷),人民出版社,1966年,第617页。

关于阶级观点和阶级分析问题的对话 *

　　今年是《共产党宣言》发表 150 周年。马克思、恩格斯在《共产党宣言》中用阶级分析方法揭示了人类社会，特别是资本主义社会的发展规律，他们强调指出："至今一切社会的历史都是阶级斗争的历史。"今天，社会阶级及其结构发生了极其深刻的变化，我们应该怎样结合时代特征来看待马克思主义的阶级分析方法呢？为此，本刊《当代世界与社会主义》编辑部约请中国人民大学国际政治系教授高放和中国社科院世界经济与政治研究所副研究员华翊就阶级观点和阶级分析问题进行了探讨，写成这篇对话。

一、马克思主义的阶级观

　　▲人们都常说：阶级观点是马克思主义的基本观点，阶级分析方法是马克思主义的基本方法。现在应该怎样看待这个问题？需要作什么改变吗？

　　●阶级观点确实是马克思主义者观察阶级社会各种现象的一个重要基本观点，阶级分析方法确实是马克思主义者分析阶级社会各种现象的一个重要基本方法。因为在阶级社会中，决定人们所处社会地位的最重要最

---

　　* 中共中央编译局主办的《当代世界与社会主义》杂志长期设有"热话题与冷思考"栏目，要求采取访谈式或两人对话体剖析当前的革命热门话题。本文是应约而写，采取与我女儿对话形式。发表于该刊 1998 年第 1 期。

基本的是阶级的划分。150年前，即1848年2月24日出版的马克思主义的最重要的文献《共产党宣言》的第一章，开宗明义指出："至今一切社会的历史都是阶级斗争的历史。""自由民和奴隶、贵族和平民、领主和农奴、行会师傅和帮工，一句话，压迫者和被压迫者，始终处于相互对立的地位，进行不断的、有时隐蔽有时公开的斗争。""从封建社会的灭亡中产生出来的现代资产阶级社会并没有消灭阶级对立。它只是用新的阶级、新的压迫条件、新的斗争形式代替了旧的。"这可以说是对欧洲国家古代奴隶社会、中世纪封建社会和近现代资本主义社会基本阶级划分、阶级关系和阶级斗争的最简明概括。尽管其他洲的国家的历史状况有所不同，但是这样一目了然的概括，能够帮助我们在扑朔迷离、混沌繁复的社会现象中掌握最基本的指导线索，用以剖析一切社会问题，包括经济、政治、军事、外交、文化和国际关系等。既便于洞察历史，又利于考察现状，还适于预测未来。马克思主义诞生以来一个半世纪的世界历史的发展，证明了马克思主义的阶级观点、阶级斗争学说和阶级分析方法是指引迷津的灯塔和航标，因此我们仍然需要依靠它、借助它，不可须臾离开，否则在前进中就会迷失方向，甚至触礁翻船。

问题在于，长期以来，由于受"左"的指导思想的影响，我们对马克思主义的阶级理论产生了误解、背离和停滞不前的僵化态度。突出表现为以下三点：第一，研究历史和现实问题时，简单地乱贴"阶级"标签，把纷繁复杂的社会现象生硬地都归结为阶级和阶级斗争问题，而且随意上纲上线，乱加批判。诸如科学技术、民族、宗教、文学艺术、语言文字、风俗习惯等方面的许多问题都远比阶级问题复杂，甚至不属于阶级问题。怎么能生搬硬套阶级观点和阶级分析方法呢？例如，苏联自1948年起把美国生物学家摩尔根创立的遗传基因学说定性为"反动的资产阶级伪科学"，而把苏联生物学家米丘林关于后天环境影响生物发生变异的实验人为地拔高为米丘林学说，并且把它吹捧为"自觉地应用马克思列宁主义的世界观即辩证唯物主义来认识和研究物质有机形式的发展规律"。对自然科学乱贴"阶级"标签正是我们自己败坏马克思主义阶级理论的恶劣事例。第二,在进入基本上消灭了阶级的社会主义社会之后,仍然以阶级斗争为纲,到处查找阶级敌人。当社会上的敌对阶级已被消灭之后,进而转到共产党内部查找阶级敌人。1936年以后苏联长期在党内搞大清洗、大镇压,1956年以后我国搞反右派斗争严重扩大化,反右倾机会主义运动,直到十年"文化大革命"到处抓叛徒、特务、走资本主义道路当权派,等等。在工人阶级先锋队共产党内部和人民群众内部长期乱揪"帝国主义的间谍"和"资产阶级的代理人",乱查祖宗三代和海内外社会关系,从而造成互相猜疑、互相残杀的不正常局面。在意识形态领域把不同意、不接受领袖权威观点的意见都扣上"资产阶级观点""修正主义"的帽子而乱加批判。这样做当然会极大地败坏马克思主义的阶级理论的声誉。第三,无视一百多年来,尤其是近几十年因新科技革命的迅猛发展而引起的资本主义社会产业结构、经济结构和阶级结构的新变化,而把马克思主义针对19世纪西欧资本主义国家状况所作的阶级分析,当作百年不易的教条,例如把"白领工人"当作"工人贵族",等等。看来当今需要改变的决不是马克思主义的阶级理论,而是我们自己对马克思主义阶级理论的偏离和僵化理解。当今世界正需要我们准确地坚持并且创造性地向前发展马克思主义的阶级理论。

二、马克思主义阶级论的来源和优越性

▲现在社会上有不少年轻人误把我们以往对马克思主义阶级理论的偏离当作这个理论本身,因此确有必要加以拨乱反正,正本清源。如果从渊源上来看,应该说早在马克思主义诞生之前,资产阶级学者就已经创立了阶级理论,那么马克思主义的阶级理论与之是什么样的关系?有哪些超越它们之处呢?

●人们通常根据列宁于1913年写的《马克思主义的三个来源和三个组成部分》这篇名作,以为马克思主义仅包括哲学、政治经济学和科学社会

主义三个组成部分,与之相对应、相联系,马克思主义有德国古典哲学、英国古典政治经济学和英法空想社会主义三个来源。其实马克思、恩格斯从未明确说过他们的理论只有三个来源和三个组成部分,考茨基、拉法格、梅林、卢森堡、普列汉诺夫等著名的马克思主义理论家也从来没有这样简明概括过。在列宁的著作中,我也只查到这一篇,也只这么讲过一次。应该说这是列宁对博大精深的马克思主义宏伟科学理论的独到体会。这对于我们掌握马克思主义的主要内容确有很大的启迪和帮助。但是我认为不可把列宁的这个重要论点绝对化、凝固化了,以为马克思主义就仅有三个来源和三个组成部分,多一个也没有。应该说这三个组成部分是马克思主义的最基本、最重要的内容;就马克思主义理论的全局而言,就马克思、恩格斯一生科学研究的领域而言,马克思主义还要包括历史学、政治学、军事学、法学、社会学、文化学、教育学、人类学等十几个组成部分,与此相对应,马克思主义也就有十几个来源。马克思主义是继承了人类所有文明成果的结晶。

马克思主义的阶级理论也是继承并超越了前人的成果而建立的。"阶级"一词的使用起源于古罗马。当时为了军队实行义务兵役制的需要而进行人口普查,普查人员以财产状况为基础区分人口时使用"阶级"(拉丁文classis)一词。近代英文"阶级"(class)一词起用于1602年。就阶级理论而言,早在古希腊,色诺芬、柏拉图和亚里士多德已指出了奴隶主和奴隶的阶级划分,已描述过奴隶制社会阶级斗争的事实;瑟秀斯曾依据社会分工不同,把民众划分为士族、农民和工匠三个阶级;随后,梭罗进而按占有财产多少把公民分为四个阶级,即收入谷物五百袋、三百袋、一百五十袋和一百五十袋以下者(一袋约等于四十一升),前三个阶级的人才能担任官职,第四阶级的人只有在人民大会上的发言权和投票权。到近代,更有法国波旁王朝复辟时期的资产阶级历史学家雅·梯叶里、弗·米涅、弗·基佐、阿·梯也尔等人在总结历史经验时,不得不承认并且着重阐明作为第三等级的资产阶级同贵族、僧侣之间三大等级的斗争,在资产阶级推翻了封建势力之后又有工人阶级作为第三个战士加入了与资产阶级、封建阶级之间的斗争。

正是这三大阶级的斗争和它们的物质利益冲突成为现代历史的动力,成为了解法国现代历史的钥匙。他们还把 17 世纪英国长老会派和天主教派之间的宗教斗争,看作各教派为了本阶级自身财产上的利益而进行的斗争。可以说他们已大致了解物质因素和阶级斗争在封建社会崩溃和资本主义社会建立中所起的决定性的历史作用。还有法国古典经济学家弗·魁奈和安·杜尔哥曾经按是否创造"社会纯产品",把社会成员划分为生产者阶级、土地所有者阶级和非生产阶级。英国古典经济学家亚当·斯密和大卫·李嘉图等人在分析英国社会时曾经以地租、利润和工资三种不同收入进行经济分析,看出地主阶级、资本家阶级和工人阶级这三大阶级之间经济利益的对立。所以马克思在 1852 年 3 月 5 日致魏德迈的信中曾经如实地指出:"无论是发现现代社会中有阶级存在或发现各阶级间的斗争,都不是我的功劳。在我以前很久,资产阶级历史编纂学家就已经叙述过阶级斗争的历史发展,资产阶级的经济学家也已经对各个阶级作过经济上的分析。"不能简单地说这些资产阶级学者全是唯心史观,应该说在发现和论证阶级与阶级斗争这一问题上他们已具有唯物主义因素。马克思主义的阶级论正是继承了历史上阶级论的合理因素才得以创立的。

马克思、恩格斯创立了唯物史观、掌握了人类从古至今全部历史发展规律,他们比历史上的阶级论者更高出一筹。在上引信中马克思接着写道:"我所加上的新内容就是证明了下列几点:①**阶级的存在仅仅同生产发展的一定历史阶段**相联系;②阶级斗争必然导致**无产阶级专政**;③这个专政不过是达到**消灭一切阶级**和进入**无阶级社会**的过渡。"这三点正是马克思主义的阶级论超过以前资产阶级的阶级论的更加高明之处。

在马克思所论证的这三点之中,第一点是大前提,是唯物史观的最基本、最重要的观点。以往我们在掌握和阐释马克思主义理论时往往只强调第二点和第三点,应该说这有很大的片面性。马克思主义所论证的阶级的由来和存在、所预测的消灭阶级的途径和目标,应该说是很深刻的、很正确的。但是由于不可能预见自己身后的世界发展进程,他们对资本主义的生命力和对资产阶级的统治能力估计不足,因而以为19世纪在生产力发展到蒸汽化的阶段,就可以消灭资本主义和资产阶级,实现社会主义和共产主义。实践证明,资产阶级不断总结统治经验,改革体制,调整政策,在18世纪末开创了以蒸汽化为标志的第一次科技革命之后,接着在19世纪末又掀起了以电气化为标志的第二次科技革命,在20世纪50年代还带头实现了以电子化、信息化为先导的第三次科技革命,使社会生产力达到了前所未有的更高水平。这就是说,资本主义还有发展的余地,生产力还没有发展到必须消灭阶级的历史阶段。

三、阶级及其划分标准问题

▲您所概述的阶级如何随着生产力的逐步提高而产生、发展和灭亡的进程是很有道理的。那么究竟什么是阶级呢?以什么标准来划分社会上的不同阶级呢? 这似乎在马克思的著作中找不到简明的答案。

●的确是这样,在马克思、恩格斯留下的著作中难以找到他们对阶级下过简明的定义。在马克思的鸿篇巨著《资本论》第三卷最后一章,即第五十二章,标题是"阶级"。本来他是要详细论述"阶级"问题的。可惜这一章只写了八百多字,手稿就中断,成为未完成的绝笔。不过在这仅有的三十二行中,马克思还是开宗明义地指明:"雇佣工人、资本家和土地所有者,形成建立在资本主义生产方式基础上的现代社会的三大阶级。"他还提出一个重要问题:"什么事情形成阶级?""什么事情使雇佣工人、资本家、土地所有者成为社会三大阶级?"他认为:乍一看来好像这三大阶级是因为分别靠工资、利润和地租的收入来生活,所以划分为不同阶级。实际上阶级的划分当然不是依其生活收入为标准,而主要是依据其对生产资料的占有情况来界定。很遗憾,马克思未能正面写出他的见解就与世长辞了! 恩格斯在《资本论》第三卷增补中也未对阶级问题加以说明。但是恩格斯在作为《共产党宣言》的第二个稿本《共产主义原理》中曾经对什么是无产阶级、资产阶级、奴隶阶级、农奴阶级等作了简要说明。尤其是他在《共产党宣言》1888 年英文版上加了一个注:"资产阶级是指占有社会生产资料并使用雇佣劳动的现代资本家阶级。无产阶级是指没有自己的生产资料、因而不能不靠出卖劳动力来维持生活的现代雇佣工人阶级。"从这些论述可以明显看出,马克思主义是以对生产资料的占有关系作为划分阶级的首要标准的。

后来列宁于 1919 年在《伟大的创举》中对阶级下了界说:"所谓阶级,就是这样一些大的集团,这些集团在历史上一定社会生产体系中所处的地位不同,同生产资料的关系(这种关系大部分是在法律上明文规定了的)不同,在社会劳动组织中所起的作用不同,因而领得归自己支配的那份社会财富的方式和多寡也不同。所谓阶级,就是这样一些集团,由于它们在一定社会经济结构中所处的地位不同,其中一个集团能够占有另一个集团的劳动。"长期以来我国的有关辞书和教材都引用列宁的这段话作为阶级的经典定义。列宁是在回答"'消灭阶级'是什么意思呢?"这个问题时,来给阶级下界说的。因此,严格地讲,把这段话作为阶级的定义使用,似乎不够简明。我想依据马克思列宁主义世界观,似可把阶级的定义概括为:人们按其经济地位不同而形成的社会大集团。如果嫌它还不够明确、不够具体,那么可稍长一些,把列宁概括的要点加进去作这样表述:人们按其同生产资料的关系不同、在社会劳动中的作用不同以及收入方式和数量的不同而形成的社会大集团。应该说,列宁所指出的三个标准不是并列的、同等重要的,其中首要的是人们按其同生产资料的关系不同而形成不同的阶级。

四、西方各派的新阶级论

▲然而现在西方有不少人对马克思主义的阶级论提出诘难。他们不同意马克思主义者按照同生产资料的关系不同来划分阶级,而执意提出了自己的标准。对这些派别和观点,您怎么看呢?

●的确,当前西方在阶级观方面有很多派别,最为流行的有"韦伯派"

"达伦多夫派""布劳—邓肯派"和"新马克思主义派"。德国社会学家马克斯·韦伯(又译维贝尔)在1922年出版的《经济与社会》中以人们在市场中的地位作为立论基础,主张以人们控制和利用市场商品和劳务的实际能力作为划分阶级的标准。据此,他把社会上的人们划分为三个阶级:第一是有财产阶级,第二是获利者阶级,第三是社会阶级。第一个阶级从市场营销占有较多财产;第二个阶级通过市场利用非财产资源,例如技术而获得好处;第三个阶级靠在市场中有升迁机会而生存。在社会阶级中又分为四种阶级,即工人阶级、小资产阶级、无财产的知识阶层和专家阶层,以及通过财产和教育而获得特权的阶级。德国社会学家拉·达伦多夫在1957年出版的《工业社会中的阶级和冲突》一书中,则以人们与权力的关系作为区分阶级的标准。他把社会上的阶级划分为"掌权阶级"和"服从阶级",前者在维护一种权力结构的过程中得到公开或隐蔽的利益,后者只有在推翻这种权力结构时才能获得利益。美国社会学家彼得·布劳和奥蒂斯·邓肯在其合著的《美国的职业结构》一书中又以人们的"职业地位"作为立论依据。他们认为,由于资本主义社会内部人们升迁的速度太快,难以形成较为稳定的社会集团,所以只能依据职业地位的高低来判断其阶级地位和高低;一个人的职业地位越高、收入越多、声望越大,他的阶级地位就越高,反之,他的职业地位越低、收入越少、声望越小,他的阶级地位也就越低。

所谓"新马克思主义派"是指20世纪六七十年代兴起的一批西方自称的马克思主义者,他们认为,在当代新科技革命、新产业革命实现之后,应该对马克思主义的阶级论重新认识、重新改变。他们把马克思讲过的生产性劳动和非生产性劳动作为划分阶级的标准:凡从事生产性劳动者列入工人阶级,而从事非生产性劳动者则列入新小资产阶级。例如原希腊共产党员、后来在法国、德国的大学执教的尼·普兰查斯于1974年出版《当代资本主义的阶级》一书,认为当代从事生产性劳动的工人阶级已经越来越少,而从事非生产性劳动的新小资产阶级(包括管理人员和全部脑力劳动者)却在不断膨胀,他们在意识形态上对工人阶级起控制作用,并剥削工人阶级的剩余价值。另外一些新马克思主义者又提出不同的观点。例如,巴兰在《增长的政治经济》一书中则把人数众多的非生产劳动者,包括管理人员和技术人员列入新工人阶级,而不称之为新小资产阶级。海曼·卢默在《什么是工人阶级?》中认为:现在从事生产劳动的,并不一定要亲自动手,"只要作为总体劳动者的一个器官,完成它某些附属功能,也就够了"。因此,他把科学家、工程师和其他专业人员以及政府雇员等都列入新工人阶级。

由上可见,当代资本主义社会阶级结构和阶级关系的新变化已引起众多学者和学派的新兴趣,促使他们提出很多新见解。尽管他们用以划分阶级的标准有所不同,但是有两点很值得我们重视:第一,从古希腊、古罗马起到近现代以至当今,确有不少面对现实的学人都觉察到并且如实地承认在原始公社社会瓦解之后,直至当今科技和经济高度发达的资本主义社会,确实一直都存在着阶级划分和阶级矛盾;第二,经过实践检验和互相比较,凡是不抱偏见者,连欧美的许多社会学家,大都认为各家各派的阶级观尽管见仁见智各有所据,然而马克思主义派以人们同生产资料的关系、以人们的经济地位作为主要标准来划分阶级,是较为客观、公正、合理的。社会是多元的,对各种社会问题的看法必然是多种多样的,不必强求一致。我们对其他各种阶级观不必乱加挞伐。应该让人们去进行比较和鉴别,去思考和选择。同时我们还要依据当今时代和形势的新变化,大力创造性地向前去发展马克思主义的阶级理论,勇于并且善于回答现实生活中提出的新问题,这样才能使马克思主义显示出更强的说服力和更大的吸引力。

五、五颜六色衣领的工人阶级

▲您认为在阶级结构方面当今最需要给予正确回答的新问题是什么?当今世界在阶级结构方面最大的变化是什么?现在西方流行一种"无产阶级消失论",认为随着新科技革命的迅猛发展,传统的从事笨重体力劳动的无产者越来越少,而且有越来越多的工人已拥有不等的股票、存款和不动

产,新小资产阶级和中产阶级的比重在不断扩大。这样发展下去,社会主义取代资本主义的社会革命依靠什么阶级来进行呢?

●如何看待当代无产阶级、工人阶级的新变化,确实是涉及发展马克思主义阶级理论的头等重要大事,我们不能回避这个首要问题。

无产阶级、工人阶级本来是18世纪末近代以蒸汽机的发明与使用、以蒸汽化为标志的第一次科技革命、第一次产业革命的产物。在马克思主义于19世纪40年代至90年代形成的时候,无产阶级正处于第一代、第二代、第三代,那时获得大量发展的是纺织工业、服装工业、食品工业、日用品工业等轻工业和炼铁、机床、火车、轮船等重工业。当时的无产阶级大多是从农民和手工业者转化来的,主要从事笨重的体力劳动,文化程度很低。但是《共产党宣言》却能够从无产阶级的诸多阶级特性——集中性、集体性、组织性、纪律性、斗争性、革命性、吸纳性、扩展性、联合性、国际性之中,从世界历史发展的大趋势,看到"在当前同资产阶级对立的一切阶级中,只有无产阶级是真正革命的阶级。其余的阶级都随着大工业的发展而日趋没落和灭亡,无产阶级却是大工业本身的产物"。能够认识到无产阶级是资本主义的"掘墓人",是"掌握着未来的阶级"。应该说,这是非常难能可贵的高瞻远瞩的真知灼见。

到19世纪末至20世纪中叶,以电气化为标志的第二次科技革命和第二次产业革命席卷了欧洲美洲和东亚地区,电力工业、钢铁工业、机械工业、汽车工业、飞机工业、造船工业等重工业部门大量兴起,交通运输业、建筑业、农业等部门也逐步机械化。这时的无产阶级不仅队伍进一步壮大了,而且已经发展到第四代、第五代、第六代,其阶级特性已更加稳定、更加鲜明了;文化素质有所提高;组织规模也有所扩大,各国社会民主党、共产党、第二国际、第三国际、社会主义工人国际、国际工会联合会、世界工会联合会、国际自由工会联合会等建立起来了,并且开展了各种活动;斗争经验也更加丰富了,不仅在众多资本主义国家积累了开展经济斗争、政治斗争和思想斗争的经验,而且在一批社会主义国家初步掌握了执政的经验。

20世纪50年代以来以电子计算机的发明、改进和广泛使用为先导的被称为电子化、信息化的第三次科技革命、第三次产业革命的巨浪席卷世界，整个世界发生了翻天覆地的大变化。这次新科技革命波及数学、物理学、化学、天文学、地理学、生物学六大自然科学领域，科学革命与技术革命紧密结合，科技革命成果迅速转化为生产力，新产品更新换代的时间从十几年缩短为几年、几个月。新科技革命全方位、加速度大发展的态势出现了群体化、高新化、精尖化、智能化的特点。新产业革命不仅使传统的第一产业（农业）和第二产业（工业）发生重大变化，而且使第三产业（包括商业、运输业、服务业、公用业、文教卫生保健业等）得到特大发展，同时还使信息产业、生物产业等崛起。目前在多数国家，第三产业的从业者和产值连年不断增长，在总量中的比例逐步上升，在发达国家已达60%至70%。从发达国家来看，无产阶级已发展到第七代、第八代。从世界范围来看，无产阶级的队伍已经遍布238个国家和地区。新科技革命、新产业革命使劳动力大量从物质生产部门向非物质生产部门转移。新科技革命对工人的文化素质要求更高了，大学和专科毕业生当工人的并不罕见。工人的脑力劳动的比重越来越多，从事脑力劳动的工人越来越大。工人的收入增多，生活有所改善。总之，当今西方工人出现了知识化、脑力化、白领化、多领化的新趋势。

▲什么叫作多领化？这是您创造的新名词吧？

●是的，当今出现了五颜六色衣领的工人，这可以叫作工人阶级的多领化。美国人喜欢把从事各种职业的工人以衣领的不同颜色来分类命名。早在19世纪时就流行"蓝领工人"和"白领工人"之称。"蓝领工人"指通常穿蓝领蓝色工作服从事体力劳动的工人，如机械工、采掘工、冶炼工、纺织工、印染工、搬运工、建筑工等。这些人劳动强度大，工作条件差，文化程度低，工资收入也低，占工人总数80%~90%，是当时工人的主体、主力军。可是到当代，随着新科技革命的迅猛发展和新产业革命的蓬勃兴起，在发达国家，蓝领工人在工人总数中所占的比例连年下降，已退居次要地位，甚至占不到20%，而他们的工资却较高，甚至比白领工人还高（因为许多人不愿从事笨重、肮脏、危险的苦力活）。

"白领工人"是指通常衣领洁白、穿着整齐的脑力劳动者，主要指管理人员、经销人员、技术人员、工会工作者等。他们工作条件好，失业威胁小，文化程度高，工资收入也高。在 19 世纪时，他们是工人中的极少数。尤其是工人政党、工会和合作社的右翼领导人、议会议员曾经充当了工人运动中的资产阶级代理人，经常向工人散播改良主义思想。所以马克思、恩格斯、列宁曾经称这些白领工人为"工人贵族"，认定他们是工人运动的敌人。可是到当代，工人阶级的阶级结构发生了重大变化，白领工人的种类越来越多（包括很多掌握较复杂技术，依靠仪表、电钮、数据、网络进行操作者），数量也越来越大，在发达国家已约占工人总数的 70%。他们已成为当代工人的主体、主力军，也应该是社会主义变革依靠的主要力量。

20 世纪 60 年代以来发达国家还出现一批高度熟练、掌握高精尖技术的工人，如电子计算机、宇航和航空、石油化工等部门的工人，因其在生产中作用大、金钱收入多、似乎衣领也金光闪闪，故被称为"金领工人"。美国学者普·凯利于 1984 年出版专著《金领工人》，专门加以论述。80 年代以来西方又出现"灰领工人"新词，专指穿灰色工作服，专门从事精密仪表与机器的维修，或者专门从事设计、开发、营销者。西方近来还流行"粉领工人"新词，专指女售货员、女秘书、女会计、女教师、女医护人员等，这也反映了当代妇女就业增多，女工队伍在不断壮大。还有"黑领工人"或"钢领工人"之称，那是指越来越多的机器人。机器人不是人，而是仿人机。但是机器人的不断增多，确实减轻了广大工人的体力劳动和脑力劳动，免除了工人的重活、脏活和险活，有利于工人阶级的解放。

工人阶级的多领化表明工人阶级的多样化、多元化、多层次化。我们应该从当代工人阶级的知识化、脑力化、白领化和多领化既看到未来世界社会主义的新趋势、新动力和新希望，又认清各国工人政党面临的新机遇、新挑战与新任务。看来要实现全世界五颜六色衣领的无产者联合起来，需要新战略、新策略和新举措。

六、中间阶级的扩大化和资产阶级的多层次化

▲当代除了无产阶级的结构发生新变化之外,还有一个非常值得重视的新现象,那就是中间阶级的不断扩大。《共产党宣言》中本来断言:"资产阶级时代,却有一个特点:它使阶级对立简单化了。整个社会日益分裂为两大敌对的阵营,分裂为两大直接对立的阶级:资产阶级和无产阶级。""中间等级"将不断向劳资两极分化。可是当代阶级结构的变化为什么不是这样呢? 它有什么意义呢?

●《共产党宣言》中所说的:"中间等级"(middle class),应该译为"中间阶级"更符合原意。这里原意是指介于资产阶级与无产阶级之间的各个阶级,包括中等资产阶级、小资产阶级和半无产阶级,具体指中小企业主、中小商人、手工业者和农民等。现在西方通用的"中间阶级"(middle class),包括更为广泛的人群,如中等收入的科技人员、中层管理人员和大多数自由职业者(医生、律师、编辑、记者、教师等)。不少人把"中间阶级"译为"中产阶级",我以为不妥。因为在中文中"中产阶级"特指中等资产阶级。毛泽东在1926年写的《中国社会各阶级分析》一文中就指出:"中产阶级,这个阶级代表中国城乡资本主义的生产关系。中产阶级主要是指民族资产阶级",它是区别于买办资产阶级的。后来他在1939年写的《中国革命和中国共产党》中又说:中国资产阶级"有带买办性的大资产阶级和民族资产阶级的区别","在中国的民族资产阶级,主要的是中等资产阶级"。可见,如果我们把"中间阶级"译为"中产阶级"就大大缩小其内容了。还有人主张把"中间阶级"译为"中等收入阶层",个人可以有自己的理解,但是译文首先要忠实于原文。

我认为现在西方所讲的"中间阶级"包括新老中间阶级在内,的确是个庞大的群体。难怪有人把《共产党宣言》所预言的资本主义社会的阶级结构发展趋势比喻为葫芦形,即上头小、中间更小、下头最大,而惊呼当今的变化是橄榄形,即两头小、中间大。如果我们把大量中等收入的脑力劳动者列

入五颜六色衣领的工人阶级的范畴,这样中间阶级岂不就没有那么多了?

从历史发展和当今现实来看,中间阶级之所以与马克思、恩格斯预计的不同,不是逐步缩小而是不断扩大,这是有多方面原因的。首先,中间阶级虽然一方面逐步没落、不断分化,但是它具有再生性。即在每一次经济危机周期过去之后的复苏阶段,又会有一批中小企业主、中小商人重新成长。其次,资本主义在国内外的广泛深入发展,又会在工业、农业、运输业、服务业、商业等部门出现新中间阶级分子。再次,当代第三产业的大发展涌现了很多新中间阶级分子。最后,新科技革命、新产业革命使当今企业分散化、微型化,这也有利于中间阶级的增长。

如果我们把有所扩大的中间阶级作为工人阶级在反垄断资产阶级中可以争取的重要同盟军,耐心地做他们的工作,不是能够实现比资本主义更加美好的社会主义吗?

▲当代西方的资产阶级也发生了很大的变化,您能简要地谈点看法吗?

●是的,当代西方不仅工人阶级和中间阶级发生了大变化,而且资产阶级也出现多层次化。资本主义的激烈竞争与不断兼并,资本的国际化与全球化,使工商金融、科技信息的大垄断集团阶层实力更加雄厚了,尤其是金融巨头操纵了资本主义的经济与政治。同时,非垄断性的资本家阶层也大量增加,它仍然受到大垄断集团的欺压和排斥,存在着被吞并的危险。另外,还出现一批为垄断和非垄断资产阶级效劳的高级经理阶层、高级专家阶层、高级官员阶层,这些人文化水平高、经验多、实力强、能量大。但是这些人不是铁板一块,不是不可改变的,他们毕竟不是垄断集团阶层本身。

总之,不能认为当代由于新科技革命的迅猛发展,资本主义社会的阶级阵线已经模糊了,马克思主义的阶级观点和阶级分析方法已经不灵了、没有用了。如上所述,我们应该针对当代的新变化,既坚持又向前发展马克思主义的阶级理论。

如何理解《共产党宣言》关于阶级斗争结局的论断

《共产党宣言》第一章有一段概括人类历史上阶级斗争结局的名言："每一次斗争的结局都是整个社会受到革命改造或者斗争的各个阶级同归于尽。"这句话很自然地被理解为历史上阶级斗争的结局有两种:不是整个社会受到革命改造,就是斗争的各个阶级同归于尽,二者必居其一。

长期以来,理论界正是这样解释这一问题的。在 1951 年 8 月《学习》杂志社出版的柯柏年同志写的《介绍〈共产党宣言〉》一书中这样说:"阶级斗争的结局有两种:第一种是,以社会底革命改造为终结。例如,资产阶级对封建贵族之斗争,结局是推翻了封建贵族,而建立了资本主义制度……第二种结局是,斗争的各阶级同归于尽……古代奴隶社会中的奴隶主与奴隶之间的阶级斗争,结果是奴隶主与奴隶同归于尽。"接着,作者以罗马帝国的灭亡为例来论证这一点。随后,范若愚同志编的《〈共产党宣言〉名词解释》(1952 年 8 月中国青年出版社版)也以罗马帝国的灭亡为例来说明各斗争阶级同归于尽。理论界老前辈的解释是很有影响的。多年来我们在教学中一般都是这么解释的,好多种《共产党宣言》的辅导材料也是这样辗转抄的(1976 年 6 月出版的中央党校和大庆工人合编的《〈共产党宣言〉解说》已提出了新的看法)。

我总觉得以上这种解释是难以令人信服的。马克思、恩格斯这一段话是概括奴隶社会和封建社会两种社会形态的阶级斗争。如果把阶级斗争的结局解释为上面那两种的话,那就是说:奴隶社会斗争的结局是奴隶主和奴隶同归于尽,而奴隶社会并没有得到革命改造;封建社会斗争的结局是社会受到革命改造,而封建主和农奴两个阶级并没有同归于尽。实际上并不存在这种情况。哪里有社会受到革命改造,而斗争的各个阶级没有同归于尽呢? 或者哪里有各阶级同归于尽,而社会没有受到革命改造呢? 应该说,不论奴隶社会还是封建社会,阶级斗争的结局既是社会受到革命改造,又是原有斗争的各阶级同归于尽。奴隶社会发展为更高形态的封建社会,同时奴隶主转化为封建主、奴隶转化为农奴;封建社会发展为更高形态的资本主义社会,同时农奴、帮工中的少数变成资产阶级,而大多数人变为无产者,行会师傅被排挤掉了,封建地主阶级也终于被新兴的资产阶级推翻了。可见,社会得到革命改造与阶级同归于尽是同一过程,而不是二者必居其一的单一过程;是一种结局的两个侧面,而不是互不相容的两种结局。

为什么过去会被解释为互不相容的两种斗争结局呢? 大概是由于奴隶主和奴隶两个对立的阶级到封建社会都不存在了,尤其是罗马帝国的灭亡是因外族入侵而加速了奴隶主和奴隶两个阶级同归于尽;同时封建社会比之奴隶社会的生产工具虽有改进,但都还是手工劳动,生产力并没有突飞猛进的发展,所以给人一种错觉:似乎奴隶社会斗争的结局是两个阶级同归于尽,而社会并没有得到革命改造。由于地主和农民两个阶级到资本主义社会后,还继续存在相当一段时间,同时资本主义的机器生产使生产力发生了前所未有的大革命,所以人们往往认为:封建社会阶级斗争的结局是社会得到革命的改造,而两个阶级并没有同归于尽。可是实际情况并非如此。从奴隶社会过渡到封建社会和从封建社会过渡到资本主义社会,其间生产力提高多少虽然有别,新旧阶级兴衰的方式和速度虽然各有特点,但是生产力的发展、社会制度的变革和旧阶级的没落、新阶级的出现则是共同的。

另外,《共产党宣言》这句译文中所用的"或者"一词,本身也容易引起误会。"或者"在现代汉语中是表示选择关系的连词。它既可以表示不相容的选言判断(非此即彼,二者必居其一),又可以表示相容的选言判断(或此或彼,二者可以并有)。这两种情况如果不从内容上来分析,光从形式上看,那是很难区分清楚的。在此处,显然要作为相容的选言判断来理解,才不致引起误会。查了一下原文,德文 oder、俄文 или 除了作"或者"解释外,都还有"亦即""又是"之意。可见,《共产党宣言》这句话似乎也可以改译为:"每一次斗争的结局既是整个社会得到革命改造,又是斗争的各阶级同归于尽。"再看英文本和法文本,表述又不完全与德文本、俄文本一样。英文本用的是"or…either"、法文本用的是"soit…soit",可译为"每一次斗争的结局或者是社会得到革命改造,或者是斗争的各阶级同归于尽"。这里,"或者……或者"也应该作为相容选言判断来理解。不管怎么译法更好,我认为都应该理解为:阶级斗争的结局就是一种,即社会得到革命改造,同时又是各阶级同归于尽。

那么资本主义社会阶级斗争的结局怎样呢? 当然同样也是社会得到革命改造,但是又不完全同奴隶社会、封建社会一样,原来斗争的无产阶级和资产阶级并不是同归于尽,而是根本改变了统治和被统治的地位,无产阶级起来推翻资产阶级的统治,建立无产阶级专政,逐步消灭资产阶级,最终消灭一切阶级对立和阶级差别。总之,无产阶级必然胜利,资产阶级必然灭亡。无产阶级胜利的原因就在于它不仅是受压迫受剥削的劳动阶级,而且是社会新生产力的代表者。奴隶和农奴虽然也是历史发展的动力,由于他们不是新生产力的代表者,所以不能建立一种新的社会制度。唯独无产阶级能够成为资产阶级的掘墓人和共产主义社会的创建者。《共产党宣言》正是从唯物史观出发分析了人类社会全部阶级斗争的历史,在第一章的开头指明了奴隶社会、封建社会的结局是旧的阶级一齐没落,而在第一章的末尾对资产阶级社会的结局却得出了这样重要的结论:"资产阶级的灭亡和无产阶级的胜利是同样不可避免的。"

总之,我认为历史上阶级斗争的结局,一般来说,只有一种,那就是社会得到革命改造,这正说明了阶级斗争是阶级社会历史发展的动力,是推动社会生产力发展、推动社会制度变革的杠杆。至于原有斗争着的各阶级的命运如何，那就要具体分析。在奴隶社会、封建社会是旧的各斗争的阶级一齐没落，在新的生产方式的基础上产生新的对立阶级；在资本主义社会则是资产阶级灭亡、无产阶级胜利。社会生产力的高度发展，把消灭资本主义、消灭一切阶级、建立无产阶级的无限美妙、无限光明的共产主义新社会的历史使命，交给了我们无产阶级。

如何认清当代资本主义
社会阶级结构的新变化 *

  第二次世界大战后,西方带头掀起的以电子信息技术为先导的新科学技术革命震撼了世界,它使当代发达资本主义国家的经济结构、产业结构、阶级结构等发生了一系列根本性的重大变化。关于现代资本主义社会的阶级结构问题,20 世纪六七十年代以来已成为举世瞩目的重大理论问题。西方学者已就此课题发表了大量论著,提出了各种各样的看法,各国共产党和社会党的观点也不一致,可以说是众说纷纭,莫衷一是。我国以往由于对外封闭,对现代西方社会的变化所知极少。自从 1978 年党的十一届三中全会、实行对外开放以后,对于西方的情况我们逐步了解多了,西方的各种思潮蜂拥而入,我国学者也开始重视研究这个课题,这是可喜的现象。我认为,弄清现代资本主义社会的阶级结构是重新认识世界资本主义的一个基本问题。只有弄清现代资本主义社会阶级结构发生了什么样的新变化,才能制定正确的阶级路线和无产阶级的战略策略,才能确定依靠什么人、联合什么人,以及反对什么人。这不仅是资本主义国家实现社会主义过程中面临的头等大事,而且也是社会主义国家制定政策时应该考虑到的问题。当代的马克思主义者应该对这个问题细加研究,旗帜鲜明地作出科学的回答。

---

  * 本文是为我指导的第一位博士研究生倪力亚著的《论当代资本主义社会的阶级结构》撰写的序言,该书列入"中国人民大学博士文库",中国人民大学出版社 1989 年 5 月出版。此书是倪力亚同志在他博士论文的基础上修改而成的。考虑到该文对了解《共产党宣言》出版以来兴起之社会阶级结构的新变化很有帮助,故收入本书。

倪力亚同志,1984 年考入中国人民大学国际共产主义运动史专业博士点,成为我国在这个专业的第一批博士研究生,研究方向是马克思主义与当代。他于 1979—1982 年在中国人民大学研读硕士学位时,我曾指导他撰写《葛兰西对意大利革命的探索》这篇学位论文,对西方社会的研究有一定的基础。在博士生学习阶段,他又进一步研读了马克思主义原著《共产党宣言》,以及当代西方有影响的代表作《第三次浪潮》,等等。因此,我引导并支持他研究现代资本主义社会的阶级结构问题,并要求他以马克思主义的阶级结构理论为指导,从掌握第一手资料,尤其是外文资料入手,理论联系实际;吸收国内外的研究成果,批驳西方的各种错误论调,作出独立的分析,提出新鲜的见解;既要摆脱长期禁锢人们思想的教条主义的束缚,又要反对西方的自由主义。他的理论基础扎实,功底较深,又能熟练地运用英文和俄文两种外文书刊资料。前后仅用了一个学期就写出近十五万字的初稿,经我审读提出一些意见由他修改后,于 1988 年 1 月 8 日通过了论文答辩,获得了校内外十五位专家的好评。针对专家们提出的不足之处,他又修改和补充才送交出版社。

对于现代资本主义社会的阶级结构问题,国外主要有五种观点:第一,西方资产阶级学者鼓吹西方阶级结构的新变化已经根本推翻了马克思主义的阶级理论,现代社会已变成没有阶级的社会,根本不存在什么阶级分化和阶级对立。另一些人虽然承认社会上还有不同利益集团,但是用阶层来取代阶级,或者以"社会流动性"来否认阶级的存在。第二,所谓西方马克思主义者非常重视并且认真研究了现代资本主义社会阶级结构的变化,出现了五大理论流派,提出了一系列与马克思主义貌合神离的观点,其中影响最大的是"新小资产阶级"和"新中间阶级"论,还有人认为工人阶级已经同资产阶级"融为一体"了。第三,西方工党、社会党和社会民主党大都认为,现代资本主义社会的阶级结构越来越变化多端,中间阶级越来越多,工人阶级越来越多地变成新工人阶级或新中间阶级,资产阶级的产权越来越分散,"资本民主化"的进程在发展。第四,苏联及其影响下的许多国家共产党人的观点。他们对西方资产阶级学者的观点持彻底批判态度,也不同意西方马克思主义者的观点,大体上还是坚持马克思主义的传统观点,对当代资本主义社会阶级结构的变化没有提出多少新见解。当然近几年苏联理论界的情况大有改变。第五,主张"欧洲共产主义"的一些共产党人运用马克思主义理论考察本国实际,认为依然只有工人和资本家才构成阶级,依然是工人阶级和资产阶级构成社会的两极;但是现在工人阶级的概念和含义更广泛,除体力劳动者外也包括其他阶层的劳动者。中间阶层的队伍也在扩大,不论新旧中间阶层都面临破落的威胁,因而都向工人阶级方向运动。资产阶级的成分则更加复杂化,除原先的垄断资本家集团外,还出现高级经理集团、高级管理集团和中小资本家集团。倪力亚比较系统地研究了上述五种观点,对上述前三种观点持分析批判的态度,也不赞同第四种陈旧的观点,大体上同意第五种观点,同时运用较多的资料作出进一步阐发。

贯穿《论当代资本主义社会的阶级结构》这本书的基本思想是坚持马克思主义的阶级和阶级结构理论,并且力图结合当代西方资本主义社会阶级结构的新变化进一步发展这个理论。第一篇开宗明义说明了马克思主义的阶级观是在批判地继承前人成果的基础上创立的,批判了现代资产阶级企图以阶层论来代替马克思主义阶级论,以及以"社会流动性"来否定阶级存在的观点,同时还指明了应该如何正确地看待阶层和阶级的关系,应该如何深刻地认清资本主义社会中的社会流动现象。倪力亚强调阶级是由其经济地位决定的,批判了西方学者用政治和意识形态作为划分阶级标准的观点,指出他们正是依据这些标准把工程师和技术员定为"新小资产阶级";同时批判了西方学者用权力和知识作为划分阶级标准的观点,指出掌握不同权力和知识的人应以其经济地位分属于不同的阶级和阶层;还批判了西方学者用生产劳动和非生产劳动作为区分工人阶级和小资产阶级的标准的观点,指出这也是他们把非生产劳动者列入"新小资产阶级"的理论根据之一,阐明非物质生产部门劳动者增多正是战后资本主义社会经济结构的一个重要变化。我们认为以上这些分析是中肯的,观点是正确的。

第二篇是对现代资本主义社会各阶级的分析,可以说这是全书立论的主体。倪力亚有力地说明了战后发达资本主义国家工人阶级发生了五方面的新变化:在数量上有较大增长、非物质生产领域工人的比重上升、脑力和半脑力劳动工人增多、文化和技术水平普遍有较大提高、生活水平有明显改善。据此他认为,现代工人阶级的概念应该比过去有所发展,但是西方所谓工人阶级已经"非无产阶级化",或者新工人阶级已经取代了旧工人阶级的说法,都是错误的。倪力亚从部门(职业)结构、技术结构和社会结构三方面来分析现代西方工人阶级结构的变化,这是颇有深度的新见解。由此他论证了工人阶级的地位和社会历史作用,认为工人阶级仍然是最革命的阶级,并且肩负着实现社会主义的历史使命,这是正确的结论。书中指出,现代资产阶级虽然也发生了种种变化,但是并不是像西方所说的出现了所谓工人剥削资本家、资本民主化或者权力转移到企业管理和技术人员手中等现象,更未出现所谓"经济阶级"取代了资产阶级的情况。然而倪力亚在这一部分没有认真分析战后资本主义经济结构、产业结构以及资本家组织结构的新变化,没有注意到资本主义化程度的提高这一重要新现象,这是一个缺陷。

除了工人阶级和资产阶级这两极结构外,倪力亚还着重考察了现代资本主义社会中的中间阶层,揭示了中间阶层中的农村小资产阶级在急剧减少,城市小资产阶级有所增加,而且成分更加复杂;批驳了西方所谓"中产阶级化"的理论,正确地指出那种认为中产阶级将取代其他阶级而成为下一个统治阶级的观点只不过是幻想。不过倪力亚认为,随着资本主义危机的加深,管理人员和技术人员将越来越多地无产阶级化,成为工人阶级的一部分。我们认为这个看法未必全面。随着新科技革命的进一步发展,西方的中间阶层无疑将更加扩大,我认为已经形成了较为稳定的中产阶级。由以往日益分化的中间阶层发展为比较稳定的中产阶级,这是当代发达资本主义社会阶级结构的一个重要变化。即使资本主义危机加深,我看其中也只会有一部分人无产阶级化,大部分人将坚持战斗,成为反对资本主义的中坚力量,这个强大的同盟军值得无产阶级重视。

第三篇是本着理论联系实际的原则,按照在第二篇中提出的基本观点,重点考察了战后美、英、法、德(联邦德国)、日、意六个主要发达资本主义国家的阶级结构,分别说明了这些国家阶级结构的特点,以及工人阶级、资产阶级和中间阶层的情况。这一部分旁征博引,内容丰富,层次清晰,分析得当,使人们能够点、线、面相结合,看出美、欧、亚几个具有典型意义的发达资本主义国家阶级结构的变化和现状。遗憾的是,由于国家没有条件把研究国外情况的博士研究生派出去进行实地考察和调查研究,所以这一部分的书面材料虽然较为翔实,内容总显得不够深入、生动。

全书最后预测了现代资本主义国家阶级结构变化的趋势,指出上述工人阶级、资产阶级和中间阶层的变化将沿着战后已经出现的特点继续发展,只不过量的变化要小一些,而质的变化要突出一些。当代资本主义社会阶级结构的变化和未来趋势与社会主义的命运息息相关。看来西方的社会主义者只有认清这些新变化和新趋势,重新调整阶级路线和战略策略,探索新道路,才能达到预期的目标。倪力亚对主张"欧洲共产主义"的共产党人寄予了很大的关注,可惜他们在思想认识上虽然有所变化,但是看来并非十分彻底,实际行动上又遇到重重阻力;而社会党人虽然对阶级结构的变化和其他有关问题的认识有所偏颇,但是在实际行动上却取得了较大进展。怎样使共产党和社会党这两支社会主义力量互相借鉴、取长补短、彼此接近、加强协作,我认为解决好这一问题是使西方社会主义走出低谷、摆脱困境的一条光明之路。当然这需要长年累月不懈的努力。从共产党人的角度来说,彻底克服长期以来的"左"的指导思想和教条主义,立足于把马克思主义真正同本国实际相结合,这仍然是当务之急。

我国人民在致力于社会主义改革、努力实现社会主义现代化的同时,异常关切当代资本主义社会的变化。近几年报刊上发表了几篇有关资本主义社会阶级结构问题的论文和编译文稿;1987 年 9 月河北人民出版社出版了蔡声宁、王枚编的《当代发达资本主义国家阶级问题》,书中选择了较多国外各家各派的有代表性的观点。近年来我国还翻译出版了几本外国学者的有关论著。倪力亚同志研读了中外许多论著，吸取了前人的成果，推出了有自己新见解的论著。尽管该书还有不足之处，但这毕竟可以说是我国学者撰写的一部系统论述当代资本主义社会阶级结构问题的学术专著，希望本书的出版能够推动我国学术界对当代资本主义世界的研究。社会主义不仅是资本主义的对立物，而且它首先是资本主义的继承物，不全面继承资本主义的积极成果，就搞不好社会主义。从这个意义上说，加强对当代资本主义世界的研究，对我们来说是十分重要而紧迫的任务。

五颜六色衣领的工人 *

一、蓝领工人

这是 19 世纪先在美国流行的新词，指资本主义国家企业内以从事体力劳动为主的工人。如机械操作工、修理工、搬运工、建筑工等。他们劳动时常穿蓝领衣服，故称蓝领工人。他们工作条件较差，经济地位较低，是工人阶级的下层。随着现代科学技术的发展，在发达的资本主义国家，蓝领工人占工人总人数的比例在逐步降低。按照 1980 年的统计，蓝领工人只占美国工人总数的 30%。因愿意从事较差工作的工人越来越少，故他们的工资待遇越来越高，有很多已超过白领工人。

二、白领工人

这是 19 世纪先在美国流行的新词，指资本主义国家企业内以从事脑力劳动为主的雇员和掌握复杂技术的工人。如技术人员、管理人员、医务人

---

* 此文是为我主编的《社会主义大辞典》撰写的一组辞条，该书由河南人民出版社 1988 年 5 月出版。考虑到本文有助于了解《共产党宣言》出版 170 年以来世界工人阶级结构发生的重大变化，故收入本书。

员,以及依靠仪表、电钮、数据进行操作的工人。白领工人的工作条件和经济条件都较好,工作时穿着齐整,衣领洁白,故称白领工人。他们是免除了繁重体力劳动的知识化的生产者,是工人阶级的一部分。随着现代科学技术的发展,这部分人将不断扩大,在发达的资本主义国家,白领工人逐渐占到工人的大多数。按照 20 世纪 80 年代的统计,白领工人已占美国工人总数的 70% 左右。

三、金领工人

该词是指发达资本主义国家 20 世纪 60 年代以来出现的高度熟练的工人,因其金钱收入多、似乎衣领也金光闪闪,在生产中作用大而得名。生产自动化之后在无线电电子、电机、仪表、石油化工、宇航与航空等部门拥有越来越多的工程技术人员、设计师、电子计算机操作人员、程序设计人员及其他职员。他们文化水平高,队伍较为稳定,很少受经济危机和生产组织技术带来的不利后果的冲击,收入高而且稳定。美国学者普·凯利给这类"掌握知识的劳动者"取名为"金领工人"。他在《金领工人》(1984)一书中对这个阶层作了专门论述,认为这些人不能忍受"过分的监督",要求"自行管理","追求有趣的工作"。他预计这类工人到 1990 年将占美国劳动力的 60%。金领工人的崛起使工人运动的社会基础发生重大变化。这些人易受资产阶级宣传的影响,对工会活动不感兴趣。如何增强并提高他们的无产阶级意识和社会主义觉悟,是关系工人运动和社会主义运动命运的重大问题。

四、灰领工人

首先,这是西方资本主义国家 20 世纪 80 年代开始流行的新词,指从事维修的工人,因一般穿灰色工作服而得名。随着科学技术的新发展,小型技术知识密集型企业的大量增加和家用电器的普及,这部分工人的数量在日益增多。他们的特点是技艺高、收入高、流动性大、组织性差。其次,它又指当今和未来知识产业的劳动者,这些人通常穿灰领衣服,在研究开发、决定经营、技术设计、市场营销等方面具有高度的专门技能。在以头脑为资源、以脑力劳动为职责这个意义上,这些人又可以称为"脑民"。西方有人认为,在农业社会位于社会中心的是绿领阶层,在工业社会先是蓝领阶层,20世纪高度工业化社会里则是白领阶层,而到21世纪灰领阶层将成为知识产业社会的主力军。21世纪的知识产业社会里的职业革命被称为"灰领革命"或"脑民革命"。

五、粉领工人

这是西方资本主义国家20世纪80年代开始流行的新词,指从业人员多半为妇女的职业者,如教员、售货员、会计和文书等,因妇女一般穿粉红色服装而得名。随着服务性行业和科教事业的发展,加上女工工资一般低于男工,所以这部分工人的数量在逐步增多。

六、黑领工人

这是西方20世纪70年代末开始流行的对机器人的称呼,因机器人一般配有黑色钢铁制成的服装,以此区别于白领工人和蓝领工人,又称钢领工人。西方有人认为,未来钢领工人将取代白领工人和蓝领工人,从而无产阶级消失了,无产阶级革命也化为乌有。实际上任何钢领工人都必须由白领工人、蓝领工人来生产、操纵和改进。机器人毕竟是机器,而不是工人,机器人再增多,随着生产流通领域和消费事业的不断发展,工人并不会减少,更不会消失。要发生变化的只是无产阶级的内部结构,即脑力劳动者的比重增大,体力劳动者的比重将缩小。未来新的产业革命的趋势将是大量黑领工人逐步取代蓝领、白领、灰领、金领和粉领工人,使劳动者真正能够减少劳动,实现解放。科学社会主义要加强研究随着科技新发展和无产阶级内部结构新变化而带来的新问题。

世界市场是现代化的"宽门"或"窄门"？ *

1998 年 2 月 24 日是伟大光辉文献《共产党宣言》(以下简称《宣言》)出版 150 周年。马克思和恩格斯在 1882 年《宣言》俄文版序言中写道:《宣言》的"任务是宣告现代资产阶级所有制必然灭亡"。在《宣言》第二章中又明确指出:"共产党人可以把自己的理论概括为一句话:消灭私有制",即消灭资产阶级对生产资料的私有制。为什么要消灭资本主义私有制呢？为什么至今还消灭不了呢？未来将如何消灭呢？本文只拟从世界市场这个角度来谈这些宏观的大问题。

一、世界市场为资本主义现代化开辟了新天地,是资本主义走向灭亡的"宽门"

资本主义私有制的最大历史功绩是带头实现了资本主义现代化,即把几千年来传统的农业社会逐步改变为现代工业社会。现代化的原动力是以

---

① 本文是应《中国市场经济报》(中共中央党校主办)之约而写,载该报 1998 年 2 月 27 日第 2 版。该报发表拙文时加如下编者按:"今年是《共产党宣言》出版 150 周年。在过去的一个半世纪中,人类社会取得了卓越的成就。经济在快速发展,文明冲击着地球上的每一个角落。在和平与发展成为主旋律的今天,回忆与纪念《宣言》的诞生,目的是希望通过对世界经济发展规律的认识与分析,探寻人类社会发展的未来。著名国际政治问题专家、中国人民大学资深教授高放在他的这篇纪念文章中深刻指出,世界市场对于资本主义的发展提供了广阔的空间,但它终究是'宽门',是通往死亡之门。对于目前尚处于弱势的社会主义国家,世界市场则是'窄门',是通向'永生之门'。"

蒸汽化为标志的现代第一次科技革命和产业革命。1765 年瓦特发明蒸汽机,1769 年取得专利,"现代化"(modernization)一词在英国产生于 1770 年,可见现代化与蒸汽化几乎是同步的。资本主义现代化几乎经历了三个世纪的准备过程,期间走过了简单协作和工场手工业两个阶段,然后才进入工厂机器生产的第三阶段。1492 年西班牙派遣哥伦布远航,发现美洲新大陆;1497 年葡萄牙人达伽马从里斯本出发,绕过非洲南端好望角进入印度洋,于 1498 年抵达印度卡里库特,开通印度市场;葡萄牙人 1513 年进而到达珠江口的屯门,1553 年又占据澳门,打入中国市场。随后英国人接踵独占印度,入侵中国。正如《宣言》所指出:"美洲的发现、绕过非洲的航行,给新兴的资产阶级开辟了新天地。东印度和中国的市场、美洲的殖民化、对殖民地的贸易、交换手段和一般商品的增加,使商业、航海业和工业空前高涨,因而使正在崩溃的封建社会内部的革命因素迅速发展。""市场总是在扩大,需求总是在增加。甚至工场手工业也不能满足需要了。于是蒸汽和机器引起了工业生产的革命。现代大工业代替了工场手工业","大工业建立了由美洲的发现所准备好的世界市场。世界市场使商业、航海业和陆路交通得到了巨大的发展。这种发展又反过来促进了工业的扩展"。这里已经把世界市场在促进资本主义现代化(工业化是其龙头)中的作用讲得异常明白。

资本主义私有制的世界市场固然推动了社会生产力的极大发展,但是又出现了两大新问题:第一,工业化大生产大发展之后,资本主义私有制显得过于狭小,它阻碍了社会生产力的健康持续高速发展,其突出表现就是周期性的经济危机,因它显露在市场萎缩上,故《宣言》中称之为"商业危机",并说这是"社会瘟疫"。第二,资本主义现代化造成了社会上双重的贫富两极分化,即国内劳资两大阶级的分化和国际宗主国与殖民地的分化。据此,《宣言》科学地论证了资本主义私有制必然让位于共产主义公有制,无产阶级是资本主义的"掘墓人"和共产主义的创建人。由此看来,世界市场先使资本主义得到振兴,终使资本主义归于覆灭,所以世界市场对于资本主义现代化来说,终究是"宽门"而不是"窄门"。

何谓"宽门"和"窄门"呢?这个典故出自《圣经》的《新约·马太福音》第七章。据载,耶稣在"登山宝训"中用形象的比喻说明引到灭亡和永生的两座门和两条路。他说:"你们要进窄门。因为引到灭亡,那门是宽的,路是大的,进去的人也多。引到永生,那门是窄的,路是小的,找着的人也少。"所以在西方,"宽门""宽路"是指通往死亡之门和死亡之路。世界市场对于资本主义的发展无疑提供了广阔的空间,然而它最终却是死门、死路。但是为何迄今资本主义私有制在世界范围内还有相当的生命力,而尚未寿终正寝呢?我认为这主要有以下两方面原因:

第一,从世界市场本身来看。首先,世界市场大体上经历了四个发展阶段,即从 15 世纪末发现美洲新大陆、绕过非洲好望角起,约至 18 世纪 70 年代,这是世界市场起步阶段,它初步把世界五大洲联成一体;从 18 世纪末蒸汽化产业革命起,约至 19 世纪末,这是世界市场初兴阶段,欧、美、日资本主义列强把世界瓜分完毕,建立了统一的无所不包的世界殖民体系;从 19 世纪末电气化产业革命起,约至 20 世纪 70 年代,这是世界市场武力争夺和重建阶段,其间发生了两次世界大战,终至世界殖民体系土崩瓦解;从 20 世纪 80 年代信息化产业革命迅猛发展,多国独立自主汇入世界市场,直至 21 世纪,都将是世界市场鼎盛阶段。其次,世界市场的范围在以上四个发展阶段中不断扩大和深入。世界五大洲地域辽阔,市场经济从沿海到内地,从城市到农村,从平原到山区,从周边到腹地,从大陆到岛屿,有一个较长期渐进发展过程。在世界范围内以商品市场经济取代自然经济、半自然经济,只能波浪式前进。最后,世界市场的内容在不断发展变化。起先是工业品市场、原料市场和劳动力市场,其中还有贩卖黑奴、输出鸦片等罪行。进而发展为资本市场、金融市场、军火市场,再到当今的技术市场、信息市场、文化市场、旅游市场,等等。世界人口总数到 18 世纪末才约有八亿,到 19 世纪末约有十六亿,当今已近六十亿。总之,世界市场的种类越来越多,容量越来越大。可见世界市场的门还很宽敞,世界市场的路还很漫长,还没有到尽头。《宣言》能够在世界市场初兴阶段就看到它最终必然灭亡，这是高瞻远瞩的科学预见。

第二，资产阶级还能够调控、改进世界市场。首先，资产阶级因通过市场竞争还能促进科技发展，二百多年来，它带头掀起了蒸汽化、电气化和信息化三次科技革命，使生产力不断得到提高。这样它就能不断以新产品扩大市场、占领市场。能够在科技方面占据优势地位的资产阶级及其私有制是有较强实力的。历史上的奴隶主阶级和封建主阶级，因依附于自然经济，难以推进科技革命，所以较为脆弱，易被打倒。其次，资产阶级能利用市场促进科技和生产力的发展，就有物质条件推行福利政策以缓解国内阶级矛盾；在殖民体系瓦解之后，发达国家还能依仗科技优势继续盘剥发展中国家，同时还能对发展中国家采取普惠制等办法给予帮助，以缓解贫富国之间的矛盾。最后，资产阶级因依附于市场经济，竞争激烈，优胜劣汰，胜者为王，为此它要不断总结实践经验，善于撷取他山之石，及时改革体制，调整政策，这样资本主义私有制才能在局部变化中得以保存和发展。例如采取股份制，使私人资本变为社会资本，以增强资本实力；吸收广大职工入股，实行利益分享制，以调动职工积极性；建立跨国公司，以扩大国际资本，增强国际竞争力，控制世界市场。尤其是 1929—1933 年资本主义世界爆发史无前例的经济大危机时，正值第一个社会主义国家苏联采取计划经济、实行第一个五年计划(1928—1933 年)卓有成效。这样 1933 年新上任的美国总统罗斯福及时推行"新政"，吸取计划经济的长处，加强对市场经济的国家计划的宏观调控，使经济危机较快得到缓解。战后资本主义各国普遍采取此法，这样市场经济的自发性、盲目性和破坏性明显减少，经济危机的深度也明显减轻，因此世界市场还能继续促进资本主义现代化的发展。《宣言》指出："资产阶级除非对生产工具，从而对生产关系，从而对全部社会关系不断地进行革命，否则就不能生存下去。"一个半世纪以来的实践不正是验证了这条真理吗？

二、世界市场为社会主义现代化开辟了更新天地，是社会主义通往永生的"窄门"

《宣言》预计社会主义、共产主义将首先在实现了资本主义现代化的较为发达的英、法、美、德等国取得胜利。既然资本主义的商品市场经济和世界市场会加剧国内和国际的两极分化，所以马克思主义则主张未来社会主义、共产主义要取消商品市场经济和世界市场，实行产品计划经济和世界大同。《宣言》中讲道："资产阶级，由于一切生产工具的迅速改进，由于交通的极其便利，把一切民族甚至最野蛮的民族都卷到文明中来了。""随着资产阶级的发展，随着贸易自由的实现和世界市场的建立，随着工业生产以及与之相适应的生活条件的趋于一致，各国人民之间的民族分隔和对立日益消失。无产阶级的统治将使它们更快地消失。"可见世界市场是通往世界大同的必由之路。

马克思、恩格斯在 19 世纪是这样设想的：当英、法、德、美等国带头实现无产阶级世界革命、建立无产阶级政权之后，在从资本主义到共产主义的过渡时期，要继承作为资本主义现代化文明成果的大工业、贸易自由、世界市场等，一方面逐步建立共产主义公有制，另一方面逐步扬弃资本主义和其他形式的私有制，尽可能快地增加生产力总量；随着社会改造的完成和生产力的增长，首先实现"各尽所能，按劳分配"的原则，到社会发展达到更高水平、生产力充分涌流之时，进而实现"各尽所能，按需分配"的原则；共产主义的目标是在消灭阶级对立和阶级差别之后，建立"自由人联合体"，使人得到完全自由全面的发展，这是最高类型的共产主义文明。到那时，全世界联成一体，有计划地统一生产、统一分配，不再需要货币、商品和市场。正如《宣言》所指出的："买卖一消失，自由买卖也就会消失"，"共产主义要消灭买卖"。一旦实现世界大同，世界市场就会消失，那就是这个"宽门""宽路"终结之时。从当今来看，未来代之而起的将是世界精品网络，让各个"自由人联合体"把自己生产的精品通过世界网络奉献给世界人民。当然,这个美好的社会理想要经过好多世代的执着追求与不懈努力才能逐步实现。

可是到 20 世纪,进行无产阶级世界革命的程序发生了很大变化。英、法、德、美等发达资本主义国家,由于资产阶级改变统治方法、无产阶级还不善于组织"进攻",未能首先爆发无产阶级革命;而较落后的资本主义国家俄国,却在 1917 年特定的历史条件下爆发十月革命,率先走上社会主义道路。1918—1920 年苏俄在内战外战交织的特殊环境中曾经实行"战时共产主义政策",俄共(布)误以为可以立即消灭货币、商品和市场,直接进入共产主义。1921 年列宁总结实践经验,及时改正错误,转而采取新经济政策,国内要发展商品市场,对外要加强与资本主义国家经贸往来。实践表明,在落后国家只能采取渐进办法逐步增强社会主义实力。可是从 1929 年起,斯大林急于求成,提前结束新经济政策,全面向资本主义进攻,取缔了私人商品市场,同世界市场也急剧减少了联系。到 1936 年苏联宣布建成社会主义社会后,全面推行产品计划经济,仅在生活消费品领域保留有限的商品市场。

第二次世界大战后,社会主义从苏联一国扩展到欧亚十几国。这些国家也大多是不发达国家,甚至是很不发达国家。斯大林于 1952 年出版《苏联社会主义经济问题》一书,提出两个平行市场的理论。他认为,第二次世界大战在经济方面最重要的结果"应当认为是统一的无所不包的世界市场的瓦解。这个情况决定了世界资本主义体系总危机的进一步加深"。"中国和欧洲各人民民主国家却脱离了资本主义体系,和苏联一起形成了统一的和强大的社会主义阵营,而与资本主义阵营相对立。"因而现在就有了两个平行的也是互相对立的世界市场。①社会主义阵营中的各国为了发展社会主义的世界市场,还从 1949 年 1 月起成立了经济互助委员会,先后参加者有十一国,南、老、朝和我国曾以观察员身份参加过一些会议。几十年的实践证明了这种两个平行市场的理论是错误的,有害的。它使社会主义各国自我封闭,基本上切断了同资本主义世界市场的联系。而近几十年正是发达资本主义国家带头掀起信息化新科技革命浪潮、促进世界市场繁荣鼎盛的大好时光,根本并未出现什么"世界资本主义体系总危机的进一步加深"。相反,倒是世界社会主义体系总危机在逐步加深。由于个人崇拜、个人集权、封建主义、教条主义、单一模式、大国主义、"左"倾顽症的作祟,从1947年苏南冲突起,到1963—1964年中苏论战后,终于使统一的社会主义阵营分裂了。社会主义各国本来经济较为落后,又奉行计划经济,排斥市场经济,再加上苏联坚持大国主义、不等价交换,所以社会主义世界市场长期发育不健全,社会主义各国的经济都是畸形的短缺经济。自身的致命弱点禁不住西方强大的和平演变的攻势。长期推行"左"的路线或者后期转向采取右的路线终于断送了大部分社会主义国家。经济互助委员会也于1991年6月解散,这样社会主义世界市场也终于瓦解了。

社会主义国家在前进中似乎已经"山穷水尽疑无路",却倒真是"柳暗花明又一村"。1978年党的十一届三中全会,实行改革开放的方针。中国社会主义改革开放和现代化建设的总设计师邓小平在总结社会主义各国兴衰成败的基础上,于1979年11月26日提出"社会主义也可以搞市场经济"。1986年6月10日他进而讲道:"要研究多方面打开国际市场,包括进一步打开香港、东南亚和日本市场。还要研究提高产品质量。""质量不高,就没有竞争能力。"1987年4月16日他又指明:"现在国际垄断资本控制着全世界的经济,市场被他们占了,要奋斗出来很不容易。像我们这样穷的国家要奋斗出来更不容易,没有开放政策、改革政策,竞争不过。"邓小平理论为我国开创了一条建设中国特色社会主义的现代化新路。即是说,像我国这样的东方大国,无产阶级及其政党在尚未实现资本主义现代化的条件下掌握政权,我们不能再走资本主义现代化的老路,也不能再走"苏联模式"的僵化、封闭的旧路,应该闯出一条改革开放的社会主义现代化新路。广阔、鼎盛的世界市场为社会主义现代化开辟了更新的天地。我们要学会如何在世界市场的交往合作中逐步增强竞争能力和综合国力,力争在21世纪中叶把我国建设成为富强、民主、文明的社会主义现代化大国,对推进人类进步和世界大同做出更大贡献。当今社会主义国家在世界上还处于弱势,世界市场这个"窄门"对于社会主义现代化来说,正如《圣经》上所说的:"路是小的,找着的人也少",然而它绝不是歪门邪道,而是"引到永生"的正门、正路。尽管任重道远,但是只要万众一心,多谋善断,坚韧不拔,渡过难关,便是社会主义、共产主义的胜境。充分利用世界市场为社会主义现代化开辟更新的天地,使社会主义现代化尽快达到共同富裕和全面发展的目标,真正克服资本主义现代化造成的两极分化等弊病,全面显示出社会主义高于资本主义的优越性;在未来新科技革命和新生产力革命取得更大成就的基础上,无产阶级政党可以通过较为和平的道路掌握政权,进而采取股份制、分享制、高额累进税制、废除继承权制、赎买制等方式,把资本主义私有制逐步改变为社会主义共产主义公有制。这将是对《宣言》精神的合理继承和创造性新发展,也是对《宣言》的最好纪念。

回到本文题目提出的问题,积累一个半世纪之经验,应该明确地回答:世界市场既是资本主义现代化的"宽门",又是社会主义现代化的"窄门",历史的辩证法就是这样微妙。

注释:

① 参见《斯大林文选》,人民出版社,1962年,第593~594页。

从《共产党宣言》的一处误译
看资本主义如何过渡到社会主义
——兼评《两个"必然"及其实现道路》一书 *

《共产党宣言》(以下简称《宣言》)中的"消灭私有制"要改译为"扬弃私有制",即扬其精华,弃其糟粕。过去的误译为"左"的路线提供了理论上的依据,起过消极的作用。当今在资本主义发展新阶段,可以通过资本的积极扬弃和消极扬弃,逐步从资本主义较为和平地过渡到社会主义。

一、"消灭私有制"改译为"扬弃私有制"

作为工人阶级和全人类解放"圣经"的千古不朽经典名著《宣言》,迄今中译本已有二十三种之多。尽管众多译者呕心沥血、精益求精,其中仍有多处译文未必精确,值得重新推敲。这里只想细谈、研讨一下《宣言》第二章中如下一句重要论述:"从这个意义上说,共产党人可以把自己的理论概括为一句话:消灭私有制。"这里所说的"消灭私有制",我查了一下手边收藏的所有这二十三种中译本,发现曾有过不同的译法。1920 年最早的陈望道译本是"废止私有财产",1930 年华冈译本也是"废止私有财产",1938 年成仿吾、徐冰译本是"废除私有财产",1943 年陈瘦石译本是"废除私产",同年博古校译本开始改为"消灭私有财产",1949 年莫斯科出版的《宣言》一百周年中文纪念版译为"消灭私有财产权",1953 年成仿吾的校译本仍然用"废除

---

* 载《社会科学研究》(四川社会科学院主办),2002 年第 5 期。

私有财产",1954 年莫斯科出版的《马克思恩格斯文选》还是用"消灭私有财产权",1958 年以后中央编译局的先后四版译文都译为"消灭私有制",而 1978 年成仿吾的第三次译本也由原先的"废除私有财产"改为"消灭私有财产"。

从上可见,"消灭私有制"这句至理名言曾经有过"废止""废除"的不同译法。从 1943 年,尤其是 1949 年以后都改为"消灭"。前几年就听中央编译局的专家说过,"消灭"的译法不妥,按德文原意应该译为"扬弃"。最近读到湖南省新闻出版局主办的《书屋》月刊 2000 年第 9 期刊登的李桐先生的《〈共产党宣言〉中一个原文词 aufhebung 的解释和翻译管见》一文,才算终于弄清了这个问题。原来马克思于 1848 年 1 月用德文写成《宣言》时,使用了好多次 aufhebung 一词,中文都译为"消灭",如"消灭私有制""消灭资产阶级的个性""消灭买卖""消灭家庭",等等。不断反复使用"消灭"一词,俨然形成了一种猛烈的气氛、肃杀的态势和灭绝的境况,充满浓重的极端的感情色彩。而在语义上 aufheben(名词,动词为 aufhebung)一词根本没有"消灭"之意,只有"取消、废除、终止、拾起、保留、采摘"等含义。为什么同一个词竟会有"废除"和"保留"这样两种相反的含义呢?这就是某些德文的绝妙之处。德国辩证法大师黑格尔对此解释说:"德国语言在这里比其他近代语言有许多优点;德语有些字非常奇特,不仅有不同的意义,而且有相反的意义,以至于使人在那里不能不看出语言的思辨精神;碰到这样的字,遇到对立的统一,已经以素朴的方式作为有相反意义的字出于字典里,这对于思维是一种乐趣。"①查找有关西方哲学史的专著,原来德文 aufhebung 一词最早是在 18 世纪后半期,德国近代哲学创始人康德(1724—1804)的著作中作为具有正反两种含义的哲学术语加以使用的。康德力求把唯物主义和唯心主义两种对立的哲学调和统一起来,所以他常用 aufhebung 一词,实际上他是唯心主义者。随后,费希特(1762—1814)更常用这一新词。黑格尔(1770—1731)继承并发展了康德哲学,创立了辩证法体系。他用 aufhebung 一词作为具有否定和肯定双重含义的重要哲学范畴来详加论述,意为在肯定中有否定,在否定中又有肯定,指新旧事物的更替不是简单地以新换旧,而是抛弃旧事物中的消极成分,又保留和继承旧事物中所包含的新事物的积极成分,形成新的统一体,从而使新事物代替旧事物。这样的哲学术语实在难以用已有的现成汉语词汇来翻译。好在黑格尔哲学是在 19 世纪末先传到日本。日本人巧妙地创造性地用两个汉语组合,把 aufhebung(动词)译为"扬弃"(日文假名为"ようき",汉语发音为 YOKI,与中文"扬弃"的发音很接近)。也有另译为"止扬"的,但广为流行的还是"扬弃"。到 20 世纪初,"扬弃"已移植到中文中来。可是中国人也有把此词音译为"奥伏赫变"的。当然从这种音译中也可以意会到"其奥秘在于潜伏着赫然的变化"。这样望文生义,毕竟过于晦涩难解。而意译为"扬弃",表明要扬其精华,弃其糟粕,可谓十分形象贴切。所以到 20 世纪初,"扬弃"一词已经在我国书刊中时常出现。

那么我国在 20 世纪二三十年代翻译出版的《共产党宣言》为什么都没有采用"扬弃",而译为"废止""废除"呢? 这是由于当时"扬弃"一词主要还是作为哲学专用术语,如果译为"扬弃私有财产"或"扬弃私有制",那是颇为令人费解的。同时,不论陈望道、华冈或陈瘦石,都是从《宣言》英译本翻译为中文的。从我手边收藏的五种《宣言》英译本来看,这句话都是"abolition of private property",可见中文译为"废止"或"废除"私有财产,是合适的;而成仿吾、徐冰从德文原本译为"废除私有财产",则有片面性,它只表达了 aufheben 否定的一面,而并未反映出在否定中会有肯定的另一面。至于博古的校译本为什么又改为"消灭私有财产"呢? 因为他是根据《宣言》俄译本校译的。俄译本把德文 aufhebung(扬弃)一词译为 унцтцоженце(消灭),显然译得不恰当。难怪后来从俄译本转译为中译本的,都改用"消灭私有制"。"消灭"这种带有斩草除根性的译法,对后来社会主义国家急于简单消灭资本主义私有制经济成分的过"左"路线和实践,提供了理论上的依据,起过消极的作用。

话说回来,马克思自称是黑格尔的学生,但他不仅继承,而且还改造、发展了黑格尔的辩证法，把辩证法置于唯物主义基础之上。马克思早在《1844年经济学哲学手稿》中就用"扬弃"一词，后来在《共产党宣言》《资本论》等论著中又多次用过"扬弃"一词，它不仅是作为哲学术语，而且泛用于经济社会领域。比如说，股份公司使私人资本联合成为社会资本，"这是作为私人财产的资本在资本主义生产方式本身范围内的扬弃"。又说："资本主义的股份企业，也和合作工厂一样，应当被看作是由资本主义生产方式转化为联合的生产方式的过渡形式，只不过在前者那里，对立是消极地扬弃的，而在后者那里，对立是积极地扬弃的。"②其实早在1938年和1953年出版的郭大力、王亚南译的《资本论》第三卷，就已经译为"消极地被扬弃了""积极地被扬弃了"。既然如此，为了协调一致，我认为《宣言》中的"消灭私有制"也应该改译为"扬弃私有制"。当然，这并非说《宣言》中凡是用"消灭"的都要改用"扬弃"。据我统计，《宣言》中用"消灭"共四十次，其德文原文却有五个不同的词，所以译为中文时要依据德文原文和中文的协调搭配采用不同的词，不宜都用"消灭"或"扬弃"。这只有敬请中央编译局的专家精心推敲酌定。

把《宣言》和《资本论》结合起来，我们可以清晰地看出，马克思主义关于资本主义必然灭亡和社会主义必然胜利这两个"必然"的原理是如何通过逐步"扬弃私有制"而得到实现的。即是说扬弃资本主义私有制，大体上有两个历史进程。在无产阶级掌握政权以前，随着社会化大生产的发展和工人阶级的斗争以及资本之间的竞争，在资本主义社会内已经自发地开始扬弃资本主义私有制：工人集资自办的合作企业是积极扬弃，资本主义股份企业是消极扬弃。在无产阶级掌握政权之后，进而开始自觉地扬弃资本主义私有制：劳动人民各种形式合作经济的发展是进一步的积极扬弃；变大型资本主义私有企业为无产阶级国有企业也是一种积极扬弃。原有私有企业的股份制形式，资本的投入与增值方式，科技的研究、发明与投产方式，经营管理大生产的体制，市场流通体制，分配方式，消费方式等都要扬清激浊、弃瑕录用，而不能玉石俱焚、弃如敝屣。至于不能国有化的小型私有企业和个体经济,要允许其存在和发展,同时积极引导其走股份制和合作制之路,这又是一种积极扬弃。只有到了社会生产力总量有了极大提高,资本主义私有制都已经扬弃完毕,阶级对立已经完全消失,从资本主义到社会主义的过渡时期已经结束,国家已经消亡,人的自由发展已经达到很高程度,自由人联合体已经建立起来,那时生产资料的社会所有制才能圆满实现,社会主义社会才算建设成功。社会主义再向高级阶段发展,最终将进入共产主义、大同世界的胜境。

二、如何以"资本扬弃"为纲深刻论证两个"必然"

正是在 1848 年出版的《共产党宣言》这本纲领文献中,马克思、恩格斯第一次从社会生产力与生产关系矛盾的发展,从无产阶级与资产阶级矛盾和斗争的发展,从共产党的世界观、方针路线和领导作用,论证了资本主义必然灭亡和社会主义必然胜利的规律。一百多年来的世界历史进程,已经有正反两方面两大社会现象鲜明地验证了这两个"必然"的客观规律。正面是:共产党从西欧的一个党扩展到世界五大洲的一百多个党,而且有十六个共产党领导无产阶级和人民大众夺取了政权,走上了社会主义道路,取得了社会主义建设的巨大成就。反面是:世界资本主义从自由资本主义发展到垄断资本主义的最高阶段,资本主义的各种矛盾几度激化,帝国主义发动的两次世界大战和多次局部战争,给世界广大人民带来浩劫,也使资本主义互相削弱,为无产阶级革命和被压迫民族解放斗争创造有利条件。但是 20 世纪八九十年代以来,世界历史的新发展又遇到了特大的嬗变。这也表现在两个方面:一是已经走上社会主义道路的十六个国家,有十一个国家的共产党丢失了政权,丧失了社会主义成果,恢复了资本主义制度,甚至连共产党也覆灭了;二是资本主义世界虽然依旧矛盾重重,但是继蒸汽化、电气化之后又掀起了以信息化为标志的第三次科技革命大浪潮,使资本主义的现代化达到了新的水平,全球化具有了新的规模,资本主义国家各方面都发生了重大新变化。在新世纪,面临世界社会主义大挫折与世界资本主义大发展这样的局面,要如何从理论结合实际的高度和深度,来正确说明两个"必然"的难题呢? 这是我国当前理论工作者必须给予人们令人信服的回答的重大课题。

我通读了天津师大马列主义研究所施九青同志撰写的《两个"必然"及其实现道路——〈共产党宣言〉两个"必然"的思想与现时代》专著(这是由她主持的与副标题同名的国家社科基金项目的最终成果,由天津社会科学院出版社 2001 年 6 月出版),感到这正是解惑以上两大难题的一部较为系统、很有深度的力作。作者纵向从历史、现状与未来走向三个时序,横向从理论、政策与实践效果三个层面,考察了资本主义与社会主义两种思潮、两种制度在世界范围的发展、变化和较量,视野广阔,观察全面。书中分析社会主义大挫折和资本主义大发展这个难题时重视运用贯穿《宣言》全书的马克思主义基本原理,尤其是能够运用"扬弃私有制"的原理来说明社会主义和资本主义的变化,这是该书的独到之处。

该书按照《宣言》《资本论》等著作中的思想,揭示了社会主义取代资本主义的"铁的必然性"在于资本主义经济"内部已经形成了新社会的因素"——资本扬弃,无产阶级的阶级斗争不过是使这些因素获得解放的政治手段。《宣言》出版以来,社会主义经历了三次历史性飞跃:第一次是从空想到科学的飞跃,第二次是从理论到国家制度的飞跃,第三次是从传统模式到改革模式的飞跃。第二次飞跃的新特点是社会主义首先在资本主义不发达、资本扬弃不充分的俄国取得胜利。按照社会经济发展的自然进程,俄国无产阶级在特定历史条件下夺取政权后,理应保留中小私人资本,延续资本扬弃。可是在 1917 年十月革命胜利之初,俄共(布)就开始急于用军事手段加快实现共产主义。到 1918 年夏季之后内战外战交困的情况下,俄共(布)更急于实行全面国有化,彻底消灭私有制,甚至取消货币、商品、市场,采取余粮收集制和实物配给制,以为通过这种"军事共产主义"政策就可以达到共产主义。到 1921 年战争结束后,这种直接过渡的政策引起工农大众的严重不满,列宁才适时修正错误,改行新经济政策,允许私人资本主义有一定发展,准备通过迂回之路逐步过渡到社会主义。但是1924年列宁逝世后,斯大林于1929年又急于提前结束新经济政策,全面向资本主义进攻,推行农业全盘集体化,彻底消灭私有制。结果导致苏联农业长期发展不起来,整个国民经济缺少活力。苏联解体后,已有学者对此进行反思和总结。就我所见,例如莫斯科大学政治学教授、哲学博士布坚科在《当代社会主义的经验和新理论》一文中指出:"不仅斯大林,而且很多人经常援引《共产党宣言》中的说法:'共产党人可以用一句话把自己的理论概括起来:消灭私有制。'实际上马克思恩格斯在德文原稿中,并非用'消灭'(Das vernichten)这个词,也不是用'破除'(Die czerstorung)这个词,而是用 Das aufhebung 这个词。该词应该翻译为'扬弃',即辩证地否定,而不是笼统地全盘否定。""斯大林借助这种不恰当的译文在我国广为传播一种谬说,似乎马克思主义的社会主义同私有制水火不容,不是辩证地扬弃私有制,而是要加以消灭。""按照马克思的看法,对私有制的彻底否定是要重新建立个人私有制。斯大林的假冒赝品对马克思主义和社会主义的历史命运造成了灾难性后果。这是不争的事实。"第二次世界大战后社会主义由苏联一国扩展到欧亚十六国。这些国家大多是比原先俄国经济更为落后的国家。斯大林还进而把急于消灭私有制的"苏联模式"作为社会主义建设的普遍规律,推广到社会主义各国。正是这种否定资本扬弃、急于消灭私有制的僵化的"苏联模式"长期难以进行切实有效的改革,才导致苏联东欧一系列社会主义国家发生剧变。

社会主义之所以能够实现第三次飞跃,即从传统僵化封闭模式到改革开放模式的飞跃,关键在于以邓小平为核心的中共中央领导集体,能够借鉴苏联和其他社会主义国家兴衰成败的经验教训,总结我国社会主义胜利和挫折的经验教训,立足当今和平与发展成为时代主题的现实,从我国实际出发,形成了建设具有中国特色社会主义的邓小平理论。这一理论的一个重要基点就是要认清我国将长期处于社会主义初级阶段。在这个阶段不能急于消灭私有制,要坚持以公有制为主体,多种所有制共同发展。传统僵化封闭模式的最基本特征就是全盘公有制,这是不适应不发达国家生产力水平的"左"的超阶段的产物。改革开放模式的首要一点是要对传统单一的所有制结构进行改革。我国改革开放以来的实践,已经验证了在社会主义初级阶段继续给资本扬弃留有余地,是增强社会主义实力和活力的有效途径。从能否正确对待"扬弃私有制"来阐明社会主义的大挫折和新希望,我认为这是很有特色的。

对于当代资本主义的大发展,该书也从资本扬弃这个角度指出了资本主义必然灭亡的命运。该书依据黑格尔在《小逻辑》一书中关于事物的质与本质的区别和联系原理,来说明所谓资本的质就是资本本身的内在规定性,资本就是被资本家占有的能带来剩余价值的价值;所谓资本的本质是指资本中与其质相联系的对立面,即社会主义新社会因素——资本扬弃。质与本质的矛盾运动对事物的辩证发展、新旧事物的更替具有重要的决定意义。运用质与本质的矛盾运动来分析两个"必然",可以说是该书最有创新、最为深刻之处。所谓资本扬弃就是资本内在的两对矛盾,即资本与雇佣劳动的矛盾,资本与资本的矛盾,所造成的双轨经济运动:一是雇佣劳动联合起来对资本的反抗,具体表现为资本主义生产方式内工人合作制的发展;二是资本与资本的竞争,资本在竞争中要联合起来才能致胜,最终达到资本归全社会占有,这样资本就不成其为资本了。这种双轨矛盾运动就是以上援引的马克思在《资本论》第三卷中所说的资本的积极扬弃和消极扬弃。资本在扬弃中激扬的是资本价值的自我增值,追求效率的激励约束机制,计划调控的有序竞争等;资本在扬弃中抛弃的是资本的私人占有及其对雇佣劳动者的剥削,资本竞争的无政府状态等。资本扬弃是一个漫长的历史过程,其起点是资本的产生,其终点是社会主义社会形态的实现。在自由资本主义阶段,资本扬弃还处于矛盾的次要方面,进入垄断资本主义阶段后则成为矛盾的主要方面。该书指出,扬弃资本、实现社会主义既是符合社会发展规律的必然趋势,又是符合工人阶级斗争目的的价值追求,所以扬弃资本既有理性驱动,又有利益驱动,在当今全球化新的历史条件下,资本自我扬弃表现为现实资本主义在生产力、生产关系和上层建筑各个方面社会化的程度都大有提高和扩展;同时,当代资本主义危机重重,形式多样,而资本主义国家采取的反危机有效措施必然导致对资本的新的重大扬弃。因此,我们对新世纪资本主义必然逐步过渡到社会主义应该充满信心。总之,以"扬弃私有制""资本扬弃"为纲来深刻论证资本主义必然被社会主义所取代,这是该书的最大特点和优点。我相信读者读后必有收获。

当然,该书从实际到理论也都有缺点。在实际方面,作者对当代发达资本主义国家各种共同基金会的大发展重视不够。共同基金就是众多投资者(个人或团体)把自己零散的资金集中起来,委托专职的基金经理进行整体定向投资。它具有化零为整、收益稳当、风险较低的特点。共同基金最初起源于 19 世纪中叶的英国,到 1924 年发展到美国。但是到 20 世纪 80 年代后期才获得突飞猛进的大发展,因为从这时起才有众多工人、职员和公务员有余款参与投资。例如,美国的共同基金会,1982 年才有 857 个,资金总额为 3 亿美元,到 1994 年 3 月已增长到 4637 个,资金总额超过 2 万亿美元,几乎和美国所有商业银行的存款总额相等。共同基金会这种资本社会化的新形式,被人们称为"部分社会所有制"。我认为这是资本积极扬弃与消极扬弃结合的新产物。说它是资本的积极扬弃是指投资者大多为劳动者,说它是资本的消极扬弃是指它仍然有私人资本家投资,而且其运作又具有社会资本性质。从其发展前景来看,共同基金会有可能成为在所有制方面从资本主义过渡到社会主义的一种新形式。在理论方面,作者认为我们所处的"当今时代仍然是帝国主义和无产阶级革命的时代",也就是列宁于 1916 年所提出的作为资本主义发展最高阶段的垄断资本主义时代。我认为这是不符合实际的。世界资本主义的发展进程经历了四个阶段,即封建资本主义、自由资本主义、垄断资本主义和社会资本主义。从 16 世纪初至 18 世纪末西欧资本主义在封建社会内部孕育成长,既受封建势力打压,又有封建势力渗透,所以我称之为"封建资本主义"。18世纪末至19世纪末资本主义在西欧、北美得到自由大发展,这时自由竞争压倒了垄断,所以列宁称之为"自由资本主义"。到19世纪末20世纪初,垄断压倒了竞争,列宁称之为"垄断资本主义"。垄断资本主义必然引起战争与革命,战争与革命成为时代主题,帝国主义大战必定会引发无产阶级革命和殖民地被压迫民族革命,进而消灭垄断资本主义、帝国主义,所以列宁认为帝国主义是资本主义的最高阶段,即最后阶段。历史实践部分地验证了列宁的这个预见。然而20世纪60年代以来席卷全球的以电子信息化为先导的新科技革命整个改变了世界的面貌。当今发达资本主义国家的科技、经济、政治、文化和国际交往等各方面的社会化程度都更高了,还有社会主义因素在明显增长。因此,我认为垄断资本主义又发展到社会资本主义的新阶段,社会资本主义才真正是资本主义的最高和最后阶段。③在社会资本主义阶段,竞争超越了垄断、压倒了垄断,当今竞争与合作正在全球范围内展开,和平与发展取代了战争与革命成为时代的主题、世界的主题。在社会资本主义阶段,通过世界各国人民坚持不懈的斗争,世界资本主义有可能较为和平地逐步发展到社会主义。当今资本主义国家资本积极扬弃和消极扬弃的增强和交融即是一种表现形式。过去我们常讲"两个必然",即资本主义必然灭亡,社会主义必然胜利。当今在社会资本主义阶段,应该只讲"一个必然",即资本主义必然逐步发展到社会主义。该书把战争与革命、和平与发展都作为帝国主义这个大时代中的两个小时代。我认为这在理论上是说不通的。如果当今还是处于列宁所讲的帝国主义时代,那么战争与革命就必定还是时代主题、世界主题,和平与发展只能是两次世界大战和两次世界革命高潮之间短暂的间歇,就像20世纪二三十年代那样,难以成为时代主题、世界主题。看来我们还要更加深入地研究和思考邓小平提出的和平与发展是时代主题、世界主题的重要论断。

回想起1986年该书作者还是山东大学研究生时,她在硕士论文的基础上写出第一部论著《社会管理体制中的党政关系》,曾经请我为之作序,后由山东大学出版社于 1987 年出版。事隔十五年之后她又写成新著。眼看年轻一代理论工作者成长起来,硕果迭出,我感到由衷高兴! 乐于再为之草写书评。同时借此机会把我研究《宣言》和当代世界资本主义的最新体会心得一并献出,不当之处敬请指正。

注释:

① 黑格尔:《逻辑学》(上卷),杨一之译,商务印书馆,1981 年,第 8 页。

②《马克思恩格斯选集》(第二卷),人民出版社,1995 年,第 520 页。

③ 高放:《社会资本主义是资本主义的最高阶段》,《江汉论坛》,2001 年第 8 期。

如何理解"消灭私有制"的原理 *

马克思、恩格斯在《共产党宣言》(以下简称《宣言》)中把共产党人的理论原理简明地概括为五个字"消灭私有制"①。当今,我们应当怎样理论联系实际全面地完整地理解这个重要原理呢?

《宣言》第二章的原话是这样说的:"现代的资产阶私有制是建立在阶级对立上面、建立在一些人对另一些人的剥削上面的产品生产和占有的最后而又最完备的表现。""从这个意义上说,共产党人可以把自己的理论概括为一句话:消灭私有制。"过去人们往往离开了这句话开头所说的前提条件:"从这个意义上说",于是就把"消灭私有制"作为一个不需要任何前提条件的孤立的原理到处生搬硬套。在自然经济、半自然经济和分散的手工劳动大量存在的条件下,在生产力还很低下的情况下,就急于消灭私有制、建立"一大二公三高四纯"的公有制。当时我们这样做自以为是贯彻了、实现了《宣言》的原理,可是实践证明过早过急地消灭私有制不利于发展和提高生产力,因而是不成功的。

《宣言》所强调的"从这个意义上说"是非常关键的前提。从这句话的前后文所述,可以看出它包含三层意思:第一,无产阶级的阶级斗争一定会发展到由无产阶级夺取政权,那时"无产阶级将利用自己的政治统治,一步一步地夺取资产阶级的全部资本",把私人资本集中在无产阶级国家手中。这

---

* 本文是应《人民日报》理论部之约而写,发表于该报 1998 年 7 月 21 日第 10 版。

是从无产阶级阶级斗争规律这个意义上说的。第二,随着社会生产力的逐步提高,旧的生产资料所有制就要不断变更。"废除先前存在的所有制关系,并不是共产主义所独具的特征。一切所有制关系都经历了经常的历史更替。"例如历史上封建主私有制曾取代了奴隶主所有制,现代资产阶级所有制又取代了封建主所有制。"共产主义的特征并不是要废除一般的所有制,而是要废除资产阶级的所有制。"这是从人类社会历史发展规律这个意义上说的。第三,现代的资产阶级私有制是"产品生产和占有的最后而又最完备的表现",因此共产党人可以最后而又最圆满地消灭私有制。如果我们面对的是封建主私有制,其产品生产和占有远不完备,那么就不可能最后消灭私有制。这是从资本主义生产方式发展的规律这个意义上说的。以上这三点有内在紧密的逻辑联系。其中最后这一点最为重要。

这里所说的资产阶级私有制是"产品生产和占有的最后而又最完备的表现",是何含义呢?这一问题非常值得深思、深究。以往我国书刊中大都把这句话解释为"资本主义剥削面最广","资本主义的剥削是有史以来剥削制度中最残酷的剥削","压迫程度最深",是"剥削的无止境和剥削的残酷的最后而又最完备的表现形式"。这样说的人只看到资本主义剥削不好的一面。如果我们只是因此而要消灭资本主义私有制,那岂不是像空想社会主义者那样出于正义道德的要求,而并非基于社会发展的客观规律。其实这句话是指资本主义私有制的产品生产不像从前的私有制那样属于分散的个体手工劳动的小生产,而以集中的社会化劳动、机械化大生产为基础,生产过程有周密的分工和协作的程序,企业的管理水平逐步提高,产品中的科技含量不断增长,商品市场的竞争使产品的质量和品种陆续改进、更新。从前剥削阶级在劳动生产率很低的情况下占有有限的剩余产品主要是为了满足其家族豪华生活的需要,难有多大力量扩大再生产;现在资产阶级在社会化大生产条件下榨取大量剩余价值,除供自身需求外,主要又转化为资本,用以剥削新的雇佣劳动,从而使私人资本越来越扩大,生产资料也越来越集中。总之,资本主义私有制使产品的生产和占有越来越社会化、现代化。"资产阶级在它的不到一百年的阶级统治中所创造的生产力，比过去一切世代创造的全部生产力还要多，还要大。"因此，有必要也有可能消灭资本主义私有制，建立社会主义公有制，以解决社会化大生产与生产资料私人占有制的矛盾，使生产力进一步得到解放和发展，最终消灭阶级和阶级差别，建立"自由人联合体"。可见正是由于资本主义的产品生产和占有已经达到"最完备的表现"，从而我们才能够消灭资本主义私有制这种最后的剥削形式。

当然，这并非说每个国家都要等到资本主义私有制达到最完备的表现时，才来进行无产阶级革命。无产阶级在经济落后的国家取得政权后，能够在社会化大生产领域建立社会主义公有制，但是不能急于在各个领域消灭私有制。而且正如党的十五大文件所指出的："非公有制经济是我国社会主义市场经济的重要组成部分。对个体、私营等非公有制经济要继续鼓励、引导，使之健康发展。"这样会加速发展社会主义社会的生产力，增加就业，满足人们多样化的需要。在社会主义初级阶段如果就要抑制私有制，势必"欲益反损"；只有水到渠成、瓜熟蒂落，才顺乎客观规律。

注释：

① 此处"消灭私有制"翻译得不准确，按照马克思、恩格斯的《宣言》德文原文应该译为"扬弃私有制"。"扬弃"含有扬其精华、弃其糟粕之意，"消灭"意指消除灭绝。中文"消灭私有制"译法起于1943年博古的《宣言》校译本。博古当时是根据俄文本校译的。问题在于《宣言》俄文本就译错了，这对于苏联共产党采取简单粗暴办法消灭私有制起了不好的理论误导作用。现在我们应该拨乱反正、正本清源，改译为"扬弃私有制"。对此我已另写出两篇专文，见本文前一篇和后一篇。

要与时俱进理解和运用《共产党宣言》

——以"消灭私有制"的原理为例 *

众所周知,《共产党宣言》是千年不朽的马克思主义经典名著,它的立场、观点和方法永远都不会过时。立场就是无产阶级和劳动人民的立场,观点就是唯物主义观点,方法就是辩证法的方法。可以说《共产党宣言》的核心就是马克思、恩格斯站在无产阶级和劳动人民的立场,运用唯物主义的理论和辩证法的方法,分析整个世界的发展,分析人类历史的发展,分析资本主义社会的发展,同时还分析人类社会未来的发展,也可以说《共产党宣言》中体现了马克思主义的科学世界观、科学历史观、科学现状观和科学未来观。但是这并不等于说,《共产党宣言》的每一句话都是绝对真理,都是不能改变的。马克思、恩格斯自己在 1872 年《共产党宣言》德文版序言中说,《共产党宣言》的有些内容已经过时了,他们说第二章里关于工人阶级夺取政权之后的措施就过时了。今天我们来看《共产党宣言》,不仅它第二章里

---

　* 本文是应《中央银川市委党校学报》之约而写,发表于该刊 2017 年 4 月第 19 卷第 2 期。文前编者加有如下"编前话":编完本栏目稿件心情颇为不平,激动的不啻文章分量的厚重,还有作者年龄的特殊:一个刊物能够同时汇集国内几位"90 后"(九十多岁)、"80 后"(八十多岁)著名专家的力作,这在我国社科界期刊中恐怕绝无仅有,独此一家,我们倍感荣幸!特别是高老作为我国社科界的前辈、大家,年届耄耋仍不忘初心,笔耕不辍,为我们晚辈勤奋学习,刻苦钻研,勇于担当,活到老、学到老,树立了光辉典范。值得一提的是,《中共银川市委党校学报》作为西部一个小省(区)办的刊物,多年来得到了诸如中国人民大学高放教授等一批国内著名学者、专家的关注和垂青,他们不计名利,把最新研究力作投给我们,从而使得本刊在国内社科期刊中颇有影响,学术影响因此位居西部前列。本栏目组稿也得到了宁夏大学李佩龙教授的大力协助,在此一并向他们表示衷心的感谢和祝福!下期还将刊载国内几位社科界前辈、著名学者的最新研究成果,以飨读者。(执笔:郭秀权)

面关于工人阶级夺取政权之后的措施要发生变化,另外《共产党宣言》中讲的一些马克思主义基本原理,我们也应该与时俱进地理解和运用。我特别想以《共产党宣言》中提出的消灭私有制这一基本原理为例,来说明我们应当如何理解和运用。

《共产党宣言》第二章中有这样一段话:"现代资产阶级私有制是建立在阶级对立上面、建立在一些人对另一些人的剥削上面的产品生产和占有的最后而又最完备的表现。从这个意义上说,共产党人可以把自己的理论概括为一句话:消灭私有制。"①我们应该如何理解这里所说的"消灭私有制"这个原理呢? 1949 年新中国成立之后,我们理解工人阶级掌握政权之后,要很快地消灭私有制,实现社会主义公有制。到 1956 年,我们基本上完成了对农业、手工业和资本主义工商业的社会主义改造,在中国确实消灭了私有制。可是到 1978 年改革开放之后,我们又允许私有制发展。于是很多人感到困惑:难道我们 1956 年社会主义改造、消灭私有制是错了吗? 早在 1998 年的时候,《人民日报》理论部曾经约请我写篇文章,说明《如何理解"消灭私有制"的原理》(刊登在 1998 年 7 月 21 日《人民日报》第 10 版理论版)。我这篇文章是从阶级斗争规律、人类社会发展规律、资本主义社会发展规律三点来解释如何理解消灭私有制。简单来说,第一,从阶级斗争规律解释,就是工人阶级在共产党领导下夺取政权之后,迟早要消灭私有制、实现公有制,使人民得到解放,阶级斗争使得工人阶级一定要这么做。第二,从人类历史发展来看,人类历史上随着社会生产力发展,生产资料所有制不断更新,历史上从原始公社所有制变为奴隶主所有制,封建地主土地所有制,直到资本主义对生产资料的私有制。历史上随着生产力的发展,所有制都有变化。第三,从资本主义社会发展来看,马克思、恩格斯认为资本主义"是一些人建立在另一些人的剥削上面的产品生产和占有的最后而又最完备的表现"。到资本主义社会,社会生产力得到高度发展,生产资料仍然掌握在少数资本家手里,资本家的产品生产和占有达到最完备的程度,所以生产力要更进一步发展,必须要打破资本主义私有制的枷锁对生产力的限制。原来我的文章就是从这三点来解释。20 世纪 50 年代我国在刚开始实行工业化、生产力水平还很低的条件下就急于消灭私有制,所以后来生产力发展不够快,改革开放以来善于利用资本主义私有制,因此经济得到快速提高。这大体上是 1998 年时我对"消灭私有制"原理的说明。今天该如何理解消灭私有制的原理,我认为理应比我十九年之前有更新的阐释。

近二十年来我国的非公经济更进一步获得较大发展,而资本主义世界又出现 2008 年以来的严重经济危机,于是在我国思想理论界就出现多种思潮。有人从"左"面来看形势,认为世界资本主义已经岌岌可危,可以消灭私有制了,我国发展私有制已达临界点,再发展非公经济我国就会演变成"中国特色资本主义"。另有人从右的方面看形势,认为资本主义私有制消灭不了,消灭私有制原理已被近一百多年来实践所推翻,我国经济应该进一步私有化。为排除"左"和右两方面的干扰,我们要进一步说明应该如何与时俱进来理解和运用"消灭私有制"的原理。

要作出更新的解释,可分为四个问题:第一,消灭资本主义私有制需要什么样的前提条件? 第二,消灭资本主义私有制需要以什么方式? 第三,实现公有制之后采取什么形式? 第四,消灭私有制一词翻译得是否精准? 让我来分别说明吧。

第一,消灭资本主义私有制的所需要的前提条件。消灭资本主义私有制是马克思、恩格斯根据比较发达资本主义国家提出的一个结论,具体是指英、法、德、美这几个国家。1848 年之时这几个国家资本主义有相当的发展,所以有可能在工人阶级夺取政权之后消灭资本主义私有制。俄国和中国革命胜利之前都是落后的国家,中国资本主义私有制比俄国更少。落后的国家革命胜利之后,工人阶级政权不能急于消灭资本主义私有制。实际上,19 世纪还是资本主义处于快速发展的上升时期,即使在当时先进的英、法、德、美四国也还不充分具备消灭私有制的前提条件。所以《共产党宣言》所提出的"消灭私有制"的纲领,马克思、恩格斯的理想在 19 世纪未能实现。20 世纪首先走上社会主义道路的落后国家都犯过历史性错误。我国改革开放后,重新认识这一问题,逐步认识到世界资本主义还有较强的生命力,引进外资和发展内资能够使社会生产力得到更快的发展,西方资本主义国家从20世纪60年代起在新科技革命推动下还能得到蓬勃发展,所以社会主义国家在保持社会主义公有制主体或主导作用的前提下,允许私有经济的发展会有利于生产力的快速提高。当今,从世界范围来看,应该清醒地看到,资本主义私有制还能促进社会生产力的发展,当今在全世界范围也还不充分具备消灭私有制的前提条件。

第二,消灭资本主义私有制的方式,这也应该与时俱进地理解。从《共产党宣言》来讲,马克思、恩格斯显然在19世纪的时候对资本主义私有制的生命力估计不足,他们以为19世纪工人阶级通过暴力革命推翻资产阶级统治,就可以消灭私有制了。马克思一再讲,"19世纪革命的秘密:无产阶级的解放"②。马克思、恩格斯提出消灭私有制不仅仅是对社会发展的预测,他们认为19世纪,在英、法、德、美等国就可以实现消灭私有制。消灭私有制的方式是通过暴力革命,《共产党宣言》里很明确地提出,通过暴力革命夺取政权。夺取政权之后,应该有过渡时期。在过渡时期的措施里,《共产党宣言》并没有提出消灭私有制,在过渡时期里只讲到要把逃亡的资本家的财产归国家所有。但是马克思、恩格斯认为,在比较发达国家过渡时期不会很长,大体上在一二十年不太长的时间内,随着生产力的进一步发展而消灭私有制。可是在马克思晚年,他看到股份经济的发展可以把私人资本变为社会资本,他认为社会资本是过渡到共产主义的一种形式。马克思晚年的看法有所改变,1872年他在海牙群众大会上的演说中提出:在英国、美国、荷兰等国家工人阶级可以通过议会斗争的方式和平地掌握政权。议会斗争的方式和平地掌握政权,就可以不必用行政命令的方式消灭私有制,可以通过发展社会资本、发展股份经济、发展合作社的办法过渡到社会主义、共产主义社会。我认为我国将来也会是采取股份制、合作制的形式,逐步消灭私有制,不可能再采取20世纪50年代那样群众运动大张旗鼓的方式对资本主义工商业进行社会主义改造。

第三，消灭私有制、实现公有制，公有制采取什么样的形式。《共产党宣言》中只讲到"代替那存在着阶级和阶级对立的资产阶级旧社会的，将是这样一个联合体，在那里，每个人的自由发展是一切人的自由发展的条件"③，但是在《资本论》中讲得更明确，就是实现生产资料的社会所有制，建立"自由人联合体"。《资本论》里还提到了将来自由人联合体的社会所有制，就是"重新建立个人所有制"。马克思认为这是历史发展的"否定之否定"④。《资本论》中所讲的"重新建立个人所有制"的否定之否定，这一原理被人们称为马克思主义中的"哥德巴赫猜想"，即是说，很难破解的、谜一样的难题。我认为，只要通读了马克思的《共产党宣言》《政治经济学批判》《资本论》等基本著作，通晓了马克思主义三大组成部分，即通晓了马克思主义哲学、马克思主义经济学、马克思主义社会主义学，那么这个难题就不难破解了。从哲学角度来说，这就是唯物辩证法的否定之否定原理。从人类所有制的变化历史来看，否定之否定表现为原始社会的公有制，后来进入阶级社会的私有制，经过奴隶主所有制、封建主所有制、资本主义所有制，把资本主义所有制消灭之后重新建立个人所有制，不是重新建立个人私有制，这就是否定之否定。

资本主义私有制和个人所有制是有区别的，马克思讲的"重新建立个人所有制"这是否定之否定原理的体现。从经济学来讲，所有制的改变就是在生产力高度发达的前提条件下从资本家对生产资料的私人所有制，改变为劳动者在集体占有生产资料的"自由人联合体"中享有生活资料的个人所有制。从社会主义学来看，"重新建立个人所有制"就是劳动者的自由联合，劳动者的联合劳动，劳动者建立的自由人联合体，劳动完全从资本剥削里解放出来，使每个人能够得到自由解放和全面发展。"重新建立个人所有制"使得劳动者在社会所有制的"自由人联合体"中人人都拥有产权，都享有个人应得的各种生活必需品。实际上这就是"各尽所能，按需分配"原则的实现。简而言之，消灭私有制只是手段，实现劳动者的自由解放和全面发展才是目的。

第四,《共产党宣言》中"消灭私有制"这种译法是不够精准的。除英文、俄文外,我还学过一点儿德文、法文和日文。根据《共产党宣言》的德文原文,"aufheben"这个词是多义词。它含有互相矛盾的双重含义,即保存和废除。日本人用"扬弃"这两个汉字巧妙地把它译为日文。"扬弃"一词到20世纪20年代被移植到中文来广泛使用,所以《共产党宣言》中那句话最好改译为"扬弃私有制",而不宜简单地译为"消灭私有制"。中文"消灭"意即消除、灭绝。我们应该如何把资本主义私有制消除、灭绝呢?既然是"消灭",人们可以想到那就是用行政命令或者群众运动的方法把资本主义私有制消除、灭绝。马克思在很多著作中都用"扬弃"这一词,在《1844年经济学哲学手稿》中就多处译为"扬弃","扬弃私有制",没有用"消灭私有制"。既然《1844年经济学哲学手稿》中可以译为"扬弃"私有制,而1848年的《共产党宣言》为什么非要改为"消灭"私有制呢。"消灭私有制"的译法,我查过《共产党宣言》的多种中译本,这是1943年博古在延安的时候根据俄文本《共产党宣言》改译为"消灭私有制",1920年陈望道在上海出版的中国第一部《共产党宣言》中译本是译为"废止",后来1938年成仿吾、徐冰的中译本和1943年陈瘦石的中译本都是译为"废除"。在英文和法文中都没有与德文aufheben(扬弃)相对应的词,所以英文版和法文版的《共产党宣言》也都是译为"abolition即废除私有制"。日文版《共产党宣言》也是根据英文版译为"私有财产の禁止"或者"废止"。我认为"废除"私有制也比"消灭"私有制要好,因为"废除"多指用法律来废除,而"消灭"很容易被理解为行政命令或群众运动的办法。中共中央编译局没有采用"废止"或"废除"的译法,而采用1943年博古在延安的译法。博古根据俄文本翻译的。在俄文中也没有与德文aufheben(扬弃)相对应的单词,俄文本就把德文"aufheben"(扬弃私有制)译为уничтожение(消灭私有制)。俄文本这样的译法,很可能对苏联共产党急于用行政命令消灭私有制产生过消极影响。从译文的角度,我认为把《共产党宣言》中"消灭私有制"改译为"扬弃私有制"或"废除私有制",如果不能改译,那就理解为"扬弃私有制"是更准确的。扬弃意即扬其精华,弃其糟粕。为什么对资本主义私有制要"扬弃"？因为资本主义私有制是社会化大生产的私有制，它不同于奴隶主对奴隶的私有制，也不同于封建地主对土地的私有制。资本主义私有制是管理社会化大生产，所以它有一套管理现代化社会大生产的经验、程序、方法和规则，这是不能被消灭的，应该被保留下来，加以发扬。资本主义现代化大生产，不仅在企业管理方面有成熟的经验、程序、方法和规则，而且资本主义私有制在促进融资、促进科技发展、提高劳动者的劳动生产率等方面有一套经验、程序、方法和规则，但是我们还要"弃"资本主义私有制对工人阶级残酷的剥削和压迫的部分，所以我认为改译或理解为"扬弃私有制"更好一些。

最后还有一点应该看到，当今资本主义私有制在世界范围内是不是还有存在的必要？很多人认为19世纪，马克思就看到资本主义过时了，应该被消灭，为什么到21世纪资本主义还没有被消灭，依然有生命力？我们应该看到，马克思、恩格斯在《共产党宣言》中还讲到"资产阶级除非对生产工具，从而对生产关系，从而对全部社会关系不断地进行革命，否则就不能生存下去。反之，原封不动的保持旧的生产关系，却是过去的一切工业阶级生存的首要条件。生产的不断变革，一切社会状况不停的动荡，永远的不安定和变动，这就是资本主义时代不同于过去一切时代的地方"⑤。资本主义私有制的不断调整生产关系，生产的不断变革使得资本主义有很强的自我调节的能力。近现代三次新科技革命的全球化浪潮都是资本主义国家带头兴起的。第一次是蒸汽化浪潮，第二次是电气化浪潮，第三次是信息化浪潮，这三次新科技革命的浪潮都是先后由英、德、美三个资本主义国家带头掀起的。现在世界资本主义虽然是危机重重、矛盾尖锐，但是它还能促进科技发展，例如美国提出第三次工业化，德国提出第四次工业化。它们虽然处境维艰，但是转向发展高新科技的产业，资本主义现在仍然有生命力、有自我调节能力。我们还要牢记马克思于1859年在《〈政治经济学批判〉序言》中提出的两个"决不会"的原理。马克思说："无论哪一个社会形态，在它所能容纳的全部生产力发挥出来以前，是决不会灭亡的，而新的更高的生产关系,在它的物质存在条件在旧社会的胎胞里成熟以前,是决不会出现的。"⑥

2016 年是托马斯·莫尔著《乌托邦》(1516 年)出版五百周年,我写过好几篇文章纪念《乌托邦》五百周年。我写过这样的话:"《乌托邦》的合理理想已经五百年了,还难以实现。"《乌托邦》的空想我们应该加以批判,《乌托邦》的合理理想,即建立公有制、废除私有制,实现各尽所能、按需分配,大体上还需要五百年的时间才能达到。所以今天来看《共产党宣言》中所讲的"消灭私有制",以为在百年内就可以实现,这显然是看得太短了。马克思、恩格斯、列宁、斯大林都对资本主义生命力估计不足,以为大体上用一百年就可以消灭私有制。苏东剧变之后,反而有人走了另一个极端,认为资本主义私有制是消灭不了的,甚至高呼资本主义私有制万岁。苏联解体后,美国日裔作家福山就认为这是"历史的终结",即社会主义终结了,资本主义千秋万岁。这是不对的。现在互联网的加速发展,只能够更接近社会主义、共产主义。资本主义不可能在百年内灭亡,但也不可能万岁。我认为资本主义私有制会延续千年之久,从莫尔的《乌托邦》到现在才五百年,再过五百年,在世界范围内社会主义公有制会完全取代资本主义私有制,人们可以努力争取在更短时间内达到这个目标。毛泽东诗词中有"一万年太久,只争朝夕"的名言佳句。就针对世界资本主义而言,我想可以改一个字,即"一千年太久,只争朝夕"。只要全世界的社会主义者加强协作,减少内斗内耗,那就可能缩短为八九百年,甚至更近一些岁月,但是要力戒重犯急于求成的错误。

资本主义生命力不断延长还有一个奥秘,资本主义不仅能不断地自我调节,而且资产阶级尚能从社会主义运动、社会主义制度中吸取对它有益的东西。例如,社会主义国家注重国家政府对经济的计划调节、注重维护劳动者的权益,这两条都被资本主义国家借鉴了。20 世纪 30 年代罗斯福新政提出实行指导性经济计划,就是吸取了苏联指令性计划经济的部分经验,把它与美国的商品市场经济相结合。罗斯福新政探索了一条挽救资本主义,使资本主义起死回生、重获新生之路。现在资本主义福利国家,工人和广大人民群众的福利得到了很大提高。我早在 1989 年就提出,应该看到当代资本主义已经不是列宁所讲的垄断资本主义,而是社会资本主义,也就是社会化程度更高的、国家社会职能更强的、社会主义因素在逐步增长的资本主义。社会资本主义才是资本主义发展的最高和最后阶段。既然资本主义已经进入社会资本主义新阶段了,它各方面的社会化程度更高了,国家职能更强了,又有社会主义因素了,所以我们用不着推翻它,也推翻不了它,只能是顺水推舟,逐步地改革它、改造它、改良它、改进它。所以党中央提出要和美国等资本主义国家建立新型的大国关系。世界各国应该超越意识形态和社会制度的界限共同和平发展,合作共赢。2016 年 9 月在杭州举行的二十国集团峰会,中国为振兴世界经济提供了中国方案,被国际舆论称为这是"旨在促进资本主义文明化"。可见当今是要通过世界的和平发展、世界的不断改良,促进世界资本主义逐步达到世界社会主义,而不可能按照传统观念,通过世界革命、暴力革命和不断革命达到世界社会主义。总而言之,我们今天应该与时俱进地理解和运用《共产党宣言》,不能教条式地照搬、照抄,那样是欲速则不达的。

注释:

①②③⑤⑥《马克思恩格斯文集》(第二卷),人民出版社,2009 年,第 45 页、89 页、53 页、34 页、592 页。

④《马克思恩格斯文集》(第五卷),人民出版社,2009 年,第 874 页。

《共产党宣言》对诸社会主义流派的
分析与批判 *

社会主义有各种流派,这是在科学社会主义产生之前就有的,而科学社会主义就是在同当时各种自称为社会主义的流派作斗争中产生和发展起来的。这一点我们从科学社会主义的第一部纲领文献《共产党宣言》中就可以看得很清楚。《共产党宣言》不仅完整地阐明了科学社会主义的世界观,而且集中在第三章对于1847年以前的各种社会主义流派作了系统而深刻的分析和批判。

一、诸社会主义流派产生的原因

马克思、恩格斯为什么要批判这些流派呢? 自19世纪初以来,英、法、德等国先后出现了很多自命为社会主义的流派。当时资本主义的经济矛盾和政治矛盾在这些国家中已经比较明显地暴露出来,社会上有不少人开始出来抨击资本主义制度的祸害,并且提出改造社会的方案。社会主义这一名词,就是作为反资本主义的理想最先于19世纪30年代初出现在欧文派与圣西门派的刊物上,社会主义思想既然反映了人们不满资本主义的普遍要求,所以这种思潮就迅速传播开来。各阶级中间都有人以社会主义者自

---

* 本文是应中共中央宣传部主办的《学习》杂志之约而写,载该刊的1957年第2期(2月出版)。

居,他们纷纷组织各种团体,出版许多著作,社会主义一时成为时髦品,使人真假难辨。因此,马克思和恩格斯在形成了自己科学社会主义的体系之后,就必须对这些五花八门的流派进行批判,以便和它们划清界限,这样才能使无产阶级不受蒙蔽,不致迷失方向。

二、马克思和恩格斯怎样批判诸社会主义流派?

首先,马克思和恩格斯运用阶级分析的方法,指出各派思想的阶级本质。思想观点是反映一定阶级的利益的,但是当时各派都有意模糊或掩盖自己的阶级本质。因此,马克思和恩格斯必须透过他们的言词,指出他们的主张实际上反映哪一个阶级的要求。依照阶级标准来划分,当时的社会主义可以分为四派:封建贵族阶级的、资产阶级的、小资产阶级的和未成熟的无产阶级的。

其次,马克思和恩格斯还运用历史分析的方法,指出各派对社会发展所持的态度。依照这个标准可以将其分为三派:第一,反动的社会主义,即要把社会拉向后退,属于这派的有封建的社会主义和小资产阶级的社会主义;第二,保守的社会主义,即要使社会保持现状,使资本主义制度万古长存,资产阶级的社会主义即属于这派;第三,批判的空想的社会主义,即要社会向前发展,但是它没有正确地解决怎样向前发展以及向何处发展的问题,代表未成熟的无产阶级的空想社会主义即属于这派。

可见马克思和恩格斯在批判诸社会主义流派的时候,完全是依据历史唯物主义的方法,即阶级分析和历史分析相结合的方法。读《共产党宣言》的时候,我们必须掌握马克思和恩格斯运用的方法才能真正体会到它的精神实质。

马克思和恩格斯所批判的诸社会主义流派究竟是怎样产生的?各派的基本观点是什么呢?

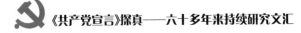

(一)关于封建社会主义

首先,被批判的是封建社会主义。当时刚被资产阶级推翻的是英法封建贵族阶级,为了恢复他们过去的统治地位,竟装模作样地冒充代表工人利益,出来声讨资产阶级。封建社会主义在法国的典型代表之一就是波旁王朝派的巴扎蒙伯爵。他在1834年出版的《基督教政治经济学》一书中虚情假意地描绘出一幅劳动人民贫困的图画,并且力图证明工人状况的急剧恶化乃是由于波旁王朝的灭亡,甚至连后来成为法兰西第二帝国皇帝的路易·波拿巴(拿破仑三世)也在1844年亲自发行一本《论消灭贫困》的小册子。封建社会主义在英国的典型代表之一就是"少年英国社"的托玛斯·卡莱尔。他在1843年出版的《过去与现在》一书中,一方面攻击资本主义制度,说它是一切贫困的根源,说资产阶级自由"就是使千百万劳动人民遭受饿死的自由",另一方面又把中世纪描写成"贵"和"贱"之间彼此和谐无间的时代,他甚至断言"专制会拯救世界并使之顺利地导向社会主义"。这一派由于封建主义的色彩十分鲜明,因此"民众每次跟着他们走时发现他们的臀部盖有老旧的封建印章,就哗然不恭哈哈大笑地散去了"(见《共产党宣言》第三章)。

(二)关于小资产阶级社会主义

其次,马克思和恩格斯批判了小资产阶级社会主义。受新兴资产阶级排挤而日趋衰落的小农、小手工业者,也是痛恨资本主义制度的。这一阶级的理论代表,在抨击资本主义制度和赞助工人运动的时候,是从小资产阶级观点出发,幻想使小生产者恢复过去小康生活的地位。这一派的典型代表就是当时在英法具有重大影响的瑞士经济学家西思蒙第。他在1803年出版的《商业财富》和1819年出版的《政治经济学新原理》两书中,一方面揭露了资本主义社会的矛盾,指出机器的使用排挤了工人,使工人生活恶化,阐明了资本主义制度下小生产者破产的过程,认定自由竞争是一切祸患的根源;另一方面,他又主张恢复中世纪式的手工业行会和宗法式的农业。他把小生产理想化,认为在小农经济中生产的三要素——劳动、土地和资本是结合在一起的,而在大农经济中则是各自分裂。他认为手工业者自己占有生产手段,没有阶级划分,不是盲目生产而是为了自己的主顾和邻近的市场生产。他又幻想在资本家同工人之间建立宗法关系,使工人参加企业利润的分配,并且使资本家在工人失业、残疾和衰老的时候负责保障其生活。这些全是空想。西思蒙第反对欧文派建立合作制度的社会主义的主张,而提出了自己维护小私有制度的社会主义。

小资产阶级社会主义的另一个重要派别就是德国的"真正"社会主义。这一派人反映德国小资产阶级的利益,这一派思想在 19 世纪 40 年代广泛盛行于德国知识分子的激进人士中间,它的主要代表是格律恩("真正社会主义"这个名词就是他创造的)、克利盖和赫斯。他们的咒骂使小资产阶段陷于破产的资本主义制度,同时主张用无偿分给每个贫困者以小块土地的方法来消灭地租。他们把宗法式的小土地所有制理想化,认为只要把贫穷的无产者改变成小私有者,就可以立刻解决一切社会矛盾。这一派社会主义的主要特点,就是以德国哲学家费尔巴哈的唯心主义宗教道德的历史观作为自己的哲学基础,主张用超阶级的虚伪的"人性""理性"和"爱"等来代替革命的阶级斗争。同时,这一派社会主义还认为,英、法的社会主义缺乏哲学基础,似乎只有他们自己的奠基于德意志哲学的社会主义才是真正的社会主义,才是人类精神发展的最高成就。其实,这一派社会主义比英、法的社会主义更加反动。英、法的社会主义还反映了人们在资本主义社会中不满现实并且要求改变现实的情绪,而在当时资本主义尚不发达的德国,这一派社会主义却是反映了小资产阶级力图阻挠资本主义发展的愿望,并且还成为德国各邦专制政府恐吓资产阶级和镇压工人阶级的一种辅助工具。

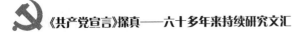

（三）关于资产阶级社会主义

再次，马克思和恩格斯批判了资产阶级的社会主义。资本主义制度的祸害引起各派社会主义者责难其丑恶事实，使得资产阶级内部的一部分人也不得不挂着社会主义招牌出现。实际上这些人是"挂羊头，卖狗肉"，他们所赞成的一些改良办法，例如举办社会慈善救济事业等，正是为了逃避工人阶级的斗争，使资产阶级的统治更加巩固。这一派的典型代表是法国的经济学家蒲鲁东。蒲鲁东在 1840 年出版的《什么是所有权》和 1846 年出版的《贫困的哲学》两书中，一方面一针见血地揭露了资本主义制度给小生产者带来祸害，说明"财产就是盗窃"，主张保存和巩固小私有财产制度，从这个意义上说他是属于小资产阶级社会主义；另一方面，他又主张保存资本主义制度，认为只要举办所谓"交换银行"，对小生产者发行无息信贷，并且付给劳动者十足的报酬，就可以消除资本主义的祸害。同时，他又用资产阶级经济学的观点，把资本主义的生产关系和商品生产看作永远支配社会的永恒规律，从这个意义上说，他又是属于资产阶级社会主义。蒲鲁东思想的两重性，反映了小资产阶级的两重性——既反对资本主义，同时又力求保全资本主义社会，并且自发地产生资本主义。既然蒲鲁东一般说来是属于小资产阶级社会主义，那么《共产党宣言》中为什么又把他列为资产阶级社会主义的代表呢？这是因为：第一，当时虽然有形形色色的许多冒充社会主义者的资产阶级改革家，但是在理论上把这种社会主义制定为一个完整体系的当首推蒲鲁东；第二，蒲鲁东派当时是在法国及其他拉丁语系各国影响最大的流派之一。

（四）关于空想社会主义

最后，马克思和恩格斯批判了空想社会主义。这一派的主要代表是法国的傅立叶、圣西门和英国的欧文。他们在下列三点上区别于上述各派社会主义：第一，他们在科学社会主义诞生以前，最猛烈、最深刻地抨击了资本主义社会的各种弊病，并且从许多方面驳斥了资本主义辩护士，这样对于工人阶级起了启蒙作用，启发他们仇恨资本主义制度；第二，他们主张未来社会应建立在机器大生产基础上，而不是倒退到小生产去；第三，他们正确地描绘了未来理想社会的基本轮廓，例如主张消除或限制私有制，消灭雇佣劳动制，消灭城乡对立和民族压迫，消灭国家代之以管理生产的机构，实行有计划的生产、解放妇女，等等。这一派别反映了19世纪初期不成熟的无产阶级的要求和愿望，他们在历史上具有不可磨灭的功绩。他们的这些天才思想就成为科学社会主义的重要的理论源泉。因此，马克思和恩格斯对他们是深怀敬意的，称他们为"自古至今最伟大的智士"。但是这一派社会主义的致命伤就在于它是空想的：第一，他们的社会主义不是基于对社会发展规律进行科学的分析而得出的科学结论，乃是基于对万恶的资本主义制度的直观感受而在脑子中空想出来的幻影。因此私有财产和国家等，都只是空想地被废除了，尤其是他们对于未来社会的细节的描写，更是陷于纯粹的离奇的幻想。例如傅立叶认为理想社会中的人们一天要吃七顿，人的身高也会增加到七尺，人的平均寿命是144岁。第二，他们所鼓吹的用以实现社会主义的方法也是空想的，他们没有认识到无产阶级的历史作用，因此反对工人阶级的革命斗争，主张用和平手段来达到自己的目的。他们没有认识到群众对于历史发展所起的决定作用，主张依靠偶然出现的少数天才人物去说服社会全体成员，甚至主要去说服统治阶级（例如圣西门曾企图说服拿破仑，欧文曾企图说服维多利亚女王），以为这样可以实现社会主义。这些空想是反映了当时"不成熟的资本主义生产，不成熟的阶级关系"（恩格斯）。

以上就是《共产党宣言》中所分析和批判的1847年以前流行于欧洲的几个主要的社会主义派别。1848年的欧洲革命给予了这些派别以致命的打击，革命实践彻底暴露了他们思想的反动性和妄想性，同时又验证了只有科学社会主义才是工人阶级根本利益的唯一的科学表现。

封建社会主义不同于社会封建主义
——"苏联模式"社会主义失败的一点儿反思 *

一、历史上的封建社会主义实为社会封建主义

社会主义作为很有影响的一种社会思潮，最早是从 19 世纪初盛行于西欧诸国。因为英、法、德等国先后开始实现以蒸汽化为标志的科技革命、产业革命，私人资本主义制度得到迅速发展，社会上出现劳资两大阶级贫富两极激烈分化等病症，所以许多有识之士纷纷提出各种社会主义理论，要以社会主义取代资本主义。要在继承资本主义所开创的社会化劳动基础之上，以生产资料公有制取代私有制，力求使社会得到公平、公正的发展。总之，这时资本主义已成为众矢之的，社会主义则蔚为大观，昭然众望所归。

然而社会上的人们是划分为不同的阶级的，各个阶级对社会主义的理解大相径庭，他们都打着社会主义旗号反对资本主义，倡导各自不同的社会主义。无产阶级革命家、理论家马克思和恩格斯在创立科学社会主义之初，于 1848 年发表了千古不朽的《共产党宣言》，书中第三章对当时流行于西欧的五花八门的社会主义思潮进行阶级分析，指出有封建的社会主义、资产阶级的社会主义、小资产阶级的社会主义，还有不成熟的无产阶级的

---

* 本文发表于中国社会科学院东欧中亚研究所主办的《东欧中亚研究》，2001 年第 4 期。

空想社会主义。

这部经典文献所讲的封建社会主义是指英、法、德等国的封建地主贵族阶级被新兴资产阶级这个"可恨的暴发户打败"之后，也抛出对资产阶级的控诉书，并且也用社会主义的响亮口号拉拢人民，"把无产阶级的乞食袋当做旗帜来挥舞"。例如，代表英国地主贵族阶级的托利党中的一些人于19世纪40年代初组成"青年英国"集团，还有法国拥护波旁王朝的一批人自命为正统派。他们著书立说，攻击资本主义的工业化造成农民流离失所、工人饥寒交迫、社会道德沦丧、环境遭到破坏，主张复辟君主专制统治，恢复庄园经济制度，鼓吹他们的那种农业生产方式比现代工业化好，并没有出现过现代贫困的无产阶级。他们一方面煽动无产阶级起来反对资产阶级，另一方面又参与对无产阶级的暴力镇压。而德国的容克地主贵族，既想保持自己日益失去的各种封建等级特权，又"不顾信义、仁爱和名誉去做羊毛、甜菜和烧酒的买卖"，即转身采取资本主义经营方式，转化为资产阶级。

总之，封建社会主义完全是打着社会主义旗号极力反对资本主义现代化，极力想把正在日益社会化的社会拉回到中世纪落后封闭的状态中去，可见它完全是逆历史的潮流而动的反动派。因此，它对工人和人民大众的欺骗作用是短暂的、很有限度的。《共产党宣言》中曾经非常形象地刻画了它的可悲结局："每当人民跟着他们走的时候，都发现他们的臀部带有旧的封建纹章，于是就哈哈大笑，一哄而散。"[①]其实，这种封建社会主义毫无社会主义味道，只是用社会主义旗号来包装、掩盖其封建主义本质。如果改用现代词语，应该说实际上它是社会封建主义。我新造"社会封建主义"一词是有所依据的。早在第一次世界大战期间，列宁就采用过"社会沙文主义""社会爱国主义""社会和平主义"等词来表明当时第二国际的修正主义者已经堕落为披着社会主义外衣的沙文主义者、狭隘爱国主义者与和平至上、节节退让的和平主义者。

二、"苏联模式"社会主义实为封建社会主义

苏联曾经自命为而且被公认为世界上第一个社会主义国家。然而它为什么仅仅存在七十年就灭亡了呢?世人对此议论纷纷,迄今仍在探源揭秘。有两种观点各走极端,各有偏颇,实在令人难以苟同,又值得认真加以分析。

有人认为,不发达国家由于经济、政治、文化落后,封建主义糟粕遗毒多,资本主义文明成果少,无法首先建成社会主义,若硬要跨越资本主义阶段来搞社会主义,势必搞成封建社会主义。"生存了七十年的苏联根本就不是社会主义国家","它从 20 世纪 30 年代开始就坠入《共产党宣言》中所说的'封建社会主义'",它把社会主义公有制变成新型的官僚阶级的私有制,对广大劳动人民实行封建专制统治,对外奉行赤裸裸的帝国主义侵略政策。由于苏共领导人敛财专制,颠倒主仆关系,苏联人民早在 20 世纪 30 年代就看到了苏联"臀部带有旧的封建纹章","但由于政治上的高压,他们还不敢'哈哈大笑,一哄而散'",只是到了 1991 年由于戈尔巴乔夫的无能,出现"8·19"紧急状态委员会闪电般地失败了,"这次,人民真正一哄而散,不仅哈哈大笑而且愤怒或不屑一顾地走开了"。②

这种看法颇有根据地指出"苏联模式"的社会主义带有浓厚的封建主义色彩,把它简称为封建社会主义也是恰当的。然而我认为它不同于《共产党宣言》中所分析的封建社会主义。因为历史上的封建社会主义有三个显著特点:第一,完全代表封建地主贵族阶级的利益;第二,反对现代化,尤其是工业化,要把社会拉回到中世纪的农业社会中去;第三,只是以社会主义为幌子,毫无社会主义内容。如上所述,这种封建社会主义当今应该被称为"社会封建主义"更为准确。而"苏联模式"的社会主义,它相当大部分是代表工人阶级和劳动人民利益的, 它不仅彻底消灭了旧的封建地主贵族阶级,而且也彻底消灭了旧的工商金融资产阶级和富农阶级(尽管其消灭方式过于粗暴),它不仅实现了社会主义改造,建立了社会主义公有制(尽管

改造过急、公有制形式过于简单），而且还实现了社会主义工业化和电气化，实行了"不劳动不得食"和按劳分配的原则（尽管带有浓厚的平均主义色彩），使苏联劳动人民的社会地位和生活水平有了较大提高，使苏联成为仅次于资本主义超级大国美国的社会主义超级大国，苏联还成为打败法西斯国家的主力，援助过许多国家的无产阶级革命（尽管犯有大党主义、大国主义的错误），所以苏联的确是历史上第一个社会主义国家。然而由于它没有彻底铲除封建主义余毒，而且让它渗透到社会主义体制中来，因此它又是带有浓厚封建主义色彩的社会主义。

有识之士虽然早在 20 世纪 30 年代就看到它的臀部带有旧的封建纹章，但是由于它头上还拥有社会主义的新光环，所以还对它的改革寄予厚望，希望能通过社会主义改革革故鼎新，使社会主义割掉封建主义尾巴而获得新生。可是斯大林晚年不但不进行改革，而且个人集权、个人崇拜越搞越厉害，他还实行领导职务实际上的终身制和指定接班人制，党政权力极端集中化。在斯大林之后近四十年的改革之中，这些封建主义的弊端依然改不掉，致使广大劳动人民失望了！戈尔巴乔夫并非由于无能，而是由于在党内外强大压力逼迫之下从 1987 年以后由"左"转向右的方面，结果社会矛盾激化，危机加深。1991 年的"8·19"事件使广大人民感到又有可能重新回到带有浓重封建主义色彩的极权统治之中，于是加速了苏联的解体和苏共的覆灭。对于"苏联模式"的封建社会主义，苏联绝大多数人民最后真正是一哄而散，的确不仅哈哈大笑，而且愤怒或不屑一顾地走开了。这不仅是由于过去采取政治上的高压，人民难以表达自己的意见，难以采取果敢的行动，而且还由于党政军官僚集团的特权越搞越多，共产党越来越官僚化、越来越腐败化。总之，极权化、特权化、官僚化和腐败化，这"四化"使苏联头上的社会主义光环越来越黯淡，而臀部的封建纹章则越来越加深，所以终于被人民抛弃了。

另有人认为，"苏联模式"第一次探索成功了不发达国家首先实现社会主义之路。它是"在苏联条件下社会主义共性与特殊性的统一，也是马克思主义基本原理与苏联社会主义建设的具体实际的结合"。它"反映的是社会主义的本质特征",就社会主义基本制度这一层次来说,虽然也有不对之处,但"更多的是在当时条件下是必要的,但随着条件的变化,应该及时改革"。③可是在斯大林之后,由于从赫鲁晓夫起到戈尔巴乔夫大反斯大林,推行一条右倾机会主义路线,终于使苏联亡党亡国。

这种看法避而不谈"苏联模式"深受封建主义影响,把苏联亡党亡国的责任完全推到后来的个别领导人头上,这是完全不符合实际的。如果缺少群众基础的话,仅凭几个领导人的背叛,怎能把营造了好几十年的新型社会制度轻易摧毁呢? 因此这种观点无法令人信服,在社会上极少有人认同。但这却是有一定代表性的社会思潮。我们要加以认真分析。实际上苏共并没有把社会主义的共性与特殊性结合好,并没有把马克思主义与苏联实际结合好。苏共领导人列宁最先探索了在苏联这样的不发达国家实现社会主义的道路,其要点是实行新经济政策,允许发展国家资本主义,逐步把占人口大多数的农民吸收到合作社中来,依靠工农联盟实现国家工业化和电气化,铲除封建主义残余,克服官僚主义顽症,发展社会主义民主、自由与法治,扫除文盲,发挥知识分子作用,吸收世界资本主义文明成果。

可惜 1924 年列宁过早逝世,后来斯大林推行过"左"的路线,急于过渡到社会主义与共产主义,提前于 1929 年结束新经济政策,过早消灭资本主义,在自然经济、半自然经济大量存在的情况下限期实现农业全盘集体化,采取单一指令性的计划经济,排斥商品市场经济,忽视不发达国家的特点,犯了简单照搬马克思主义的教条主义错误。苏共领导还犯有弄虚作假、文过饰非、夸大成就、掩盖真相的实用主义顽症,更加严重的是让君主专制与等级制等封建主义因素渗透到社会主义体制中来。由斯大林带头在党和国家领导体制中形成个人集权制(对其权力无法实行制约和监督)、领导职务终身制(任职到 1953 年,73 岁病故)和指定接班人制(指定曾任他的秘书的马林科夫接班),这三制完全违背民主共和制原则,是封建君主专制的变种。同时,斯大林还实行以党代政制、干部从上而下等级授职任命制和党政军官员高薪特权制,培植了一批官僚权贵,使社会主义公有制局部演变为官有制。他还破坏社会主义民主,破坏党代表大会年会制,把本应是党中央委员会执行机构之一的政治局变成凌驾于党和国家之上的最高权力机关,使本应是党的最高权力机关的党的全国代表大会和国家最高权力机关的最高苏维埃变成服从政治局和总书记的"橡皮图章"和"表决机器"。在思想和文化方面也破坏社会主义自由,在科学研究和文艺创作中也要以党的领导人的意见作为评判是非曲直的标准,实行文化专制主义。在对外方针中含有霸权主义、扩张主义、大国主义和大党主义。所有这些弊病都不体现社会主义的共性和个性,都不反映社会主义的本质特征,就社会主义基本制度或具体体制而言都是完全错误的,而是继承了沙皇专制制度的封建主义衣钵。这样不能不使"苏联模式"的社会主义从经济基础到上层建筑都发生局部的变形和变性,即变成封建社会主义。列宁于1915年指出,沙皇俄国是"军事封建帝国主义",苏联在几十年的社会主义建设中消灭了资本主义,变帝国主义为社会主义,这是很大的历史成就和功绩;但是因为残留着封建主义因素,所以它又是"军事封建社会主义"。从一定意义上也可以说,苏联是半封建半社会主义国家。当然这两个"半"并非是半斤对八两,大体上是五分多社会主义,近三分封建主义,近两分教条主义和实用主义。在斯大林之后三十多年的改革中,始终改不掉封建主义和教条主义、实用主义的弊病,所以"苏联模式"社会主义终于被苏联人民把白胖胖的娃娃连同其浑身的污泥浊水一起都倒掉了!

三、要彻底铲除封建主义,才能全面更新社会主义

"苏联模式"的这种封建社会主义是否病入膏肓,回天乏术呢?否,如果能够查清病根病源,对症下药,是完全能够起死回生,重新焕发青春活力的。其灵丹妙药就是坚持并且发展马列主义,彻底铲除封建主义和教条主义、实用主义。苏共领导应该倡导解放思想,实事求是,对苏联建设社会主义的历史经验和斯大林的是非功过先由中央全会通过正式的决议,作出全

面的评价,以统一全党的思想,激发全体党员的主人翁感和改革的主动性积极性、创造性,再从改革过度集权的党和国家领导体制着手,从恢复和发展党内民主起步。

首先,应该恢复马克思、恩格斯和列宁一贯主张的党代表大会年会制度,把党的权力中心由中央政治局转归党的全国代表大会。差额竞选产生党代表,发扬党内自由,在党代表大会上进一步总结历史经验,辩明是非曲直,认清国家所处的社会发展阶段以及苏联同发达资本主义国家的实际差距,纠正长期以来过"左"的急于求成的错误,端正党的基本路线,自觉地从计划经济转轨到社会主义市场经济,变对外扩张为对各国和平友好共处。

其次,差额竞选产生新的中央领导人,在党代表大会上直接选举党的总书记,在党章中限制其权力和任期,并且恢复列宁开创的传统,在党代表大会上选举产生与中央委员会平行的中央监察委员会,专门监督中央领导人;在党报上开辟专栏,允许、鼓励党员就党的方针政策和领导人思想作风问题展开讨论和批评。

再次,实行党政分开,每年年初由党代表大会提出执政要点供最高苏维埃审议,使最高苏维埃成为名副其实的国家最高权力机关,杰出的共产党员要争取在最高苏维埃会议上被选为国家和政府领导人;废除个人集权制、领导职务终身制和指定接班人制,真正实行集体领导制、限任制,各级政府领导人都要差额竞选产生;从上而下废除党政军官僚高薪集团的特权,恢复 1871 年第一个工人政权巴黎公社开创的"社会公仆"的两大原则,即各级领导人由人民选举产生并且可以随时罢免,政府官员的最高工资不得超过熟练工人的水平;政府官员的物质待遇应由最高苏维埃制定条例公布,由人民群众通过社会舆论和新闻媒体依法有效进行监督,以切实保证"社会公仆"不会变成"社会主人"。

最后,发展社会主义自由。自由(思想自由、言论自由等)不仅是解放思想、根除个人崇拜的必要前提,而且是科学昌盛、文化繁荣、人人得到全面发展的首要条件。社会主义自由是劳动人民的自由,对于劳动人民应当享有哪些自由以及享有自由的限度,要依法治理,不得由领导人随意裁定。社会主义的目标是发展自由、民主、法治、人权、人道、富裕、平等、文明,使人人全面发展为自由人,使社会形成"自由人的联合体"。

总之,苏联改革要取得全面成功,就必须以政治体制改革为先导,铲除封建主义毒素,改革权力过度集中的党政领导体制,以此带动经济体制、文化体制和对外关系体制的全面改革。很可惜,在斯大林之后,苏共五任领导人和广大党员都缺少上述这些马列主义的共识。从赫鲁晓夫起,历经勃列日涅夫、安德罗波夫、契尔年科,到戈尔巴乔夫,谁上台都死抱着过度集权的党政领导体制不放,都搞新的个人集权和个人崇拜,屡次贻误改革时机。社会主义民主和自由长期被压制,势必助长资本主义民主和自由;封建主义毒素长期难以清除,终于葬送了社会主义!封建主义与社会主义结合的怪胎——党政军官僚高薪特权集团乃是葬送社会主义的掘墓人,苏共领导人乃是这个官僚高薪特权集团的总代表。结果封建社会主义竟与历史上的社会封建主义遭到同样覆灭的命运,这本来是完全可以避免的、莫大的历史悲剧。可见,只有高举创造性的马列主义大旗,唤起民众、唤起党员、唤起干部、唤起领导,全力彻底铲除封建主义和教条主义、实用主义,才能全面真正更新社会主义。这是我们从苏联亡党亡国亡制的悲剧中应当吸取的最重要、最深切的教训。

注释:

① 马克思、恩格斯:《共产党宣言》,人民出版社,1997年,第51页。

② 参见清华大学刘建明教授《背叛〈共产党宣言〉的苏联》,原载《北京观察》1998年第1期;后又登于广东《南风窗》1999年第1期,被《光明日报》主办的《书摘》杂志1999年第5期摘登,在读者中获得广泛强烈反应,有人反复读五遍,有人建议此文应印发全国,详见《书摘》同年第9期第94页。

③ 见周新城教授著《理论·历史·现实——关于社会主义及其命运的思考》,中国人民大学出版社,1996年,第10~11页。

"全世界无产者,联合起来!"
七十四种中译文考证评析 *

　　"全世界无产者,联合起来!"这是马克思、恩格斯于 1848 年 2 月为世界上第一个共产主义政党——共产主义者同盟——起草的纲领文献《共产党宣言》中提出的。它是作为《共产党宣言》的结尾词,向全世界发出的充满世界主义、国际主义激情的战斗号召。一百六十年来,它随着马克思主义经典名著《共产党宣言》的广泛传播已经传遍了全世界。由于它不仅是一个伟大的战略口号,而且是一句深刻的至理名言,所以历来译者、译法甚多。历史上有众多有识之士殚精竭虑,悉心琢磨如何把这句警言妙语译为中文。据我多年来读书见闻琐记,这么一句简短词语,前后竟有七十四种中文译法。如果把基本上相同的译文加以归并,也还有五十多种各具特色、大同小异或小同大异的译法。值《共产党宣言》出版 160 周年之际,把不同译文的考证资料细加整理和比较评析,可以看出马克思主义在我国的传播过程和强大影响力,以及中国近现代文化的发展变化,也能从中体察到翻译工作者劳动的艰辛和译文的精益求精,还能从中领悟到应该如何准确理解马克思主义、切实运用马克思主义。

---

　　* 本文原载《文史哲》2008 年第 2 期,曾收入《新华文摘》。本文中绝大部分资料是我自 1950 年开始在中国人民大学从教起长期执着搜集、逐步摘录积累所得,一小部分是 20 世纪 80 年代以后参考以上两书所得。凡未注明资料具体出处者,均录自以上两书。

一、1903 至 1933 年十九种文言译文

这一伟大口号最初是在 20 世纪初随着马克思主义以及《共产党宣言》在我国的传播而逐步流行起来的。以下基本上按照译文出现的时间顺序排列（某些基本一致的译文不按时间排列），每条引文都注明出处。

1."结合全世界之劳动者而成一新社会耳。"这是湖南留日学生赵必振（1873—1956）于 1902 年翻译的。1903 年 2 月上海广智书局出版赵必振译《近世社会主义》（日本福井准造著），书中在评介《共产党宣言》时曾提及这一口号（见光绪二十九年，即 1903 年线装竖排本上册第二编第 13 页；另见笔者收藏的该书 1927 年上海时代书店平装本第 127 页）。这最早的译文是依据原文意译的，译文中"成一新社会"，是译者添加的。

2."万国劳动者同盟。"见中国达识社译《社会主义神髓》（日本幸德秋水著），中国民主主义革命派主办的《浙江潮》编辑所 1903 年 10 月东京出版，第 45 页。

3."万国劳动者之同盟。"见上述《社会主义神髓》高劳译的文本。这句译文比之上一句译文只多了一个介词"之"。载 1912 年 9 月 1 日出版的《东方杂志》第 9 卷第 2 号第 3 组第 2 页和商务印书馆 1923 年单行本第 53 页。这个译法完全源于日文。

4."噫，来，各地之平民，其安可以不奋也！"见蛰伸（民主主义革命家朱执信）写的《德意志革命家小传》，载东京出版的中国同盟会机关报《民报》第 2 号第 11 页，1905 年 11 月东京出版。原文无现代标点符号。

5."噫，各地之平民乎，其安可以不自奋也。"这是对上述朱执信的译文稍加修改而成。作者署名煮尘重治，见他写的《社会主义大家马儿可之学说》，载《新世界》杂志第 2 期第 6 页，1912 年 6 月上海出版（马儿可即马克思）。

6."万国劳动者其团结。"见劳斋（民主主义革命家宋教仁）写的《万国社

会党大会略史》，载《民报》第 5 号第 80 页，1906 年 6 月东京出版。此种译法也是源于日文。

7."万国劳动者其团结乎。"这种译法比之上句只多了一个语气助词"乎"。见梦蝶生(叶夏生)写的《无政府与革命党》，载《民报》第 7 号第 121 页，1906 年 9 月东京出版。

8."万国之劳动者团结！"见渊实(廖仲恺)译《社会主义史纲》(Bliss 著)，载《民报》第 7 号第 103 页，1906 年 9 月东京出版。

9."万国劳民团结。"见申叔(即刘师培)《〈共产党宣言〉序》，载《天义报》第 16—19 期合刊第 510 页，1908 年 3 月 15 日东京出版。

10."万国劳动者其团结哉！"见邵振青编《各国社会思想潮》，商务印书馆 1920 年 4 月上海出版。

11."愿我万国劳动者团结毋懈。"见渊泉译《马克思的唯物史观》(日本河上肇著)，载《北京晨报》1919 年 5 月 5 日。

12."各地之平民，速起联络。"见刘秉麟《马克思传略》，载《新青年》第 6 卷第 5 号，1919 年 5 月 15 日上海出版(实际出版于 9 月)。

13."愿万国无产阶级联合。"见陈与漪译《德国社会民主党》(英国罗素著)，商务印书馆 1922 年上海出版，第 15 页。

14."全方贫工之联合。"这是印在 1919 年苏俄政府在莫斯科发行的面值一千卢布的纸币上的口号。这个口号用俄、英、法、德、意、汉和阿拉伯七种文字印在第一个社会主义国家发行的纸币上(原钞图像见江亢虎著《新俄游记》，商务印书馆 1923 年 2 月上海出版，笔者曾于 20 世纪 50 年代从北京东安市场旧书店买到此书)。

15."四海之内皆兄弟也。"这句话出自《论语·颜渊》。在 1920—1921 年苏俄政府发行的纸币上继续用多国文字印有这个伟大口号，中文译法如上。不过这种译法已经离开原意甚远，又退回到近似原先正义者同盟的旧口号"人人皆兄弟"(也有人把"人人皆兄弟"译为"四海之内皆兄弟"。见王德周著《社会主义史大纲》，益群学社 1933 年版，第 30 页)。原始材料我没有见过,这是 1950 年 10 月 3 日我听到刘少奇同志在中国人民大学开学典礼上讲到他早年在苏俄的见闻时提到的。他当时提到此事是勉励大学生要学好外文并准确地翻译外文。1922 年以后苏联政府决定在发行的新纸币上删去外文。

16."五大洲之平民。其急起而作同盟之团结。"见黄尊三译《近世社会主义论》(美国伊黎著),商务印书馆 1923 年 6 月上海出版,第 121 页。

17."世界劳工其合而为一。"见厚照《嘉尔马克斯传略》,载《国闻周报》第 4 卷第 34 期第 1 页,1927 年 9 月 4 日天津出版。

18."万国之劳动者,其速团结起来!"见无闷译《社会思想概论》(日本田制佐重著),太平洋书店 1928 年 12 月上海出版,第 51 页。

19."全世界之工资自活人,联合起来!"见严恩椿译《社会主义运动》(英国麦克唐纳著),商务印书馆 1933 年 12 月上海出版,第 196 页。

二、1919 年以来五十五种白话译文

20."各地劳工的联合。"见舍(著名报人成舍我)译《共产党宣言》,载《每周评论》,1919 年 4 月 6 日北京出版。

21."举世的劳动阶级,促他们联合起来。"见李大钊《我的马克思主义观》,载《新青年》第 6 卷第 5、6 号,1919 年 5 月、11 月出版,收入《李大钊选集》,人民出版社 1959 年版,第 191 页。

22."各处的平民啊!我们联合拢来。"见毅译《新共产党宣言》,载《晨报》1919 年 8 月 7—11 日。

23."我们各国的平民从速联合起来!"见毅译《新共产党宣言》,载《晨报》1919 年 8 月 7—11 日。

24."世界的劳动者,都快起结合哟!"见 A.D(易家钺)《我们反对"布尔什维克"》,载《奋斗》第 2 号,1920 年 2 月 24 日北京出版。

25."万国劳动者团结起来呵!"见陈望道译《共产党宣言》,1920 年 8 月

新青年社上海出版,第 55 页。这种译法随着《共产党宣言》第一个全译本的不断重印和传播,于 20 世纪二三十年代在我国广为流传。

26."各国底工人联合起来!"见李季、黄凌霜、雁冰译《到自由之路》(英国罗素著),新青年社 1920 年 11 月出版。

27."各处贫民都联合拢来。"见李季译《社会主义史》上卷(英国克卡朴著),新青年社 1920 年 10 月上海出版,第 196 页。

28."世界的劳工们,联合呀!"见 P.生(茅盾)译《美国共产党宣言》,载《共产党》月刊第 2 号,1920 年 12 月 7 日上海出版,第 35 页。

29."请万国劳动者团结!"见丹青译《社会主义发达的经过》(日本堺利彦著),《东方杂志》第 17 卷第 24 号,1920 年 12 月 25 日出版。

30."各国底工人啊! 联合哪!"见潘公展《近世社会主义及其批评》,载《东方杂志》第 18 卷第 5 号 51 页,1921 年 3 月 10 日出版。

31."世界的无产阶级起来吧!"见(李)震瀛译《波兰共产党忠告世界工人》,载《共产党》月刊第 3 号第 24 页,1921 年 4 月 7 日出版。

32."万国劳动者呵!起来团结吗!"见盟西译《社会主义问题详解》(日本高畠素之著),共学社社会丛书,1921 年 4 月出版。

33."世界的劳动者联合起来啊!"见万国青年共产党写给上海社会主义青年团的信(未署译者姓名),载《共产党》月刊第 4 号第 2 页,1921 年 5 月 7 日出版。

34."世界劳动者团结起来呵!"见陈独秀《社会主义批评》一文,载《新青年》第 9 卷第 3 号第 13 页,1921 年 7 月 1 日上海出版。

35."国际无产阶级联合起来!"见李达《七一回忆》,《七一》创刊号,1958 年 7 月 1 日。李达回忆 1921 年建立中国共产党时共产国际派来与会指导的代表马林在会上提出这个口号。

36."世界无产阶级联合起来!"见瞿秋白《赤都心史》之十七,1921 年 7 月 6 日写于莫斯科,载《瞿秋白文集》第 1 册,人民文学出版社 1953 年版,第 129 页(《赤都心史》曾于 1924 年 6 月由上海商务印书馆出版)。

37."世界的工人们,联合起来啊。"见(周)恩来《勤工俭学生在法之最后运命》(旅欧通信),载天津《益世报》,1921年12月23日。

38."万国劳动者呵!联合起来呵!"见太柳译《共产党底计划》(俄国布哈林著),1921年12月出版。

39."全世界的无产阶级呵! 联合起来吧!"见李大钊《马克思的经济学说》一文,载《北京晨报》1922年2月23日。另见《李大钊选集》,人民出版社1959年4月版,第377页。

40."全世界无产者联合起来!"见希曼(即从1914年开始在我国传播社会主义、共产主义的先驱张希曼)评《俄国共产党党纲》封面,人民出版社1922年1月广州出版。

41."全世界的劳动者联合起来! "见(周)恩来《劳动世界之新变动》(欧洲通信),载天津《益世报》,1922年3月30日。

42."万国劳动者团结起来呵! "见胡南湖《马克思传》,载《今日》第1卷第4号,1922年5月15日出版。

43."万国劳动者呵!团结起来呵!"见《社会问题总览》中册,上海中华书局,第210页。笔者于20世纪50年代在北京东安市场旧书店只买到该书中册,上面并无出版年份与著译者姓名。恽代英于1923年12月29日写有对此书的评论,见《恽代英文集》上卷,人民出版社1984年版,第413~414页。

44."万国劳动者团结啊! "见得山译《国际劳动同盟的历史》(日本山川均著),载《今日》第2卷第3号,1922年出版。

45."全世界劳働者团结起来! "见李达《评第四国际》,载《新青年》第9卷第6号第27页,1922年7月1日出版。这里"劳働者"一词是从日文移植过来的(中文中没有"働"字)。

46."全世界的无产者,团结起来啊! "见伍豪(周恩来)《共产主义与中国》,载《少年》第2期,1922年9月1日巴黎油印本。

47."万国无产阶级啊,团结起来啊! "见T.C.L(李大钊)《工人国际运动略史》,载《北京晨报》,1923年5月1日。另见《李大钊选集》,人民出版社1959年4月版,第459页。

48."全世界无产阶级团结起来!"见中国社会主义青年团1923年5月1日告无产阶级书,载《先驱》第17号。

49."全世界的无产阶级团结起来!"这个译法比之上句多了一个"的"字。见叶启芳译《社会斗争通史》(德国麦克司·比尔著),神州国光社1930年上海出版,另见该书1958年北京三联书店改订版,书名改为《社会主义通史》,第548页。

50."世界的劳动者呵!赶快团结呀!"见费觉天译《社会主义与近世科学》(法国安锐戈佛黎著),商务印书馆1923年5月上海出版,第109页。

51."各国无产阶级联合起来!"见瞿秋白《世界社会运动中共产主义派之发展史》,载《新青年》季刊第1册第129页,1923年6月15日出版。

52."全世界的无产者啊,团结起来。"见孙百刚译《社会主义初步》(英国托马斯·克库著),中华书局1923年11月上海出版,第57页。

53."各国的工人啊;大家联合起来!"见李季译《社会主义之思潮及运动》下卷(美国列德莱著),商务印书馆1923年11月上海出版,第1页。

54."全(世)界无产阶级联合起来!"(原文漏排"世"字)见《新青年》季刊第3期所载《社会主义苏维埃共和国联邦条约及宣言》(未署名译著者),1924年8月1日出版,第94页。1930年上海中外社会科学研究社出版的华岗译《共产党宣言》第二个中文全译本也用"全世界无产阶级联合起来!"的译法,见该书第40页。

55."全世界无产民众联合起来!"见(林)伟民《我到俄国一个月的感想》,载《中国工人》第2期第14页,1924年11月上海出版。

56."全世界无产者,团结起来!"见徐文亮译《近世社会思想史》(日本波多野鼎著),开明书店1928年9月1日上海出版,第63页。

57."全世界劳动者联合起来!"印在1929年上海出版的中华全国总工会主办的《劳动者》周刊的每期刊头上。

58. "世界无产者联合起来。"见李一氓译《恩格斯与马克思合传》(苏联里阿查诺夫著),江南书店1929年10月上海出版,第83页。

59. "万国无产者团结起来!"见刘侃元《社会主义与社会运动》(德国桑巴特著)下卷,上海春潮书店1930年3月版,第396页。

60. "各国无产者呀!你们团结起来!"见余祥森译《社会主义共产主义及无政府主义》(德国卡尔·第尔著),新生命书局1930年8月上海出版,第242页。

61. "万国的无产者啊,联合起来!"见李圣悦译《社会主义辞典》(法国纳颇波尔脱著),上海启智书局1930年10月版,第146页。

62. "全世界工人联合起来!"瞿秋白于1931年曾以此为题写了一篇文章,见丁景唐等《瞿秋白著译系年目录》,上海人民出版社1959年版,第52页。陈瘦石译《比较经济制度》一书"附录",商务印书馆1943年9月重庆出版,第304页。

63. "各国的无产者,联合拢来啊!"见李季著《马克思传》上册,神州国光社1932年12月上海出版,第320页。

64. "愿我们劳动者团结起来啊!"见沈嗣庄编著《社会主义史》,青年协会书局1934年12月上海出版,第71页。

65. "一切国家的工人们团结起来啊!"见沈嗣庄译《社会主义史》(美国列德莱著),万有文库本,商务印书馆1937年3月上海出版,第2册第224页。

66. "一切国家的无产者,联合起来呵!"见成仿吾、徐冰译《共产党宣言》,解放社1938年8月延安出版,第60页。

67. "联合起来呵,一切国土中的无产者!"这是倒装句,把谓语提到主语之前,原文并非如此。见何封译《卡尔·马克思》(德国伊利诺·马克思,即卡尔·马克思的小女儿作)一文,收入《卡尔·马克思——人·思想家·革命者》一书,读书出版社1940年8月上海出版,第26、29页。

68. "一切国度的无产者,联合起来呵!"见博古校译本《共产党宣言》,解放社 1943 年 8 月延安版,第 84 页。初版时这句译文最后一个字有的版本印为"啊",再版时都改为"呵"。

69."万国的工人们联合起来!"见吕天石译《马克思与恩格斯》(苏联里阿查诺夫著),正风出版社 1950 年 10 月上海出版,第 91 页(即上列第 58 种译文原书的另一种译本)。

70."全世界底无产者,联合起来!"见成仿吾译《共产党宣言》,中国人民大学 1953 年重校本里封。

71."一切国家底无产者,联合起来呵!"见成仿吾译《共产党宣言》,中国人民大学 1953 年重校本正文最后一句。

72."全世界工人团结起来!"见《金日成选集》,朝鲜外国文出版社(平壤)1970 年中文版扉页。

73."万国的工人团结起来!"见《金日成著作》第 3 卷,朝鲜外国文出版社(平壤)1980 年中文版,第 27 页。

74."所有地区的劳工,联合起来!"见台湾出版《当代》杂志第 128 期《共产党宣言》150 年专辑编辑室手记,1998 年 4 月 1 日出版,第 144 页。这一条是我于 2000 年访问美国时从友人处见到的。

以上仅是我多年读书偶记所得,因个人翻阅书刊有限,肯定还会有一些遗漏。

三、对各种不同译法的评析和新建议

从以上所列举的这句口号七十四种不同中译文出版的时代跨度,可以看出马克思主义在我国传播的持久性和广泛性。自 1902 年迄今一百余年,从上海、北京、天津到重庆、延安、台北,从东京、巴黎到莫斯科、平壤,都有人在思考如何准确、切实地翻译并且宣传这个战斗口号。从译者身份来看,既有留学生、新闻记者、作家,又有学者、教授;既有旧民主主义革命家,又有无产阶级革命家;既有三民主义者、自由主义者,又有马克思主义者、无政府主义者。所有译者都在琢磨、推敲如何表达马克思主义的这句至理名言。由于译者的认识水平、理解角度有所不同,翻译的准确性难免有别,甚至还有不妥和差错。

笔译要求忠实于原文,同时又要通顺,还要有点儿文采,即严复提出的"信、达、雅"三个标准。译文还要处理好直译和意译的关系,最好以直译为主,意译为辅。我们不妨对以上七十四种不同译法作一番比较评析。

先看这句伟大口号的德文原文和我熟悉的英、法译文。

德文:Proletarier aller Iänder,vereinigt euch!

英文:Workers of all lands,unite! 另译为:Working men of all countries, unite!

法文:Proletaires de tous les pays, unissey vous!

在中译文中,这句口号基本上分为三部分。

主语,即句中主干部分,共有十六种译法:平民、贫民、贫工、兄弟、劳民、劳动者、劳働者、劳工、劳工们、工人、工人们、无产民众、无产阶级、劳动阶级、无产者、以工资自活人。只有"无产者"译得准确,上面所引德文原文和法文的原意都是"无产者"。只有英文除 Proletarian 之外,还另译为 Working men 或 Workers。照此,中文如改用"工人""工人们"或"劳动者"也是可以的。"劳动者"有广义、狭义之分:广义包括小资产阶级(手工业者、农民),甚至参加劳动的富农也属于劳动者;狭义就是指现代产业工人。其他各种译法都不妥。

谓语,即句中对主语加以陈述的部分。译文中共有十一种译法:奋、自奋、起来、同盟、结合、合而为一、团结、团结毋懈、团结起来、联合拢来、联合起来。按照原文译为"团结"或"联合"均可。但在这里应该译为"联合起来"。照我个人理解,"团结"是偏重于思想上、精神上,"联合"则是偏重于组织上、行动上。而这句口号的提出,本意是侧重于组织上和行动上的联合。其他译法均不甚妥。

定语在本句中是定断主语的部分,共有十五种译法:各地、各处、各国、全方、万国、国际、四海、五大洲、举世、世界、全世界、一切国家、一切国度、一切国土、所有地区。按上引各种外文原文直译，应是"一切国家"；但是"国家"时常专指国家政权、国家机器而言，所以博古曾改译为"一切国度"。"各地""各处"的译法过于笼统，不足以体现包括各国在内。如果采用意译，"全方"费解难懂。"四海"原是中国古语，本指中国四方有海环绕，泛指全国各处；如果扩大为包括全世界各处，则语意不甚精确恰当。"五大洲"这种意译已离开原文。"万国"一词我国古书中早已出现。如公元 6 世纪南北朝时期东魏凝禅寺三级浮图碑上有"散绮万国"之说，意指众多国家。后来日本曾借用汉语"万国"。在新中国成立前，我国曾有以"万国"指"国际"或"世界"者，如"万国邮政联盟""万国红十字会公约"，还有称"万国储蓄会""万国生丝检验所""万国公墓""万国殡仪馆"等，现在多已不用。意译为"全世界"曾经被认为是比较好的，现在我认为不够准确。

除了主语、谓语、定语这三个主要成分外，在这句口号的中译文中，有的人还加上语气助词，计有十种：耳、也、乎、啊、呵、呀、吧、吗、哟、哪，作为简明有力的战斗口号可以不要这些助词。另有人加上结构助词"之、的、底"三种，也可以不要。有的人在"联合"或"团结"之前加上"快""急""速"这些副词，或者在"无产者"之前加上"我""我们""你们"这些人称代词，还有人另添加上"愿"字这个助动词，这些都是译者主观上着力加以强调的，原文中并无此词，完全可以不要。

从这句口号中译文的出现可以看到，马克思主义最早是在 20 世纪初叶从日本介绍到中国来的，所以中译文多受日文影响。最初从事这项工作的是中国民主主义革命派知识分子，他们在着重输入西方民主主义革命理论的同时，因受当时世界社会主义潮流的影响，也附带介绍西方各种社会主义派别，包括马克思派科学社会主义。然而科学社会主义真正自觉地在我国传播，还是在 1919 年五四运动以后中国无产阶级开始登上政治舞台之时，我国无产阶级知识分子在传播科学社会主义事业中起了重大的作用，所以 20 世纪 20 年代以来这一伟大口号在我国的翻译可以说是诸家蜂起,众译纷纭。到1949年我国人民民主革命取得胜利后需要更准确、更深入地宣传并运用马克思主义,于是这一口号的中译文也就走向规范化。

从这句口号中译文的变化可以看出近代汉语书面文的变化,即从原来的文言文到1919年五四运动后逐步演变为白话文。当然,文言文的淡出有一个过程,如上所列,直到1933年还有人用文言文来译这句口号。著名历史学家范文澜老校长（1948年年初我从北京大学投奔解放区参加革命,在晋冀鲁豫边区北方大学学习时,范老是校长）于1959年在中国近代史研究所为纪念五四运动40周年召开的学术性纪念会上曾经真诚坦率地说:五四运动时他思想并不进步,写文章还用文言,后来思想不断变化进步,终于信仰马克思主义,写文章不用文言而用白话了。"因为马克思主义的内容有时是无法用文言表达的,譬如'全世界无产者,联合起来!'这句话用文言就表达不了,非用白话不可。"①其实本文所辑录列举的前十九种译文都是用文言表达的,而且还没有现代的标点符号,尽管有的译文表达不好甚至不对,但是有的译文表达得尚好,如"万国劳动者同盟""万国劳动者其团结"。后来的译文都是白话文,且有标点符号。白话文使说与写一致,生动活泼,通俗易懂,便于大众化、普及化,好处很多。白话文本身也在变化,例如新中国成立前常用的助词"底",现在已不用,而通用"的"。至于白话文的很多词汇,更是不断创新,在使用中时有变化。

从这句口号中译文的多样化可以体会到笔译工作的艰苦性。就这一句简短的口号究竟如何译得好,前人绞尽了脑汁,付出了许多心血,真可以说是千锤百炼,一字不苟,甚至连标点符号的用法也都在探索之中。同时,还可以体悟到翻译工作是一项创造性的工作,要想译得好就不能墨守成规,而要勇于创新。许多翻译工作者都不是照抄别人,而是独立思考,自己创造,所以才会不断出现新的译法。甚至在同一作者和译者的文章中,前后用法也不一致,竟有两三种之多,如上引李大钊、陈独秀、瞿秋白和周恩来的文章以及成仿吾的译文就是这样。特别是新的外文词汇,不可能都用原来已有的中文词汇来译,这就要善于创造新词汇。如果全用已有的词汇翻译外文,语言文字就无法在吸取外来营养中创新。例如"无产者"就是新创造的很贴切的词汇。当然也不可能个人随意创造一些不符合原意的生僻词汇,像"以工资自活人"。

从这句口号中译文最后的规范化,我们可以看到:各种专用词汇或重要术语、口号的译法,开始不免多种多样,同时并存,但是为了使用方便并有利于广大群众掌握,最终总要加以规范化为好。要做好规范化工作,有时并不能按照某些人的主观愿望使用行政命令的办法,而要广泛听取群众意见,或者在长期使用中由群众来鉴定。例如,"全世界无产者,联合起来!"的译法早在 1921 年就出现了,然而当时并未广泛流行,还有其他多种译法并用。到 1938 年以后苏联外国文书籍出版局采用"全世界无产者,联合起来!"的译文印在各种中文出版物的扉页上之后,国内的出版物仍未通用。到 1949 年新中国成立后,经过反复比较,大家都感到这种译法比较好,所以就按此统一规范化了。

综上所述,本文考证、评析了百年来"全世界无产者,联合起来!"的七十四种不同译法,最后郑重提出改译为"所有国家劳动者,联合起来!"的新建议,可供广大读者和译者参考。在当今新时代,我认为改译为"所有国家劳动者,联合起来!"既忠实于原著,有利于准确、深入地理解马克思主义的精神实质,又有利于联合全世界所有国家的全体劳动者,最终实现人的解放,更有利于促进全世界所有国家长期和平共处,共同维护世界和平、发展与合作,构建和谐社会与和谐世界,增进人类福祉。

谨以拙文纪念划时代的经典文献《共产党宣言》发表 160 周年,我想是有学术价值的,也是有历史与现实意义的。

注释:

① 参见《真诚坦率的发言》,《北京晚报》,1984 年 8 月 13 日。

"全世界无产者,联合起来!"应改译为
"所有国家劳动者,联合起来!"*

160 年前,马克思、恩格斯为世界上第一个共产党——共产主义者同盟起草的纲领文献《共产党宣言》横空出世。这个划时代的宣言的结尾发出了充满国际主义激情的最强音:"全世界无产者,联合起来!"直到 1903 年,这句战斗号召才被译为中文在我国开始传播。据我平时搜集积累,百年来它竟有七十四种不同译法,其中文言文十九种,白话文五十五种。现在通用的"全世界无产者,联合起来"这个译法最早见于希曼(我国早期马列主义著作翻译者张西曼)译《俄国共产党党纲》封面(人民出版社 1922 年 1 月版)。后来莫斯科外国文书籍出版局从 1938 年至 1955 年出版的马列主义著作的扉页上都印有同一译法的这个口号。1953 年中共中央编译局成立后也采纳了这个译法。

但是现在重新研究、辨析,我认为"全世界无产者,联合起来!"这种译法仍有不足之处。

第一,尽管"无产者"的译法是符合原意的,然而当今最好改用"劳动者"。因为在当今世界新科技革命、新产业革命、新生产力革命迅猛发展的推动下,社会经济结构和阶级结构发生了重大变化,传统意义上的"无产

---

* 本文首先刊登于《北京日报》2008 年 3 月 17 日,题为"'全世界无产者,联合起来'这句译语可否改译",随即被上海《探索与争鸣》同年 3 月号改动标题,并以"本刊特稿"重新发表。关于这一问题的考证,可见高放《全世界无产者,联合起来!"七十四种中译文考证评析》。

者"越来越少,依然是劳动者的小有产者尤其是中产阶层越来越多。现在用"劳动者"取代"无产者"其外延更广、包容量更大,这样能够团结、联合更众多的劳动群众。同时,这种取代并不背离《共产党宣言》原意。因为在马克思、恩格斯的著作中,"无产者"与"劳动者"基本上是同义语,时常同用、混用。我很高兴读到中共中央编译局研究员俞可平写的《"全世界无产者,联合起来!"还是"全世界劳动者,联合起来!"》一文。①他也认为"无产者"与"劳动者"基本上是同义语。例如《共产党宣言》第一章中说:"现代的工人,即无产者。"这里所用的"工人"一词,德文是"Arbeiter"、英文是"working men",也就是"劳动者"的意思,所以这句话也可以另译为:"现代的劳动者,即无产者。"

我还可以再举一例,马克思于1864年起草了《国际工人协会共同章程》,其中"劳动者"与"工人"也是同义语,"劳动的解放"也是"工人阶级的解放"的同义语。②此外,赛·穆尔于1888年将《共产党宣言》译为英文时已经把"全世界无产者,联合起来!"这句口号由原先的"Proletarians of all countries,unite!"改译为"Working men of all countries,unite!"这个英译本得到恩格斯亲自校订并且加注。

我再联想到,1889年第二国际第一次代表大会把起源于1886年5月1日的芝加哥工人斗争的"五一"定为国际劳动节,所以我在2002年就提出要把这句口号中的"无产者"改为"劳动者",我认为这样修改是有充分理由的。③这并不是说原先译为"无产者"不当,也不是说当今要修改马克思主义原理,而是表明当今改译为"劳动者"既符合马克思主义原著思想,又更切合当今世界和时代实际。

第二,原先译为"全世界"是意译,如果按德文或英文、俄文等西方文字应该直译为"所有国家"或"一切国家"。"全世界"这种意译固然包含有全世界所有国家在内的意思,但是它没有把原文中"劳动者"或"无产者"的国别属性、国家民族属性表达出来,给人以全世界劳动者不存在国别属性、国家民族属性、各国劳动者不存在国家民族利益差异和矛盾的印象。一百多年来国际工人运动、社会主义、共产主义运动的历史经验证明,正因为各国劳动者、无产者存在国别属性、存在自己国家民族的不同利益,所以要实现全世界劳动者、无产者全面而持久的联合,是长期的、异常艰巨的历史任务。

然而由于国家民族利益不同,各国劳动者、无产者非但不能经常联合起来,有时甚至还互相对抗。例如在第一次世界大战期间,协约国和同盟国双方的资产阶级政府和右派社会民主党人都极力否定战争是帝国主义争夺殖民地和势力范围的非正义性质,鼓吹"保卫祖国"的正当性,煽动民族沙文主义和社会沙文主义,唆使各国工人互相残杀。这样就使得当年《共产党宣言》发出的"全世界无产者,联合起来!"的激越绝响,变成了全世界无产者互相残杀的悲戚哀歌!看来只有大力克服狭隘爱国主义和民族主义的侵蚀,才能真正实现所有国家劳动者的联合,才能在全世界范围内组成各国劳动者最广泛的联合阵线,从各方面冲破资本主义的束缚,使历史唯物主义关于人民群众是社会历史发展的主力军和决定力量的原理大放异彩,使世界主义、国际主义的精神得到极度弘扬。

所以我认为当今把这句口号中的"全世界"改为"所有国家"是恰当的、必要的。这并不是说原先意译为"全世界"不当,而是表明当今改译为"所有国家"既符合原著措词,又吻合历史实践经验,也更切合当今各国实际情况。

基于以上两方面理由,我现在郑重提出改译为"所有国家劳动者,联合起来!"的新建议,可供广大读者和译者参考。我认为,改译为"所有国家劳动者,联合起来!"既忠实于原著,有利于准确、深入理解马克思主义精神实质,又有利于联合全世界所有国家的全体劳动者,最终实现人的解放,更有利于促进全世界所有国家长期和平共处,共谋维护世界和平、发展与合作,构建和谐社会与和谐世界,增进人类福祉。

谨以本文纪念划时代的经典文献《共产党宣言》发表 160 周年,我想是有学术价值的,也是有历史与现实意义的。

注释：

① 俞可平：《全世界无产者，联合起来！还是"全世界劳动者，联合起来！"》，《马克思主义与现实》，2006 年第 3 期。

②《马克思恩格斯选集》（第二卷），人民出版社，1995 年，第 609 页。

③ 高放：《给中共中央新领导班子的两条建议》，《南风窗》，2003 年（2 月下旬）；《高放自选集》，中国人民大学出版社，2007 年，第 592 页。

"全世界无产者，联合起来！"这句译语可以改译*

——敬答郑异凡、奚兆永先生

《探索与争鸣》2008年第3期发表的拙文《"全世界无产者，联合起来！"要改译为"所有国家劳动者，联合起来！"》，社会影响较大。光明日报社主办的《文摘报》于2008年4月10日刊出该文摘要，并且加上如下"编者按"："今年是《共产党宣言》（以下简称《宣言》）发表150周年，自《宣言》传入中国以来，对它的研究和解释就一直没有停止过。下面选编的文章为最新的研究成果。"拙文本来是《"全世界无产者，联合起来！"七十四种中译文考证评析》（载《文史哲》2008年第2期）这篇长文的结尾部分，也就是我在评析以往七十四种中译文之后提出的新建议。愚意这一口号当今最好改译为"所有国家劳动者，联合起来"。这篇长文已被中国人民大学复印资料《世界社会主义运动》（2008年第3期）和《新华文摘》（2008年第14期）转载。我听到一些党政干部和学术界人士，包括中央编译局的专家的意见，都认为我言之有理。

始料不及，中央编译局研究员郑异凡先生提出不同意见，他在《探索与争鸣》2008年第5期"学术争鸣"专栏发表《"全世界无产者，联合起来！"这句译语无需改译》（以下简称"郑文"）。本来学术问题见仁见智，有不同见解，各抒己见是完全正常的，孰是孰非，可由读者自己去辨别判断，未必都要进行答辩。半年来我因忙于统编教材，顾不及此。近日我重读郑文，该文

---

* 本文载《探索与争鸣》（上海），2009年第2期。

开头就强调："这句世界性的历史口号无论从内容上还是译文上，都改不得。理由很简单，译文本身是准确无误的，而如果改动，那么，其含义就变得离开马克思和恩格斯的本意了。"文章最后一部分又说："高文提出的问题显然不仅仅是译文的修改问题，而是对《宣言》的基本内容进行修改的问题。"另外，网上也有人发布两篇文章，持同一论点。其实，拙文提出的新建议完全符合《宣言》本意，并未修改《宣言》内容，而且更加贴近实际，贴近生活，贴近群众。看来，我确有必要继续申述己见。

一、《宣言》中的"无产者"为何可以改译为"劳动者"

我认为郑文中提出这句口号不能改译的几个问题，都是值得进一步商榷的。首先，郑文中提到"无产者"即现代工人，它和"劳动者"的含义是不同的，"劳动者"还包括无产者以外的其他劳动者，如农民、手工业者，因此无产者、工人不能改译为劳动者。我认为，这是从广义来理解劳动者，其实无产者、工人和劳动者，这三者都有广义、狭义之分。就其狭义而言，这三者是同义语，可以通用。当今对之改译为"劳动者"更符合当前实际。这个看法有以下五点依据。

第一，恩格斯认同的穆尔于1888年出版的《宣言》英文版，其结尾已经把"无产者"（proletarians）改译为"working men"——这个词语既可以译为"工人"，也可以译为"劳动者"（"劳动着的人们"岂不就是"劳动者"）。既然有了恩格斯认同的穆尔的新译文，我们就有更充分的理论依据，把working men译为"劳动者"。如果没有恩格斯认同的新译文，我们要把"无产者"（proletarians）译为"劳动者"，那也没有离开马克思和恩格斯的本意，也没有修改《宣言》的内容。因为在《宣言》中"无产者"与"工人"二词是同用、通用、混用的，而德文arbeiter一词既可以译为工人，也可以译为劳动者，两者就狭义而言完全是同义词。我们不能望文生义，仅从现在中文"工人"与"劳动者"二词有区别就认为其德文含义也完全不能混同。郑文还提到：《宣言》所用的德文"工人"(arbeiter)一词,按照 1983 年上海译文出版社的《德汉辞典》只有两个解释:①工人,②工作者、制作者,没有作"劳动者"解。其实,这里的第二个解释"工作者",又可以解释为"劳动者"。犹如英文的 worker 既可以译为工人,也可以译为工作者或劳动者。我另查 1945 年上海璧恒图书公司出版、王德明主编、众多专家审定的《德华大辞典》,其中 arbeiter 有四种解释,即劳动家(当时劳动家即是与资本家相对应、相对立的劳动者——引者注)、工匠、工手、工人(第 80 页)。再查 1999 年德国曼海姆出版的 10 卷本《杜登德文大辞典》第 1 卷,对 arbeiter 的解释是:每天领工资的人,手工业工人,也指从事体力劳动和脑力劳动的人,雇员(第 278 页)。按照当代最权威的这本德文辞书,arbeiter 完全可以译为劳动者。德文名词 arbeit 意为劳动、工作、制作,加上后缀 er 意为工人、劳动者、工作者、制作者。所以即便按照《宣言》德文原本,把"工人"改译为"劳动者"也并没有修改《宣言》内容。郑文认为:《宣言》"所使用的概念,它的逻辑关系,是改动不得的,否则就会失之毫厘,差之千里"。我认为,在《宣言》中无产者与工人、劳动者,从狭义而言三者是同义词,不失毫厘,完全可以通用。总之,我以《宣言》的英译本和德文本为依据,兼顾当前现实需要,提出修改译文的新建议,完全符合《宣言》本意,并非从现实需要出发去修改《宣言》内容。

第二,在 20 世纪初以来的我国现实生活和历史文献中,"劳动者"就是专指其狭义含义,专指现代产业工人。"工人"一词绝不是康有为在《大同书》中才出现,它本来在我国古文献中早已有使用,指从事各种手工技艺的劳动者。例如战国后期的《荀子·儒效》:"设规矩,陈绳墨,便备用,君子不如工人。"唐朝韩愈《钱重物轻状》:"夫五谷布帛,农人之所能出也,工人之所能为也。"元朝陶宗仪《辍耕录》:"古人作事精致,工人预四民之列。"可是到 20 世纪初,我国反而经常使用"劳动者"以取代"工人"。这是受日本的影响。在古汉语中只有"劳心者""劳力者"的词语,"劳働者"一词是日本人借用汉字在 1868 年明治维新以后用以翻译西方"工人"的新词语。日文一般都不用"工人",因为它与"公人"(公务人员)发音相同,容易混淆。从 20 世纪初起,"劳动者"一词就被当作"工人"的同义语频频出现在中文书刊上,有所区别的仅是中文把日本人新创的日文"働"改为"动"。《宣言》最后提出的口号,从1903年起被多次译为中文出现,大都是采用日文译为"劳动者"(详见拙文《"全世界无产者,联合起来!"七十四种中译文考证评析》)。1920年8月在国内出版的陈望道翻译的《宣言》第一个全译本,其结尾就是"万国劳动者团结起来呵!"这个中译本在20世纪二三十年代十多次重印,广为传播,可以说培养了一整代马克思主义者和共产党人。难道我们能说陈望道译为"劳动者"是背离了马克思、恩格斯的原意吗?更有甚者,1920年10月3日我国创刊的工人刊物也称《劳动者》,其发刊词题为"劳动者啊!",文末署名是"我亦工人"。周恩来于1922年3月30日在天津《益世报》上发表的《劳动世界之新变动》(欧洲通信)中也是用"全世界的劳动者,联合起来!"中国的工会早期也按日文称为"劳动组合"。1921年8月成立了中国劳动组合书记部,1922年5月在广州召开第一次全国劳动大会,承认中国劳动组合书记部为全国工会联络机构。1925年5月在广州召开的第二次全国劳动大会才正式成立中华全国总工会。1927年大革命失败后,"全总"转入地下,到1948年8月在哈尔滨召开全国第六次劳动大会,才恢复中华全国总工会。"全总"于1921年在上海创办的机关刊物不称《工人周刊》,而名为"劳动周刊"。该刊在1922年停刊后,1929年又复刊,直到20世纪30年代还在继续出刊,在每期刊头上都十分醒目地印有"全世界劳动者联合起来"的战斗号召。1947年3月中华书局出版、1948年10月再版的权威性辞书《辞海》,对"劳动者"辞条的解释是:"凡恃劳力所得工资而生活之人,通称为劳动者,亦称劳工。"(第198页)1949年1月商务印书馆出版的权威性辞书《辞源正续编合订本》第18版,"劳动者"辞条这样说:"凡用体力以从事工作。谓之劳动。因谓专恃作工以谋生活之人为劳动者。"(第213页)这岂不是仅从狭义来解释劳动者吗?可见直到20世纪40年代末劳动者与工人依然是同义语,并非像南京大学奚兆永教授在网上批驳拙文时所说,自20世纪20年代以后二者就不是同义语了。

第三,劳动者在我国历史上曾经是从狭义专指工人,然而当今人们通常是从广义用以泛指参加劳动并以自己的劳动收入为生活资料主要来源的人,有时专指参加体力劳动的人,包括工人、农民、手工业者等,因此郑文认为不能把《宣言》中的 working men 再译为"劳动者",而只能译为"工人"。其实,当今也还时常只从狭义把劳动者与工人当作同义语使用。例如,中国大辞典编纂处编、商务印书馆 1957 年重印第一版、1962 年第八次印刷的《汉语词典》,这样解释:"【劳工】即劳动者。"(第 283 页)还有商务印书馆编辑、出版的 1950 年初版、1962 年第七次修订重排本《四角号码新词典》,其中对"劳动者"的解释是:"以劳力工作的人,工人,广义地说,包括农民和各种体力脑力工作者在内。"(第 311 页)再看 1989 年上海辞书出版社出版的3 卷本《辞海》,在下卷"劳动力"辞条中这样写明:"在资本主义社会,劳动成为商品,其条件是:①劳动者有人身自由,可以支配自己的劳动力;②劳动者丧失生产资料,为了维持生活,只有把自己的劳动力出卖给占有生产资料的资本家。"(第 4259 页)可见这三本辞书都是把"劳动者"作为狭义来释义的。此外,我们还要看到,工人也有广义、狭义之分,狭义工人专指从事体力劳动的工人,广义工人还包括教师在内。我从 1949 年起就加入了中华全国总工会教育工会成为会员。如果仅从狭义理解工人,那么《宣言》最后这句词语,准确的译文应该是"全世界体力劳动的工人,联合起来!"如果这样译,岂不是过于烦琐吗? 既然当今可以从狭义来使用"工人",为什么不可以也从狭义来理解"劳动者"呢? 为什么一定都要把农民、手工业者等都包括在"劳动者"之中呢? 我们在用词时应该用同一标准,而不能搞双重标准。众所周知,不仅工人有广义、狭义之分,而且无产者也有广义、狭义之分。"无产者"一词源于古拉丁文(proletarius),在古罗马指最贫穷的人,即除了能传宗接代、生儿育女之外,一无所有的人。现代无产者即产业工人,但是现代流氓无产者、游民、无家可归者也属无产者范畴。《宣言》所用的无产者也是狭义,并不包括流氓无产者,等等。因此,把无产者改译为劳动者,也是从狭义来使用的。

第四，从当今世界情况、尤其是发达国家的情况来看，改译为"劳动者"更有利于联合最广大的职工群众。西方从20世纪五六十年代掀起以电子信息化为先导的新科技革命、新生产力革命、新产业革命以来，工人阶级的状况和结构发生了重大变化。主要是传统的第一产业的农民大量工人化，第二产业从事体力劳动的工人在整个工人阶级队伍中所占的比例已大幅下降，第三产业（服务业）多种多样职工的数量大量递增，而且职工的工资逐步提高，职工的人力资本大为增强（大学毕业生当职工者甚多），职工拥有股份资本者增多（虽然所占份额不大）。据此，在1988年河南人民出版社出版的由我主编的《社会主义大辞典》中，我就撰写了一系列新辞条，诸如"蓝领工人"（体力劳动工人）、"白领工人"（脑力劳动职工）、"灰领工人"（维修职工与知识产业职工）、"金领工人"（高级管理人员和技术人员）、"粉领工人"（女秘书、女会计、女教师等）、"黑领工人"（机器人），后来我又增写了"绿领工人"（环保职工）。我认为，这些五颜六色衣领的工人（黑领工人除外）就是实现未来世界社会主义的主力军和生力军。在这些五颜六色衣领的工人中，其发展趋势是蓝领工人所占的比例将越来越少，也即是传统的无产者将越来越小（指其相对比例减少，而非绝对数量减少），而各种新型的工人劳动者将越来越多，传统的农民和手工业者将越来越多地工人化。在当今美国，"无产者"（proletarian）一词不论在书面语和口头语中一般都已经不使用。我于1991年和2000年曾经两度访美，逗留一年多时间，后来又问过多位美国人，都证明了这一点。在美国社会中，现在通行的词汇是employee，即雇工、雇员、雇佣劳动者。所以我们如果根据《宣言》1888年英译本和1848年德文本，把"工人"改译为"劳动者"，这样更切合当今发达资本主义国家的现状。发展中国家的前景也必将是这样。

第五，从当今我国情况来看，改译为"劳动者"更有利于联合最广大的职工群众。1978年实行改革开放以来，我国社会的阶级状况和阶级结构发生了重大变化，仅从工人阶级来看，呈现出众多的阶层。上述西方出现的工人阶级五颜六色衣领化也完全适合于我国。我国日益增多的知识分子，都是工人阶级的一部分,而且是最有文化素养的一部分。我国正处于以信息化带动国家工业化的历史进程中,大量农村农民正在转变为城镇工人。当今农民工已达两亿多人,今后还会逐年增多。他们已经不完全是农民,已经具有半工人的身份,已经在准备建立农民工的工会组织,理应属于工人阶级大联合的范畴。我国是工人阶级领导的社会主义国家。今天即便是下岗工人,也受到国家最低的生活补助保障,也属于工人阶级一部分。我国的工人阶级以领导阶级的身份拥有、占有社会主义公有制的生产资料,从严格科学意义上说它已不是无产阶级,所以我国的工人不能称为无产者,我国已不存在无产者。因此,把《宣言》最后一句话中的"无产者"改译为"劳动者",更切合我国当前实际,是大有好处的。《宣言》中译本主要是供中国人阅读的,中国已不存在"无产者",改用"劳动者"岂不令人感到更加贴切、亲近吗?

以上,我从《宣言》英译本联系德文本,从理论联系实际,从历史联系现实,从现实联系未来,从外国联系中国,全面说明了《宣言》结尾词中"无产者"为什么可以改译为"劳动者"。

二、把"全世界"改译为"所有国家"更为精确

郑文认为:"全世界"一语的翻译同样是准确的,因为马克思和恩格斯这里要强调的恰恰是全世界无产者的共性,共同的利益,而不是他们之间的民族属性或利益的差别,共性才是联合的基础。我认为,如果从意译的角度来看问题,这样理解是对的。但是翻译有两个原则:一是意译,另一是直译。意译强调按原文的大意,直译则主张按原文的原意。两种译法都可以采用,视具体情况而定。意译为"全世界"也是可以的,但是我认为不如直译为"所有国家"更好、更精确、更符合原意。这也有以下五点理由。

第一, 如果马克思和恩格斯仅是强调全世界无产者的共性和共同利益,那么他们在《宣言》德文原文中为什么不用"全世界"(die ganze Welt),

而用"所有国家"（aller Länder）呢？第二，他们在《宣言》德文本中用"所有国家"，这表明他们是在承认所有国家无产阶级国别属性、国家民族利益的前提下强调其共性和共同利益。如果否认了、忽视了、隐去了这个前提，那不仅是不现实的，而且也是做不到的。第三，从我手边收藏的几种世界上主要国家的《宣言》外文版来看，此词都是直译为"所有国家"，而不是意译为"全世界"。如英文版译为 all countries，法文版译为 e tous les pays，俄文版译为 eexcтран，日本版译为万国の劳働者を团结せよ。我还向懂西班牙文的朋友查询，西文也是 e tous los paises。难道这些主要语种的译文都不准确吗？迄今意译为"全世界"的，大概仅有个别国家。第四，"全世界"与"所有国家"，含义虽然接近，但是仍有区别，前者是指整体，后者是指各个个体，各个分散的个体才需要依据他们共同的要求和利益而联合成一个整体。从这个意义上说，我认为"所有国家"的译法比"全世界"更符合《宣言》原意、更为精确。第五，从总结《宣言》出版一百六十一年以来的历史经验来看，各国无产者由于国家民族利益不同，时常难以联合起来，甚至还互相对抗，例如交战国双方的无产者不但难以联合，而且还互相残杀。各国无产者之所以难以联合，还由于他们都各受本国资产者的统治、压迫、愚弄和蒙蔽，难以提高对所有国家无产者共性、共同利益和共同要求的认识。为此，改译为"所有国家劳动者，联合起来！"更有助于所有国家共产党人认真思考如何去提高所有国家无产者、劳动者的觉悟水平。

在这里还要提到的是，郑文在译为"全世界"这一点上强调意译，而在译为"无产者"那一点上又强调直译。这岂不是同一句话采用两个翻译标准吗？如果同样采取意译法，那么这句译语该译为"全世界工人（或劳动者），联合起来！"如果同样采取直译法，那就该译为"所有国家无产者，联合起来！"实际上这两种译法在我国历史上大体上都出现过（详见拙文《"全世界无产者，联合起来！"七十四种中译文考证评析》）。

各种不同译法可以说都是各有依据，其中如有不妥之处应该摆事实讲道理，平心静气，友好探讨，不要轻易说别人"离开马克思和恩格斯的本意","对《宣言》的基本内容进行修改"等。

总之,学术争鸣的目的是取得共识。

三、如何看待恩格斯认同的《宣言》1888年英译本

郑文在最后一部分还引证恩格斯的原话,强调"《宣言》是一个历史文件,我们已经没有权利来加以修改"。奇怪的是,1975年成仿吾先生重新着手校译《宣言》时,竟发现1848年的德文原版同后来国内外保存的其他几个德文版相比较,都有数目不等的区别,有的竟多达四十八处。仅我收藏的1903年、1975年、1999年三个德文本,内容都有差异。究竟是谁对德文原版作了修改,这还有待考证。话说回来,恩格斯在《宣言》1873年德文版序言中所说的历史文件无权修改这句至理名言,是指对《宣言》本文不能作任何修改,而并非说《宣言》的译文不能修改。普天之下,只有不能修改的不朽的经典名著,而没有不能修改的不朽的经典名著的译本。仅以《宣言》为例,就有二十三种中译本,仅以《宣言》最后一句口号为例,中文就有过七十四种不同译法。

最近我收到中国台湾朋友寄来的《宣言》新译本,这是中国台湾左岸文化出版社2004年6月出版的,译者管中琪从德文翻译,书前有中国台湾大学洪镰德教授为该书写的推荐文章。这个译本有多处新奇的译法。如把《宣言》最后一句话译为"全世界的普劳分子,联合起来吧!"所谓普劳分子,可以说就是普通劳动者。按照德文本理应译为"无产者",为什么译者偏改为"普劳分子"呢?书中有这样的说明:中共中央编译局的翻译"充满教条式的名词字眼,因之,参考西方(特别是英国verso)的版本",不再译为"无产阶级""无产者"。"因为对工人而言,他们至少还拥有'劳力'这一财产,而非彻底的'无产'者"(第24页)。用当今我们的话语来说,工人还拥有"人力资本"。他们对中央编译局译本的指责是过分的,采用"普劳分子"这种新奇译文也是我们难以赞同的,然而对《宣言》的某些词语勇于打破成规,重新独

立思考的精神还是可取的。尽管译者否定中央编译局的译本,然而好多地方他还是沿用了编译局译本中未必精确的译法。例如,《宣言》开头一句还是译为"一个幽灵在欧洲游荡"。

显然,中国台湾的这个新译本是对《宣言》德文原文的修改,即从直译改为意译。我们并不能据此就轻易说译者离开马克思和恩格斯的本意,是对《宣言》内容进行修改。那么我按照恩格斯审定、认同的《宣言》1888年英文本和1848年德文本,建议把《宣言》最后一句话改译为"所有国家劳动者,联合起来",应该说这是有充分根据的,这并非是对《宣言》德文原文的修改。如前所述,原文不能修改,译文是可以修改的。如果译文修改得背离了原文,那是应该指责的。关键问题在于,当今我们应该怎样看待被恩格斯认同的《宣言》1888年英文本对最后一句话的修改。

我认为,恩格斯显然是考虑到19世纪80年代资本主义世界,尤其是英国工人阶级的状况比起19世纪40年代已经发生了较大变化,而且工人阶级的队伍更加扩大了(尤其是脑力劳动者增多了),原来那样一无所有的"无产者"在工人队伍中所占的比例已经明显减少了,而"工人"与"无产者"在《宣言》中完全是同义语,所以他同意穆尔把"无产者"改译为"工人"。这样修改译文:第一,并没有修改《宣言》原文,完全符合《宣言》本意;第二,便于为更多七八十年代的广大工人所接受,便于联合更广大的工人群众。据我统计,在《宣言》正文(包括章的标题)中用"无产者"共十六处,而用"工人"者多达三十九处,可见1888年英译文用"工人"取代"无产者"完全是符合原意的,完全没有必要因为在结语中改译为"工人"就一定要把《宣言》第一、二章标题中的"无产者"都要改译为"工人"。至于"工人"与狭义的"劳动者"是同义语,前已述及,这里不再重复。1889年第二国际巴黎代表大会决定把5月1日定为劳动节,而不称之为工人节,这里所说的"劳动"显然是指狭义的工人劳动。1893年12月19日恩格斯在《致国际社会主义者大学生代表大会》的信中提出了"脑力劳动无产阶级"的新概念,他指望从社会主义者大学生的行列中"产生出这样一种脑力劳动无产阶级,他们负有使命同自己从事体力劳动的工人兄弟在一个队伍里肩并肩地在即将来临的革命中发挥巨大作用"。他还说:工人阶级的解放,除了需要政治活动家之外,"还需要医生、工程师、化学家、农艺师及其他专门人材"(见《马克思恩格斯全集》第 22 卷 487 页)。可见恩格斯在这里提出的"脑力劳动无产阶级"扩大了无产者的内涵,无疑是从广义上去理解无产者,理应包括在 1888 年英译本所修改的"全世界工人(或劳动者),联合起来"的范畴之内。

郑文并没有否定恩格斯认同的 1888 年英译本的修改,而是认为 working men 只能译为"工人",不能译为"劳动者"。前已论及,应该看到工人与狭义的劳动者可以说完全是同义语。

另外一些人更走向极端。例如南京大学奚兆永教授,他在"马克思主义经济学网"发布的《评高放改译"全世界无产阶级联合起来"之议》中,竟认为"无产者"一词不能改译为"工人",穆尔这样改译"就是一个明显的缺陷",恩格斯同意穆尔的修改"很可能是校订时的疏忽"。请他再细读《宣言》文本,书中使用"工人"一词竟达三十九处之多(比"无产者"一词十六处还多不止一倍),这能够说成是马克思、恩格斯撰写《宣言》时严重的疏忽吗?众所周知,在《宣言》中,"无产者"与"工人"完全是同义语,为什么硬要把这两者割裂、对立起来? 还有一个署名马门列夫者,他在"乌有之乡"网站发布的评论文章中竟然这样说:把"全世界无产者,联合起来!"改为"所有国家劳动者,联合起来!""只要改(这)一句话,《共产党宣言》立即就成了《民主社会党宣言》!"前已提及,1920 年出版的《共产党宣言》的陈望道译本,就是把这句词语译为"万国劳动者团结起来呵!"难道我们能随意说那是《民主社会党宣言》吗?况且社会党并非只联合劳动者,而是扬言要联合全体人民的,自认为是全民的党。看来对恩格斯认同的《宣言》1888 年英译本,真应该下功夫细心体会,不能轻易否定。

奚兆永教授等还认为:由于 1888 穆尔的《宣言》译本将"无产者"改译为"工人"是明显的缺陷,因此 1994 年在英国又出现了由哈东·达拉普重新翻译的英译本,这个新译本又把"工人"改回为"无产者",而这一改译本"在英语世界中得到广泛的认可"。这种说法未免言过其实,缺少充分的依据。仅从我所收藏的九种《宣言》英译本来看,应该说正是1888年得到恩格斯认同的穆尔的英译本,一直得到英语世界的广泛认同。即使在1994年达拉普的英文新译本出版后,1998年在伦敦和纽约联合出版的《宣言》150周年现代纪念版仍然采用1888年穆尔的英译,书后附有恩格斯为1888年《宣言》英文版写的序言,书前加上英国著名历史学家霍尔斯鲍姆写的《宣言》导论。2003年美国纽约都维(Dover)出版公司出版的《共产主义宣言及其他革命文献》,这句口号也是译为"所有国家工人(或劳动者)联合起来"(Workers of all ands, Unite!),而达拉普1994年的新译本在西方影响未必很大。

四、如何让"全世界无产者,联合起来!"口号与时俱进

郑文在文末提出了一个很好的意见,这就是如何适应当前的需要,让"全世界无产者,联合起来!"的口号与时俱进。他认为,其办法不应是改译口号,或者修改口号本身,而是另提新的口号。他还以1920年东方各民族代表大会另提出"全世界无产者和全世界被压迫民族联合起来!"作为实例,来说明这样既保持了旧口号的连续性,又加进了新的内容。这个意见是很正确的、很中肯的。这倒促使我回顾了我探索这个问题的历程,想起了亲身经历的一些往事。

从1978年改革开放以来,我从各种书面资料和同熟悉外国情况的友人交谈中认识到:20世纪70年代中后期以来人类社会发展所处的时代已经开始发生阶段性的新变化,与此相适应,世界社会主义的发展战略要进行重大调整。1988年我应约撰写了《三个时代,三种战略》一文,基于总结历史经验,针对现实需要,展望未来发展,我提出了三个时代的三个战略口号:第一,自由资本主义时代:全世界无产者联合起来;第二,垄断资本主义时代:全世界无产者和被压迫民族联合起来;第三,社会主义与资本主义和

平共处的社会资本主义时代：全世界无产者、劳动者和全体进步人类联合起来。拙文刊登于中共中央编译局与中国国际共产主义运动史学会主办的《国际共运史研究》1989年第1期（另收入高放文集之五《纵览世界风云》，中国书籍出版社2002年1月出版，第204~208页）。我当时之所以大胆提出第三个战略口号，就是深感世界资本主义的社会结构和阶级结构已经发生了重大变化，马克思和恩格斯所提出的"全世界无产者联合起来"口号和列宁所赞同的"全世界无产者和被压迫民族联合起来"口号，已经难以适应当前的需要了，应该让战略口号与时俱进，向前发展。世界社会主义发展战略口号本应由党的领导机关提出，并经作为党的最高权力机关的全国代表大会通过认定。我只是作为普通中共党员、普通学者的一孔之见，提供参考。我当时就感到在当前新时代，传统的无产者已经越来越少，新型的职工劳动者将要越来越多，所以在"全世界无产者"之后另加上"劳动者和全体进步人类联合起来"。1990年和1994年中国人民大学出版社出版、由我主编的《科学社会主义的理论与实践》教材第1版和第2版（供高等学校硕士研究生公共政治理论课使用），我都是按照自己提出的"三个时代，三种战略"的思想进行编写。可是从该书2003年第3版起至2008年第5版，我在书中就只总结了马克思、恩格斯和列宁所主张的前两种战略，而不再讲到第三种战略。因为我深感原来提出的两种世界社会主义战略口号都是促进世界革命的战略，当今不具备世界革命形势，今后各国通往社会主义之路将由各国社会主义政党领导人民各自独立探索，逐步前进，不能再由某国某党提出统一的世界社会主义战略口号。和平与发展已成为当今时代主题，当今全人类迫切要求的是：全世界人民联合起来，努力建设持久和平、共同繁荣的和谐世界。

到2007年年底，为了纪念2008《共产党宣言》出版160周年的到来，我把积累半个多世纪的资料加以整理，写成《"全世界无产者，联合起来！"七十四种中译文考证评析》一文。我在评析过程中就想到：能否在"全世界无产者，联合起来！"这个标准化的译文之外，再提出一个新建议。经过反复思考,我感到:可以用"所有国家"取代"全世界",这样更符合《宣言》原意,而且不是重复前人用语(以前曾经有人译为"一切国家""一切国度");同时,可以用"劳动者"取代"无产者",不必像我原来所提出的那样,在"全世界无产者"之后另加上"劳动者",这样更切合当前国内外实际,也更简明精练。于是才在文末提出改译为"所有国家劳动者,联合起来!"的新建议。这究竟是愚者千虑一得或千虑一失,仅供学术界评论,并无要求中央编译局改变当今已经广为流传的译文的意思。

五、"全世界无产者,联合起来!"译文的由来和广泛流传

"全世界无产者,联合起来!"这句口号,并非20世纪50年代中央编译局的《宣言》中译本首译的。据我考证,它最早是由中国国民党左派人士、我国早期俄语教学工作开拓者张西曼(1895.6.15—1949.7.10)翻译的。张君湖南长沙人,1908年加入中国同盟会,1911年到海参崴留学,1914年回国后在哈尔滨办学校,教俄文。1917年十月革命后赴苏俄考察,1918年开始节译《俄国共产党党纲草案》,并三次向孙中山建议实行"联俄、联共、扶助农工"三大政策。1919年7月到北京大学图书馆工作,协助创办北大俄文系。1922年1月他翻译的《俄国共产党党纲》以希曼笔名由中共在上海创办的人民出版社正式出版。在本书封面书名的上端印有"全世界无产者联合起来!"的口号(我手边有该书复印件),这并非译者自己另加上的。苏俄大约从1918年起在发行的卢布货币和出版的政治书籍上,都加印有这句战斗口号。张西曼翻译的这本重要文献初版印三千册,到1927年在短短五年之中先后发行了六版。

在张西曼之前,已有瞿秋白于1921年7月6日在莫斯科写成的《赤都心史·十七列宁》把这句口号译为"世界无产阶级联合起来"①。在张西曼之后,还有与之类似的译法。如李大钊在1922年2月23日《北京晨报》发表的《马克思的经济学说》一文中此句译为"全世界的无产阶级呵!联合起来

吧！"李达在 1922 年 7 月 1 日出版的《新青年》第 9 卷第 6 期发表的《评第四国际》一文中译为"全世界劳动者联合起来"。周恩来于 1922 年 9 月 1 日在巴黎出版的《少年》第 2 期发表《共产主义与中国》（署名伍豪），译为"全世界的无产者，团结起来呵！"1927 年 4 月 27 日至 5 月 9 日在汉口召开的中共第五次全国代表大会，会场前挂有鲜明的红幅："全世界无产阶级联合起来。"其他各式各样的译法还有五六十种之多，可见在新中国成立前，这句译语尚未规范化。

苏联莫斯科的外国文书籍出版局从 1938 年至 1955 年，先后出版了近百种中文版政治书籍。按苏联官方定下的规矩，每本书在扉页上端都排印有"全世界无产者，联合起来！"的口号（至今我手边还保存有二十多种这样的书）。1950 年 12 月我国重建了人民出版社，从此出版的马列主义经典著作和党的文献，也都按照这种模式在扉页上印有"全世界无产者，联合起来！"1953 年 1 月中共中央马恩列斯著作编译局成立后，也是沿用这句译语，更是使之进一步定型化、标准化、规范化。

这句在我国已经广为流传半个多世纪的译语，显然已经难以修改。1953 年 12 月 5 日中国人民大学出版成仿吾副校长校译的《共产党宣言》新版本时，他还未采用"全世界无产者，联合起来！"这句译语，而是把他自己 1938 年旧译文"一切国家的无产者，联合起来呵！"改译为"一切国度底无产者，联合起来呵！"可是到 1978 年 11 月人民出版社出版成仿吾译《共产党宣言》新译本时，他最终还是采用了中央编译局译本的统一译文："全世界无产者，联合起来"（尽管他对中央编译局的译文不大满意）。只有在海外出版的书刊能够使用自己另外的译文。例如，平壤的朝鲜外国文出版社在 20 世纪 70 年代至 90 年代出版的《金日成选集》、金正日著作，在扉页上都印有"全世界工人团结起来！"或"万国的工人团结起来！"中国台湾的《当代》杂志在 1998 年 4 月 1 日出版了纪念《宣言》150 周年专辑，编辑室手记中把这句口号译为"所有地区的劳工，联合起来！"如前所述，中国台湾左岸文化出版社 2004 年 6 月出版的管中琪译《宣言》新版本，把这句词语译为"全世界的普劳分子,联合起来吧!"

我个人对这句口号译文的新建议,可能是管窥蛙见,或许有偏颇,仅供学术界参考,但愿无咎无誉。译者有权按照自己的认识翻译,读者也可以根据自己的理解进行评议。已经广为流传的译语,是难以改变的。此外,我们还要看到,即便有些翻译不准确的词语,既已约定俗成,习以为常了,也是无法改变的。例如,我国从晚清起,就把美国总统住宅"白府"(White house)按当时某些中国人观念译为"白宫"(White palace);当今我国流行的"机器人"(robot)本应译为"仿人机"。各种事物只要众人心知肚明其内涵,也就不必过分计较词语是如何表述的了。

注释:

①《赤都心史》部分内容曾在《北京晨报》连载,1924年6月由上海商务印书馆出版,后收入《瞿秋白文集》(一),人民文学出版社,1953年,第129页。

"全世界无产者,联合起来!"口号论析 *

"全世界无产者,联合起来!"这是马克思、恩格斯 1848 年发表的《共产党宣言》(以下简称《宣言》)这本划时代历史文献结尾提出来一句著名战斗口号,它也是一百多年来国际共运的一条重要经验和指导思想。

在纪念《宣言》出版 170 周年之际,尤值得我们认真学习,系统考察,端正认识,以史为鉴。本文拟分为以下四个问题细加分析。

(1)"全世界无产者,联合起来!"口号的由来和含义;

(2)"全世界无产者,联合起来!"口号的实现和发展;

(3)消除对"全世界无产者,联合起来!"口号的疑虑;

(4)新时代要如何坚持并发展"全世界无产者,联合起来!"

一、"全世界无产者,联合起来!"口号的由来和含义

这个口号第一次是何时在文献中出现的呢? 许多同志都以为是在《宣言》结尾中最早提出来的,其实还要更早些。它第一次出现在 1847 年 6 月 9 日在伦敦召开的共产主义同盟第一次代表大会所通过的第一个党章上,比《宣言》早八个月,写在党章最前面右上角。但这个文件只在同盟内部秘密传阅,没有公开,仅盟员们知道这个口号。后来在 11 月的第二次代表大会通过的第二个

---

* 此文于 2017 年 12 月 20 日补记于北大医院病榻。

正式党章上重复印有这个口号。

这个口号第一次在社会上与群众见面，是在 1847 年 9 月初在伦敦出版的共产主义者同盟的机关刊物《共产主义杂志》上作为题词出现。这个杂志只出版了唯一的一期试刊后，因经费困难未继续出版。后来同盟是把德国流亡者在布鲁塞尔出版的《德意志–布鲁塞尔报》作为自己的机关报，再印上这个战斗口号。

这一口号之所以能够流传五大洲一百多个国家，主要是通过《共产党宣言》一书。《宣言》被译为世界各种主要文字而传遍全世界。这个口号在第一个共产主义政党的党章、党刊、党纲中多次反复出现。说明它是共产主义者同盟最基本的口号。

为什么同盟要以它作为基本口号呢？原因有二：第一，是因为正义者同盟有一个基本口号："人人皆兄弟"，也有译为"四海之内皆兄弟""各人皆同胞"的。这个口号至少用二十种文字印在会员证上。这个口号观点模糊，软弱无力，人民出版社出版的《共运史》上说它：阶级观点极其模糊，其实它的含义并非说各阶级的人，人人皆兄弟，而是指工人阶级之间人人皆兄弟，所以不好说它阶级观点极其模糊。我们说它观点模糊、软弱无力，是指它的目的性不明确，带有秘密结社的味道，工人之间称兄道弟只表明关系亲密，互相帮助，不清楚目的要干什么，这反映了手工业工人的行会意识。要改组正义者同盟就要提出与它对立的新口号。反映近代产业无产阶级的革命意识。所以"全世界无产者，联合起来！"这个新口号比旧口号，阶级观点与目的性都明确多了，战斗性也强多了。第二，作为科学社会主义理论指导的共产主义政党应该有一个基本口号对斗争任务和目标作出简明的概括。既然是斗争目标，为什么不提出"推翻资产阶级统治或为实现社会主义、共产主义而斗争"呢？因为当时各国无产阶级斗争的任务不同，目标不同，如英国是要推翻资产阶级，法国和德国还是首先要推翻专制主义、封建王朝，而实现社会主义、共产主义，则是未来更长远的任务。马克思、恩格斯当时不用社会主义而用共产主义，所以单独提出共产主义这个最终目标也不合适。

当时各国最迫切的共同任务就是要使无产者联合起来,这既包括最近的任务也包括较长远的目标,而且又正好与旧口号对立又对应。一个口号提得准确鲜明,能够激发群众的斗志,能够动员群众、组织群众为完成一定历史任务而斗争。"全世界无产者,联合起来!"这个口号就是最具有普遍意义、最能动员并组织无产者权重的基本口号。

"全世界无产者,联合起来!"这一口号是马克思、恩格斯、沃尔夫等人冥思苦想提出来的吗?它是否还有文本参照、借鉴的来源呢?这也是我在研究过程中长期关注的一个问题。早在 20 世纪 60 年代,我从旧书店淘到一本《英国宪章派诗选》时,终于发现了其源头。被列宁称为近代"第一个群众性工人政党"英国宪章协会,曾经在 19 世纪 40 年代出版机关报《北极星报》,发表过大量战斗性檄文和诗歌。马克思、恩格斯等人当年经常阅读该报。在《北极星报》1840 年 11 月 28 日发表一首宪章派著名诗人山基写的《致世界各国工人》的八段诗篇。其中有这样鲜明的诗句:"世界各国的工人兄弟,团结起来,等待时机,/……尝尽劳苦的西班牙子孙,/前述,把手伸给法国人;/和意大利工人联合一起,/你们终将获得胜利。/……波兰人不要落在后面,/工人们必须打成一片;/俄国的奴隶看得分明,/胜利将属于你们。/欧洲的工人万众一体,/在兄弟的号召下一致奋起;/大声疾呼,从东到西,/你们终将获得胜利。"①马克思、恩格斯、沃尔夫等人可能正是从这首诗篇中得到启发,进而提炼出更简明的"全世界无产者,联合起来!"的战斗口号。

那么"全世界无产者,联合起来!"口号的基本含义是什么呢?

这个口号是阶级性、国际性和战斗性三结合的完整的政治口号。

首先是鲜明的阶级性。在中文中"无产者"在中间,"全世界"在最前边。而在西方的语言中都是"无产者"在最前边。例如英文 Worker of all lands, unite! 首先强调的是"无产者"。

什么是"无产者"呢?恩格斯在《共产主义原理》中说无产者不是一向就有的。"无产者"这个词原意,最早在古罗马是指奴隶以外的贫民。近代的含义是指"十九世纪的劳动阶级",即欧洲资本主义产业革命之后,不占有资本、生产资料而出卖劳动力给资本家的雇佣工人。无产者有特定的含义，夺取政权以后，无产阶级以阶级的名义占有生产资料，为区别起见，可称为工人阶级，地位不同了。

为什么不提无产阶级联合起来，而提无产者联合起来？我体会，阶级是一个整体，严格地说整体就不存在联合的问题。无产者是整体中的个体，个体就需要联合，否则就是一盘散沙。要无产者联合起来，这是向无产阶级中每一个成员发出号召，而不是笼统地向无产阶级发出号召，这是要求无产阶级中每一个成员毫无例外地、一个不落地联合起来。所以这是一个很广泛的号召，要做到家喻户晓，人人皆知，要深入各个产业，各个车间，使每个成员都联合起来，这是高标准、严要求的口号。

其次，这个口号体现了广泛的国际性。它不仅要求一国之内无产者不分地区、不分部门、不分工种、不分年龄、不分性别地联合起来，而且要求全世界范围内的无产者不分国家、不分民族、不分种族、不分洲别、不分地域（寒带、热带、温带、山国、岛国）统统联合起来！总之，要求全世界无产者这么多个"不分"地打成一片，融为一体。革命的辩证法就是这样。实践证明：由于资产阶级和小资产阶级的影响和干扰，很难做到这些"不分"。如大国沙文主义、狭隘民族主义、种族主义、地方主义、宗派主义、行会主义、改良主义、冒险主义、无政府主义、平均主义、个人主义等这么多种错误思想经常妨碍联合、破坏工人内部团结，要真正联合起来就要和这些错误思想作斗争。现在世界上还有很多国家的工人内部依然矛盾重重，或者貌合神离，所以真正联合起来不容易。

最后，这个口号具有强烈的战斗性。它号召全世界无产者联合起来进行战斗。为什么而战斗？这在共产主义者同盟党章的最前面，如党章第一条有明确规定：为推翻资产阶级统治，为建立无产阶级统治，为实现共产主义而战斗。也正如党纲《共产党宣言》最后边所说，全世界无产者联合起来，为打碎身上的锁链、赢得全世界而战斗。怎样联合起来？联合起来有两层意思：一是组织上联合起来，即联合为政党，无产阶级工会、政治、经济、社会、文化组织,比如除政党和工会以外还有合作社、互助会、文化协会、俱乐部等。二是在行动上联合起来,如经济罢工、政治罢工、议会斗争、办报刊、合作社、俱乐部、举行群众集会、示威游行、请愿、总罢工、游击战、武装骚动、武装起义、武装斗争、革命战争等一系列形式都是联合行动的形式;夺取政权后的社会主义竞赛、社会主义大协作、大会战、对外援助(医疗队、建设工程、志愿军),也都是联合行动的形式。组织联合和行动联系二者也是互为条件,互为因果的。

这一口号体现了马克思主义、科学社会主义的几条基本原理。

1.这个口号体现了无产阶级历史使命的原理

科学社会主义认为,只有无产阶级才能实现推翻资本主义,建立社会主义、共产主义的使命,推翻资本主义不能靠劳资合作、阶级调合,要靠无产阶级自己救自己,靠世界无产阶级联合行动。无产阶级既是旧社会的掘墓人,又是新社会的创造者,只有联合起来才有力量,要靠无产阶级从自在阶级变成自为阶级才能实现。

2.这个口号体现了无产阶级国际主义的原理

科学社会主义说明了无产阶级解放事业的国际性。国际性体现在它们的国际联系、共同的国际任务和国际援助等方面。

无产阶级的解放斗争具有国际的联系,它不是一国的斗争而是国际的斗争。近现代的工业、交通、电讯的发展使无产阶级有广泛的国际联系,各国的无产者联成一体,不是一国孤立地进行斗争而是联合行动,这是无产阶级比奴隶阶级和农民阶级优越之处。

无产阶级有着共同的国际任务,也就是在全世界范围内推翻资本主义,实现共产主义,只有这样无产阶级和全人类才能得到最终解放。

同时无产阶级的解放需要国际援助,需要各国无产者互相帮助,一国胜利或几国胜利不是最终胜利。各国无产者都要采取不同的形式互相援助。

从以上国际联系、国际任务和国际援助这几方面来看,这个口号都体现了无产阶级国际主义的原理。

3.这个口号体现了无产阶级政党和无产阶级革命的原理

无产阶级不能靠自发的分散的斗争取得斗争的胜利,只有靠自觉的有组织的解放斗争才能取得胜利。这首先要联合为党,在党的领导下进行夺取政权和开展社会主义建设的斗争。

联合起来的解放斗争就是先建党,在党领导之下夺取政权,进行社会主义建设、共产主义建设,直到全世界共产主义的胜利。无产阶级消失之后,将代之以全人类联合起来的口号,不仅向地球开战,还要征服太空,向宏观世界和微观世界探宝。

这一口号不仅体现了科学社会主义的基本原理,而且也和空想社会主义,形形色色的假社会主义,和小资产阶级、资产阶级思想划清了界限。

圣西门、傅立叶和欧文三大空想家集 16 世纪以来莫尔、康帕内拉等乌托邦社会主义之大成,提出社会主义理论。但他们不依靠无产阶级实现社会主义,因而他们也反对这一口号。他们当中最激进的欧文诉诸工人,接近工人,但还是以救世主自居,要恩赐给工人,幻想劳资联合起来,实行阶级合作,幻想有慈善资本家慷慨解囊,自动捐款帮助工人搞社会主义。他们主张由他们先解放全人类,再解放无产者。科学社会主义是主张全世界无产者联合起来先解放自己,进而再解放全人类。

手工业工人怎么样呢? 正义者同盟提的口号是"人人皆兄弟!"阶级观点稍微明确了一点,它要工人们亲如兄弟,互相帮助,但不知道要联合起来推翻资本主义,仍然是软弱无力。魏特林主张依靠流浪无产者、盗窃犯去实现共产主义,要按着他的药方去实现,需要的是他这样的工人先知救世主,所以受他思想影响的正义者同盟至多提出"人人皆兄弟"的口号。另一个工人革命家布朗基是依靠少数革命知识分子的密谋,也提不出"全世界无产者,联合起来!"这样的口号。

另一个当时有影响的空想社会主义者是傅立叶的高足、门徒维克多·孔西得朗。傅立叶死后,他宣传傅立叶主义,在美国搞傅立叶主义的试验。

他在 1843 年所著的《民主宣言》中提出一个新口号"一切阶级联合起来！"这里"一切阶级"是指三个阶级,他是主张三个阶级联合起来。他认为当时社会上有三个阶级,即资本家阶级、工人阶级、知识分子阶级。他说:"资本、劳动和才干是生产的三个要素,是财富的三个来源,是工业结构的三个轮子……代表这三方面的三个阶级有着共同的利益,这些阶级的任务是迫使机器为资本家工作和为人民工作……这些阶级面前的伟大目标是用民族统一原则把一切阶级联合起来……"②"全世界无产者联合起来"和"一切阶级联合起来"两个口号形成鲜明对照,一个是无产阶级口号,一个是小资产阶级的超阶级的空想的口号。

资产阶级则提出:"各民族联合起来！"根本不提阶级,这表明资产阶级要建立其世界统治,要建立其世界统一经济体系和统一市场,充当世界统治者。他们在第一次世界大战后搞了国际联盟,在第二次世界大战后搞了联合国,还有世界贸易组织、世界货币基金组织、世界银行等,就是力求打破无产阶级的统治,为各国劳动人民争取权益。这些都是国际资产阶级联合起来的形式。但是社会主义国家争取参加这些国际组织。

二、"全世界无产者,联合起来！"口号的实现和发展

自从 1847 年共产主义者同盟提出这个口号以后,不断地付诸实现,一百多年来,其广度和深度都有很大发展,表现为组织上联合和行动上联合两方面。在实现过程中,这个口号本身也在发展,增加了新内容,以下作个粗略说明。

共产主义者同盟本身即是"全世界无产者联合起来"的第一个政党组织,全世界无产者国际联合的第一个形式。当然它还很弱小。它在八国建立支部(德、法、英、比、瑞士、瑞典、荷、美),包括十几个国籍的人(加上匈、波、俄等),共约有近四百盟员。它还与好些外国国际性社会政治团体建立联系,如国际民主协会、斯堪的那维亚协会、工人教育协会、民主派兄弟协会等。

在行动上,共产主义者同盟不仅参加了 1848 年德国革命,而且还声援 1848—1849 年欧洲多国革命。这些都体现了"全世界无产者,联合起来!"这一口号的精神。1849 年欧洲革命失败后,共产主义者同盟才被迫于 1852 年解散。

19 世纪 60 年代欧洲工人运动重新振兴,1864 年成立国际工人协会,史称第一国际。第一国际时期,无产者联合得更广泛,包括十八国支部。这一口号被写进国际文献,并在马克思起草的《国际工人协会成立宣言》的结束语中得到重申。第一国际在欧美十八国家建立支部,会员总数共一百多万人。

第一国际时期的最大革命运动是巴黎公社革命。巴黎公社中有波兰革命者东布罗夫斯基当总司令,匈牙利工人弗兰克尔当选为十三区代表,先后任劳动与交换委员、财政委员会委员、第二届执委。意大利民族英雄朱泽堤加里波第的儿子梅蒂诺·加里波第被选为公社委员。俄国的符卢勃列夫斯基为第二军指挥、骑兵司令、炮兵司令。俄国的女革命家德米特里耶娃和波兰、意大利妇女参加妇女同盟工作,救护伤员。巴黎公社时期,马克思希望柏林、维也纳、马德里工人配合巴黎公社的行动,但是未能实现,第一国际于 1876 年被迫解散。

1889 年重建第二国际,这个时期无产者有了更广泛的联合,在二十六个国家建立三十个工人政党,党员人数达到近二百万人。无产者的联合超出了欧美,亚洲的无产者也加入了国际联合,新建立的日本社会党加入了第二国际。这是从组织方面来看,再从行动方面来看,第二国际时期有了新的创造,这就是 1889 年第二国际成立大会上决定,每年纪念五一国际劳动节的联合行动。这本来是为了声援 1886 年美国芝加哥的工人罢工,从此以后五一节成为全世界无产者团结战斗的节日。1890 年欧美有十四个国家的工人第一次举行纪念五一节活动,当时举行游行示威主要是争取八小时工作制。恩格斯参加了伦敦的纪念活动,当七十岁高龄的恩格斯登上用肥皂箱搭成的讲台上时看到工人们的联合行动,他不禁热泪盈眶。当天晚上他在为德文版《共产党宣言》写的序言中说："42 年前我们发出这个号召时,响应者还只寥寥无几,今天我写这个序言时,正是欧美工人在检阅自己的战斗力量……今天的情景定会使全世界的资本家和地主知道,全世界的无产者现在已经真正联合起来了。""马克思如果活着的话,他该多么高兴啊!"现在在资本主义国家中五一节仍然是无产阶级团结战斗的节日,游行示威要求改善自己的地位。在社会主义国家里,五一节是胜利的节日、欢乐的节日,另有一番景象。

可是历史的发展是曲折的。第二国际时期全世界无产者的联合一度遭到了摧残和破坏。第一次世界大战中社会民主党叛变了,使各国无产者自相残杀,国际联合遭到摧残和破坏。在历史转折关头,当时有列宁、李卜克内西、卢森堡等各国左派为重新实现全世界无产者的联合而斗争。李卜克内西提出:"全世界无产者,重新联合起来!"的口号,这个口号得到俄国和各国左派的支持,结果建立了齐美尔瓦尔得联盟。

1919 年第三国际的成立是全世界各无产者重新联合起来的标志。第三国际时期国际联合真正扩展到世界五大洲。五大洲先后建立了七十六个共产党,约有四百万党员,统一组成共产国际,这是全世界无产者、先进分子联合起来的组织形式。这个时期全世界无产者还联合组织成为红色职工国际。

这一口号被写进《共产国际》杂志上,写到了各国出版的马列著作扉页上。十月革命后曾印到第一个社会主义国家发行的卢布上。

第三国际时期由于十月革命的广泛影响,由于第一个社会主义国家的作用,由于在亚非拉被压迫民族中出现了现代工业无产阶级并建立了许多共产党,所以殖民地、半殖民地的民族解放运动已成为无产阶级社会主义世界革命的一部分,成为全世界无产者的同盟军。这时,"全世界无产者联合起来!"这个口号就发展为"全世界无产者和被压迫民族联合起来!"

这个口号首先是由共产国际于 1919 年对东方人民发出的口号,即在 1920 年 10 月创办的《东方人民》杂志上,用俄、土、波(斯)、阿拉伯文印行。

第三国际时期,这个口号表现在行动上,首先是全世界无产者联合起来保卫第一个社会主义国家,各国无产者掀起不许干涉苏俄的运动,参加苏俄的内战,支援苏联的经济建设,反对对苏联的新战争威胁。

1925—1927年中国大革命时期欧美各国工人成立不容许侵略中国协会,反对帝国主义干涉中国革命。1936年各国无产者采取组织国际纵队,国际志愿军的形式从军事上援助西班牙革命。当时有五十三个国家的共产党员和进步工人参加国际纵队,中国也有一百多人参加。反法西斯战争中各国无产者互相援助,加拿大的白求恩、印度的柯棣华大夫来到中国参加抗战,这些也是这个口号的体现。

第二次世界大战以后,社会主义超出了一国范围,形成了社会主义阵营,社会主义各国之间的互助合作更为广泛,一度曾经形成共同的立场。50年代后期由于大国主义、大党主义的破坏,社会主义阵营分裂了。

1963年6月14日中共中央关于国际共产主义运动总路线的建议中,提出了新的口号:"全世界无产者联合起来! 全世界无产者同被压迫人民、被压迫民族联合起来,反对我们的共同敌人!"这是对原来第三国际的口号的又一新的发展。这针对当代的新特点,进一步扩大反帝统一战线。中国共产党在理论上发展了这一口号,但由于极"左"路线干扰,实际上并没有实现这一口号。当时,我们把不同意极"左"路线的共产党党员都当作修正主义者,都要加以打倒,结果造成国际共运的大分裂,世界无产阶级革命的大挫折。当今世界各被压迫民族大都已取得解放,各被压迫人民的情况也已发生很大变化。当今再简单重复"全世界无产者被压迫的人民、被压迫民族联合起来"的口号已不切合当今实际。

三、要清除对"全世界无产者,联合起来! "口号的种种疑虑

我们听到各种各样议论,对能不能实现全世界无产者联合起来表示疑虑。

有人认为,资本主义国家无产者大部分生活状况较好,有的已经买了股票,他们考虑的是如何过更好的生活,怎么能联合起来。西方出现了一个马克思主义学派叫德国的法兰克福学派,代表人物是马尔库塞。有人称他为西方左派代表,甚至吹捧他是最伟大的马克思主义者,认为马克思主义发展史上有三个"M",即马克思、毛泽东、马尔库塞。马尔库塞能称得上马克思、毛泽东的继承人吗? 这显然是不恰当的比喻。当然他提出的问题是值得我们研究和考虑的。他认为科学技术是生产力,这和我们现在的看法是一样的。但他的一些推论我们不能同意,他认为科学技术是生产力,随着技术革命,第三次、第四次技术革命,电子化使知识分子的数量越来越大,作用也越来越大。产业工人已经小资产阶级化了,与资本主义融为一体了。他主张革资本主义的命(不然不会有人把他和马克思、毛泽东并列了),但他认为革命的主力军是知识分子。不是依靠无产阶级而是依靠知识分子。革命通过什么道路呢? 他们认为不通过武装夺取政权的道路,而是通过扩大民主发展科学技术的道路来实现。他主张民主的社会主义、人道的社会主义。他认为"全世界无产者,联合起来!"这个口号已经过时,应该代之以"全世界科学知识界联合起来"的口号。他也不像布朗基那样依靠少数知识分子的密谋,但是他否认无产阶级的历史使命,否认知识分子的阶级属性,夸大了知识分子的作用,这是不对的。

对"全世界无产者,联合起来!"这一口号有怀疑的人,还有一个理由。他们认为资本主义国家的无产者联合不起来,社会主义各国也联系不起来,因为社会主义各国,各自捍卫本国的利益,甚至互相火拼。苏中、中越、越柬都打了几仗了,所以一些人认为不打仗就算好了,难以真正联合起来,因而他们认为没夺取政权的各国无产者联合不起来,已夺取政权的各国无产者也联合不起来,这个口号过时了。

当然这不是三言两语能够讲透彻的问题,但是我们理应有基本的正确判断。

首先我们说资本主义国家工人生活状况确实是改善了,但那是工人斗争的结果,不是资本家恩赐的。尽管工人生活有所改善,但他们仍然不占有生产资料,仍然是被剥削剩余价值的无产阶级,少数人有点股票,不占什么重要地位。无产阶级是掌握现代技术和现代文明的阶级,无产阶级最革命是因为它和新的生产力相联的,现代社会化大生产相联的。马克思指出:工人阶级是代表未来的阶级。工人不是因为他最穷苦才最革命,如果那样的话,奴隶和农民更革命,奴隶最苦还带着枷锁劳动。马克思说无产阶级是旧社会的掘墓人正是基于它是代表未来的这一点。我们革命的马克思主义者现在在西方需要针对西方发达国家中工人阶级状况,启发工人阶级觉悟,使他们认识到在现在情况下如果工人阶级掌握政权,掌握生产资料会使他们生活得更好,管理得更好,使他们认识自己阶级的历史使命,认识到掌握未来的阶级,不能那样无所作为,因而工作方式就需要改变。不能用中国党、俄国党的方式,需要考虑各自的特点。西方工人是精神空虚或者是受资本主义思想影响太深的问题,而不是饥寒交迫活不下去的问题。正是精神空虚才需要马克思主义。人活着为什么?怎样使人的才能得到全面发展?人的价值、人的尊严、自由、个性发展、生活目的……这些问题资产阶级学说解决不了。很多有眼光的人研究了这些问题以后都认为,还是只有马克思主义能解决这些问题。马克思讲将来共产主义是自由人的联合体,怎样使人得到全面发展,这是马克思提出的理想。现在需要用马克思主义基本理论来结合西方国家的特点进行分析,要解决怎样使他们提高革命觉悟问题。还有一条是,我们社会主义就要搞得好;现在社会主义各国实行的社会主义对西方没有多大吸引力。现在社会主义国家的工人能否联合起来?我想终究能联合起来。现在社会主义国家之间发生过武装冲突,主要是由于领导集团的霸权主义、扩张主义思想造成的,只要人民真正当家做主,就不会发生这类事情。社会主义国家只有在改革开放中不断创新,真正实现共同富裕,真正做到人民当家做主,人民得到解放,得到全面的发展。官员的各种特权能够铲除,使官员都成为真正巴黎公社式的人民公仆。这样的社会主义就会激起资本主义国家的广大工人奋起为社会主义而奋斗。

第三世界,如非洲国家的一些领导人认为,马克思说的"全世界无产者联合起来"已经毫无意义了,因为资本主义国家的工人和资本家勾结起来剥削第三世界,因而谈不上联合。坦桑尼亚的领导人尼雷尔提出"全世界农民联合起来"的口号。这反映了第三世界国家落后的状况。一是他的阶级观念模糊,把资本主义国家中的工人阶级和资产阶级捆到一起打,二是因为落后地区的农民占多数,想把农民单独联合起来。实际上全世界的农民是很难联合起来的,因为他们是小生产者,再说发达国家农民已经越来越少。美国仅占 2%,根本不占什么重要地位,何况发达国家的农民已基本上都是农业工人或者成为独立农场主。

从历史上来看,农民只有作为工人阶级的同盟军才能联合起来。比如第三国际时期,在 1923 年建立了红色农民国际,它是当时各国农民的联合组织,作为工人阶级国际组织的外围组织,除此之外全世界农民没有联合起来过。相反,倒是地主、富农联合起来过。第二次世界大战时,东欧跑出来的地主、富农组织了一个国际,叫绿色国际,表面上代表农民,实际上是地主、富农的联合,但只是昙花一现就消失了。

实际上的国际组织也是很多的,按颜色划分,赤色国际是第三国际,黄色国际是第二国际,桃色国际是第二半国际,黑色国际是无政府主义国际,还有绿色国际就是东欧的地主、富农国际。

80 年代欧洲共产党提出一个新的口号,值得我们研究。这就是根据他们的情况提出来的劳动力量和文化力量的联盟,简称"劳文联盟"。我们不能总是按老框框强调工农联盟。在美国农民只剩 2% 了,还提"工农联盟",不符合他们的国情。西欧国家脑力劳动者、知识分子占到 50%~60%,所以"劳文联盟"符合他们的状况,应该用这个口号代替"工农联盟"的口号,现在在西方发达的国家仍重复"工农联盟"就是教条主义,但是欧洲共产主义政党提出了"劳文联盟"要真正付诸实践,仍然任重道远。

总的来看,我认为对"全世界无产者,联合起来"的口号的种种质疑,都是应该加以消除的。

四、新时代要如何坚持并更进一步发展"全世界无产者,联合起来"的口号

在当今新科技革命迅猛发展,当代世界资本主义发生巨大新变化的条件下,有人认为"全世界无产者,联合起来!"口号已经过时了,因为马克思、恩格斯当时所说的全世界无产者当今已经所剩寥寥,他们已经无法联合起来。其实,马克思、恩格斯所指的无产者并非只是指一无所有、一贫如洗的工人,而是指不占有生产资料、受资本家雇佣的现代产业工人。当今在资本主义世界,尽管工人的生产生活条件已经发生很大变化和改善,然而他们仍然是和私人资产家的雇佣劳动者,仍然是还没有占有生产资料的无产者,所以不能说"全世界无产者,联合起来!"的口号已经过时。当然,随着社会主义国家国有企业的壮大,工人阶级已不再是无产阶级,而是工人阶级与全体人民共同占有生产资料的全民所有制下国有国营企业的主人。在资本主义国家,随着新科技革命的迅猛发展和产业结构的重大变化,已经出现了五颜六色衣领的工人,除了传统蓝领工人之外,还涌现越来越多的白领工人(如管理者)、灰领工人(如修理技工)、绿领工人(如环保工)、金领工人(如高级经管人员)、粉领工人(如女会计、女秘书、女教师、女律师)。他们之间的工资收入和生活状况差别很大,但是都是属于工人阶级,大都是主要从事脑力劳动的劳动者已经不再是传统意义上的无产者。到 20 世纪 80年代,世界显然已经发展到社会主义国家与资本主义国家和平共处,垄断资本主义已经发展到社会资本主义新阶段。据此,我于 1988 年年底写成《三个时代,三种战略》一文,刊登在中共中央编译局与中国国际共运史学会主办的《国际共运史研究》季刊 1989 年第 1 期(3 月出版)。拙文提出:自由资本主义时代的战略口号是全世界无产者联合起来!垄断资本主义时代的战略口号是全世界无产者和被压迫民族联合起来;社会主义与资本主义和平共处,社会资本主义时代的战略口号是全世界无产者、劳动者和全体进步人类联合起来。文中还指明:社会主义和资本主义两类国家在开放发

展中将各自逐步发展到社会主义,最终实现世界大同。这大体上将是 21 世纪世界发展的新趋势和新前景。拙文已收入高放文集之五《纵览世界风云》,中国书籍出版社 2002 年版第 204~208 页。

时隔将近三十年之后,我想把我提出的第三个时代的战略口号的表述,进一步修改为在社会主义国家同资本主义国家长期和平共处,在和平与发展已成为世界主题的新时代,战略口号似应是:全世界无产者,劳动者和向往和平与发展的人们联合起来! 为共同建设美好世界的人类命运共同体而奋斗。

"全世界无产者,联合起来!"这本来是推进无产阶级世界革命的基本战略。可是近一百多年来的实战表明,世界无产阶级难以用无产阶级世界革命的方式推翻世界资产主义。19 世纪发生过两次革命,即欧洲 1848 年革命和 1871 年巴黎公社革命, 马克思、恩格斯都指出它们会发展为世界革命,结果 1848 年欧洲革命到 1849 年就偃旗息鼓了,巴黎公社工人政权只坚持七十二天就失败了。到 20 世纪,自由资本主义发展到垄断资本主义即帝国主义时代, 列宁等人认为 20 世纪无产阶级世界革命的条件已经成熟了。20 世纪有过无产阶级世界革命的三次浪潮:第一次是萌芽于 1905 年俄国革命,开始于俄国 1917 年十月革命的胜利,促进了 1936 年苏联第一次建成社会主义社会,在中国、越南等国都建立过苏维埃政权;第二次无产阶级世界革命浪潮是从 1945 年到 1960 年在苏联领导下在欧亚建立了十二个社会主义国家, 形成了以苏联为首的强大的社会主义国家阵营,但是 1960 年以后社会主义国家阵营分裂了;第三次无产阶级世界革命浪潮起源于 1966 年的中国"文化大革命"。当时中国领导人认为苏联等众多社会主义国家都已经复辟资本主义,共产党都变成修正主义政党,无产阶级世界革命中心从 50 年代起就从苏联转移到中国。中国要以"文化大革命"为起点,进而领导世界革命取得成功。结果实践表明,世界革命的条件远未成熟,"文化大革命"却给本国的建设和国际共运的发展造成重大损失。

反观世界资本主义,自 60 年代掀起以电子计算机为龙头的信息技术革命以来,社会形态发生了重大变化。我在 1988 年的一篇文章中就提出了这样的新见解,即世界资本主义经历了四个发展阶段,即 16—18 世纪的封建资本主义,18 世纪末进入自由资本主义,19 世纪末进入了垄断资本主义,20 世纪 70 年代后进入社会资本主义新阶段。2000 年我发表了《社会资本主义是资本主义最高阶段》这篇论文,指明列宁在《帝国主义论》中所提出的帝国主义五个基本特征大都已经发生重大变化,而社会资本主义新阶段已形成六个新特征。简而言之,即社会化程度更高,国家的社会职能更强,社会主义因素在逐步增长。在这个新阶段,尽管资本主义的内在矛盾依旧深重、危机不断发生,但是资产阶级政党掌权的国家政权有自我调节的能力和治国理政的经验,总有能力缓解社会矛盾,渡过危机难以形成无产阶级世界革命的形势。所以世界无产阶级不能再急于求成,指望通过新的世界革命来一举推翻世界资本主义,实现全世界一片红。

当今 21 世纪,我们要改变世界发展战略,即把世界革命的战略与时俱进地改变为世界和平发展的战略。为此,要适时把"全世界无产者,联合起来!"这个本来是推动世界革命的战略口号改编为"全世界无产者、劳动者和向往和平与发展的人们,联合起来!"以此来促进世界的和平与发展。这个世界的和平与发展就要求社会主义国家与资本主义国家通力合作,互利共赢,共同建设美好世界的人类命运共同体。这不仅是 21 世纪而且将是今后几个世纪持续不断的斗争任务。总之,社会主义国家与资本主义国家将来的发展,将殊途同归,同归于世界大同。当然是在长期的合作与斗争中还会遇到种种阻力,甚至还会有激烈的较量。但是总趋势与光明前景是不可逆转的。中国特色社会主义的逐步和平崛起,将对未来世界的和平与发展起到越来越重大的作用。

还有一个重要问题需要探讨。那就是当今世界各国共产党是否需要重新建立新国际组织。环顾当今世界,依然有自由党国际、民主党国际、社会党国际,甚至还有绿党国际。据此,我曾经认为各国共产党也应该重建新的共产党国际,以便与之相抗争。后来我进一步深入研究与思考,改变了看法。我看到自由党国际、社会党国际等国际组织都是较为松散的国际政党组织,平时少有活动,对各成员国的决策更没有多大影响力,而当今各国共产党都是独立自主决策的平等关系,难以再建立统一的国际组织来共同决策。

从国际共运一百多年来的历史经验看来,曾经建立国际联合组织,例如共产主义者同盟,第一国际、第二国际、第三国际等。国际组织在历史上曾经起过很好的作用,但也存在不少问题,特别是高度集权的国际组织存在问题更多,共产国际存在问题最多。国际组织的联合,如何防止大国主义、大党主义控制这是个大问题,一直没有得到很好解决。第一国际时期法国人的沙文主义起过破坏作用;第二国际德国人的大党主义造成很恶劣的影响,第一次世界大战期间德国带头叛变,不少国家的党跟着它跑;第三国际,俄国党的大国沙文主义、大党主义的控制,对整个第三国际的控制,对各国党发号施令,瞎指挥。几国共产党情报局,实际上是第三国际的后续国际,斯大林通过几国共产党情报局干涉南斯拉夫的内政,所以建立国际组织的联合形式,大国主义、大党主义是个值得研究的大问题。现在有的党认为还应该重新建立国际组织。当今在各国党对国际、国内问题都各有着不完全相同看法的情况下,建立新的国际组织是没有好处的。现在需要各国党平等地、独立自主地探讨解决新出现的问题。所以现在通过多边、双边会谈、交流经验、交流意见,比较适当。自1999年以来世界共产党、工人党每年都召开一次国际会议,就各党共同关注的问题交换意见并且交流经验,迄今已召开十九次会议。在2017年纪念十月革命一百周年之际,有几十国共产党、工人党在俄罗斯召开了第十九次会议。这种国际会议做到求同存异,就各国党如何行动作出决议,各国的问题由各国党自己探讨。在这种前提下,我们应该争取全世界无产者、劳动者和向往和平与发展人民联合起来,为反对霸权主义、恐怖主义、民族分裂主义、宗教极端主义,促进世界和平与发展中的斗争中,共同联合行动。

作者附记:本文原是我在 20 世纪 80 年代初在我们系举办的马列主义研究班讲授共产主义者同盟这个专题时的一篇讲稿。听讲者认为我旁征博引、条分缕析,对"全世界无产者,联合起来!"这个战斗口号作了深刻的论证。要求印发给大家供学习参考,本文曾经收入《共产主义者同盟》内部油印本资料集并分发给听讲者,我未曾在报刊上发表过本文。时隔三十多年之后,为纪念《共产党宣言》出版 170 周年,我感到有必要对此文作些修改与重要补充正式发表,于是复印了一份原文准备亲自动笔改写。不幸去年12 月 8 日因病重住进北大第一医院治病。我只好叮嘱我女儿把原复印稿送到医院。近一个月来我时续时断、忍着病痛,对原稿作了修改,并且补写了第四个问题。在这个新写的部分依据党的十九大决议的精神,我斗胆提出了新见解,把"全世界无产者,联合起来!"的战斗口号与时俱进地发展为:"全世界无产者、劳动者和向往和平与发展的人们,联合起来!"为共同建设美好世界的人类命运共同体而奋斗。

注释:

① 史·琼斯等:《英国宪章派诗选》,袁可嘉译,上海文艺出版社,1960 年,第 42~43 页。
② 转引自《斯大林全集》(第一卷)(中文版),人民出版社,1953 年,第 321 页。

附录:《共产党宣言》的判断与推理[*]

一

谁都不否认马克思和恩格斯的《共产党宣言》(以下简称《宣言》)已是一本经典著作。可惜马克·吐温有两句名言,看来说得很有道理。他说:"所谓名著,就是人人都想读而又无人真去读的著作"①,是"人们啧啧称赞却不去读的著作"②。如果我们在上述这句话中"读"字前面加上"认真"两个字,那么这句名言所隐含的真实见解就愈益明显,它也就成了对时弊的一种针砭,意思是对于名著,很少有人认真研读和深入分析。为了支持他的意见,我还将准备列举科学文献中的两个实在的例子:一个是伽利莱·伽利略的《关于两个主要世界的对话》,另一个是依萨克·牛顿的《哲学探讨的第三法则》③,再详尽地加以阐述。

就本文讨论的例子来说,如果我们细读一下新近两篇重要著作:一篇是论马克思的,另一篇是论马克思主义的,就会发现同马克·吐温所批评的

---

　* 本文是我的老同学、老朋友潘培新同志(时任中国社会科学院情报所研究员)推荐给我的,我读后感到美国学者的这篇论文从逻辑学判断与推理的视角对《共产党宣言》作了充分的肯定和有力的论证,颇有新意。我对译文和注释某些不规范之处作了修改,然后寄给《河北师范学院学报》(社会科学出版)主编汤维千同志审处,后发表于该刊 1991 年第 1 期第 1 篇。由于此文我也付出了劳动,现收入本书第二部分作为附录。

事实极其相似的例证。例如,在麦克莱伦的巨册著作《卡尔·马克思的生平和思想》一书中,有六页是讲到《宣言》的;尽管只介绍了原著的几个要点,作了一些解说,就在结语中称赞说,这是一篇"权威性的,集一切之大成的"④著作。与此相仿,在科拉可夫斯基那本更加可观的巨册著作《马克思主义的主要流派》一书中,也仅仅有六页这样的简单摘要和阐述,再加上说《宣言》是"宣传鼓动的杰出文献"⑤这样的赞语。

除此而外,篇幅较长、内容较丰富和较认真的分析文章也不是没有的。例如,1895 年拉布里奥拉《纪念〈共产党宣言〉》一文,⑥1901 年安德勒尔的评注和历史介绍,⑦1922 年梁赞诺夫的介绍和注释,⑧1948 年拉斯基的介绍,⑨1949 年胡伯曼和斯威齐的纪念性文章,⑩1947 年卡尔的文章,⑪1971 年史楚依克的介绍,⑫以及 1972 年德伦南对原著的解说。⑬这些文章的价值,除其中两篇外,主要是在教学方面。拉布里奥拉的文章,按其本身说法,在理论上是值得探讨的,但从《宣言》的观点看,人们就不难接受梁赞诺夫的看法,他认为拉布里奥拉的"论述过于简单抽象,以致许多地方比原著还要难懂"⑭。另一方面,卡尔的文章则把重点放在次要的问题,即民族主义和农民问题上;主要是以它的历史意识为论据,旨在说明"俄国革命可以认为是《宣言》的合理产物"⑮。

作为这类论文的补充,我想就什么是研究《宣言》的经典方法,简单说一说自己的看法,并且按照《宣言》的观点,讨论一些问题。为了便于说明我的看法,先让我提一下诺贝尔托·博比奥所主张的方法,一般说来,他赞成把马克思的著作"当作经典著作来读,就像我过去读柏拉图和亚里士多德,霍布斯和卢梭,康德和黑格尔……帕雷托和韦伯的著作那样"⑯。其结果是,人们对马克思主义的通晓程度就会像人们对柏拉图主义,对亚里士多德学派,对康德学派,或对黑格尔学派的通晓程度一样。采用这种历史的经典的方法,实际上是把所研究的著作同其他某些特定的著作对照比较,弄清它们在实质上有何异同。而我要提出的是一种比较严密的、考虑方法论的、概念的方法:对于所研究的经典著作,不是根据其他经典著作,而是按照经典的概念,即(使之)具有普遍相关性的概念加以解释。同"经验"这个范畴相对,康德所说的综合先验范畴可能就是这种预期的普遍相关概念的一例。我认为克罗斯所说的诗的概念即表现直觉的概念也是其中一例,是属于文学领域的,那就是对于任何成文的著作或文学作品,克罗斯批评家都要问一问并且试图判定它赋有多大诗意以及它的诗意究竟寓于何处。⑰这类概念在这里只不过用来作为一个例子,我们无需肯定它的正确性,因为我所要探讨的是判断和推理这两个概念。我在这里所说的推理是指在理性的基础上达到结论的过程,判断是指通过比较和辨别形成看法的过程,这与权威的逻辑学家和字典上的解释是相符的。如果用规范的语言来表达,这两个概念的区别更为明确:推理是一系列相互关联的命题,其中的一个命题(结论)要以其余的命题(前提)为依据,而判断是对一堆表示不同看法或相反看法的命题加以权衡而得出的综合看法。

下面我们就会更加明了为什么要着手对《宣言》进行评价性分析的理由。至于逻辑性分析,由于《宣言》通常被有些人说成是漂亮的词藻和宣传手段,这种说法与推理是不一致的。从这个意义上说,对逻辑分析这个课题,很可能有错误看法。对于反对逻辑分析的意见,也许可以作出形式上的回答,说通过逻辑分析可以对推理这个概念的价值作一次严格的检验。如果这种回答会使从方法论方面看问题的批评家感到满意的话,别的批评家也许还要求更为实质性的回答。现在让我们着手讨论这个主要问题。

曾任莫斯科马克思恩格斯学院院长的梁赞诺夫在他为《共产党宣言》俄文第一版写的出版前言中,曾为缺少一本合适的《宣言》评注而表示惋惜。他说:

> 首先,评注中应该叙述社会运动和革命运动的历史,因为正是这个历史使得作为第一个国际共产主义组织纲领的《宣言》成为活生生的现实。其次,应该追溯《宣言》中所包含的基本思想的起源,并指出这些基本思想在思想史中的地位,应该揭示马克思、恩格斯哲学中那些

新的、同以往的思想家相区别的部分。最后,评注应该指出《宣言》在多大程度上经受了历史批判的考验,并应就其某些要点作进一步的阐述和更正。⑱

梁赞诺夫接着批评了当时还在流传的两篇主要评注。他感到拉布里奥拉的"论述过于简略抽象,以至许多地方比原著还要难懂"⑲,而安德勒尔的评注又被认为是"肤浅的,有些地方无疑是无关紧要的"⑳。这种批评的准确性如何,这不是本文考察的范围,不过如果是事实的话,就不失为正当的批评。因为一篇评注应该用易懂的词句去解释难懂的词句,并且应该有作者自己的某些见识,这一注释原则,看来我们都是赞成的。然而事与愿违,梁赞诺夫在他自己写的评注中,虽然也许避免了拉布里奥拉和安德勒尔的上述缺点,但并未照着他认为是一篇合格的评注所应具备的条件去做。因此,他在自己那篇著作的俄文第二版中辩解说,他原来就没有打算写出那样一篇合乎要求的评注,只是想写些"注释和体会。"㉑

对于一篇十全十美的评注,梁赞诺夫所迫切要求的条件尽管是必要的,然而却不是充分的。其中没有包括一些人认为最重要的、逻辑上是首要的条件,也是大家都认为必要的步骤,即对梁赞诺夫的第二个条件要查明其起源的和第三个条件要评定其正确性的那些基本思想的内容和结构进行分析。对于《宣言》这样的著作,这种分析尤为重要,因为不论它还可能是别的什么,它的意图显然是要根据某些前提和假设,所提出的事实,或者其他公认的思想来说服读者相信它的某些主张。如果不了解构成全文的各个命题之间的相互联系,就不可能理解这一点(更不用作出评价了)。这并不等于说,《宣言》只是一篇多少有些逻辑性的推理,因为它无疑也是一件宣传品,一篇简要的信条,一个纲领草案,一种激奋人心的呼吁,甚至可以说是一首散文诗。无论如何,只要我们不认为"推理"就一定是"正确的推理",而是把正确与不正确的推理都算作推理,即是说,只要我们把推理最低限度看作一系列相互关联的命题,就知道宣传,政治纲领等也是可以用推理来表达的,正如它们是用语言来表达的一样。

因此,《宣言》的逻辑结构问题是不可回避的。拉斯基说:"《宣言》的独创性不在于它所阐述的个别教条……而在于……把这些教条组成一个逻辑整体的技巧。"[22]如果拉斯基的这句话是对的,问题就尤其是如此。事实上,几乎所有的评论家在叙述这篇著作的基本要点的时候都对它的逻辑结构作了一定的介绍。[23]因此,在某种意义上说,我只是打算做得比他们好些、仔细些。关于这一点,恩格斯为马克思逝世而写的1883年德文版序言中所作的概括,也许是最简单的说明:

> 《宣言》中始终贯彻的基本思想,即每一历史时代的经济生产以及必然由此产生的社会结构,是该时代政治的和精神的历史的基础;因此(从原始土地公有制解体以来)全部历史都是阶级斗争的历史,即社会发展各个阶段上被剥削阶级和剥削阶级之间、被统治阶级和统治阶级之间斗争的历史;而这个斗争现在已经达到这样一个阶段,即被剥削被压迫的阶级(无产阶级),如果不同时使整个社会永远摆脱剥削、压迫和阶级斗争,就不再能使自己从剥削它压迫它的那个阶级(资产阶级)下解放出来——这个基本思想完全是属于马克思一个人的。[24]

恩格斯所作的这段说明主要包含三个命题和两个分推理:第一个分推理是以第一命题作为第二命题的依据;第二个分推理有些不够明确:可能是由第一个命题或者第二个命题推出第三个命题。

如果因此可根据梁赞诺夫和恩格斯这样令人信服的马克思主义者的著作说明对《宣言》的逻辑结构进行分析的必要性,那么这种必要性也可以从许多"资产阶级"学者的评论中得到证实。例如,马克思·韦伯尽管是反对马克思主义的,也称赞《宣言》"在学术上是第一流的成就"[25]。卡尔说,《宣言》"提出的呼吁首先是向理性而不是向感情发出的呼吁"[26]。麦克·勃莱德认为:

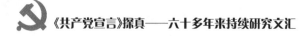

归根结底,《共产党宣言》仍然是关于马克思所描绘的历史主线的很好的启蒙教材。它的文字简洁精练,但可以肯定一般说来并不流于简单化。这篇著作确实有些深奥,由于它的名声惊人,加上它发出"无产者联合起来"的最后号召,这就使读者很难看到它的内在的细微的东西。⑳

二

现在就让我们着手进行逻辑分析,先集中作一整体分析。马克思、恩格斯把《共产党宣言》分为五部分。前言部分未标明章节号,也未加标题,有六个简短的自然段。㉘第一章标题为"资产者和无产者",有五十三段。第二章标题为"无产者和共产党人",有八十四段。第三章"社会主义的和共产主义的文献",这一章层次较多,作者把它分为三个部分,加有分标题,其中第一部分又细分为三个部分,加有小标题,共有五十七段。第四章标题为"共产党人对各种反对党的态度",有十二段。前言部分和最后一章没有特殊的逻辑意义,这里不拟详加分析。

第一章一开始阐明了阶级斗争的概念,用三个例子加以说明,即贵族、骑士、贫民和奴隶之间的古代历史斗争(1—2~3)㉙,中世纪社会封建领主、陪臣、行会师傅,帮工和农奴中间的斗争(1—2~3),以及现代社会初期资产阶级反对封建主义的斗争(1—6~26)。并且阐明了阶级斗争的某些主要特征,从而明确了这个概念的内涵,即在斗争中处于相互对立地位的各阶级之间的关系一直是"压迫者和被压迫者的关系"(1—2);阶级斗争的结局"不是整个社会受到改造就是斗争的各个阶级同归于尽"(1—2)。

接着是《宣言》的主要论题之一,即"我们眼前又进行着类似的运动"(1—27),即是说,在当代社会存在着无产阶级和资产阶级之间的斗争。通过对现代生产关系的描绘,证明了这个论题(1—27~51)。

这个论题又用来论证《宣言》的主要结论之一,即"它的灭亡和无产阶级的胜利同样是不可避免的"(1—53)。这里所指的是资产阶级的灭亡。要弄清这两者间的联系,让我们先来考察其余几个推理。

其中最明显的也许就是在这同一段(1—53)里的一个推理:一方面,资产阶级社会的生存依赖于工人的自相竞争和分散状态,另一方面,工业劳动条件又使工人在工厂里的自发的联合会和合法的联合会形成劳工联盟。这一前提和结论中推出的不可避免性之间的联系是:资产阶级社会这两种相互对立的趋势表明它本来就是不牢固的。根据这个中间推断,还只能推出前一半结论,即资产阶级的灭亡是"不可避免的"。如果一个人强调这个"必然性",然后即使不再提起这种必然性,仍旧可以用这个推理论证可能性的大小。

在前面一段(1—52)还有第二个论证推理。这个推理提出所谓日益贫困的规律作为论据,据说资产阶级不能保证它赖以生存的无产阶级继续生存下去,无产阶级已落到不得不在生存条件以下生活的地步。这个论据可能是用来揭示资产阶级社会的又一内在矛盾,即自我毁灭的趋势。这样,关于资产阶级灭亡的可能性的逻辑结论,就像前面那样得以成立。

在第一章27~28段还有一个推理。这个推理可以总结成"资产阶级用来推翻封建制度的武器,现在却对准资产阶级自己了"(1—28)这个前提。这里"武器"就是工业和商业,而资产阶级自我毁灭的趋势是来源于"在周期性的循环中愈来愈危及整个资产阶级社会生存的商业危机"(1—27)。这个推理联系又是和前面相同的。

应该指出,在资产阶级灭亡的这三个理由中,没有讲到资产阶级灭亡的机制是什么,也没有讲到作用于双方的任一历史力量是如何发动的。而且似乎只要有了资产阶级的灭亡和前面所提到的无产阶级斗争这两个前提,就可以得出无产阶级胜利即第一章最后一句的下半句所说的这个结论。由于找不到更为恰当的词句,上面这三个推理也许可以称之为论证社会主义,即无产阶级社会到来的"辩证"推理。

我们不要去推究什么叫作"革命的"推理,因为《宣言》毕竟断言,无产阶级的斗争已经或正在发展为一场"现存社会内部或多或少隐蔽着的国内战争,直到这个战争爆发为公开的革命,无产阶级用暴力推翻资产阶级而建立自己的统治"(1—51)。用这句话很难明确表达一个清晰的推理,因为这句话是在第一章,在探讨无产阶级斗争发展的结尾时讲的,它只是在叙述上和其他内容互相衔接。在逻辑上是和第二章的最后一页(2—68~84)相联系的。

我们可把这个推理重加整理如下:资产阶级社会终将被另一种社会所代替,"在那里,每个人的发展是一切人的自由发展的条件"(2—84),因为无产阶级要消灭自己这个阶级的统治(2—83);这是因为无产阶级要消灭阶级斗争可能产生的条件(2—83);这种情况之所以会发生,是因为无产阶级将夺取资产阶级的全部资本,"并把一切生产工具集中在国家手里"(2—69),即是说,要废除资产阶级私有制(2—12),而这个资产阶级私有制恰恰是这样的状况,即"建筑在阶级对立上面、建筑在少数人对多数人的剥削上面的生产和产品占有制度的最后而又最完备的表现"(2—12);这样说来,无产阶级将废除私有制是因为它将成为统治阶级(2—69,83),并将采取必要的措施 (2—70~82);它将成为统治阶级是因为将会发生无产阶级革命(2—83,68,1—51);之所以会发生无产阶级革命是因为无产阶级"迫于形势,不得不把自己联合成为阶级"(2—83)。

关于这个推理,人们可能提出许多问题。我要说明的是这个推理是怎样提出的:它是以无产阶级促成革命联合这个命题(见上段最后一句)开始的。这个命题似乎是当作这一革命推理的未经证实的前提来用的。然而要注意的是,根据原文,这个命题提到了"迫于形势"㉒。这里所说的形势,就是促成革命联合的形势,或者用"正规的方式"来表达,就是可以证实这个尚未证实的前提的形势。于是我们要问,这究竟是哪些形势。原著中显然没有详细提到,但多少可以看出,第二个辩证推理中提到的日益贫困和第三个辩证推理中提到的经济危机,就是这种形势;无产阶级认识到这些形势,就有可能导致革命的联合。由于竞争和联合是相互抵触的,这种形势还有些不明朗,但是可能发生以下这种情况:同那些完全陌生的人竞争,或者同那些必须与之竞争的人联合,这都没有关系,而被迫同时介入这两种过程,则是忍受不了很久的,这就会产生促成革命联合的第三种"形势强迫力量"。与此类似,增强无产阶级斗争的认识,增强资产阶级对无产阶级的压迫本质的认识,是第四种形势强迫力量。

概括起来可以说,由上面提到的革命推理,论证无产阶级社会到来这个结论(C),这个推理的基本前提是关于无产阶级形成革命联合的叙述(R);这个基本前提由每个辩证推理(DⅠ、DⅡ、DⅢ)中所提到的三种"矛盾"和无产阶级斗争的论题(P)来证实。这个逻辑结构可图解如下:

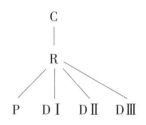

三

这个推理可能并且已经受到一些对本文来说不大重要的非逻辑方面的非难,即对这四个基本前提(P,DⅠ,DⅡ,DⅢ)的真实性以及其最终结论(C)的真实性或可能性提出疑问。而我们在这里所关心的是逻辑的评定问题,即这个推断是否正确? 也就是说,如果我们承认无产阶级斗争(P)的存在,承认竞争和联合的紧张状态存在,承认日益贫困的规律(DⅡ)和日益恶化的商品周期性危机(DⅢ)的存在,是否就能得出无产阶级社会这个结论? 我认为这有两个难点:一个是反归纳法的问题,影响着由 R 到 C 这一段推理,还有一个坐享其成者的问题,影响着由 P、DⅠ、DⅡ、DⅢ到 R 这一段推理。让我们依次讨论这两个问题。

在一次关于归纳法的合理性的经典论述中,麦克斯·布莱克提出了"反归纳主义"政策这一概念,目的是论证通常的归纳法政策虽然具有自行修正的特性,并且据说在实际上是成功的,然而这与它的合理与否并无关系,因为反归纳主义的方法也是具有自行修正的特性,按照他们自己的标准来看同样是成功的。[31]反归纳法可以解释为这样一个法则:当发现所观察的 n 个 A 中有 m 个为 B 时,下一个 A 为 B 的机会便是 $(n-m)/n$;[32]简要地说,反归纳主义者指望一直发生过的事不再发生。显然,布莱克决非认为反归纳法是合理的,他认为这是一种"偏执"[33],是"故意装傻"[34],是"荒谬的"[35];然而他又说:"谁要是能令人信服地详细说明这一点,谁就算解决了归纳学最重要的问题。"[36]

在马克思的推理中出现的问题是,马克思一开始提出的前提是:"到目前为止的一切社会的历史都是阶级斗争的历史"(1—1),而在结束时作出的结论是:"代替那存在着阶级和阶级对立的资产阶级社会的,将是这样一个联合体,在那里,每个人的自由发展是一切人的自由发展的条件。"(2—84)看来,我们在这里找到一个说明反归纳法不合理的例子。我们来看看实际情况是否如此。

有两方面的理由,使我们不能作出上述那种评价。第一,恩格斯在 1888 年英文版中有一个脚注[37],确定了阶级斗争这个概念的界限(1—1)。他说,这里说的历史是指"有文字记载的历史",而哈克斯特豪森、毛勒和摩尔根的新近发现则揭示了没有阶级没有剥削的原始共产主义社会的存在。这个脚注无疑应被看作这个文献的不可分割的部分。如果是这样,那么关于无阶级社会的预言只是同一定时期的历史事实相反,不论那段历史有多么长远,但终究不是人类以往的全部历史。不论这个推断还可能有任何其他问题,但在所能提出的全部证据中,并不存在一种单一的倾向,因此我们不能作出它是反归纳法的这一结论。

其次,马克思的预言中有一种历史的和时间的广度是这种反归纳法所没有的。^㊳更确切些说，这里不存在布莱克所说的那种反归纳法法则的实例。因为这个法则是说，每当所观察的全部 x 都是 y 时，就可以预言下一个 x 不是 y；然而从马克思推理的上下文看来，如果是在古代或中世纪作出这种反归纳法的预言，马克思显然不认为它是完全正确的。就这两个时期而言，"下一个"历史阶段都只能是阶级斗争形式与先前有所不同的社会。换句话说，从《宣言》的上下文看来，显然只有从资产阶级社会的角度来推断"下一个"社会是无阶级社会才是正确的。

因此，我不能不认为，根据这两个理由：一个是就原文来说，另一个是就形式上来说，马克思主义的推理并不是完全反归纳法的，然而它有一个特点，由于找不到更恰当的用语，可称之为准反归纳法。因为马克思是说，无产阶级社会不会有阶级斗争的一部分原因是在"文明"史以内的一切社会都是存在着阶级斗争的。其间的推理联系是无产者一旦认识到以前的阶级斗争，将有助于保证在他们自己的社会里去掉阶级斗争。反归纳的行为动机在于认识到所归纳的事实，从这个意义上看，这里深含着（虽然不是很明确）反归纳法的东西，而且看不出这有什么不对。因此，我并不否认马克思的推理是反归纳法的，而是否定对马克思推理的非难。换句话说，我赞同这个推理所作的（经过修正的）反归纳的分析，而不同意（照布莱克那样）那样一种评价，认为这样一来在逻辑上就是不正确的。事实上，这个实例正好说明反归纳推理的原则在逻辑上并不一定不正确。^㊴

现在我们来研究关于坐享其成者的影响问题存在的难点。如前所述，这种非难涉及马克思根据无产阶级革命组织的出现（R），阶级斗争和三个辩证矛盾（D Ⅰ、D Ⅱ、D Ⅲ）所作的那段推理。布贝南提出的反对理由如下。^㊵他认为，马克思忽略了革命所导致的无阶级社会是一种"公益"社会这一事实，从特定的意义上说，这种社会是对一切人（至少对一切无产者）都有益处的，不论他们是否都参加这个斗争。按照马克思自己的说法，说无阶级社会是一种公益社会，也许因为它是一个联合体，在这个联合体中，"每个人的自由发展是一切人自由发展的条件"，"各取所需，各尽所能"。因此，如果无产者按照他们自己的或阶级的利益行动,就达不到一致的革命行动,因为个人或阶级参加斗争付出的代价高于不参加斗争的代价。换句话说,每个有思考能力的无产者都会像以下那样思考问题并采取相应的行动:①其他无产者参加革命的人数是否足够。②如果参加的人数足够,那么我所做的努力显然一般是对阶级付出的代价,然而既不会给阶级带来一般的好处(假如③我们并不是处于迫近胜利的时刻),也不会给自己带来特殊的好处(假如④无产阶级社会是一个公益社会)。⑤如果参加的人数不够,我所做的努力便会是白费。⑥参加革命对阶级对我都没有好处。

布贝南上述评论是说,根据马克思自己所说的前提推不出他的结论。只有否认马克思在这个推理的其余部分所作的假定和结论,即否定无阶级社会是一种"公益"社会,才能推出这个结论。

看来,如果说布贝南是事先把无产者假定为马克思显然不承认的利己主义者,是以未经证实的假定为依据,这是不能驳倒他的。[41]实际上,在前所提出的反对理由中,既提到个人的利益,也提到阶级的利益。正如他自己所论述的,他提出这个反对的理由是假定我们并未处于个人所做的贡献有可能造成质的差异的地步[42](上述第三命题),而目前对这种可能性的估计也许还是一个争论中的问题。他还讲到,他是假定没有人会用威胁与强迫的手段来对付不参加革命的无产者,这个假定是用来证明上述第五个命题的合理性的。当然,这个假定在实际上已被否定,不过我认为布贝南还是对的,因为书上(至少在《宣言》中)并没有说对无产阶级伙伴使用强迫手段是正当的。令人哭笑不得的是,这种付诸强迫手段的现象使布贝南的反对理由更加充分了,因为除非马克思的推理是不能令人信服的,这种现象是完全不能预料的。因为强迫手段使人们对代价和利益的估计这样变通了一下:即使无产者参加斗争的人数不够充足,我所作的努力与其说是代价高昂的,还不如说对我大有益处,因为我这样做免得使无产阶级伙伴们恼怒。相信布贝南还依据了其他一些假定,但按照《宣言》的论述方式,这些假定都可认为是合理的。

当我们一提到应该怎样由P、DⅠ、DⅡ、DⅢ推出R的时候，就会引起布贝南的反对。马克思必定是设想无产者通过某种途径将会想通：只要具备了P、DⅠ、DⅡ和DⅢ中所说的条件，把自己组织起来革命是对他们有利的。布贝南则相反地认为，他们将会懂得：参加革命组织对他们并没有好处。我认为他们都是预先作出了以下两个假定：①思想方法论的个人主义，按照这个假定，社会–历史事件是个人行为的结果（不一定是所预期的结果）；②一种最低限度的理性主义，按照这个假定，大多数个人在考虑到与他们有重大关系的事件时总是有理解力的。这种最低限度的个人理性主义不一定是利己主义，因为利己主义这个概念是指损人利己的打算；而布贝南的结论是，参加斗争对我自己和对其他任何个人都没有好处。总之，我认为布贝南并不需要做出比马克思自己所要做的更合理的假定了。

要证明这一点还有另一个方式。布贝南设想了一个"代价–利益"的推理方式，无产阶级各自按照这个推理方式衡量参加斗争所产生的利（不一定是利己主义的）和弊。然而马克思自己在同资产阶级反对共产党人的各种错误思想和各种各样的社会主义纲领辩论时正是认真采用了这种考虑方式，大约占了《宣言》全文的三分之一。重要的是，马克思的这些批判表明了检验各种行动方针所产生的后果的重要性。让我们来看看它的详细内容。

四

《宣言》第二章开始对共产主义的特征作了阐述，宣称共产主义的特征是要废除资产阶级所有制（2—12~13），理由是资产阶级所有制是"建筑在阶级对立上面，建筑在少数人对多数人的剥削上面的生产和产品占有的最后而又最完备的表现。"接下来是对"责备共产党人"（2—14）的有关问题进行一系列的澄清，或对"资产阶级对共产主义的种种责难"（2—67）给予一一回答。

第一段(2—14~24)的内容可整理成这样一个推理:为什么消灭资产阶级所有制并不是要消灭个人私有财产,即个人获得作为自己的劳动成果的权力。资产阶级的责难本身是一个推理(2—14):共产党人应该受到责备是因为(a)他们要消灭个人私有财产,而(b)这种财产是一切个人自由,活动和独立的基础。对这种责备的回答相当复杂:如果(a)指的是资产阶级所有制以前的财产,诸如小手工业工人和小农的财产,那么(a)便错了,因为那种财产大部分已被现代工业的发展消灭了(2—15);如果(a)指的是雇佣劳动者的财产,那么(a)也错了,因为共产党人是要提高工资报酬(2—17,21~22);如果(a)指的是资产阶级的财产,那么这种说法依然是错了,因为资本并不是资本家自己的劳动所得,而是"集体的产物"。因此,当"资本变为公共财产"的时候,改变了的只是资本家的社会地位(2—18~20);因此,共产党人不是要消灭个人私有财产而是要消灭资产阶级私有制;因此,消灭资产阶级所有制并不是要消灭个人财产。

接下来一段(2—25~32)的内容是回答第二种责难,可整理为下面的推理:消灭资产阶级私有制并不意味着消灭一切个人自由、活动和独立。这个整理工作留给读者作为练习去做。

第三个批判性推理(2—33~34)断定消灭资产阶级私有制并不是要停止一切活动和兴起懒惰之风;第一个理由是,消灭资产阶级私有制意味着消灭资本主义的占有,而这仅仅意味着消灭雇佣劳动;第二个理由是,照它的正确含义说,资产阶级社会的特征就是停止一切活动,就是懒惰成风,因为在资产阶级社会中雇佣劳动者实际上没有财产,这就意味着一切雇佣劳动的停止。

第四段(2—35~38)有一个推理是,消灭资产阶级私有制并不是要消灭一切教育,因为我们不能把教育同资产阶级教育(2—35)等同起来,而资产阶级"观念只是资产阶级生产条件的产物"(2—38)。

接下来(2—39~45)有一个推理是,消灭资产阶级私有制为什么并不意味着消灭家庭。因为它的意思是要消灭家庭的现有形式;而现有的家庭形式是与人类尊严不相容的,因为现有的资产阶级家庭只是作为资本主义剥削的结果(2—40)才可能存在,因为无产阶级家庭生活实际上是不存在的(2—40,45),因为现在许多家庭中都存在父母对子女的剥削(2—42),因为现在的家庭教育就是社会教育的隐蔽形式,应该代之以更加公开的形式(2—43~44)。

第六点批判(2—46~51)是论证消灭资产阶级私有制并不是实行公妻制,因为不应该把妇女看作单纯的生产工具(2—48),因此生产手段的公有并不意味着妇女的公有(2—47)。如果说要消灭什么的话,那么消灭私有制就意味着资产阶级公妻制的消灭(2—51),因为资产阶级的婚姻实际是公妻制(2—51),因此"妇女公有"仍然是资产阶级的习俗(2—49,50)。

接下来一段(2—57~66)论证消灭资产阶级私有制的确是要根本改变传统的宗教、哲学观念和一般意识形态,从根本上说这是由于历史唯物主义。虽然从另一些角度来看这些推理很重要,但在这里可以从略。

现在我们来研究第三章中对各种社会主义纲领的批判。这一章的推理结构比较简单。第一(3—1~11),像当代法国和英国这些国家的贵族的社会主义是反动的,因为在反对资产阶级的斗争中,它站在无产者一边的目的是复辟封建主义。第二(3—12~18),小资产阶级和农民的社会主义是反动的,因为在反对资产阶级的斗争中,它站在无产者一边的目的是恢复封建主义之后资本主义之前的社会-经济制度。第三(3—19~35),德国流行的社会主义是反动的,因为那里是那样一种社会经济条件以致于资产阶级还没有以统治阶级的身份出现,因此德国社会主义对资产阶级的批判是有利于封建贵族和小资产阶级的;这种德国的社会主义是不成熟的,是被误认的社会主义的,因为它把法国这样先进的社会-经济条件下出现的法国社会主义硬搬到德国来。第四(3—36~43),资产阶级中想要通过改良手段改善无产阶级状况的那部分人的社会主义是以自我为中心的,因为这种改良出自这样一种资产阶级感情,即认为资产阶级所统治的世界是最美好的世界(3—39)。他们的目的是保留现存的社会,而不是那些使这个社会革命化和解体的因素(3—39)。这种资产阶级的社会主义社会也是肤浅的,因为它的各种改良都不过是行政上的改良,因此他们并不去改变作为社会经济基础的生产关系(3—40)。第五(3—44~55),批判的空想的社会主义是圣西门,傅立叶和欧文这样一些人的主张,他们不赞成无产阶级根据历史条件逐步组织成为阶级,而主张创立由他们特意设计出来的新社会(3—49)。他们认为自己是超乎阶级对立之上的,"要改善社会一切成员的生活状况,甚至生活最优裕的成员也包括在内"(3—51),他们拒绝一切政治活动,特别是一切革命行动,而赞成用和平手段,小型试验和示范力量(3—52)。这种空想的主张的意义是同现代无产阶级斗争的历史发展成反比的,因此(虽然它的创始人基本是革命的),他们的信徒逐渐成为保守和反动的(3—55)。

这些推理在事实上或逻辑上是否正确,这不是我们现在探究的对象。本文的目的是确定这些推理的存在,并说明它们的某些逻辑特征。从上面的分析而得出的结论是,坐享其成者对《宣言》主要推理的反对意见是中肯的并且是公正的;对于认为从它的前提得不出无产阶级革命这个结论的批评,无以作出回答。当然,马克思可以否认无阶级社会是一种公益社会,从而回避这个反对意见,然而那是另外一回事。因此,虽然不存在由反归纳法引起的逻辑问题,但由无阶级社会的公益性质引起的逻缉问题依然存在。现在我想从政治和社会方法论的意义上,对《宣言》作一方法论的评价,用以对销这一逻辑上的批评。

五

首先着重对先前所描绘现已根据原著加以证实的特点作一详细阐述,就是说,《宣言》充满着推理,虽然也包含其他一些内容,从前面所阐明的意义上说这些推理也有些欠缺。也许只有把这一推理特点同可能存在的其他特点对比,并试图从中吸取方法论的教训,才显得它很重要。其中两个有启发性的选择:回答式的教义宣讲和对所确认的事实与预见作寓意深远的叙述。前者如恩格斯的两篇《宣言》草稿：1847 年 6 月写的《共产党人的信仰》和 1847 年 10 月写的《共产主义原理》。⑱说《宣言》深奥难解，是由于它所采用的同一的论述方式：先是用历史唯物主义、阶级斗争、资本主义的实质，社会主义的不可避免性和社会主义道路这一类概念加以概括，然后提出这些原理事实上是正确的论据进行论证；⑭显然，即使这些原理全部正确，也不等于说是根据《宣言》中所提出的理由。《宣言》的推理结构所暗示我们的方法论的教训，即理性和推理在政治和社会行为中起着重要的作用，这个道理虽然很简单，但却是很深刻很重要的。

然而《宣言》并不是一个唯理智论者的文献。如果忽略"暴力推翻资产阶级而建立自己的统治"（1—51）以及"共产党人……公开宣布：他们的目的只有用暴力推翻全部现存的制度才能达到"（4—11）。这些明确的命题，便会是一种曲解。然而推理与实际内容不一定是抵触的。实际上马克思正是使这两者达到平衡，因为其中任一方都不比另一方的分量重些：一方面，原文中几乎全部都是推理，只有少量鼓吹使用暴力的话，所以说在广度上是以推理为主；另一方面，提倡理性仅仅是通过本文推理的范例来暗示的，而赞同使用暴力却是十分明确的，因此可以说在强度上是以后者为主。然而以下几点也是应该注意的。

赞同暴力的强烈程度有所冲淡；在提到"暴力推翻资产阶级"（1—51）那句话的地方，带有调查报告或历史报告的色彩。宣称"用暴力推翻现存一切社会制度"（4—11）时，用了"公开"二字，并且声明"共产党人不屑于隐瞒自己的观点和意图"（4—11），使语调有所缓和。而且还可以看出，使用暴力只是在"工人革命的第一步，就是使无产阶级上升为统治阶级"（2—68）才有必要，因为在完成这一步之后，下一步便是逐渐进行的："无产阶级将利用自己的政治统治，逐渐地夺取资产阶级的全部资本"（2—69，重点是我加的）。⑮最后一个消除爆炸性的因素是在第二章末尾的总括中，原文用假设的语气说："如果无产阶级在反对资产阶级的斗争中一定要联合为阶级，如果它通过革命使自己成为统治阶级……那末……"（2—83，重点是我加的）⑯。这种条件表达方式遍及全文,这也许是用来平衡同样遍及全文的"革命"言词和术语的。因此我认为,这一切大体上无非是暗示我们:在社会和政治变革中有时是需要暴力的。这一存在判断的概括(用逻辑学家的术语来说,不同于全称概括)与前面提出的关于理性具有某种效用的教训是类似的。因为那种概括也是存在判断的。

第二个方法论的特点也是同已经注意到的一个逻辑结构成分直接有关的,即对资产阶级的批判和对各种各样的社会主义主张的批判。这些批判引起了对资产阶级抱有偏见和对其他无产阶级政党抱有宗派主义的疑问。关于资产阶级,很清楚,用安东尼奥·格拉姆西的话来说:"《宣言》中包含了对行将灭亡的那个世界的高度赞扬。"⑫"资产阶级在历史上起过非常革命的作用"(1—13)这句话,便是这种赞扬的概括。资产阶级尤其值得称赞的是,它摧毁了封建主义(1—4~11),降低了宗教虔诚(1—14),靠着贸易自由给以人的自由(1—14),把从事高贵职业的人同样变成了雇佣劳动者(1—15),用生产工具革命化,使人们不得不正视他们的现实生活地位(1—18),它开拓了世界市场,促进了国际贸易和相互依赖的关系(1—19~20),对野蛮民族带来了文明的影响(1—21),使社会城市化,促进了精神生活的文明(1—22),创造了比以往任何时候都要大的生产力(1—24)。这几段雄辩的言词足以和《宣言》中任何别的言词相配,因此我们必须说,《宣言》对资产阶级的态度是端正的。自然,这里给我们的教训是,在反对或同某个人或某种制度作斗争时,不应不看到他们实际存在的长处。

对反动的和空想的社会主义的批判所表露的宗派主义由作者对"共产党"的态度端正了。正如哈罗德·拉斯基强调指出的,"不论马克思和恩格斯怎样指责不同于他们自己的其他社会主义原则,然而他们重视工人阶级力量的团结还是首要的"⑬。这一点在原文第二章开始(1—1~13)可以找到证明,其中说"共产党人不是同其他工人政党对立的宗派的政党",同样地在第四章也表明,只要能增进无产者的利益,愿意在不同情况下(例如在法国同社会民主党,在德国同资产阶级)实行联合。看来,这里给我们的启示是,在实践上采取容忍和合作的态度,而在理智和意识形态上采取对立和批判的态度。这使人联想起那个经过格拉姆西修改并且据他认为是出自罗曼·罗兰的公式,叫作"理智上的悲观态度,意志上的乐观态度"⑩。换句话说,在阶级偏见和党派的宗派主义这两个问题上,《宣言》把消极的批判和积极的建议结合起来,形成一个批判的建设性的态度。

《宣言》中产生的另一种综合是宿命论和唯意志论的综合。如果只着重第一章,就可能得到这种印象,即马克思和恩格斯是在宿命论地等待无产者社会的到来;无论是结论("资产阶级的灭亡和无产阶级的胜利是同样不可避免的")的明确表达,还是这三个论证性的辩证推理都会使人产生这种印象。然而这样解释也许是片面的,因为同样明显的是,在第二章既一般地又详细地论述了无产阶级为实现无阶级社会应采取的("自愿")步骤:使自己联合为阶级(2—83),使自己上升到统治阶级的地位(2—68),剥夺地产,把地租用于公共目的(2—73),消灭资产阶级私有制(2—12~13),等等。这里在方法论上的启示是,解释世界而无意去变革世界是没有实际意义的,想要变革世界而不认识世界是盲目的,如果允许我们对康德关于认识论的名言和马克思本人关于费尔巴哈的第十一个论题加以歪曲的话。

《宣言》对民族问题的态度如下:一方面,"共产党人把自己的主要注意力集中在德国"(4—7),因为这个国家正处于资产阶级革命的前夜,这个革命只能是无产阶级革命的序幕;另一方面,共产党人的一个鲜明的特点是,"在各国无产者的斗争中,他们强调坚持整个无产阶级的不分民族的共同利益"(2—5),因为"工人无祖国"(2—53),资产阶级社会本身的发展使民族隔阂消失了(2—54),而且"无产阶级的统治将使他们更快地消失"(2—55)。此外,虽然"每一个国家的无产阶级当然首先应该打倒本国的资产阶级"(1—50),然而这只是形式上而不是实质上的不同(1—50)。看来,这里的教训是,一个人必须既是国际主义者,又是民族主义者,就长远的目标而言是国际主义者,就当前的策略而言是民族主义者。

最后一个争议及其结论也值得提及。马克思和恩格斯敏锐地觉察到以往全部历史都包含着压迫者和被压迫者之间的阶级斗争。这就使人们产生一种可怕的和悲观的看法,特别是在把这种看法推向极端并且用一种庸俗的态度对待的时候。因此,难以令人不同意本尼德托·克罗斯的说法。他说,"共产党对历史的写法是千篇一律,空洞无物,令人乏味的"⑩,因为它"导致对人类全部历史——古典文学艺术时期的历史,基督中世纪的历史和现代自由的历史——以及对这些文化奇迹的敌对态度,不是以荷马,但丁,莎士比亚,柏拉图,康德和黑格尔,而是以奴隶、农奴和无产阶级作为历史和文化的代表"。⑩如果我们把讨论范围限制在我们所关心的《宣言》本身,我们可以说,尽管不能把别人的这种夸张和歪曲归咎于《宣言》,尽管《宣言》实际上并不包含克罗斯所说的对全部人类历史的敌对态度,然而第一章里确实含有这样一种潜在的消极和悲观的看法,或者说含有这种倾向。在这里我们要反问一下,这一点是不是整个《宣言》的特征。我认为,这种消极和悲观的看法,已经被下面这个多少有些乌托邦式的理想抵消了:每个人的自由发展是一切人的自由发展的条件的"联合体"(2—84)。因此我们可以说,《宣言》把对过去的悲观态度与对未来的乐观态度加以对照,从而体现了各种观点的综合。

《宣言》把唯理智论和行动主义,消极的批判和积极的赞赏,宿命论和意志论、民族主义和国际主义、悲观主义和乐观主义这一类截然相反的概念在不同程度上均衡地、明智地结合起来,对于《宣言》所包含的这个内容,上述方法论的分析已作出了正确的评价。如果我们把判断解释为明智地解决和融合不同意见,那就可以说,我们的分析表明《宣言》是在政治社会探索领域中的一个有效判断的范例。如果我们把辩证法解释为对立面和(或)差别的综合,像某些马克思主义者和其他具有黑格尔传统的人所解释的那样,那么就可以说,《宣言》是一篇辩证著作。如果说得切实一些,我们所谈到的只不过是社会探索的方法论,那么就可以说,我们已经证明,《宣言》的结构确实是讲究方法论的,从中可引出的教训是没有多大错误的。由于我们对《宣言》在方法论方面所作的正确评价和在逻辑方面所作的多半是消极的批评达到了平衡,由此可见,我们的全部分析都是坚持马克思原著精神的。我们所作的评价性分析自然就可作出这篇著作并不激进的基本说明。

总括起来,我们一开始论证,对于《宣言》这样的名著应该用经典的方法例如用推理和判断这两个概念来研究,这是有学术上和方法论上的理由的。逻辑分析的第一部分,根据原著完整地叙述了马克思据以论证无产阶级社会到来这个结论的推理结构。第二部分是逻辑评价:这里提出的一个观点是认为马克思的推理主要是(虽然不完全是)反归纳法的,但是这一特点并不有害于它的正确性;然后我指出,这个推理是根据无阶级社会是一种公益社会这个命题,就这点来说,这个推理在逻辑上是错误的;这一点很容易受到布贝南关于"坐享其成者"的非难,而对于这种非难是不能不予以考虑的,因为它所假定的并不是利己主义,而是马克思本人在这篇著作中所体现的对行动后果的关切。

本文用正面的评价分析的方法,对《宣言》作了这一逻辑补充分析,并由上述评价与之平衡,由此看出,《宣言》对许多有关社会政治的重大看法作了明智的综合。㉕

注释:

① 转引自《美国名言录》(纽约,豪森,1964)。感谢蓓姬·玛奇提醒我注意马克·吐温关于名著的谈论;她对本文的讨论方法所给我的启发也是值得赞佩的,这个方法与她在《理智的映象:评〈论证与反驳〉》一文(载《社会科学的哲学》)中采用的方法类似。

② 马克·吐温:《沿赤道前进》(第一册);《普登德·威尔逊的新日历》(第二十五章),转引自约翰·巴特莱特:《常用语录》(第十三版),波士顿,小布朗,1955。

③ 参阅《伽利略与推理技巧》,道尔德雷希,雷德尔,1980;《牛顿的〈哲学研讨第三法则〉》,载《爱西斯》杂志,1974年第65期,第66~73页。

④ 大卫·麦克莱伦:《卡尔·马克思的生平和思想》,纽约,哈波尔和罗,1973年,第187页。

⑤ 列斯哲克·科拉科夫斯基:《马克思主义的主要思想趋向》,牛津,克拉伦敦出版社,1978年,第228页。

⑥ 安东尼欧·拉布里奥拉:《纪念〈共产党宣言〉》,罗马,1895年;参阅他所著《论唯物主义的历史概念》,芝加哥,克尔,1904年;纽约:每月评论出版社重印,1973年,第7~91页。

⑦ 查理斯·安德勒尔:《卡尔·马克思与F·恩格斯著〈共产党宣言〉的历史介绍与评注》,巴黎:新社会图书出版社,1901年。

⑧ D.梁赞诺夫:《〈共产党宣言〉编注》,伦敦,马丁·劳伦斯,1930年,第69~254页。

⑨ 哈罗德·J.拉斯基:《马克思和恩格斯的〈共产党宣言〉》,纽约,西布利出版社,1967年,第3~105页。

⑩ 参阅马克思和恩格斯:《共产党宣言》,保罗·M.斯威齐和L.胡伯曼编,纽约,每月评论出版社,1964年,第87~113页。

⑪ 爱德华·H.卡尔:《共产党宣言》,载《革命论文集》,纽约,格罗塞敦纳普,1950年,第15~37页。

⑫ 参阅得尔克·J.史楚依克编:《〈共产党宣言〉的问世》,纽约,国际出版社,1971年,第11~84页。

⑬ D.A.德伦南:《卡尔·马克思的〈共产党宣言〉》,渥得布利,纽约,巴隆教育丛书出版公司,1972年。

⑭ 同上列梁赞诺夫著作,第256页。

⑮ 同上列卡尔著作,第36页。

⑯ 诺贝尔托·博比奥:《马克思与社会主义》,载《目的》第39期,1979年春,第191页注释一。帕雷托为意大利资产阶级经济学家,庸俗政治经济学数学派代表人物(译校者注)。

⑰ 参阅本尼德托、克罗斯:《诗论》,巴雷:拉特尔兹,1936年;同著者:《十九世纪的欧洲文学》,D.爱恩利译,纽约,赫斯克尔出版社,1967年。

⑱ 同上列梁赞诺夫著作,第255~256页。

⑲⑳ 同上,第256页。

㉑ 同上,第257页。

㉒ 同上列拉斯基著作,第27页。

㉓ 见史楚依克在他编注的《共产党宣言》第63～74页中所作的概括。

㉔ 史楚依克编:《〈共产党宣言〉的问世》,第131～132页。

㉕ 转引自马丁·舍利格尔:《马克思主义的意识形态概念》,剑桥,剑桥大学出版社,1977年,第205页,出自M.韦伯:《社会主义》,载《现代社会学与社会政治论文集》,图本根:1942年,第504～505页。

㉖ 同上列卡尔著作,第18页。

㉗ 威廉·莱昂·麦克勃莱德:《马克思哲学》,伦敦:赫京生,1977年,第93页。

㉘ 有些自然段只有一个句子。凡是以空格起始一行的段落都算作一个自然段。在我所见到的版本中这种自然段的划分都是一致的,其中包括一些德文,意大利文和法文版本。

㉙ 以下括号内的标记均用于准确查找原书出处,读者只须在所持的任一种版本上编写出自然段的号码,即易于查找。例如本处标记的出处是"第二章,第二,第三自然段"。(译者注:原文对第一至三各章自然段的划分数均与中文版不一致。)

㉚ 此处德文版为"必然的"("一定要")。参见《卡尔·马克思,F.恩格斯选集》,莫斯科,凡尔拉格进步,1971年,第52页。

㉛ 麦克斯·布莱克:《关于分析的若干问题》,依萨卡,康乃尔大学出版社,1954年,第171～179页。

㉜ 同上,第165～172页。

㉝ 同上,第172页。

㉞ 同上,第173页。

㉟ 同上,第179页。

㊱ 同上,第172页。

㊲ 参见上列拉斯基著作,注释二。感谢不知姓名的评判人提醒我注意这条反驳。

㊳ 这条反驳是L.约翰逊·柯恩(在私人论中)提出的。

㊴ 保罗·费尔拉本在讲到科学方法论时为类似的结论作过辩护。参见他所著《违反方法》,大西洋高地、新泽西,人类出版社,1975年,第23～33页。

㊵ 阿伦·布贝南:《革命的动机与理性》,载《哲学与公共事务》,1979年第9期,第59～82页。

㊶ 关于布贝南对这种责难的反批评,见上列著作,第65页。

㊷ 见上列布贝南著作,第65页注释一。

㊸马克思:《共产党宣言》,史楚依克注,第163~189页。

㊹参见斯威齐和胡伯曼:《〈共产党宣言〉问世一百年》,载该两人所编写马克思《共产党宣言》,第91~107页。

㊺此处德文版为"nach und nach"("一步一步地")。参阅上列《马克思恩格斯选集》,第52页。

㊻此处德文版为"wenn…so…"("如果说……那么……"),词意可能更为模糊,参阅上列《马克思恩格斯选集》,第52页。

㊼A.葛兰西:《狱中扎记》,V.格尔拉塔纳编,塔林:爱因纳第,1975年,第二册,第1417页。

㊽同上列H.J.拉斯基著作,第35页;参阅第60~76页。

㊾参阅上列格拉姆西著作,第四册,第2510页。

㊿B.克罗斯:《马克思与俄国短论》,A.A.戴根纳罗,纽约,弗烈德吕克·安格尔,1966年,第28页。

(51)同上,第90页。

(52)感谢安德鲁·阿特曼·阿伦·布贝南、密尔顿·费斯克、皮奥特尔·霍夫曼,以及不知姓名的评判人,对本文提出有益的意见和批评;尽管他们的意见是对我所作的"评价"提出了异议,因为在我作的评价中含有对立面的综合。本文的简短初稿在伦诺尼瓦达大学首次作了介绍。(译自《哲学论坛》第14卷第2号,1982—1983年冬出版)

第三部分　探析《共产党宣言》真义

传遍世界的福音　振兴中华的指南 *

一、《共产党宣言》的产生和历史地位

1848 年 2 月 24 日，马克思与恩格斯合著的《共产党宣言》德文本（以下简称《宣言》）在伦敦出版。它当初是作为世界上第一个共产党的"完备的理论和实践的党纲"问世的（以下引文凡未注明出处的均见《宣言》一书）。

共产党的建立是工人运动发展到一定阶段的产物。工业无产阶级、工人阶级是以蒸汽化为标志的现代第一次科技革命、产业革命和生产力革命的产儿。16 世纪西欧最早进入资本主义时代，以私人资本雇佣劳动为基础的新生产方式在封建社会内部逐步发展起来。到 1765 年瓦特发明蒸汽机以后，现代机器生产的工业加速发展起来，从此开始了资本主义现代化的进程。现代化使几千年传统分散手工劳动的农业文明转变为社会化大生产的工业文明。现代化不仅首先指工业化、机械化，而且还包括商品化、市场化、民主化、法治化、城市化、知识化等，使世界面貌发生了大变化。但是资本主义现代化也造成了社会劳资两个阶级的两极分化，宗主国和殖民地的两极分化，给广大劳动者带来了空前的灾难。因此，工人阶级形成之后就开

---

* 本文是应《人民日报》理论部之约而写，摘登于《人民日报》1998 年 4 月 4 日第 5 版，全文发表于《社会科学研究》（成都）1998 年第 3 期（5 月出版）（此文为纪念《共产党宣言》出版 150 周年而作）。

展工人运动,为工人阶级和全人类的解放而斗争。工人运动就成为新的社会运动,如何解决工人问题就成为社会关注的焦点,于是就有众多仁人志士提出种种社会主义、共产主义方案,然而却长期处于空想阶段。到19世纪40年代,由于蒸汽化的社会生产力在工业和交通运输业中的广泛发展,工人运动从分散的经济斗争到有组织的政治斗争的发展,以及哲学、经济学、社会主义学等多门科学的新发展,社会主义、共产主义已有可能由空想变为科学。马克思、恩格斯这两位志同道合的德国青年思想先锋,于1842—1844年完成了从资产阶级知识分子到无产阶级知识分子、从唯心主义者到唯物主义者、从民主主义者到共产主义者的转变,随后陆续写成了《黑格尔法哲学批判》《英国工人阶级状况》和《德意志意识形态》等论著,初步阐述了新世界观。这时,在伦敦活动的主要由德国工人组成的正义者同盟这个革命团体,接受了马克思、恩格斯的新世界观,盛情邀请他们加入同盟。1847年6月在伦敦召开了同盟改组大会,即共产主义者同盟第一次代表大会,提出了要实现共产主义的宗旨,决定改变组织名称,宣布共产主义者同盟正式建立,这是世界上第一个共产党组织。会上讨论了恩格斯拟就的名为"共产主义信条草案"的纲领草稿,会后发给各支部征求意见。恩格斯于10月底又写了纲领第二稿《共产主义原理》。在11—12月同盟第二次代表大会上认真研讨了党纲问题,并且委托党的思想领袖马克思、恩格斯起草一份正式表明党的指导思想、基本观点、施政方针和奋斗目标的党纲公诸于世。他们呕心沥血,反复磋商,于1848年1月完成,2月发表。这就是《宣言》一书的由来。

写成此书时马克思不满30岁,恩格斯刚过27岁。在这本约二十五万字的文献中,他们系统阐述了共产主义科学世界观,肯定了资本主义的历史进步性,揭示了资本主义的内在矛盾和种种弊病,论证了资本主义必然发展到共产主义的规律性,指明了无产阶级及其政党解放斗争的道路和任务,阐明了共产主义的理想,批判了各种错误思潮,捍卫了共产主义的科学原则。《宣言》是"成熟的马克思主义的最初著作",对马克思主义"作了完整的、系统的、至今仍然是最好的阐述"(列宁语)。《宣言》堪称袖珍版马克思主义百科全书,包含了马克思主义三大组成部分和各个方面的基本原理。它博大精深、构思缜密、句句珠玑、段段瑰玮,融科学性、政治性、思想性、知识性和艺术性于一体,可谓马克思主义的精品、珍品和极品。曾经被公认的著名马克思主义理论家的考茨基于1890年说过:"世人称马克思的《资本论》为工人阶级的《圣经》。大家既然要用这种颇偏于教会的用语,那末这种说法便更适合于《共产党宣言》。马克思和恩格斯后来的著作更加精深博大,其探讨的问题十分透彻,但其中每一种著作所讨论的只是现代工人运动基础的某几方面。而《共产党宣言》却总括这种基础的全部,所以此书是社会主义的真精华。"①这种评价言之成理。《圣经》中耶稣的训示被基督教徒当作福音四处传播;《宣言》中昭示的科学真理对于广大人民群众来说乃是真正的福音,近一个半世纪以来已经传遍了全世界,而且还将世代相传,因为它开辟了人类文明史的新纪元,具有永恒的价值。

二、《宣言》在全世界的巨大深远影响

《宣言》德文本自1848年面世以后,到1871年又在德、英、美等国至少印过十二种不同的版本,至今印过上百种版本。一个半世纪以来,它已被译为一百多种文字,出版了一千多种版本,发行了几千万册。早在1890年恩格斯就指出:"《宣言》的历史在某种程度上反映着1848年以来现代工人运动的历史。现在,它无疑是全部社会主义文献中传播最广和最具有国际性的著作,是从西伯利亚到加利福尼亚的所有国家的千百万工人共同的纲领。"当时各国雇佣工人约有一亿人。当今它更可以说是传播最广和最具有国际性的著作,它依旧是全世界五大洲大约十三亿工人的共同纲领。《宣言》作为国际性的共产主义政党的纲领,起初本来决定用"英文、法文、德文、意大利文、弗拉芒文和丹麦文公布于世"。事实上最早译本却是1848年出版的瑞典文版。英文于1850年、1872年、1888年出版过三种译本,在美

国还出现过两种多少有些损害原意的英译本。法文于 1848 年、1872 年、1886 年出版过三种译本。俄文从 1869 年起到 1948 年《宣言》出版一百周年纪念时,先后有过十种俄译本。到 20 世纪初,《宣言》还先后出版过西班牙文、葡萄牙文、捷克文、波兰文、丹麦文、挪威文、意大利文、保加利亚文、荷兰文、罗马尼亚文、匈牙利文、芬兰文等几乎所有欧洲文字的版本和世界语本。如果说到此时,《宣言》的传播还只限于欧洲和美洲(包括拉美),那么 20 世纪初以来则进而扩展到世界五大洲。日文、中文、朝鲜文、蒙古文、越南文、印尼文、印地文、土耳其文、阿拉伯文等各种译本陆续出版。各国反动统治者曾经动用禁令、查封、没收、捕杀等手段,但是都无法阻挡《宣言》的流传。《宣言》为什么具有如此强大的感染力和吸引力呢? 因为它宣扬了永久闪光的放之四海而皆准的科学真理。

恩格斯在《宣言》1883 年德文版和 1888 年英文版序言中一再强调指出:"《宣言》中始终贯彻的基本思想,即每一历史时代的经济生产以及必然由此产生的社会结构,是该时代政治的和精神的历史的基础;因此(从原始土地公有制解体以来)全部历史都是阶级斗争的历史","而这个斗争现在已经达到这样一个阶段,即被剥削被压迫的阶级(无产阶级),如果不同时使整个社会永远摆脱剥削、压迫和阶级斗争,就不再能使自己从剥削它压迫它的那个阶级(资产阶级)下解放出来"。在这个基本思想中,贯穿着一条主线,即社会生产力是人类社会历史发展的原动力,阶级是生产力发展到有剩余产品的阶段才产生的,又必然随着生产力的高度发达而消灭。《宣言》中有十二处提到生产力。它既肯定了"资产阶级在它的不到一百年的阶级统治中所创造的生产力, 比过去一切世代创造的全部生产力还要多,还要大",又指出在资本主义社会"生产力已经强大到这种关系所不能适应的地步,它已经受到这种关系的阻碍";无产阶级只有"废除全部现存的占有方式,才能取得社会生产力",无产阶级掌握政权后,要"尽可能快地增加生产力的总量"。只有生产力得到高度发展之时才能消灭私有制和阶级,只有在生产力充分涌流之时,才能实现各尽所能按需分配的共产主义原则。共产主义的目标是建立"自由人联合体","在那时,每个人的自由发展是一切人的自由发展的条件"。这是《宣言》的精髓所在。共产主义(communism)原是一个拉丁文名词,本意是"公共",故又可译为公共主义。它与"社区"(community)是同一词根,又可以理解为社区主义。共产主义的归宿是在消灭了资本主义剥削与压迫、生产力充分涌流之后,普遍实现社区高度自治,使人人得到自由全面发展,家家过着幸福美满生活。这样的社会理想是顺理成章、人心向往的。

由于《宣言》的科学真理在世界的广泛传播,促进了工人政党的逐步建立。从19世纪60年代至20世纪初,在欧美出现了二十多个社会民主党或社会党。到1914年第一次世界大战爆发,各国工人政党内左派与右派因对帝国主义大战持反对或支持两种不同的态度而发生分裂。左派在战后组织了新党,恢复了马克思、恩格斯早期建党时用的名称,取名为共产党。在世界五大洲先后形成了一百多个有活力的共产党。各国共产党努力把《宣言》的基本思想运用于本国实际,虽然屡遭挫折,依然坚持斗争,取得不同程度的成就。当今资本主义世界的基本矛盾依旧存在,国际国内的两极分化现象依旧严重。全世界近六十亿人口中有十三亿人即超过五分之一的人在挨饿,有三十亿人即一半人靠每天不足两美元的收入糊口;占世界人口78%以上的发展中国家人均国内生产总值不到十四美元,不及发达国家的二十分之一;全球十六亿人口收入总和尚不及三百多个大富翁的财产,全球每天增加六万七千个贫困者。即使在发达的资本主义国家,贫困者也在不断增多。以资本主义发源地英国为例,从1979年到1996年,收入不到平均水平者已从十分之一增加到五分之一。难怪《宣言》于1996年又在它的首发地成为畅销书。新年伊始,伦敦出版界就传出爆炸性新闻:《宣言》销售量突破一万册,在苏格兰销路更好,已列第五畅销书之位。在历经近一个半世纪之后,此书在英国销售如此红火实属罕见,因此被不少人称为"在书店里爆发的一场革命"。这显然是由于许多人对资本主义社会的现状不满而在寻求新的理想社会。

当代新科技革命的迅猛发展使社会生产力愈益提高。当代除传统体力劳动蓝领工人外,还新增了白领(管理者)、灰领(维修者、知识产业开发者和营销者)、金领(工程技术人员)、粉领(女职工)等五颜六色衣领的脑力劳动工人,工人阶级的队伍更壮大了,素质更高了。因此,《宣言》中提出的建立"自由人联合体"的社会理想,是愈益接近了现实。当然,我们要牢记《宣言》中所强调的:"这些原理的实际应用,随时随地都要以当时的历史条件为转移。"只要我们不是教条式地生搬硬套,而是创造性地运用并且向前发展《宣言》的基本原理,世界共产主义就一定能够实现。

三、《宣言》改变了现代中国的面貌

中华文明古国自 1840 年鸦片战争失败以后,逐步沦为资本主义现代化的西方列强的半殖民地,众多爱国志士一代又一代想从西方寻求振兴中华之法宝。可是西方资本主义的固有矛盾已越来越充分暴露出来,中国已难以重蹈西方资本主义老路。从 20 世纪初起,西方的马克思主义开始传入我国。颇为有趣的新现象是在我国最先介绍马克思主义的竟是一批资产阶级革命的先驱者。这是因为他们多在日本留学,最先接触马克思主义文献,对西方的各种革命学说均感兴趣。1903 年 2 月 15 日在东京的中国留学生主办的《译书汇编》杂志上发表了马君武写的《社会主义与进化论比较》一文,最早论及马克思的阶级斗争学说"为历史之钥",并且在文末开列的社会主义名著中首次提到《宣言》。无独有偶,同年 2 月 22 日上海广智书局出版日本福井准造著、留日学生赵必振译的《近世社会主义》一书,首次向国人介绍了马克思写作《宣言》的经过。随后,朱执信于 1905 年 11 月在《民报》上发表的《德意志革命家小传》中首次摘译了《宣言》中的五段话和十条纲领,并且概述了写作背景、全书要点和历史意义;1908 年《天义报》首次发表民鸣译的《宣言》节译本。只有到 1917 年俄国十月革命后,中国工人阶级开始登上政治舞台,涌现了首批共产主义知识分子之后,《宣言》才在我国

得到全面传播。《宣言》第一个全译本是1920年8月在上海出版的陈望道的译本。七十多年来先后还流传过十五种中译本。现在统一用中央编译局的新校译本。另外还出版过藏、蒙、维、哈、朝等多种少数民族文字译本。《宣言》培养了我国好几代的马克思主义者,对中国革命和建设起过极其巨大的作用。如果要问哪一本外国人写的书对改变现代中国面貌产生了最持久、最重大的影响,可以说非《宣言》莫属,它是现代振兴中华的重要指南。这也说明,作为文明古国的中国是非常重视吸收世界文明的最新成果的。

江泽民同志在党的十五大报告中指出:"一个世纪以来,中国人民在前进道路上经历了三次历史性的巨大变化,产生了三位站在时代前列的伟大人物:孙中山、毛泽东、邓小平。"这三位伟人都是受到《宣言》的教育,并且在不同程度上以《宣言》为指导,才使中华民族在振兴之路上发生了三次巨变。

革命先行者孙中山于1894年成立兴中会,首次鲜明提出"振兴中华"的宗旨。1896年11月他被清政府绑架脱险后留居伦敦半年多,他时常到大英博物馆博览群书,寻求兴国之道。作为中国革命者,这时他最早读到《宣言》等马克思主义论著。"早在那个时候,社会主义就对他产生了吸引力,他敦促留学生研究马克思的《资本论》和《共产党宣言》,并阅读当时的社会主义书刊。""听过他讲演的人们记得,他常常预言,在20世纪,社会主义将取代资本主义。"②正是《宣言》等书促使孙中山在民族主义、民权主义之后又提出民生主义,并且指明"民生主义就是社会主义",这样他的三民主义才臻于完善。正是在孙中山的指引下,当时一些革命党人才最早向国人介绍了马克思及其《宣言》。孙中山的三民主义推动了中国的民族民主革命,1911年辛亥革命的胜利终于结束了几千年的君主专制统治,建立了民主共和政体,使现代中国发生了第一次巨变。他在1912年10月14日至16日连续三天发表的《社会主义的精义》的长篇演说中,盛赞马克思的社会主义学说,热烈希望"我中华民国之国家,一变而为社会主义之国家矣"③。孙中山晚年提出联俄、联共、扶助农工三大政策,强调"法、美共和国皆旧式的,今日惟俄国为新式的。吾人今日当造成一最新式的共和国",主张中国革命要以士、农、工、商等广大民众为"后盾",以农夫为"基础",以工人为"先锋",由"产业工人阶级发挥领导作用","以谋农夫、工人之解放"。可以说1922—1924年他的思想已逐步接近马克思的科学社会主义。1925年孙中山赍志以殁,他以社会主义来振兴中华的夙愿竟未能完成。

毛泽东于1920年在北京初次读到《宣言》。1936年他同美国记者斯诺谈话回忆往事时说:正是《宣言》等书"建立起我对马克思主义的信仰。我一旦接受了马克思主义对历史的正确解释以后,就一直没有动摇过"。1941年他在《关于农村调查》中又说:从《宣言》等书"我只取了它四个字:阶级斗争,老老实实地来开始研究实际的阶级斗争"④。这时他还对人谈道:"《共产党宣言》,我看了不下一百遍,遇到问题,我就翻阅马克思的《共产党宣言》,有时只阅读一两段,有时全篇都读,每阅读一次,我都有新的启发。我写《新民主主义论》时,《共产党宣言》就翻阅过多次。读马克思主义理论在于应用,要应用就要经常读,重点读。"⑤毛泽东把《宣言》的基本思想与我国实际相结合,形成了毛泽东思想。他创造性地提出中国革命要分新民主主义革命和社会主义革命两步走,要依靠党的领导、农村包围城市的武装斗争和人民民主统一战线三大法宝去夺取政权,要遵照马克思主义的工业化、合作化和赎买思想去实现国家工业化和对农业、手工业以及资本主义工商业的社会主义改造。1949年新中国成立1956年社会主义制度的初步建立,使中国的社会面貌发生了第二次巨变,为中华民族的振兴奠定了政治经济基础。可惜1957年以后毛泽东误解了《宣言》中关于阶级斗争的论述,在基本上消灭了剥削阶级之后仍然以阶级斗争为纲。在1958年大跃进中,他又重读《宣言》并在书上划了很多直线、曲线和圈点,力图为他急于求成的思想寻找理论根据。这样使得中国的振兴又走了弯路。

邓小平是1922年(18岁)在法国勤工俭学时最初读到《宣言》的。以他17岁就到法国当轧钢工、制鞋工的经历,当即完全接受了马克思主义,同时加入了旅欧中国共青团,1926年他到莫斯科中山大学学习时,又认真研读了《宣言》,对马克思主义领会得更深了。后来在长期工作中,他时常对干部传授、讲解《宣言》的基本思想。1930年他在广西红七军当前委书记时，还把《宣言》等革命书籍给旧军官李明瑞看，终于把李明瑞争取过来，李明瑞随即当上了红七军、红八军总指挥，最终成为革命烈士。不论在戎马倥偬的战争岁月，还是在领导建设的和平环境，邓小平都反复细读简明精悍的《宣言》，领会其精神实质，重点在正确运用。1992年他在南方谈话中总结其学习马列主义的经验时语重心长地说："学马列要精，要管用的。长篇的东西是少数搞专业的人读的，群众怎么读？要求都读大本子，那是形式主义的，办不到。我的入门老师是《共产党宣言》。"⑥最难能可贵的是，1978年党的十一届三中全会以来，邓小平创造性地运用《宣言》的基本思想，端正了党的路线，并且从当今时代发展和我国历史条件出发，形成了建设有中国特色的社会主义理论。邓小平理论是马克思主义在当代中国发展的新阶段。邓小平牢记《宣言》关于"尽可能快地增加生产力总量"的教导，强调社会主义的本质首先是解放和发展生产力，提出"科技是第一生产力"的论断，为党制定了以社会主义初级阶段的"一个中心，两个基本点"为主要内容的基本路线，要把我国建设成为富强、民主、文明的社会主义现代化国家，为中华民族的全面振兴找到了一条新道路，使我国的面貌在改革开放和社会主义现代化建设中发生了第三次巨变。可以预期，到21世纪中叶，即《宣言》发表200周年时，我国将达到中等发达国家的水平，成为世界上具有较强科技经济文化实力的社会主义大国；那时中国必能对人类文明做出更大的贡献。

宋朝初年宰相赵普，平生熟读孔子的《论语》一书。他曾对宋太宗赵匡义说，他过去曾以半部《论语》辅佐宋太祖赵匡胤定天下，现在欲以半部《论语》辅佐"陛下致太平"。自此，在我国历史上有所谓"半部《论语》治天下"的美谈，以此夸赞儒家经典。儒家思想中关于修身、齐家、治国、平天下的某些义理固然有其不朽价值，但是儒学毕竟是古代农业文明的产物，最终也挽救不了封建社会的覆灭。作为现代化工业文明治世精华的马克思主义，必将引导无产阶级和全人类消除资本主义弊端，达到彻底解放的共产主义胜境。从这个意义上说,《宣言》既是振兴中华的指南,又是改变世界的福音。只要我们善于运用并发展马克思主义,那么也可以说:一部《宣言》即能定天下,也能治天下。

注释:

① 参见《新时代》杂志,第 1 卷,第 231 页。

② 参见宋庆龄 1966 年写的《孙中山——坚定不移、百折不挠的革命家》和 1962 年写的《孙中山和他同中国共产党的合作》二文。

③《孙中山全集》(第二卷),中华书局,1981 年,第 523 页。

④《毛泽东文集》(第二卷),人民出版社,1993 年,第 379 页。

⑤ 陈晋:《毛泽东读书笔记》(解析),广东人民出版社,1996 年,第 242~243 页。

⑥《邓小平文选》(第三卷),人民出版社,1993 年,第 382 页。

如何重新认识世界资本主义和社会主义
的历史进程*

　　高放教授是我国科学社会主义界的知名学者。河北建设科技学院人文社科系主任、《河北建设科技学院学报》主编冯石岗教授日前借高放先生来邯郸讲学的机会拜访了高放教授,下面是访谈记录。

　　(以下高放简称高,冯石岗简称冯)

　　冯:高老师,您是国内外知名的社会主义理论专家,人们称您为思想高度解放的学者。您所主编的《科学社会主义的理论与实践》是研究生的教材,我们一直学习和使用您的教材,对您十分敬仰。11 月 13 日晚上在电视上看到您在中央党校举办的学习江泽民同志关于"四个如何认识"研究班上的发言,今天有幸见到您,我们感到机会难得,所以利用您短暂休息的时间来拜访您,向您请教几个问题。

　　高:不必客气,我是普通教师,有什么问题咱们可以共同探讨。很高兴来到邯郸,五十二年前我从北京越过国民党封锁线,跑到晋冀鲁豫解放区刚参加革命时曾经路过邯郸,今非昔比了。看到你们年轻一代都成长起来很高兴,愿意和你们讨论一些问题。

　　冯:希望您就如何认识资本主义和社会主义的历史进程问题给我们讲讲您的研究成果。

---

　　* 载《河北建设科技学院学报(社科版)》(邯郸),第 17 卷第 4 期,2000 年 12 月出版。本文有助于深入理解《共产党宣言》出版前后世界共产主义和世界社会主义的变化,故收入本书。

高：今年 3 月我去美国访问，10 月刚回国，有幸应中央党校邀请参加了研究江总书记提出的"四个如何认识"研究班。江泽民同志要求广大干部认识社会主义的历史进程、资本主义的历史进程、我国的社会主义改革实践过程对人们思想的影响，当今国际环境和国际政治斗争带来的影响。你们在电视上看到的就是我在北京研究班上发言的情况。中央党校 10 月、11 月先后在北京和上海举行两次高水平研究班，邀请六十多位中央各部门的领导同志、学术界专家共同研讨这些问题。参加这次会议有很多收获，今天我可以就如何认识资本主义和社会主义这两个历史进程问题谈一点个人的学习体会。

一、世界资本主义的历史进程可以分为四个阶段

冯：据说您认为"两个历史进程"最重要的是认识资本主义历史进程。

高：是的。我认为，社会主义是对资本主义的继承和改造，要正确认识和建设社会主义，首先应对"资本主义有哪些成果需要我们继承，有哪些弊端应该改造"有一个正确的认识，这是大前提。应该说，过去我们对资本主义的文明成果了解得不深不透，对当代资本主义的变化了解得不够全面。社会主义和资本主义都有其客观的历史进程，正确反映才能推动历史向前发展。如果对资本主义认识不正确，就会影响对社会主义的认识，就会阻碍社会主义的发展。

冯：我们对资本主义应如何认识？

高：资本主义的进程经历了几个阶段？前后认识有很大变化。早先马克思认为分为三个阶段，即简单协作、工场手工业阶段和机器工业阶段。后来列宁是分为三个阶段，即受封建势力压制的资本主义、自由资本主义和垄断资本主义。可是现在资本主义又获得了新发展。我认为重新认识资本主义可以把它分为四个阶段：萌芽阶段、初级阶段、中级阶段、高级阶段。资本主义发展历程是一定客观历史过程，人们的认识应该随着历史的发展而不

断深化。

第一阶段,资本主义萌芽阶段,发生在 16—18 世纪,大约持续三百年。我把这个阶段称为"封建资本主义阶段",这纯粹是我个人的提法。这个阶段的特点是封建势力和新生资本主义因素交织在一起,新生资本主义逐步冲破封建势力压制而日益成长,产业革命还未开始,资本主义发展处于简单协作和工场手工业阶段,处于从小生产向大生产的过渡时期,社会化劳动刚刚起步,发展缓慢。

第二阶段,资本主义初级阶段,18 世纪末至 19 世纪末,持续大约一百年的样子,就是后来列宁提出的自由资本主义阶段。这时资本主义摆脱了封建枷锁,英、法、德、美等国的资本主义相继大发展。18 世纪末出现了第一次科技革命,蒸汽机取代人工动力,机器取代手工劳动,给资本主义注入新的活力。资本主义发展进入自由竞争阶段,经济飞速发展,开始实现资本主义现代化。资本主义把自古以来传统的农业社会完全变成为现代工业社会,其文明成果集中体现在实现了资本主义现代化。什么是现代化?我认为应该至少包括十个"化":思想自由化、生产社会化、国家工业化、工业机械化、经济市场化、政治民生化、文化多元化、社会法治化、农村城市化、大众知识化。资本主义现代化在人类历史上有很大的历史进步性,起过非常积极的作用。正如马克思、恩格斯在《共产党宣言》中所指出的:"资产阶级在历史上曾经起过非常革命的作用。""资产阶级在它的不到一百年的统治中所创造的生产力,比过去一切世代所创造的全部生产力还要多,还要大。"从以上所概括的资本主义现代化"十个化"的成果,可以看出资本主义使世界发生了翻天覆地的巨大变化。但资本主义也有很大的历史局限性。社会化的大生产同资本家私人占有制之间的矛盾加深,并由此派生出两极分化,一是国内劳资两极分化,二是国际间宗主国与殖民地的两极分化:正是这三个资本主义社会无法克服的对抗性矛盾,决定了资本主义必然灭亡,必然被新社会所代替。资本主义社会矛盾发展的现实,促使很多有识之士研究资本主义的历史命运,他们都认为资本主义迟早要被送进历史博物馆。《共产党宣言》第一章末尾明确指出:"资产阶级的灭亡和无产阶级的胜利是同样不可避免的。"

第三阶段,资本主义中级阶段,从 19 世纪末到 20 世纪末,大约也是持续一百年的样子。列宁于 1916 年写成《帝国主义是资本主义的最高阶段》,他重新回顾资本主义,把 18 世纪以来资本主义发展分为自由资本主义阶段和垄断资本主义两个阶段。他认为垄断资本主义把世界瓜分完毕,资本主义的本性决定要向外扩张,重新瓜分世界,必然发动战争,帝国主义是战争策源地,垄断资本主义是资本主义发展的最高阶段,也是最后阶段。实践证明,列宁的论断是正确的,世界资本主义为了重新瓜分世界发动了两次世界大战。列宁认为,帝国主义国家之间的战争是"狗咬狗"的战争,战争会彼此削弱其力量,有利于无产阶级革命在帝国主义统治的薄弱环节首先胜利。无产阶级应该变国外战争为国内战争,发动革命。1917 年俄国十月革命就是在这样的背景下胜利的,列宁领导布尔什维克党第一次给予世界资本主义以重大打击。第二次世界大战后,各人民民主国家的建立又一次给予世界资本主义以重大打击。

第四阶段,资本主义高级阶段,我称之为"社会资本主义阶段",可以看作是当代发达资本主义。从历史上看,资本主义的阶段性发展变化是与新科技革命联系在一起的。18 世纪末以蒸汽化为标志的第一次科技革命,使资本主义进入初级阶段;19 世纪 60 年代以电气化为标志的第二次科技革命,使资本主义进入中级阶段;20 世纪 60 年代以信息化为标志的第三次科技革命,使资本主义进入什么阶段? 有人说是国家垄断资本主义阶段,有人说是国家垄断和国际垄断资本主义阶段。事实上,列宁在《帝国主义论》中就提出了国家垄断资本主义概念,他认为资本主义发展到这个阶段,私人垄断和国家垄断是交错发展的,国家垄断不过是最大限度地瓜分世界的环节而已。1917 年 4 月列宁指出,一般垄断变化为国家垄断,自由资本主义向国家垄断资本主义转变。所以现在还用"国家垄断资本主义",那并没有发展列宁主义。至于国际垄断也并不完全准确,现在出现的跨国公司不一定是国际垄断资本,有些是私人中小资本的跨国联合经营。1988年我曾指出,资本主义发展到现阶段,可以称之为社会资本主义,是资本主义发展的最高阶段、最后阶段。这个阶段社会化程度更高,社会主义因素逐步增长,呈现出电子化、信息化、网络化、数字化,不仅由民族化、国家化向洲际化、国际化发展,而且向世界化、全球化方向发展,将来还会太空化、宇宙化。现代科技给资本主义增添了新的活力,资本主义还有相当大的发展空间。

二、当今资本主义社会为什么有社会主义因素在逐步增长? 资本主义为什么有长久的生命力

冯:您认为,当今发达资本主义国家已经进入社会资本主义阶段,这个阶段社会化程度更高,这一点容易理解,至于社会主义因素在逐步增长,能讲得更具体点吗?

高:可以。当代资本主义的社会主义因素在逐渐增长,这是一个不争的事实,可惜很多人都忽视了。首先要明确,资本主义社会的社会主义因素不是从天上掉下来的,是由种种原因造成的:一是新科技革命的推动,二是本国人民的抗争,三是资产阶级被迫采取措施以缓解其统治危机,四是自发出现了一些集体企业,五是很多国家社会民主党执政业绩,六是社会主义国家的存在及其成就的影响。

资本主义社会的社会主义因素,有很多具体内容。如资本主义国家的医疗保险制度、最低收入限度和补助制度、带薪休假制度、美国率先实现的五天工作制、美国借鉴苏联的计划经济而采取的指导性计划经济措施等。资本主义国家的股份大众化、分散化,使得发达资本主义国家的阶级结构不再是改变马克思预计的"两头大,中间小"的"葫芦"型模式,变化为"两头小,中间大"的枣核型。即不是资产阶级和无产阶级两头大,而是发展为中产阶级占绝对多数,资产阶级和无产阶级都成了少数。今天的美国社会出现了以下现象:工人阶级五化,即多领化(蓝领、白领、灰领、粉领、金领、灰

领指技术人员和维修人员,粉领指女工,金领指高级管理人员),工人向着知识化、智能化、有产化方向发展。另外,美国的社区发展很快,大众共享的东西越来越多。我认为社区越发展,社会主义的因素越多。

冯:您能否给资本主义下一个简单明了的定义?

高:我认为,可以用三十一个字概括地说:资本主义是以私人资本为基础,由资本家阶级统治的社会制度或社会形态。这里包含有两个要点:一是经济基础是资本家私人占有制,二是上层建筑是资产阶级统治。社会化劳动是资本主义开创的,但在资本主义社会里资本家的雇佣劳动制度和资产阶级统治使社会化劳动发生了异化。

冯:您是科学社会主义理论专家,近些年,资本主义没有像过去预料的那样一天天烂下去,反而呈现出强劲的发展势头。您如何理解资本主义的生命力?

高:资本主义的生命力首先在于《共产党宣言》所指出的:"资产阶级除非对生产工具,从而对生产关系,从而对全部社会关系不断地进行革命,否则就不能生存下去。"资产阶级非常重视发展科技,提高生产力,非常重视不断地调整生产关系,所以它有长久生命力。资本主义的生产力还由于资本主义国家非常注意借鉴社会主义国家的经验。苏联1928年开始实行第一个五年计划。1929年资本主义世界爆发经济危机,美国学者泰勒就向政府献策,向社会主义学习计划经济,但不照搬指令性计划,而是发展为指导性计划。1933年被美国新任总统罗斯福采纳,实行所谓"新政",使美国很快渡过经济危机,得到复苏。后来盛行凯恩斯主义从一定意义上说就是借鉴了社会主义国家实行的加强国家计划宏观调控的经验。

冯:关于资本主义的生命力问题,有人说关键是资本主义实行私有制,能调动劳动者的积极性,这当然是错误的,您怎样分析?

高:说资本主义因为实行私有制所以有生命力,这是完全错误的。我认为,资本主义私有制正是阻碍社会生产力更迅速发展的基本因素。资本主义能够继续发展恰恰是在不断调整私有制。我认为资本主义发展有六个奥秘值得我们深思。

冯：哪六个奥秘？

高：第一，思想解放，自由思考，不迷信权威，不限制思维。这得益于14—16世纪的欧洲文艺复兴和17—18世纪的启蒙运动。第二，不断在科技上发明创造，这得益于自由思考。现代三次科技革命都是在资本主义制度下兴起的，这非常值得我们深思和借鉴。第三，实行商品经济和市场经济，自由竞争，优胜劣汰，不断创造新产品，满足消费者需要。第四，依法治国，促进民主政治。第五，在与无产阶级斗争中取得了主动：一方面不断加强综合国力和综合统治力，另一方面逐步积累经验，改进斗争策略，除了军事镇压、行政强制、法律制约外，还采取经济手段、政治妥协、政策调整、文化影响、思想腐蚀、组织渗透等手段，逐步巩固了资产阶级的统治。第六，主动向社会主义国家学习，善于借鉴社会主义国家的经验。

资本主义国家能够善于学习社会主义国家的经验，我们也要善于学习资本主义国家对我们有用的经验。只要我们善于学习资本主义发展的这六点奥秘，我们的社会主义事业必将兴旺发达。

三、我对社会主义的认识半个多世纪以来经历了三次变化

冯：请您谈谈对社会主义的认识。

高：我对社会主义的认识过程经历了三个阶段，几十年来思想认识发生了很大变化。

认识的第一个阶段是1944年在福州英华中学读高中时读到《共产党宣言》，受到马克思主义启蒙教育；1946年高中毕业后，从在北大上学开始由爱国主义者、民主主义者转变为社会主义者、共产主义者。由于美国兵强暴我的同班同乡女同学，我非常气愤，参加了学生民主运动，接触革命思想，读了不少列宁和斯大林的著作，当时很向往苏联，认为苏联是世界无产阶级的共同祖国。1948年1月我投奔解放区参加革命工作，路过

邯郸。1950年中央创办第一所文科大学——中国人民大学,从此我奉命在人大教授马列主义课。从1946年到1963年,我把苏联看作社会主义的样板,受当时社会思潮的影响,我认为"苏联的今天,就是我国的明天"。

第二个阶段是1963年后中苏关系恶化,中苏展开了国际共产主义运动总路线的大论战。毛主席认为苏联变修了,我们完全赞同毛主席的观点,当时在教学第一线,极力宣传"九评",即中共中央机关报刊发表的九篇评论苏共修正主义的文章,从思想上认为苏联是披着社会主义外衣的假社会主义,中国是社会主义的样板。尤其是"文革"期间,大力宣传"井冈山道路通天下,毛泽东思想照全球",受当时社会思潮影响,我认为:"中国的今天,就是世界的明天"。

第三阶段是1978年党的十一届三中全会后,中央端正了思想路线,我的思想也开始发生了重大变化,逐渐认识到,前两阶段的认识都太片面、太简单化。第一阶段对"苏联模式"的认识太高了,把它神圣化了,应一分为二地看待苏联模式。世界各国搞社会主义应结合本国的国情,为什么要照搬呢?不应说"苏联的今天,就是我国的明天"。第二阶段的认识也是有片面性,中国革命经验不能要其他国家照搬。井冈山道路是革命道路,具体形式是农村包围城市,其他国家未必都行得通。毛泽东思想是中国的马克思主义,其他国家也应该有本国的马克思主义。到邓小平提出建设中国特色的社会主义,自己对社会主义的认识才进入新阶段。

到底什么是社会主义,学术界有不同提法。马克思、恩格斯、列宁、斯大林、毛泽东、邓小平等革命导师都有过论述,邓小平提出了社会主义本质的论断,但都不是专门给社会主义下定义。有的学者概括了邓小平同志的多次表述,对社会主义下了一个一百四十九字的定义,即社会主义是坚持"一个中心,两个基本点",两个文明建设,加上社会主义本质五句话等,这样的定义太长,不简明,不易记。有的学者认为社会主义就是"社会公正加市场经济",很简明,只有九个字。我认为这种概括未必准确。因为"社会公正"可以有多种解释,我们认为是消灭剥削,消除两极分化,西方认为机会均等就是公正。还有市场经济,第一,资本主义和社会主义都可以搞,第二,如果说市场经济才是社会主义,那就否认了改革开放以前我国搞的是社会主义,也否认了苏联搞的是社会主义。

冯:您认为,社会主义应如何定义?

高:我认为,社会主义是以社会化劳动为基础,由劳动人民掌权的社会制度或社会形态。这个定义与资本主义定义一样正好也是三十一个字。这个定义有两个要点:一是社会主义的经济基础是建立在社会化大生产之上的,是社会化劳动的产物;二是社会主义的上层建筑是劳动人民掌权。

四、世界社会主义的历史进程也可以分为四个阶段

冯:您对社会主义发展的历史进程有何认识?

高:我认为,与资本主义发展的历史进程相关联,社会主义的发展也经历了四个阶段。

第一阶段是空想社会主义。16—19世纪初欧洲资本主义处于封建资本主义的萌芽阶段,最初有莫尔,最后有欧文,曾经提出社会主义理想,带有浓厚的空想成分,但都是为了要克服资本主义造成的社会贫富两极分化和对立等种种矛盾。空想社会主义思想经历了对理想社会的文学形象化描写,制定法律制度规定,再到从理论上进行论证等三个阶段。空想社会主义为科学社会主义的产生提供了借鉴。

第二阶段是1844年前后马克思、恩格斯开始创立科学社会主义,基本上排除了空想。根据当时共产主义初级阶段的情况,自由资本主义制度已经在英、法、德、美等国确立,资本主义的基本矛盾已经明显暴露。他们创立了唯物史观和剩余价值理论,使社会主义由空想变为科学。他们提出了社会主义将首先在英、法、德、美实现的预测,恩格斯晚年还提出了德国工人政党可能走议会道路取得革命胜利的设想。

第三阶段是现实社会主义、苏联模式的社会主义阶段。19世纪末到20

世纪末自由资本主义发展到垄断资本主义中级阶段,帝国主义为了重新瓜分世界而发动了两次世界大战。当时社会主义不可能在英、法、德、美等发达资本主义国家实现,因为在这些国家工人阶级力量较薄弱,并受到资产阶级的腐蚀。而俄国虽然生产社会化程度低些,但有无产阶级政党的坚强领导,列宁正确提出了变帝国主义战争为国内革命战争的战略,1917 年二月革命推翻了已经非常腐败的沙皇政府,进而取得十月社会主义革命的胜利,建立了第一个社会主义国家。第二次世界大战后,又先后建立了十五个社会主义国家。国际共产主义运动取得空前胜利。社会主义由理论变为活生生的现实,取得了很多、很大的成就。现实社会主义是苏联理论界于 60 年代提出的,意指科学社会主义理论已经变成现实,实际上是指"苏联模式"的社会主义,苏联领导人硬要把它普遍推广,所以十六国的现实社会主义基本上都是一个模式——"苏联模式",它渗透了教条主义、实用主义、封建专制主义的弊端,是僵化、封闭的模式。到 20 世纪末,由于长期坚持或照搬照抄苏联模式,各社会主义国家不同程度地都犯了"左"的错误。如果"左"的错误长期改不掉,就会促使后期转向右的错误,以致发生了 1989—1992 年东欧剧变、苏联解体的悲剧。

第四阶段是改革开放的社会主义,建设有本国特色的社会主义。社会主义国家通过改革把社会主义运动史上好的成果继承下来,革掉"苏联模式"中不好的东西,在对外开放中还要吸收世界文明的种种成果。以中国为例产生了建设有本国特色社会主义的理论,社会主义呈现出强大的生命力。过去人们以为照葫芦画瓢,基本上照搬"苏联模式"就可以建设好社会主义。现在重新认识社会主义,深感必须把科学社会主义与本国实际相结合,探索如何建设有本国特色的社会主义。

冯:关于社会主义发展阶段问题,我受您的启发有一点儿不同想法不知是否成立。

高:请大胆讲。

冯:我想,您所说的社会主义分四个阶段,很有道理,但是似乎只是到目前为止的发展阶段,如果研究整个社会主义历史过程,是否可以把社会主义发展历程分为空想社会主义和科学社会主义两大阶段?科学社会主义作为一种理想、一个过程而存在,又可分为三个阶段:初级阶段、中级阶段和高级阶段。初级阶段不是指我国社会目前所处的"社会主义初级阶段",而是整个社会主义运动由幼稚到改革的阶段。刚刚取得社会主义胜利的虔诚的社会主义者们,往往从原则出发,感情大于理智地进行革命和建设,结果出现了很多偏差,走了不少弯路,受到严重挫折,被迫进行改革,在改革过程中,有些失败了,有些成功了,社会主义发展由凯歌行进阶段进入冷静发展阶段。目前来看,在较落后的国家建立的社会主义国家,由于没有经验,初级阶段是必经阶段。随着社会主义运动的发展,后来建立的社会主义国家的这个阶段可能缩短些。中级阶段是理论联系实际,普遍原理和各国实际相结合,在实践中丰富和发展社会主义的阶段。社会主义与资本主义在竞争中共同发展,处于相持状态,社会主义将得到巩固,并实现社会主义现代化。第三阶段是社会主义高级阶段,即将进入共产主义阶段。

高:社会主义发展的历史进程究竟分为哪几个阶段,有各种各样不同的划分办法。你提出的也是一种新见解。以上我所谈的对资本主义和社会主义历史进程的认识,只是一家之言、一孔之见,未必妥当。敬请专家和广大读者指正。

冯:非常感谢您的指教,谢谢。

当代世界资本主义发展到了什么新阶段 *

一、当代世界资本主义是社会资本主义,它已超越列宁所讲的帝国主义阶段

近现代三次科技革命使资本主义经历了三个发展阶级:第一阶段是从 18 世纪末开始的,以蒸汽化为标志的第一次新科技革命,终于促使欧美诸国摆脱了封建主义的羁绊,进入了自由资本主义的发展阶段。第二阶段是 19 世纪末开始的以电气化为标志的第二次新科技革命,使自由资本主义发展到垄断资本主义阶段,即帝国主义阶段。这在马克思主义者当中已成为定论。那么 20 世纪末开始的以信息化为标志的第三次新科技革命又使垄断资本主义发展到什么新阶段呢? 对此,国内外理论界有多种多样的说法。

---

* 本文是根据我于 2000 年 10 月 22 日在"如何认识资本主义发展的历史进程"的一个研究班上的专题发言写成。摘登于中共中央党校主办的《理论动态》,2001 年 3 月 20 日第 1521 期;4 月 13 日由中共中央党校信息管理部制作成音像向全国发行;《中国青年报》4 月 15 日转载其中第二部分要点,《报刊文摘》(上海)又于 4 月 19 日从《中国青年报》摘登其主要论点。全文以"社会资本主义是资本主义的最高阶段"为题发表于《江汉论坛》(湖北省社会科学院主办),2001 年第 8 期 (8 月出版),指出当代世界资本主义已发展到社会资本主义的新阶段,这是我依据《共产党宣言》《资本论》和列宁的《帝国主义是资本主义的最高阶段》来研究当代世界资本主义发展的新成果。我认为只有认清当代世界资本主义发展到社会资本主义新阶段,才能深刻体会为什么党的十八大以来主张与美国建立新型大国关系的方针和共建人类命运共同体的方略以及世界社会主义大趋势。

最为流行的说法是从一般垄断或私人垄断发展到国家垄断资本主义。还有的说是国际垄断资本主义、社会垄断资本主义、法人资本主义、全球化资本主义、后资本主义等。我在1982年出版《社会主义的过去、现在和未来》一书时，也认为当代"私人资本发展到国家垄断资本，进而发展到跨国公司"。1985年我学习邓小平关于"和平与发展是当代世界的两大问题"的重要论断后，开始重新研究当代资本主义究竟发展到了什么新阶段的问题。1988年9月5日北京出版的《理论信息报》首先报道了我的新看法。1988年年底我写成《三个时代，三种战略》一文（刊于《国际共运史研究》1989年第1期）时明确提出自由资本主义、垄断资本主义和社会资本主义这三个时代应有不同的战略。[①]1989年我进而写成《从传统社会主义到现代社会主义》专文，发表于《马克思主义研究》1989年第3期。文中我把世界资本主义的发展概括为四个阶段：第一，从16世纪初到18世纪末为封建资本主义；第二，从18世纪末到19世纪末为自由资本主义；第三，从19世纪末到20世纪70年代为垄断资本主义；第四，20世纪70年代以来，垄断资本主义已开始发展到社会资本主义。1989年政治风波之后，我提出的"社会资本主义"观点在报刊上受到批评，甚至有人把它列为科学社会主义领域资产阶级自由化的首要表现之一。可是批评者只是简单地扣上一顶政治帽子，并未见到摆事实、讲道理的文章。1993年云南人民出版社为我出版《社会主义在世界和中国》文集时，我一字不改收入上文，但是加了边注："当代资本主义究竟发展到什么新阶段，理论界有不同看法。对这一问题我缺少深入研究。社会资本主义的看法可能不妥，以后另文探讨。"1991年和2000年我先后两次到美国探望儿女，就此考察了一年多，最近刚回国。我依旧认为当代资本主义已经不是列宁所讲的垄断资本主义、帝国主义阶段，而是社会资本主义阶段。如果还是垄断资本主义阶段，那么战争与革命就依旧是当代世界的两大问题，和平与发展只能是短期的一时的现象，那么我们就还要立足于准备打世界大战，立足于推行世界革命。

列宁于1916年写成的《帝国主义是资本主义的最高阶段》这部划时代

的名著中,归纳出垄断资本主义具有五个基本特征:第一,生产和资本的集中发展到这样的高度,以致造成了垄断组织在经济生活中起决定作用;第二,银行资本和工业资本已经融合为金融资产,形成了金融寡头;第三,与商品输出不同的资本输出有了特别重要的意义;第四,瓜分世界的资本家国际垄断同盟已经形成;第五,最大资本主义列强已经把世界上的领土全部分割完毕。据此,列宁作出了帝国主义是垄断的资本主义,是寄生的或腐朽的资本主义,是垂死的资本主义的论断。他还说垄断资本主义的"政治上层建筑,就是从民主转向政治反动","帝国主义无论从对外或对内政策中,都同样力求破坏民主,实行反动。从这个意义上说,帝国主义无疑就是对一般民主即一切民主的'否定',而决不是对民主要求中的一个要求,即民族自决的'否定'"。②他还指出:"帝国主义战争是绝对不可避免的。""帝国主义战争是社会主义革命的前提。""在帝国主义时代,殖民地和半殖民地方面进行的民族战争不仅很有可能,而且是不可避免的。"可见战争与革命是垄断资本主义即帝国主义阶段世界的两大问题或两大主题。列宁的帝国主义论已经被20世纪帝国主义发动的两次世界大战和一系列国家无产阶级的社会主义革命和广大殖民地半殖民地人民的民族解放战争所证实。但是我们只要客观冷静地观察研究当今世界,就不难发现,列宁所阐明的垄断资本主义的五个基本特征迄今大部分都已发生了重大变化,有的特征甚至已经消失。资本主义民主一度遭到破坏,有些国家甚至转向野蛮的法西斯主义残暴统治之后,民主在当代又向前发展,而且已经蔚为世界洪流。和平与发展已经取代战争与革命,成为世界的两大问题,即两大主题。只有超越列宁的帝国主义论,从当今世界的实际出发,我们才能认清当代资本主义已经发展到社会资本主义新阶段。

二、当代社会资本主义的六个基本特征

我之所以把当代资本主义称为社会资本主义,是考虑到它已具有以下

六个新的基本特征：

第一，社会生产力的社会化程度更高了，范围更广了，层次更多了。自由资本主义阶段社会生产力社会化的主要标志是蒸汽化，垄断资本主义阶段社会生产力社会化的主要标志是电气化，当今社会资本主义阶段社会生产力社会化的主要标志是电子化、信息化、网络化、数字化。与之相适应，社会生产力社会化的地域范围也由民族化、国家化发展到国际化、洲际化，再发展到当今的全球化、世界化，还行将发展到太空化、宇宙化。当今已有越来越多的生产部门、交换部门、流通部门和消费部门都在组织全球性的大协作。例如位于美国西部西雅图的波音公司生产的多种型号的波音飞机，那是组织全球几十个国家和地区生产大协作的产品。1984年美国提出了建立国际空间站的计划，但是美国单独一国无力付诸实施。几经磋商，国际空间站终于在1998年由美、俄两国为主，还有日本等十六国联合参与建立起来，这是人类生产与生活走向太空、走向宇宙的起点。作为第一次科技革命成果的蒸汽化，主要是解决社会生产中的动力问题，即以蒸汽力取代人力和畜力。作为第二次科技革命成果的电气化，除解决生产中的动力问题外，还给人类生活以诸多方便，如电灯、电话等。作为第三次科技革命成果的信息化、网络化，则是人类在一切领域无处不用、无时不用的神奇妙物、万应灵具。它还有助于基因工程的发展，创造出生物新物种，使生物工程业这个新产业得到大发展，以丰富多彩的各种新产品满足人类多方面的需求，使工业社会发展到更高形态的生物工程业社会。它还有助于开采深矿，开发海洋，甚至使人类移民太空和其他星球，进行更加新奇的生产，过着更加美妙的生活。真是"可上九天揽月，可下五洋捉鳖，谈笑凯歌还"。（毛泽东《重上井冈山》名句）它甚至有助于改造人类本身，使人类变得更加健美聪明，更有智慧智能。新人类才是能够不断创造最新生产力的总源泉。

第二，适应社会生产力新革命的需要，资本主义生产关系社会化的程度也更高了，范围更广了，层次更多了。私人资本不仅发展为社会资本，而且社会资本大量股份化、股份资本职工化、大众化、分散化、全球化。列宁当年所列举的垄断资本的辛迪加、托拉斯、卡特尔、康采恩等多种形式有的已不存在，有的发生了很大变化。当代资本主义涌现大量大、中、小型的股份公司和跨国公司，跨国公司并非都是各国垄断资本的联合，也有非垄断资本的联合。美国已不是往日由摩根、洛克菲勒、杜邦、梅隆等八大家族财团统治，而是约有二百家大股份公司和银行占优势，约有60%人民拥有不等的股票。大股固然掌控在大资本家手中，但是中、小股东越来越多。随着第三产业即服务性行业和信息产业的大发展，中、小企业数量激增。自由竞争会趋向垄断，强有力的反垄断又会加强自由竞争，当代资本主义发展的后一趋势非常明显。在列宁所讲的垄断资本主义阶段可以说是大垄断、小竞争，以垄断为主。而在当今社会资本主义阶段则是大竞争、大垄断或中垄断，已开始转变为以竞争为主。列宁所讲的银行资本与工业资本融合起来的现象也已基本上消失，当今银行已不是通过持股来控制工商企业，银行在国民经济中的独立作用已更加突出，尤其是共同基金会的迅速发展很值得注意。这是由众多投资者共同投资联合组成的大众化的社会资本集团。它采取法人资本的形式，由职业经理或管理委员会充当法人负责经营，实行整体的定向投资，具有灵活、方便、可靠、收益稳、风险小的特点。资本家投资于共同基金会可以免税，同时捐献一部分赢利给社会文教等单位，从而博得慈善家的好声誉，大股东又可以与小股民联合成命运共同体，无外乎它被称为美国资本主义的"安全阀"。在分配方面也有变化。近三十年来，高级管理人员和科技人员的收入提高较多，中间阶级数量大为增加。有越来越多的企业实行利润分享制度，使本企业表现突出的职工也能分到红利。这样就把本来反对资本主义制度的许多工人纳入其体制。

第三，资本主义社会的结构发生很大变化。这不论在经济、政治、文化和社会生活各个方面都有很明显表现。在经济方面，除了上述资本结构、企业结构、产业结构的变化外，经营管理结构、劳动力从业结构、市场消费结构、地区经济结构等也都有重大变化。经营管理者的文化水平大为提高，人员与部门大为精简,对人的管理超过对物的管理。直接从事物质生产的劳动力大为减少,服务性行业的劳动力大为增多,在物质生产部门中传统工业的劳动力大为减少,高新技术行业的劳动力大为增多,对工人的知识水平、技术水平要求越来越高。满足人民衣食基本需要的消费品的比重在总量中越占越小,丰富物质生活和精神生活所需要的消费品的比重越来越大。城乡差别、工农差别、脑体劳动差别、发达地区与不发达地区差别越来越小,各地区经济趋于均衡化、一体化。阶级结构并非像马克思所预言的朝葫芦型发展(中间阶级越来越少,社会朝两极分化,工人这一极又远超过资本家那一极),而是呈橄榄型或菱角型(中间阶级越来越大)。工人阶级出现五化趋势,即白领化、多领化(除白领、蓝领外,还有高级管理层的金领、技术性与维修人员的灰领和大量女工的粉领)、知识化、智能化(配备有电脑、电器的工人越来越多)、有产化(不再是完全的无产者,小有储蓄和股票者越来越多)。政治民主化、社会化的程度越来越高。民众不仅参与国家管理,而且参与企业管理、社会管理。战后美国选民由 21 岁降为 18 岁,宪法明文规定总统任期不得超过两届八年。民主政党与民主国家,其首领必须一届一届、一任一任更换,决不能一代又一代延续。人民大众的文化水平大有提高,多元文化、大众文化,获得较大发展。社会自治的程度大为提高,社区建设日趋丰富、健全,使广大居民的生活质量大有改善。

第四,国家政府的社会职能大为增强。资本主义国家本质上是维护资产阶级统治工具,其对内职能主要是压迫人民,对外职能主要是侵略扩张。但是在新科技革命迅猛发展的态势驱动下,国家政府不得不越来越加强经济文化的发展,协调社会的进步,缓解社会的矛盾,维护社会的稳定。国家不仅与垄断资本结合,而且还要大力扶植非垄断的中、小企业。国家政府通过调整利率、税率和汇率来促进经济发展;国家政府还通过"国有化"和"政府直接投资"的途径建立一批国有企业,这些企业大都是私人企业难以经营或无利可图的。国有企业还为私人企业的生产和再生产过程提供多方面的便利,如廉价的原料和燃料、方便的运输和通讯以及最新的科技研究成果等。国家政府还大力增加科技和文教拨款,尽力提高科技和文教水平,十分注重培养和引进科技人才,经常奖励和赞助各种科技研究成果。国家在一定程度上已经变成为包括政治、军事、经济、科技、文教和人民生活在内的资本主义社会全面发展的推进器。国家政府也致力于建立并完善各种社会保障制度,兼顾社会各部分人士的权益,如失业救济、劳工保护、老人退休、儿童教养、全民医疗保健、低收入者的补贴和减税、妇女和少数民族的特殊要求等。国家政府还大力缓解劳资矛盾、钝化无产阶级与资产阶级之间的阶级斗争。除了采取武力镇压、政治妥协、文化影响、思想腐蚀和组织渗透,国家政府在某些方面已经变成全民利益的重要的协调器和各种社会矛盾的关键的磨合器。总之,国家政府也在社会化。

第五,全球各国的竞争与协作大为增强,国际关系更加社会化。列宁指出帝国主义的第四、第五特征是瓜分世界的资本家国际垄断同盟已经形成,最大资本主义列强已经把世界上的领土分割完毕。应该看到这两个特征也发生了很大变化。第二次世界大战后一浪高过一浪的殖民地、半殖民地和附属国的民族解放运动已经把瓜分世界的资本家国际垄断同盟打得步步后退,被最大资本主义列强瓜分完毕的领土已经纷纷摆脱了帝国主义殖民统治,亚非拉和大洋洲已经有一百多个国家取得了独立,建立了独立自主的民族国家,帝国主义的殖民体系已经土崩瓦解。当今发达资本主义国家依仗其在战后带头掀起的第三次科技革命的成果,依然拥有强大的经济、科技和政治、军事实力,依然在尽力维护其资本家国际垄断同盟,除通过资本输出、商品输出外,还增加技术输出等渠道,继续盘剥新独立的发展中国家,有的发达国家,首先是美国,依然在推行霸权主义和强权政治,干预发展中国家的内政,尽力使之边缘化,继续依附于发达国家。同时,发达国家之间的争夺与矛盾依然激烈。然而当今世界毕竟发生了极大的变化。全球一百九十四个国家,发达国家近三十个,准发达国家也近三十个,它们之间已很难像第一次、第二次世界大战前那样再形成两大军事集团,已无需用发动新的世界大战的手段来重新划分势力范围;而一百三十多个发展中国家也难以再发动民族解放战争来反对发达国家对它们的欺凌与盘剥；大多数国家也难以出现国内革命的形势。虽然局部战争与局部革命还会连续不断，但是从总体上看在新科技革命大潮席卷全球的态势下，战争与革命将逐渐退居次要地位，和平与发展越来越成为世界的主题。发展中国家只有加强区域联合和国际联合，增强发达国家的竞争力，在协作与斗争中逐步发展自己的经济与科技。在发展中国家坚持斗争之下，发达国家不得不实行普惠制并多次减免发展中国家的债务。在维护和平与发展、协调竞争与协作方面，各国政府代表联合组成的联合国的作用在逐步增强，同时全球非政府的国际组织已增至三万个之多。这些都是史无前例的新的组织和新的活力，也是国际关系进一步社会化的明证。

第六，社会主义因素在逐步增长。马克思主义创始人早已讲过资本主义社会有社会主义因素。马克思在《法兰西内战》中说，在旧的正在崩溃的资产阶级社会本身孕育着"新社会因素"③。恩格斯在《反杜林论》中说，我们要在现存资本主义生产方式内部发现未来能够消除资本主义弊病的"新的生产组织和交换组织的因素"④。列宁于 1917 年指出："国家垄断资本主义是社会主义的最充分的物质准备，是社会主义的前阶。"⑤当代社会资本主义可以说比国家垄断资本主义更进一步，社会主义因素已经在资本主义社会内部逐渐积累，这表现在很多方面。各国共产党人利用合法斗争筹办的工农商贸企业和文教单位自然具有社会主义性质。工人自己集资、自己管理的合作企业或职工持股公司，农民自己组织的各类生产、供销、信贷合作社，城乡居民的消费合作社，在许多资本主义国家数量越来越多。职工参与企业民主管理，共同决策，为发展企业献计献策。国家政府加强对国民经济的宏观计划调控，尽力减少市场经济的自发性、盲目性、投机性和破坏性。采取各种社会福利措施，如医疗保健、社会保险、失业救济、最低工资限额、低收入补贴、带薪休假、妇女甚至男子休产假、对老人和幼儿的照顾、教育免费等。这些社会主义因素的逐步增长并非资产阶级当权派本性的改变，而是在新科技革命和生产力革命物质成果日益丰富的前提下，经过国内人民大众长期坚持不懈的斗争,资产阶级为了防避、缓解经济政治危机而被迫实行的,也有由于社会化大生产的发展,自发形成了某些集体经济。还有两个内外部因素对于资本主义社会中社会主义因素的逐步增长起了重大作用。内部因素即社会民主党的执政的国家数量越来越多(达三十多国),执政的时间越来越长(如瑞典社会民主党执政达半个世纪以上)。社会民主党虽然是改良主义政党,即改良资本主义而不推翻资本主义,但是也都是主张社会主义的,所以它们费了九牛二虎之力赢得社会选举执政后,多少都要采取一些含有社会主义因素的政策,以博得劳动人民的支持。外部因素即世界上共产党执政的社会主义国家成就显著,这也促使资本主义国家人民奋起斗争,使占统治地位的资产阶级不得不借鉴社会主义国家的某些经验以缓解其内部矛盾,维持其资本统治。

既然从生产力到生产关系,从经济基础到上层建筑,从社会结构到社会生活,从内部关系到国际关系,社会化的程度都越来越高、范围都越来越广、层次都越来越多,社会主义的因素又在逐步增长,所以具有以上六个基本特征的当代资本主义被称为"社会资本主义"是比之其他名称更为恰当、更为准确的。因为社会主义的本意就是继承资本主义所开创的高度社会化的文明成果又高于资本主义的新型社会形态。当今资本主义社会还有社会主义因素在增长,更可以被称为社会资本主义,即含有社会主义因素的资本主义。

三、认清当代世界资本主义是社会资本主义的理论意义和实践意义

马克思主义是根据实际变化和实践经验在理论上不断向前发展的科学。资本垄断是伴随着市场的自由竞争早在 19 世纪就已较多出现。私人资本家总力求独占、垄断生产和市场以攫取最大限度的利润。在 1847 年出版的作为马克思主义科学奠基名著的《哲学的贫困》中,针对小资产阶级社会

主义学家蒲鲁东对垄断与竞争的曲解,马克思就已指出垄断与竞争的辩证关系。他说:"垄断产生着竞争,竞争产生着垄断。垄断者彼此竞争着,竞争者逐渐变成垄断者。""垄断只有不断投入竞争的斗争才能维持自己。"⑥二十年之后,他进而在 1867 年出版的《资本论》第一卷这部划时代的巨著中,从垄断资本的进一步发展来论证资本主义制度灭亡的必然性。他这样说,随着资本主义制度日益具有国际的性质,"资本的垄断成了与这种垄断一起并在这种垄断之下繁盛起来的生产方式的桎梏"。这样,"资本主义私有制的丧钟就要响了"。⑦实际上私人垄断资本在 19 世纪下半叶又得到较大较快的新发展。根据 19 世纪末、20 世纪初资本主义的新变化,辛迪加、托拉斯、卡德尔等垄断资本新形式的出现,列宁于 1916 年提出了帝国主义论,论证了 19 世纪的资本主义还是处于自由资本主义阶段, 到 19 世纪末 20 世纪初才发展到垄断资本主义,即帝国主义阶段。列宁的帝国主义论是对马克思主义的资本主义理论的重大新发展。如果列宁还固守着马克思的《资本论》,不去分析垄断资本主义的新的基本特征,就无法超越马克思主义的理论。正是由于列宁在理论上的新突破,才使人们认清了垄断资本主义阶段为什么帝国主义的各种矛盾会激化,为什么战争与革命成为世界的两大主要问题,为什么帝国主义世界大战必然引起无产阶级社会主义革命和殖民地被压迫民族革命, 从而鼓舞广大人民群众奋起去夺取革命的胜利。列宁原以为垄断资本主义是资本主义的最高、最后阶段,他预计两大资本主义集团发动的帝国主义世界大战将使资本主义最终葬身于无产阶级革命和被压迫民族革命的火海。实践证明,世界资产阶级在两次世界大战之中和战后,尽管遭到部分灭顶之灾,但是还能吸取经验教训,重新自我调整,再度掀起第三次科技革命,并从世界社会主义摄取养分,使世界资本主义更上一个新台阶。现在看来,社会资本主义才是世界资本主义的最高、最后阶段。社会资本主义不仅从垄断资本主义那里继承了垄断性、垂死性和腐朽性,而且还具有相当强的竞争力、生命力和调节力。在世界范围内社会资本主义还可能延续一二百年之久,这方面我们切不可再犯急性病。马克思、恩格斯原以为自由资本主义只能有几十年的寿命。马克思一再说："19世纪革命的秘密:无产阶级的解放。"⑧列宁、斯大林、毛泽东等人也都认为垄断资本主义只有几十年的寿命，所以一再急于要推进无产阶级世界革命。在社会资本主义阶段,各国的无产阶级革命怎样搞法只能由各国马克思主义政党从本国实际出发来反复求索。预期革命大体上将是通过逐步改良积累量变和局部质变,到各种社会矛盾激化起来之后的关键时刻,还会有强烈的斗争才能完成质变。在社会资本主义阶段,资本主义的各种固有矛盾依然深刻,这包括日新月异飞速增长的社会生产力同资本主义私人占有制的矛盾、无产阶级同资产阶级的矛盾、发达国家同发展中国家的矛盾、发达资本主义国家之间的矛盾,等等。从这些方面来看,可以说资本主义面目尽管焕然一新,资本主义本质依旧不变,真是万变不离其宗。但是如果从以上六个基本特征,尤其是从社会主义因素的逐步增长来看,应该说当代资本主义已经发生了阶段性的变化。它已经开始离开原来列宁所讲的垄断资本主义的框架,发展到了一个更新更高的阶段。如果还用国家垄断资本主义来表述,那表明它还是处于垄断资本主义阶段。其实垄断资本主义从私人垄断发展到国家垄断,只相隔很短的时间;私人垄断资本主义与国家垄断资本主义并非相隔七八十年之遥的两个截然不同的发展阶段。列宁在1916年6月写成的《帝国主义是资本主义的最高阶段》第五章中已指出:"在金融资本时代,私人垄断和国家垄断是交错在一起的,实际上这两种垄断都不过是最大的垄断者瓜分世界的帝国主义斗争中的一些环节而已。"⑨1917年4月至5月他在俄国社会民主工党(布)第七次全国代表会议上的报告中进而讲到,战争加速了资本主义的发展,"一般垄断转变为国家垄断","垄断资本主义正在向国家垄断资本主义转变"。⑩1919年3月新通过的俄共(布)党纲中指明:"整个世界资本主义的发展达到了非常高的阶段;"国家垄断资本主义代替了自由竞争。"⑪可见列宁所说的垄断资本主义阶段也可以说就是国家垄断资本主义阶段。如果当今还是处于国家垄断资本主义阶段,岂不是没有超出列宁所概括的那个旧阶段? 如果我们不突破列宁的帝国主义论,我们在理论上岂不是无法创新?有许多理论工作者都已看到,以电子信息为先导的这一场全方位、加速度的新科技革命使当代资本主义发生重大变化,但是由于未能突破列宁的垄断资本主义论,总还是在垄断资本主义的旧框架内打转,因此理论上难以创新。应该看到,尽管在马克思那个时代已经出现越来越多的私人垄断资本,甚至也已产生国有资本(如拿破仑、梅特涅、俾斯麦实行的国有化),但是由于垄断资本尚未占绝对统治地位,所以列宁还是把 19 世纪称为自由资本主义。当今虽然还存在国家垄断资本主义,但是它已不占绝对统治地位,当代资本主义已有多方面的新的基本特征显现出来,所以我们应该不囿旧说,打破陈规,解放思想,实事求是,大胆探索,勇于创新,进一步向前去发展马列主义关于资本主义的理论。这里指出的社会资本主义论就是不揣冒昧的粗浅尝试。限于篇幅,本文还未能就社会资本主义的基本特征以及有关理论问题作更详尽的论述,抛砖引玉,敬请指正。在我承担的国家项目、由我牵头主编的中国现代科学全书之一《当代资本主义》中,将对社会资本主义问题进行更广泛、更深入的探讨。

我认为,从理论上认清当代资本主义已进入社会资本主义的新阶段,在实践中有多方面的意义。第一,为和平与发展已成为世界两大主题的论断提供了客观时代依据和理论依据,为我国要推行促进世界和平与发展的方针奠定了坚实的理论基础。只要世界上还存在资本主义私有制度,战争的危险就依旧没有消失,因此我们还必须实现国防现代化,以防备战争。但是在社会资本主义阶段,国与国之间的矛盾只要处理得当,大规模的战争是可能避免的。中国作为世界政治大国,理应能够为反对霸权主义、促进世界的和平与发展多做贡献。第二,为世界多极化的趋势提供了客观时代依据和理论依据。在社会资本主义时代,世界已难以再回到像第一次和第二次世界大战前那样由资本主义列强形成两大集团、两极对抗的局面,也难以再出现像美苏那样两个大国两极争雄的局面,美国这个唯一超级大国,也难以单极独霸世界。当今世界多极化的局面已经越来越凸显。我们要善于联合众多国家反对霸权主义,抑制美国超级一极,尽快增强综合国力和国际竞争力,使我国成为多极世界中强有力的一极。第三,为我国长期坚持和平外交政策提供了客观时代依据和理论依据。列宁当年提出社会主义国家可以同资本主义国家和平共处,看来还只是一种策略手段,因为资本主义国家迟早"会找借口来打仗",战争只是延期而已。当今在社会资本主义阶段,和平共处可能成为一种战略方针。我国有必要也有可能同资本主义世界各国长期和平共处、协作、竞争,既协作又斗争,在协作中斗争,以适当斗争求平等协作,斗争要有理、有利、有节。第四,在社会资本主义阶段,既然难以指望由战争引起革命,就不能急于搞世界无产阶级革命和人民民主革命,同时也不能由于难以形成革命形势而消极等待,无所作为。各国通往社会主义之路要由各国人民大众和社会主义共产主义政党独立自主地长期探索。我们要在道义上支持各国人民开展的反对资本主义的各种形式的斗争,促进资本主义社会的变革。第五,在社会资本主义阶段,我国在对外开放中要善于扬长避短(扬我社会主义改革开放和现代化建设以及中华优秀文化传统之长,避我经济政治文化落后和国民素质较低之短),取长补短(取各国文明成果之长,补我文明欠缺之短),加快发展社会化的高度、广度和深度,加快各方面体制改革,消除封建主义、教条主义和实用主义余毒,要警惕右,但主要是防止根深蒂固的"左",尽快建成富强、民主、文明的社会主义现代化强国。只要建设中国特色社会主义的成就越大、越全面,就越有利于资本主义社会中社会主义因素的进一步增长。第六,既然当代世界资本主义已经发展到社会资本主义新阶段,既然西方资本主义社会已经有社会主义因素在增长,那么我们在国内的社会主义改革中就可以坚持以社会主义公有制为主体,放心大胆地允许有利于国计民生的私营企业取得更大程度的发展。私营企业在社会主义国家掌控和广大工人阶级群众监督之下,不仅不会对社会主义制度构成威胁,甚至比之在西方资本主义社会无疑具有更多的社会主义因素。它可以成为社会主义有益的补充和有力的助手,同时也有利于更多地吸引外资外力,以增强社会主义国家的综合国力和国际竞争力。

注释：

① 《三个时代,三种战略》一文也已收入本书。

② 《列宁全集》(中文第 2 版)(第 28 卷),第 133~134 页。

③④《马克思恩格斯选集》(第 2 版)(第 3 卷),第 60 页、492 页。

⑤ 《列宁选集》(中文第 3 版)(第 3 卷),第 266 页。

⑥ 《马克思恩格斯选集》(中文第 2 版)(第 1 卷),第 176 页。

⑦ 同上,第 268~269 页。

⑧ 《马克思恩格斯选集》(第 1 卷),1995 年,第 386 页、401 页、774 页。

⑨ 《列宁选集》(中文第 3 版)(第 2 卷),第 636 页。

⑩ 《列宁全集》(中文第 2 版)(第 29 卷),第 353 页、444 页。

⑪ 《苏联共产党决议汇编》(第一分册),人民出版社,1964 年,第 529 页。

《共产党宣言》出版以来
世界社会主义的曲折发展和美妙前景 *

一、世界社会主义五百年历史的发展态势和运行规律

要了解 1848 年《共产党宣言》发表以来世界社会主义的发展，首先要通晓世界社会主义五百年历史的发展态势和运行规律。因为早在《共产党宣言》出版之前，从 1516 年英国人托·莫尔在《乌托邦》一书中提出社会主义理论以来，乌托邦社会主义在英、法、德、意等国已经有三十多年持续发展的历史。

关于社会主义一词的含义，历来各家各派有各种各样的理解和表达。据英国学者格里菲斯于 1924 年在伦敦出版的一本论文集《什么是社会主义》，书中关于社会主义的定义竟有两百六十多种，当今显然更多达三四百种。我自己在以往的论著中对什么是社会主义也有过不尽相同的概括。2013 年中国工人出版社约请我主编一套《世界社会主义五百年历史人物传略丛书》（共分二十册，谱写了二十五位人物传略）。我在这套丛书序言中这样说："什么是社会主义？简而言之，我认为社会主义是能减免资本主义剥

＊ 本文原是为我主编的《世界社会主义史》丛书四卷本（北京师范大学出版社 2017 年版）写的长篇序文，现在从中摘录要点，冠以新的标题，收入本书，从中可以看出《共产党宣言》出版，170 年来世界社会主义波浪起伏的趋势与未来的美妙前景。

削压迫、争取劳动人民福利权益、实现劳动人民当家做主的社会思潮、社会运动、社会制度和社会形态。"从这五十个字的定义中可以看出,社会主义是资本主义的继承物、对立物、取代物和创新物。即是说社会主义既要继承资本主义文明的成果,又要克服资本主义的矛盾,更要取代资本主义,开创比资本主义更新更好更高的文明社会,使劳动人民得到自由解放和全面发展,享有幸福美满的生活。社会主义的核心内容理应是在生产社会化高度发达的基础上以生产资料社会所有制取代生产资料的资本主义私有制。长期以来,诸多革命先辈都认为可以通过世界革命很快由劳动人民掌握政权,消灭资本主义私人所有制。实践证明,世界资本主义迄今还有较强的自我调节力和生命延续力。劳动人民的联合斗争只能逐步减少资本主义的剥削压迫,最终达到消除资本主义私人所有制制度,建成社会主义社会所有制制度,而且社会主义将是一种相对独立的社会形态,不能急于过渡到共产主义。共产主义将是人类社会长期奋斗的目标,将是比社会主义更高级的发展阶段和社会形态。

世界社会主义五百年的历史经历了社会主义思想从乌托邦到科学的发展,社会主义运动从理论到实践的转变,社会主义制度从一国到多国的演进和社会主义革新从地区到全球的拓展这样四个进程。从这四个历史进程中可以看出,世界社会主义是从源于西欧16世纪初期的涓涓细流到19世纪中叶,它已由多支分流汇合为绵绵江河、浩浩荡荡,它已由少数思想家的光辉思想变为有几百万群众参与实践的社会运动;到20世纪建立了社会制度后,它更像激流汹涌、浪涛澎湃;到20世纪末它突然急转直下,陷入谷底;但是迅即峰回路转,重新升扬,到21世纪又成为弥漫全球的浩瀚洪波。可见五百年间世界社会主义并非直线奔腾,一泻万里,而是风云激荡、川流不息、波浪起伏、一波三折、新潮迭涌、势不可挡、迂回前进、愈益壮大。这表明以世界社会主义、共产主义取代世界资本主义,从世界资本主义过渡到世界社会主义、共产主义,这是一个大概需要长达一千年的漫长历程,迄今走过的五百年不过才有一半路程。实现世界社会主义要有耐心,艰苦探索,逐步渐进,不积跬步,难致千里,不要急于求成,不要冒失猛进。我们认为这是世界社会主义发展的总的态势。

从世界社会主义五百年的发展态势,我们认识到世界社会主义的运行是有其内在规律的。依我体会大体上包括以下五个要点:

第一,世界社会主义是严格遵循、紧密跟随社会生产力的提高而发展,而社会生产力主要是依靠科学技术的进步而提高。因此,世界社会主义取代世界资本主义是一个自然的历史进程,而不可能违背社会生产力水平人为地缩短和改变这个历史进程。科学社会主义创始人马克思、恩格斯正是以 18 世纪末由蒸汽化为先导的机械化社会化大生产的发展为依据,论证了资本主义必然灭亡、社会主义必然胜利的"两个必然"的客观规律。同时,马克思于 1859 年在《〈政治经济学批判〉序言》中又深刻指出了"两个决不会"的客观规律。他这样说:"无论哪一个社会形态,在它所能容纳的全部生产力发挥出来以前,是决不会灭亡的;而新的更高的生产关系,在它的物质存在条件在旧社会的胞胎成熟以前,是决不会出现的。"①我们对马克思提出的"两个必然"和"两个决不会"的原理要结合在一起来理解,即从长远来看是"两个必然",而从近期着眼则是"两个决不会"。这个长远是多长,这个近期是多近? 这就要从一百多年来全部生产力的发展来加深重新认识。资本主义的英国在 18 世纪末带头掀起第一次蒸汽化的科技革命以后,在 19 世纪中后期美国又率先兴起电气化的第二次科技革命,到 20 世纪 60 年代美国又领先崛起信息化的第三次科技革命。当今资本主义超级大国美国在众多科技领域还遥遥领先。当今资本主义国家虽然多次发生严重危机,但是它们都能安然渡过,使全部生产力得到新的发展,所以世界资本主义在近期内是决不会灭亡的。我们对世界社会主义取代世界资本主义的自然历史进程要树立持久战的观点,要沉住气,耐得住,急不得,要牢记古人明训:"欲速则不达。"社会主义的中国要在科技创新方面超过美国,需要数十年甚至上百年长期艰苦奋斗,迎头赶上。

第二,世界社会主义的自然历史进程,决不是坐待社会生产力大发展之后,社会主义从天而降,天然赐予,而是要依靠"全世界无产者,联合起来!"开展多种形式的斗争去努力争取。然而一百多年来世界社会主义运动的实践表明,不但全世界无产者难以持久联合起来,即便一国之内的无产者也不易切实联合起来。因为在无产者和劳动人民内部,就其政治态度而言也有激进、温和、保守之分,有革命、中立、改良之别。所以需要对广大工人和劳动人民长期进行社会主义理论的教育和灌输,这样才能使无产阶级从自在的阶级变为自为的阶级,使工人运动自发的斗争提高到自觉的斗争,这样才能使劳动大众在争取世界社会主义的斗争中发挥其创造历史的伟大作用。一百多年来国际工人运动的实践表明,工人的劳动时间能够从每天十几小时减少到 19 世纪 60 年代每天十小时,到 20 世纪前半期又降到每天八小时,随后又由每周休息一天变为休息两天,当今在发达资本主义国家劳动时间又降到每天七小时(每周三十五小时)工作制。除劳动时间缩短外,包括工资提高,住宅、受教育、医疗保险等方面的改善,都是工人阶级长期坚持不懈斗争而享有的成果。工人阶级的自由解放和社会主义的逐步实现都只能由工人阶级自己联合起来并且联合广大劳动人民坚持不懈斗争而取得。当今这场全方位加速度大发展的新科技革命,更使得工人阶级队伍多元化,涌现了五颜六色衣领的工人,即除了传统蓝领工人之外,还有众多白领工人(管理人员)、灰领工人(工程技术人员)、绿领工人(环保人员)、金领工人(高级经管人员)、粉领工人(女教师、女会计师等)。[2]这使得"全世界工人联合起来"具有广泛性、长期性和艰巨性。如果说社会生产力的发展是实现世界社会主义的客观条件,那么工人和劳动人民的群众性斗争则是实现世界社会主义的主观条件。

第三,世界社会主义的实现依赖社会主义政党的正确领导。近现代世界政治是政党政治,由政党代表本阶级通过民主竞选取胜领导国家政权,这是资本主义政治文明的产物。笔者认为,政党具有政治性、阶级性、组织性、民主性和前沿性(站在政治斗争前沿)这样五个特性,政党政治另具有公开性、群众性、竞争性、选择性和交替性这样五个特性。"以其人之道,还治其人之身"(宋朝理学家朱熹名言），无产阶级要向资产阶级学习政党政治，要建立社会主义政党领导无产阶级和人民大众来开展阶级斗争，才能逐步改善劳动人民处境，进而掌握国家政权、建设社会主义制度，使工人阶级和劳动人民得到自由解放和全面发展。由于工人阶级之中有先进部分与后进部分之分，所以一百多年来形成两类社会主义政党，即共产党与社会党。从 19 世纪中期至 20 世纪初期，这两类政党是作为两个派别同处在一个国际组织和一个政党之内，即共处在第一国际、第二国际和社会民主党之内。到第一次世界大战期间，社会民主党内左派和右派因对待帝国主义战争持反对或支持两种截然不同的态度和路线而彻底分裂。1917 年俄国十月革命胜利后，由俄国左派带头另立共产党，随后各国左派都纷纷退出社会民主党，另立共产党。从此共产党与社会党兵分两路，分道扬镳，前者奉行科学社会主义和革命主义路线，后者推行民主社会主义和改良主义路线，两军对垒，长期对抗。一百年来社会主义运动实践表明，这两类政党合（作）则两利，斗（争）则俱伤。苏联和东欧多国共产党在掌握政权后，由于违背政党和政党政治的特性，破坏党内民主，又缺少公开性、群众性、竞争性，一党长期垄断国家政权，缺少社会主义民主，又一再延误政治体制改革，因而到 1989 年至 1991 年间败亡，被广大人民群众抛弃。社会党虽然也在欧洲多国执政过，但是其改良主义路线过多迁就资产阶级，成就也不大。当今在资本主义世界约有大大小小一百三十个共产党，另约有一百六十个在逐步壮大中的社会党。可以说共产党和社会党的自我革新及其彼此关系的改善，对于今后世界社会主义的顺利发展至关重要。

第四，世界社会主义兴起以来，众多先哲、先贤在 19 世纪都是预计社会主义将首先在西欧资本主义最发达的英、法、德、美四国几乎同时取胜，然而到 20 世纪实现社会主义的主客观条件发生了很大变化。西欧资本主义列强善于自我调节并笼络无产阶级，所以没有爆发社会主义革命；社会党推行改良主义，执政后更多安抚无产阶级，使无产阶级更缺少革命意识。而东欧和东亚较为落后的国家，由于社会矛盾众多而且尖锐，加上拥有先进工人阶级社会主义政党领导,奉行革命路线,却率先走上社会主义道路。1917 年俄国十月社会主义革命首先一国胜利并且于 30 年代建成社会主义,第二次世界大战胜利后,在苏联援助下东欧东亚有十二个落后国家也走上社会主义道路,这些国家都取得了不同程度甚至很大的社会主义建设的成就。然而 1989—1991 年却有十个国家丢失了社会主义成果,共产党也灭亡或者纷纷改变为社会党。世界社会主义遭到如此重创,该如何从社会主义发展规律上进行深层次剖析呢? 显然当今国内外思想理论界有两种各走极端的偏颇浅见:一种观点认为,落后国家缺少资本主义文明成果、多有封建专制主义糟粕,根本不具备实行社会主义的足够条件,社会主义是早产儿,犯了基督教所讲的"原罪",罪有应得,所以最终必然灭亡;另一种观点则认为, 这些国家大都有一定的现代化工业和无产阶级,更有共产党的坚强正确领导,在社会主义建设中都取得成就,它们的失败是由于党的领导层出了叛徒,推行机会主义、修正主义路线而所造成的。我们认为,落后国家率先走上社会主义道路是符合 20 世纪的特殊历史条件的、合乎规律的现象。早产儿是事实,这表明先天不足,但是如果后天不失调,仍然不会夭折,也能照常健康苗壮成长。我国民间对早产儿流行有这种说法:"七成八败九成人",意即怀胎七个月、九个月的婴儿都能成活,至于说怀胎八个月生下来会夭折,那可能是根据个别特例而形成的一种迷信。俄国从 1917 年二月民主革命到十月社会主义革命,恰好是经过八个月,岂不就取得了社会主义革命的胜利?我们认为苏联东欧多国剧变的深层原因在于共产党领导人长期未能掌握不发达国家实现社会主义的特殊规律。这个特殊规律依笔者体会包括四个要点:第一,要彻底铲除封建主义余毒,不能让专制主义等渗透到社会主义体制中来;第二,要充分利用资本主义文明成果,不能急于消灭资本主义;第三,要逐步发展社会主义, 不能用党政命令和群众运动办法急于过渡到一大二公三高四纯的社会主义;第四,要领导人以身作则,作出"社会公仆"表率,与民众同甘共苦,为长远的共产主义目标作准备,不能领导人先享有"各取所需"的特权,命令群众日夜苦干加快进入共产主义。简而言之,要处理好封建主义、资本主义、社会主义、共产主义这四个主义的关系,就能成功,否则难免陷于失败。苏联模式的失败还使我们体会到,社会主义,顾名思义,理应以社会为主义,为社会而主义,由社会出主义,靠社会显主义;可是苏联模式社会主义却是只以一党为主义,只为国家而主义,只由领袖出主义,只靠媒体显主义;这样一个由政党、国家、领袖和媒体严密控制的社会使得人民大众组成的社会难以正常发育、成长壮大。难怪有的学者很深刻又形象地说,苏联是"没有社会的社会主义"③。这种社会主义一再延误自我革新,所以最终必然被人民群众抛弃。

第五,世界社会主义必须由发达国家与发展中国家的工人阶级、人民大众与社会主义政党通力合作,并肩战斗,才能壮大实力,夺取更大成就。世界社会主义运动,19 世纪在西欧先进国家起步,正面积累了实力和经验,20 世纪在东欧和东亚落后国家首先取得胜利,进而既从正面壮大了实力、增添了经验,又从苏联东欧的挫败中汲取了反面的历史教训。这样到 21 世纪,世界社会主义就有可能从正反面结合上升到一个发达国家与发展中国家双方两股社会主义实力互相配合,兼程并进的新境界,开创出一个新局面。思想理论界有人认为社会主义首先在落后国家胜利是普遍规律,不仅在 20 世纪是这样,而且到 21 世纪也会是如此。④笔者以为,这是把 20 世纪的特殊经验绝对化、普遍化,这既违背学理,也不符合实际。自 20 世纪 50年代以来,亚、非、拉众多国家摆脱了帝国主义殖民统治,取得了民族独立,走上了资本主义发展之路,减少了国内封建主义压迫,缓解了一些国内矛盾,共产主义政党的势力大都大为削弱,甚至已经没有共产党的活动(如东南亚和非洲大部分国家),有的国家虽有共产党活动但是其势力不如社会党大(如拉丁美洲一些国家)。所以当今发展中国家要想像 20 世纪那样,由共产党领导人民大众经过新民主主义革命再转上社会主义道路,已经难上加难。而欧美发达国家经过 19 世纪和 20 世纪一百多年发展,当今生产力社会化水平更高,国家政府的社会职能更强,国内社会主义因素逐渐增多,可以说其发展程度比之发展中国家更接近社会主义。所以当今发达国家和发展中国家的两股工人运动和社会主义势力可能在新水平上加强合作,共同推进世界社会主义,尤其是中国,作为发展中国家,在中共领导下从1978年起率先进行社会主义革新,三十多年来取得巨大成就。现在中共与各国共产党、社会党有广泛联系,可以为东西方、南北方社会主义力量的联系与合作,起桥梁作用。

以上阐明了世界社会主义的发展态势和运行规律之后,以下我们再来观察与思考世界社会主义五百年来的四个历史进程是怎样走过来的。

二、如何看待社会主义思想从乌托邦到科学的发展

众所周知,恩格斯有一本经典名著,中文书名是《社会主义从空想到科学的发展》,这原本是依据1883年德文版的书名翻译的。1880年该书法文版的书名是"空想社会主义和科学社会主义",1882年波兰文本的书名又是"空想的和科学的社会主义",1882年俄文本的书名则改为"科学社会主义",1884年新的俄文本又改名"科学社会主义的发展"。很有意思的是,该书中文译本的书名也有好几种,值得我们细加分析。我收藏有1929年上海沪滨书局出版的恩格斯所著《宗教·哲学·社会主义》一书,林超真译(中国托派理论家郑超麟的倒读谐音字)。此书包括恩格斯的三本名著:《原始基督教史论》《费儿巴赫与德国古典哲学末日》和《空想社会主义与科学社会主义》。我还收藏了一本1936年5月生活书店在上海出版的吴黎平译的恩格斯著《社会主义从空想到科学的发展》。我还查到恩格斯此书最早节译为中文在报刊上发表,是1912年6月至9月在上海出版的《新世界》半月刊上连载,译名是"理想社会主义与实践社会主义",译者是施仁荣。⑤此处把乌托邦译为"理想"而非"空想",我另查《牛津英文辞典》,乌托邦有双重含义,即"空想"(dream,fantasy)和"理想"(ideal),可见中文译为"空想社会主义"是取其贬义,译为"理想社会主义"则是取其褒义。我们都认为,"乌托

邦"既兼含褒义和贬义,不如就按恩格斯的书名原文直译为"社会主义从乌托邦到科学的发展"。这样就表明马克思、恩格斯是批判了乌托邦中的空想,继承了乌托邦中的理想,进而把它发展为科学。为此,我们把世界社会主义史的第一阶段定名为"社会主义思想:从乌托邦到科学的发展",应该说这是一个创新。我们认为这样是符合恩格斯原著的本意的,是符合世界社会主义发展的历史实际的。

乌托邦社会主义是世界社会主义历史上的第一个长波,它以1516年莫尔著《乌托邦》为起点,到1849年英国欧文著《人类思想和实践中的革命》为终点,历经333年之久,占世界社会主义历史500年的66%。其中有十七位乌托邦社会主义者的生平和活动,他们的乌托邦社会主义的是非得失,其中乌托邦社会主义首创者莫尔思想的评析,尤为重要。人们不禁要问:乌托邦社会主义为何会延续这么长久的时间?而且只限于英、法、德、意四个西欧国家的作者?笔者认为,这是因为当时西欧诸国,早期资本主义都还是处在封建制国家内部刚开始逐步发展。从15世纪后期到19世纪前期是资本主义发展的第一阶段,我把它称为"封建资本主义"。其间,资本主义生产方式经历了从简单协作到手工工场,再到机器生产这样三个小阶段;社会主义作为资本主义的继承物和对立物,在封建资本主义阶段也历经乌托邦社会主义的三个发展小阶段和三种表现形态。第一阶段是16—17世纪、资本主义简单创作和手工工场初期,以英国莫尔所著《乌托邦》、意大利康帕内拉所著《太阳城》和德国安德里亚所著《基督城》,被人们称为"乌托邦三部曲"或"三颗明珠"为标志。它们的共同点是采用文学游记形式,描绘了海外仙岛的岛民或者岛内圣城的市民在生产资料公有制的社会里集体劳动、集体生活的幸福美满、和谐相处的境况。在这个小阶段中还有法国维拉斯所著《塞瓦兰人的历史》,也是以文学游记形式根据见闻实录记述了一个世外桃源般的塞瓦兰人共产社会的胜境。更具特色的是16世纪初德国农民战争领袖闵采尔,他是在深入农村、工场、矿区和城市贫民区领导劳苦大众开展斗争中形成自己关于"千年天国"的乌托邦共产主义思想。乌托邦社会主义的第二小阶段是 18 世纪资本主义手工工场发展时期以英国温斯坦莱《自由法》、法国摩莱里的《自然法典》和马布利的《论法律和法律的原则》为代表,采取制订法典和阐发法理的形式来表明他们的乌托邦社会主义思想。这显然是比第一小阶段的文学游记形式更高一筹。到 19 世纪初世界资本主义进入机器生产时期,以法国傅立叶、圣西门和英国欧文为代表的三大乌托邦社会主义者,又更进一步以理论论述形式来论证他们的理想社会。从文学游记到制订法典再到理论论述,这表明乌托邦社会主义在 333 年之中一波三扬,从初级的感性认识到中级的理性认识,再到高级的科性认识,逐步升扬,其空想成分愈益式微,其理想成分愈益丰满。乌托邦社会主义发展的这三个小阶段是符合辩证唯物主义认识论的规律的,这也表明人们对社会主义的认识是随着资本主义的逐步发展而逐步加深并提高的。社会存在决定社会意识,社会意识又反过来推进社会存在,两者的辩证关系昭然若揭。

马克思、恩格斯对乌托邦社会主义是既继承其合理的科学因素,又批判其空想的根本错误,更创立崭新的科学体系,终于使乌托邦社会主义发展并转变为科学社会主义、科学共产主义。实现并完成这个发展和转变的关键也不仅是由于马克思、恩格斯建立了唯物史观,发现了人类社会发展的一段规律,建立了剩余价值理论,发现了资本主义社会发展的特殊规律,而且还由于他们认清了无产阶级的历史使命,论证了无产阶级政党的历史作用,发现了从资本主义过渡到社会主义、共产主义的特殊规律。我认为,正是由于马克思、恩格斯发现了这三个规律,即人类社会历史发展的一般规律、资本主义社会发展的特殊规律和从资本主义过渡到社会主义的特殊规律,才使乌托邦社会主义发展并转变为科学社会主义、共产主义。

我们还要弄清一些重要概念的历史演变。"乌托邦"一词 1516 年就已出现,可是"社会主义"一词直到 1803 年才在书刊上露头,1832 年在法国圣西门派的刊物上才进而把"社会主义"作为与资本主义对立的未来理想的社会制度的名称。1839 年,法国经济学家日洛姆·布朗基在其创始性著作《政治经济学说史》中开始把"乌托邦"与"社会主义者"组合为一个单词，⑥即乌托邦社会主义者（utopian socialist）。马克思、恩格斯于1848年在《共产党宣言》中进而把"乌托邦"与"社会主义和共产主义"连结为一个单词，即"乌托邦的社会主义和共产主义"。这表明，乌托邦社会主义与乌托邦共产主义虽然还有区别，但是两者都带有乌托邦性质则是相同的。马克思、恩格斯在19世纪40年代继承、批判了乌托邦社会主义和共产主义，创立了共产主义新世界观，但是他们这时认为社会主义是代表社会上层的改良运动，共产主义则是代表社会下层的革命运动，所以他们主张共产主义，反对社会主义。然而50年代以后社会主义思想在广大工人当中影响越来越大，共产主义显得曲高和寡，所以马克思、恩格斯这时更多地把社会主义与共产主义作为同义词使用。从1873年和1874年起恩格斯与马克思先后都自称"科学社会主义"，而较少使用共产主义。我查过《马克思恩格斯全集》，他们从未用过"科学共产主义"（直到1897—1898年梅林著《德国社会主义党史》才用"科学共产主义"，见该书四卷本，生活·读书·新知三联书店1966年版。）到19世纪90年代恩格斯晚年，他进而认识到共产主义是比社会主义更高的社会发展阶段、更长远的奋斗目标。可以这样理解，马克思、恩格斯把乌托邦社会主义发展为科学社会主义，只是大致预测了未来社会主义、共产主义的前景。我在这里杜撰一个新词，称之为"科托邦"或"赛托邦"（scientopia，即由science与utopia二词去尾掐头组成）。马克思、恩格斯所预见的这个"科托邦"或"赛托邦"的具体境况要通过社会主义运动从理论到实践的转变来实现、验证和修正。

三、如何看待社会主义运动从理论到实践的转变

社会主义从乌托邦发展为科学后，关键就是通过社会主义运动实现从理论到实践的转变，把科学社会主义付诸现实。社会主义运动的主要内容是这样三部曲：建立社会主义政党，由党领导劳苦大众开展多种形式的阶

级斗争,夺取政权建立社会主义国家。1847年6月马克思、恩格斯参与创建的共产主义者同盟是第一个国际性的工人阶级政党,其支部遍布欧美八国,党员只有大约四百人(主要是德国人)。当初先哲、先贤们是设想建立这样一个国际性的革命政党,号召"全世界无产者,联合起来!"通过一场声势浩大的世界革命来夺取政权。这个国际性的工人阶级政党刚刚建立半年多,就在1848年2月24日发表了党纲《共产党宣言》,正是在这一天迎来了欧洲史无前例的1848年革命。当时欧洲实现社会主义革命的条件远未成熟,从总体而言,这场遍布欧洲八国的革命是民主民族革命,重点在法、德两国。法国2月民主革命爆发后,推翻了王朝政府,建立了资产阶级临时政府。由于劳资矛盾激化,迫使巴黎工人举行6月起义。因为准备不足,缺少坚强正确的领导,寡不敌众,只激战四天就失败了。德国3月民主革命爆发后,马克思、恩格斯亲自率领大多数共产主义者同盟党员回国投身革命。因为资产阶级、小资产阶级势力大,无产阶级及其政党势单力薄,这场民主革命坚持斗争一年多,到1849年5月也终于失败了。随后,共产主义者同盟遭到德国反动政府迫害,被迫于1852年11月宣布解散。

19世纪50年代欧洲工人运动处于低潮,60年代重新振兴。经马克思、恩格斯尽力推动,于1864年9月成立国际工人协会,史称第一国际,其支部遍布欧、美、非三大洲十八国。马克思、恩格斯通过这个政党性的国际工人组织来推进世界革命。在第一国际多年培育下,1871年3月18日巴黎工人起义胜利,建立了第一个工人阶级政权巴黎公社。马克思、恩格斯曾经指望巴黎公社革命能够在法国全国取胜,进而扩展为欧洲各国无产阶级革命的胜利。巴黎公社虽然有众多崭新创举,可是只坚持七十二天就被资产阶级反动派镇压下去了!从此欧洲革命又陷入低潮。这时欧美各国工人运动先驱认识到:要取得本国革命胜利,不能只靠建立国际性工人政党或政党性工人国际来统一领导世界社会主义运动,而必须建立民族国家性的社会主义政党来领导本国的革命运动。于是从19世纪70年代到1914年第一次世界大战前,欧、美、亚、非四大洲先后纷纷成立了三十个社会主义政党。其中德国社会民主党成立最早、领导最强、队伍最大、斗争成果最多，成为各国工人政党的表率。这些社会主义政党在19世纪末的议会合法斗争中取得一些成就。然而19世纪是世界资本主义已从封建资本主义第一阶段上升到自由资本主义的第二阶段，资本主义还有相当强大的势力，所以无产阶级社会主义革命在西欧各国难以取得政权，难以推进世界革命。

到20世纪初，世界资本主义由自由竞争的第二阶段发展到垄断资本占统治地位的第三阶段，即帝国主义阶段。这时资本主义固有的三大矛盾（劳资矛盾、宗主国与殖民地人民的矛盾和资本主义列强争霸的矛盾）激化。在俄国还要增加上沙皇专制政府与人民大众的矛盾以及地主阶级与农民阶级的矛盾。所以到20世纪初，沙俄成为世界多种矛盾的集中点，世界革命的中心已经从西欧的英、法、德转移到地跨欧亚两洲的俄国。1903年在国外召开的第二次党代表大会上经过以列宁为首的布尔什维克（多数派）与以托夫为首的孟什维克（少数派）的斗争，重建了俄国社会民主工党（初建于1898年，因遭沙政府迫害，难以在国内活动）。布尔什维克党是适应俄国沙皇专制政府残酷压迫的特殊环境而建立的特殊类型的无产阶级社会主义政党。它实行集中制的组织原则，有严格纪律、严密组织，勇于坚持地下秘密斗争并与合法斗争相结合。1905年俄国爆发第一次资产阶级民主革命，布尔什维克党积极参与领导，力排资产阶级立宪民主党把革命引向与沙皇专制政府妥协的邪路。工农大众在斗争中创造了"苏维埃"（俄文音译，意为会议或委员会）这种新的组织形式。工农大众在罢工斗争中选出代表，成立工人代表苏维埃和农民代表苏维埃。苏维埃由领导罢工的机构进而发展为领导武装起义的机构，布尔什维克预计苏维埃在领导起义胜利后，还可以成为新的政权机关。1905年10月全俄政治总罢工迫使沙皇政府答应要召开杜马（议会），并给予人民政治自由。12月莫斯科武装起义历经九天，几度激战，革命达到最高峰。终因寡不敌众而失败，革命被迫且战且退，1906年和1907年上半年各地工人还不断继续斗争。1905—1907年第一次民主革命虽然失败，却锻炼了人民群众和参与领导的布尔什维克党，积累了革命斗争的实战经验，提高了对革命斗争的认识，为迎接新的革命高潮准备了有利条件。1907—1917 年布尔什维克党艰苦奋斗，争取群众。1914 年 8 月沙皇政府参与帝国主义世界大战，更激起广大人民的愤恨。1917 年 2 月暴发了第二次民主革命，终于推翻了沙皇专制政府。俄国出现了资产阶级临时政府与工兵农代表苏维埃两个政权并存的奇特局面。由于俄国社会民主党右翼的孟什维克和小资产阶级政党社会革命党当时在苏维埃领导层中占居多数，所以苏维埃推行拥护临时政府的错误路线，他们还要把帝国主义的世界大战进行到底。布尔什维克党坚持革命路线，高举反映广大民众迫切要求的"和平、土地、面包"的口号，经过八个月非凡苦战，终于使苏维埃布尔什维克化，使布尔什维克在苏维埃领导层中占居多数。这样它就能巧妙地在 1917 年 10 月 25 日（公历 11 月 7 日）在首都彼得格勒发动武装起义，推翻了资产阶级临时政府，实现了"全部政权归苏维埃"，取得了十月社会主义革命的胜利，建立了第一个社会主义国家苏俄（1922 年改名苏联）。

由上述可见，从 1847 年建立世界上第一个共产党，到 1917 年建立世界上第一个社会主义国家，世界社会主义运动历经七十年波浪起伏、新潮迭涌的反复斗争，才终于实现了科学社会主义从理论到实践的转变，建立了第一个社会主义国家，为建设社会主义制度，建成社会主义社会创建了全国性政权的基地。在这七十年之中，前五十多年在西欧经历了一波三折的斗争（欧洲 1848 年革命、1871 年巴黎公社革命和公社失败后的议会合法斗争与秘密斗争的结合）；后十多年在俄国也是经过一波三折的斗争（1905 年革命、1917 年 2 月革命和十月革命）。社会主义运动总是川流不息，后浪推前浪，终于达到彼岸，取得全胜。在这七十年的社会主义运动中，社会主义理论转变为实践，新的实践又进一步丰富、发展了社会主义理论。

四、如何看待社会主义制度从一国到多国的演进

世界社会主义发展的第三阶段是社会主义制度从一国到多国的演进。1917年第一个社会主义国家苏俄（苏联）建立后，是在垄断资本主义阶段的新时代背景下，受资本主义列强包围的环境中，在一国孤军奋斗，筚路蓝缕创建社会主义制度的。布尔什维克党依靠工农大众和知识分子，历经千辛万苦、千难万险，终于建立了社会主义的政治制度、经济制度、文化制度和军事制度，到1936年宣布基本上建成了社会主义社会，形成了苏联社会主义模式。从建国到建成社会主义社会，历经近二十年，孔寒冰教授和项佐涛博士在本卷中细述了这个进程。其间也是一波三折，才取得成功。起初，在1918—1920年反对外国武装干涉与国内反革命叛乱时期，党被迫实行战时共产主义政策，征收农民余粮甚至口粮，取消商品、货币、市场，实行实物平均分配。列宁误以为采取这种特殊政策可以一步登天实行共产主义。到1921年战争结束后，这种政策因严重损害农民以及工人的利益，引起了工人罢工、农民起义和水兵暴动。列宁及时改正了错误，改行新经济政策，实行粮食税，允许发展资本主义经济，要利用商品、货币、市场，同时发展国有经济，依靠工农政权来实现国家工业化、全国电气化、农业合作化、经济计划化、机关革新化、文化大众化、教育普及化，也就是要逐步实现社会主义现代化，全面建设社会主义。不发达国家不能急于消灭资本主义，而要充分利用资本主义文明成果来发展社会主义。列宁预计新经济政策要实行二十至五十年。列宁的新经济政策是把马克思主义灵活运用于俄国的崭新创造。从1921年实行新经济政策起，苏联经济迅速恢复到一战前的水平，民生有显著改善。但是在实现工业化进程中1928年又遇到粮食征购困难。斯大林误认为这是由于纵容新经济政策造成的，于是从1929年起提前结束新经济政策。这就违背了《共产党宣言》提出的无产阶级在夺取政权后要"争得民主"，"尽可能快地增加生产力总量"的明示，在生产力发展不稳的

情况下,急于按最高领导人意旨在 1930 年全面向城乡资本主义进攻,急于消灭资本主义和资产阶级,又加速农业全盘集体化,用党政命令和群众运动办法,激发劳动大众开展社会主义竞赛,竭力提前完成第一个和第二个五年计划。1936 年苏联消灭了城乡资本主义和资产阶级后,宣布基本上建成了社会主义社会。这时还在实行第三个五年计划,就要急于进一步过渡到共产主义。1939 年在顿巴斯煤矿等大型企业,已开始实行免费供应面包,即吃饭不要钱,各尽所能、各取所需。由于最高领导人对战争估计不足,缺少准备,苏联在 1941—1945 年反法西斯卫国战争中又历经一波三折,连续三年先后打赢了莫斯科保卫战,斯大林格勒保卫战和库尔斯克保卫战,才转守为攻,转败为胜,于 1945 年取得了反法西斯卫国战争的全胜,并且帮助、促进欧亚十二个国家走上了社会主义道路。这样到 1949 年才形成了以苏联为首的强大的世界社会主义阵营,这时社会主义制度终于由苏联一国演进为多国。1957 年和 1960 年在莫斯科举行了两次各国共产党工人党代表会议,前者有六十四国党的代表参加,后者有八十一国党的代表参加,十三个社会主义国家执政党的代表在两会中起主导作用,显示了全世界共产党工人党和世界社会主义阵营的团结。这时世界社会主义阵营各国的人口和经济总量都已约占世界三分之一,领土约占全球的四分之一,这显示了社会主义的实力和社会主义制度的优越性。可惜从 60 年代起世界社会主义阵营内部矛盾加剧,导致社会主义阵营分裂和最终瓦解。

由于苏联是急于求成,提前结束了列宁制定的新经济政策,用党政命令和群众运动方式建成社会主义,所以苏联模式的社会主义是有严重弊病的。列宁于 1916 年说沙皇俄国是"军事封建帝国主义",我认为苏联模式的社会主义可以说是带有较为浓厚的"军事封建社会主义"色彩。其主要弊病是国家的政治权力过度集中于一个执政党(最高苏维埃作为国家最高权力机关的权力被大为削弱),党的权力又过度集中于党中央(党代表大会作为党的最高权力机关的权力被大为削弱),党中央的权力又过度集中于总书记(党中央缺少集体领导)。尤其是斯大林带头实行个人集权制(集党、政、军三大权力、三大职务于一身）、职务终身制和指定接班制,这"三制"实际上是沙皇君主专制的变种,并非社会主义政治体制的正宗。苏联斯大林模式急于求成的路线和权力过度集中的体制以及培植一个高薪特权官僚集团,这三大弊病对于苏联长期的发展和后来走上社会主义道路的多国有普遍、深远的影响。战后,苏联又两次要急于过渡到共产主义。斯大林于1946年就提出一国可以建成共产主义,50年代开始大型共产主义建设工程;1959年赫鲁晓夫在苏共二十一大上提出苏联进入全面建设共产主义时期,并且认为社会主义各国将大致同时进入共产主义,1961年苏共二十二大又计划苏联在二十年内建成共产主义。东欧多国和我国也都犯过急于过渡到共产主义的错误。20世纪社会主义国家在社会生产力欠发达的基础上,急于过渡到社会主义、共产主义,实际上违背了《共产党宣言》确立的科学社会主义基本原理,重犯了16世纪初到19世纪初乌托邦社会主义、共产主义的错误。

20世纪社会主义国家领导人还有过三次急于实现世界革命的尝试。第一次是列宁在1917年十月革命胜利后估计世界革命形势已经俱备,1919年急于建立共产国际作为领导世界革命的司令部。列宁还要把俄国工农创造的苏维埃推广到各国。1922年成立苏联时,把国家定名为苏维埃社会主义共和国联盟。这个国名没有任何民族特征和地理方位特征。列宁给国家取"苏联"这样一个奇特的名称,不仅是为了建立俄国各平等民族的联盟,而且还为了便于将来其他国家革命胜利后都可以加入苏联,使苏联成为"世界苏维埃社会主义联邦共和国"。第二次世界革命的尝试是斯大林在二战胜利后也估计世界已有革命形势。1947年,他着意成立九国共产党情报局,以此推动欧洲革命,1949年,他执意要毛泽东重点关注东南亚各国共产党,1949年形成世界社会主义阵营后他还支持金日成用武力统一朝鲜半岛。如果1953年3月他未病故,那么7月还不可能签订朝鲜停战协定。第三次是毛泽东在60年代也认为世界已有革命形势。他发动了对苏联现代修正主义的大批判和中国的"文化大革命",以此来推动世界革命。"文革"

中我国流行的口号是"井冈山道路通天下，毛泽东思想照全球"，正是要进行世界革命的写照。1969 年党的九大通过的党章写明："毛泽东思想是在帝国主义走向全面崩溃、社会主义走向全世界胜利时代的马克思列宁主义。"这实际上表明毛泽东思想是指导世界革命的行动指南。实践证明，20 世纪从列宁、斯大林到毛泽东这三次世界革命的尝试都未能取得预期效果。这都是由于对世界局势没有判准，急于求成的突出表现。

正当社会主义国家忙于过渡到共产主义，要实行世界革命之时，60 年代美国却带头掀起了以电子信息化为先导的新科技革命。这是 18 世纪蒸汽化、19 世纪电气化之后第三次最伟大的科技革命，它迅速风靡全球，极大地改变了世界的面貌。资本主义列强以强大的新科技革命的成果为物质基础，以市场经济、民主政治与多元文化向社会主义国家的计划经济、极权政治和专制文化展开和平攻势；而社会主义国家一味陶醉于自己已经取得的成就，一再延误政治体制改革，不能发展社会主义民主与自由，终于有十个社会主义国家在 1989—1991 年发生剧变，社会主义制度覆灭，资本主义制度复辟，执政的共产党不仅下台，而且大都改变为社会党。孔寒冰教授对东欧有专门研究，出版过《东欧史》（上海人民出版社 2010 年版）一书。在本书中他对东欧各国被迫照搬苏联模式造成的恶果有较为详细、深刻的分析。尤其是本书在总结苏联东欧剧变历史教训时，指出其根本原因在于党群关系由鱼水不可分的密切关系转变为油水两层分的隔离关系，再蜕变为水火不相容的敌对关系。可见，苏联东欧执政的共产党是因为坚持极权主义、特权主义和官僚主义，一再延误自我革新而终于被人民大众抛弃了！如果只归咎为后期个别党政领导人的错误葬送了社会主义成果，那是浅薄的、片面的短见。

在社会主义制度从一国到多国演进的历史过程中，我们还要注意欧洲社会民主党另辟蹊径探索社会主义的理论与实践。欧洲各国共产党大都原是社会民主党中的左翼，自 1917 年后陆续退出社会民主党另建共产党，执行革命主义路线，主张通过暴力革命、推翻资产阶级统治，建立无产阶级专政的社会主义国家,实行公有制的社会主义制度。而各国原来的社会民主党依旧奉行改良主义路线,主张通过议会斗争和平道路掌握政权,对资本主义制度进行逐步改造。在1917年十月革命胜利后俄共执掌国家政权,用国有化政策消灭资本主义私有制。无独有偶,瑞典社会民主党也在1917年通过合法民主竞选成为议会第一大党,参加自由党内阁,与自由党联合执政,1920年单独执政,随后有下有上。从1932年起该党连选连任,连续执政四十四年之久,到1976年才又败选下台。随后又有上有下,2014年又重新执政。还有英国、德国、法国、芬兰、丹麦、挪威、冰岛等多国工党、社会党或社会民主党都曾经通过议会道路执政。它们执政期间采取限制资本主义剥削、增加富人税收等办法,为劳动人民增长了福利权益。这类改良主义政党代表了部分工人的要求,党内民主较为充分,领导人不搞特权,少有官僚作风,上台执政时权力受制约,败选后不会亡党,而是总结经验教训,谋划东山再起。苏联东欧共产党败亡之后,仍有社会主义信念的共产党人,都纷纷转向社会党。这是社会主义制度从一国到多国演进中出现的一种返祖转型的奇特现象,引人深思,促人猛省。共产党要怎样改弦更张,既要联合、借鉴社会党,又不要改旗为帜、社会党化,这是世界社会主义发展中的一个老大难问题。

五、如何看待社会主义革新从地区到全球的拓展

自20世纪70年代末中国带头实行改革开放、勇于创新以来,全世界范围内出现了各种社会主义派别纷纷革新的场景,这样就开启了世界社会主义发展的第四阶段, 即社会主义革新从地区到全球的拓展的新阶段。要把握全球社会主义革新的要领,首先要了解当代世界资本主义发生了什么样的大变化,要认清当代资本主义经过革新后处于什么样的发展新阶段。当代资本主义明显有四大变化,即生产方式的重大变化,剥削方式和上层建筑的重大变化,社会阶级结构的重大变化,以及国际关系的重大变化;

我们还要看当代资本主义社会中社会主义因素的持续增长,其中特别是美国也存在社会主义因素。在2016年美国总统大选中有一个最新的实例。这就是民主党候选人75岁高龄的波兰犹太裔参议员伯力·桑德斯,他在参选中公开提出了社会主义的主张,例如要求恢复公立大学免费教育和由政府统一支付的全民医保等,得到广大青年人支持。美国共产党也号召党员和选民投他一票。在美国出生的我的孙女高岸(大学生)和外孙朱安迪(骨科医生)都拥护桑德斯。尽管他在好多州取胜,然而最终超不过希拉里,但这是美国政治中的新现象,这表明当今美国已有越来越多的人士向往社会主义。有上述这四大变化和社会主义因素在持续增长的当代资本主义,该称之为什么样的资本主义呢?笔者早在1989年发表于《马克思主义研究》第3期的"从传统社会主义到现代社会主义"一文中就已指出:"世界资本主义的发展经历了以下四个阶段":从16世纪初叶到18世纪末叶,可称为封建资本主义;从18世纪末叶到19世纪末叶,是自由资本主义;从19世纪末叶到20世纪70年代,是垄断资本主义;从20世纪70年代以来已发展为社会资本主义。[7]随后笔者于2001年在中共中央党校主办的《理论动态》3月20日第1521期发表《社会资本主义是资本主义的最高阶段》一文,论证了这个新阶段的资本主义有六个基本特征:第一,社会生产力的社会化程度更高、范围更广、层次更多;第二,资本主义生产关系社会化的程度也更高、范围也更广、层次也更高;第三,资本主义社会的结构发生了很大变化;第四资本主义国家政府的社会职能大为增强;第五,全球各国之间的竞争与联系大为增强,国际关系更加社会化;第六,社会主义因素在逐步增长。[8]2012年笔者又在《深圳大学学报》第一期发表的"认清当代世界资本主义的新发展"一文中进一步阐述了当代世界资本主义已发展到社会资本主义新阶段的见解,同时对当前思想理论界就当代世界资本主义发展阶段的另外十种不同观点逐一加以批驳,提出了商榷意见。[9]

学界由于对当代世界资本主义处于什么发展阶段这个重大问题有不同看法,因此在当今世界社会主义如何革新和如何发展也就必然各持不同观点。有人认为,当今世界资本主义依旧是列宁一百年前论证的《帝国主义是资本主义的最高阶段》;列宁所归纳的帝国主义的五个特征至今一个都没有改变,尤其是2008年美国金融危机爆发以来更加证明了当今是列宁所说的"金融资本的帝国主义时代","无产阶级革命和帝国主义的时代"。因此,他们认为,和平与发展只是短时期的时代主题,从长远来看战争与革命必定还会是时代主题,以社会主义取代资本主义的世界革命必定还会到来;无人工厂的发展、"互联网+"的发展必定会加速无产阶级贫困化,会大量增加工人失业率,会促进无产阶级世界革命。他们还认为社会主义革新理应是革掉赫鲁晓夫的修正主义、机会主义和戈尔巴乔夫的人道的民主的社会主义,重新回到肯定苏联经验的普遍意义,甚至认为苏联模式是伪命题。在我们看来,上述这些看法是没有与时俱进地理解马克思主义,是没有认清近半个世纪以来以信息化为先导的新科技革命给整个世界带来的史无前例的翻天覆地的巨大变化。如前所述,马克思、恩格斯在19世纪,列宁、斯大林、毛泽东在20世纪,先后四次要实现世界革命,实践证明都未能如愿。当今在"互联网+"和智能手机遍布全球的新时代,更是难以实现世界革命。资本主义的重重危机和种种弊病,难以通过暴力革命、不断革命和世界革命来一次性地根本解决,只能通过和平改良、不断改良和世界改良来逐步克服。当今,只有坚持不懈地开展群众性的斗争才能实现和平改良,只有通过不断改良和世界改良才能完成世界革命的任务。尽管个别国家和地区因各种矛盾尖锐已经或者可能爆发暴力革命,然而在新科技革命迅猛发展和社会资本主义的新阶段,小规模的暴力革命是难以在全国范围内取得政权的。

当今世界社会主义出现多极化、多元化、多党化、多派化、多样化的新趋势。笔者曾经把当代世界社会主义分为三大家、三中家和三小家,这样划分未必全面和准确,只是为了便于全面把握和容易记忆。势力最大的三家是各国共产党信奉的科学社会主义、各国社会党推行的民主社会主义和各个民族国家民族党盛行的民族社会主义。对当代世界社会主义的这三大家作了理应给予全面、充分的评析。当代世界社会主义势力中等的三家是绿党的生态社会主义，托洛茨基派的社会主义和极左派共产党的社会主义。力量最小的三家是无政府主义，西方学者的社会主义和当代乌托邦社会主义。⑩我们必须清醒地看到，在当今资本主义世界势力最强、影响最大的社会党这一家。它于 1951 年组建社会党国际，迄今拥有一百六十多个成员党，约四千五百万党员，分布欧美大、亚非拉各大洲，其中有五十多个党在二战后单独执政或联合执政。而资本主义世界的各国共产党虽然也有大约一百三十个，然而党员总数只有约七百万人，大多数都是处于边缘化的小党。其中党员超过一百万人的只有印共（马），超过十万人的只有八个共产党，即印共（马）、印共、法共、日共、巴西共、俄联邦共和尼泊尔共（联合马列）和南非共。超过一万人的共产党有二十五个，其余都是只有几千人、几百人、几十人的小党，波西米亚共产党甚至只有一个人。依据历史经验，共产党人固然要与社会党的改良主义划清界限，但是不能把社会党视为资产阶级在工人运动中的代理人，应该看到它们确是代表一部分不愿革命的工人的利益，不能视社会党为敌，理应视之为友。各派社会主义者理应求同存异，共同为推进世界社会主义、反对世界资本主义而并肩携手联合奋斗。

21 世纪世界社会主义革新的路径，笔者以为大致有六个：第一，坚持和发展科学社会主义；第二，联合和团结各派社会主义者；第三，传承和弘扬人类优秀的文明传统；第四，借鉴和吸纳资本主义的文明成果；第五，清除和根绝苏联社会主义模式的弊端；第六，立足本国国情，结合本国实际，探索各具本国特色的社会主义。当今中国和中共是世界社会主义的中流砥柱，中国人口占世界人口约五分之一，中共党员约占世界共产党员 88%，中国共产党争取在 2021 年建党一百周年时全面实现小康社会，在 2049 年新中国建国一百年时全面建成中国特色社会主义，到那时就必能大力推进世界社会主义的革新与发展。可以预期，到 21 世纪中叶，世界社会主义运动可能出现新的高潮、新的突破。世界社会主义的革新，正是从 1978 年起由中国率先起步的，中国迄今已跃居世界第二大经济体。中国有信心和决心，今后继续为世界社会主义的革新和发展做出自己的贡献。当今人类面临气候变暖、海平面上升、环境污染、生态破坏、物种灭绝、病毒流行、人口爆炸等各种危机。中国首先要尽力打造人类命运共同体，共建一个地球好家园。为此要同各国政府和人民加强合作，坚持不懈地推进全球综合治理，这样才能转危为安、化险为夷、造福人类，以利于世界社会主义的和平发展。

笔者以为当今对共产主义要有新的理解。"共产主义"一词源于拉丁文communis，原意是共有或公共。日本人在19世纪后期用中文把它译为共产主义，中国人在20世纪初年把共产主义一词移植过来。我从旧期刊中查到中国人把共产主义另译为"公共主义"（见1927年9月4日上海出版的《国闻周报》第4卷第34期厚照的《嘉尔·马克思传略》。文中把共产党也译为公共党）。以往我们偏重从生产资料所有制的一大、二公、三高、四纯来理解共产主义，急于求成。以为人民公社是通往共产主义天堂的金桥。"吃一堑，长一智"。我认为当今要从公共主义来理解共产主义更为精准。共产党的奋斗目标不仅限于实现生产资料公有制，而且更要管好公共资产，增加公共投资，丰富公共产品，发展公共事业，扩大公共服务，增进公共福利，保证公共享用，完善公共选举，厉行公共决策，维护公共权益，加强公共治理，严密公共监督，提高公共理性，弘扬公共精神，等等。总之，公共性越增多，就越接近共产主义社会。共产主义是我们长远奋斗的目标，它并不渺茫，是靠我们日积月累、不断积累、增多公共性而逐步达到的。理想的共产主义社会，用中国话语就叫公共主义社会，用中华传统文明话语就是大同社会。早期我国也有人把共产主义译为大同主义。未来新科技革命的迅猛发展，最有利于展现世界社会主义、共产主义的明净前景。其中最重要的将是太阳能工程、人工智能工程和基因工程的发展。笔者于2006年发表《太阳能时代是世界大同时代》[⑪]，随后于2012年又发表《基因时代是世界大同时代》[⑫]。笔者认为，太阳能产业的大发展不仅能从根本上解决人类生存所必须的能源问题，而且会促进人类生产方式、生活方式、人际关系和国际关系的大变化。未来一二百年将可能建立全球统一的电网，把全球五大洲各地的太阳能发电站统一连接起来，这样就可以做到每天全球都有一批太阳能发电站在发电，以便供全球各地生产、生活和人际交往、国际交往的需要。这样必能促进人类自治、合作、和谐共处。人工智能工程的大发展使将来各种各样的机器人可以取代劳动者的简单、复杂、笨重、肮脏、艰险的劳动，使劳动者真正得到自由解放和全民发展，可以轻松愉快地劳动，从事科学研究，享受多彩生活。基因工程的新发展、大发展，不仅将改造动物和植物，使之更有利于人类的生存与发展，而且将改造人类本身。基因研究已证明人类基因中有性恶、懒惰、丑陋、病态等因素。经过基因重组，那么三四百年之后的新人类定将更善良、更聪慧、更俊美、更健壮、更勤奋、更长寿，那时新的高级人类定能实现共产主义的大同世界理想。我在《基因时代是世界大同时代》一文中还提出一个"谐托邦"的新概念，其英文拼写是harmtopia（由harmony 和 utopia 二词去尾招头拼接而成），意即基因时代的新人类定能构成和谐世界。

首先提出社会主义、共产主义理想的《乌托邦》，五百年前在英国写成，在比利时问世。迄今社会主义、共产主义已从西欧一隅传遍五大州，逐步广泛深入人心，历经社会主义思想从乌托邦到科学的发展，社会主义运动从理论到实践的转变，社会主义制度从一国到多国的演进，以及社会主义革新从地域到全球的拓展。当今有众多社会主义政党和流派都在总结五百年来社会主义波浪起伏、新潮迭涌的历史经验，寻求改变资本主义、实现社会主义、共产主义的通途。众所周知，"乌托邦"一词是严复于 1898 年翻译出版《天演论》一书时首创的新名词。他当时根据 utopia 一词的拉丁文发音译为"乌托邦"。可是自 17 世纪以来，在英文中 utopia 一词是发"优"音，而不是发"乌"音，所以我主张今后应该把"乌托邦"改译为"优托邦"。这样不仅符合近现代英文发音，而且更显示出社会主义先驱者所提出的优美的社会主义理想经过科学论证和人们努力是能够实现的。我们深信，再经过五百年的齐心协力、持久奋斗，那时优托邦社会主义、共产主义一定会把马克思、恩格斯当年所提出的"科托邦"或"赛托邦"（scientopia）进一步演变为社会主义、共产主义的真托邦（tractopia=true+utopia）、善托邦（gootopia=good+utopia）和美托邦（beautopia=beauty+utopia）。中华儿女能带头实现优托邦、科托邦、谐托邦、真托邦、善托邦、美托邦，那将形成华托邦（Chintopia=China+utopia），世界各国都实现世界大同，那将形成世托邦（Wozt to piu=World+utopia）。恕我再杜撰"科托邦"等这八个引人入胜、促人深思、令人神往的新"托邦"的新名词。不要以为五百年过于长久，要细心领会毛泽东于1963年1月9日在《满江红和郭沫若同志》这首词中的名言佳句："多少事，从来急，天地转，光阴迫。一万年太久，只争朝夕。"只要我们切实遵循客观规律，加强主观努力，以"只争朝夕"的精神，纠"左"防右，和衷共济，减少内耗，倍增合力，完全有可能提前实现社会主义、共产主义的科托邦、谐托邦、真托邦、善托邦、美托邦、世托邦。那就是《共产党宣言》提出的"自由人联合体"的普遍实现。

共产主义不是虚无缥缈的乌托邦，而是人类定能逐步实现的远大奋斗目标和明净胜境。

注释：

① 《马克思恩格斯选集》（第三卷），人民出版社，1895年，第33页。

② 高放：《五颜六色衣领的工人》，收入高放文集之五《纵览世界风云》，中国书籍出版社，2002年，第162页。

③ 张光明：《马克思的社会主义与市场经济问题》，《中国特色社会主义研究》，2007年第2期。

④ 详见许征帆：《社会主义发展道路论》，山东人民出版社，1999年。

⑤ 我还收藏有恩格斯这本原著另外两种译本：一种是1929年上海泰东书局印行的《社会主义发展史纲》，黄思越译；另一种是1928年（上海）创造社出版的《社会主义的发展》，朱镜我译。

⑥ 参见[英]G.D.H.柯尔：《社会主义思想史》（第1卷），何瑞峰译，商务印书馆，1977年，第10页。

⑦ 此文已收入高放文集之二《社会主义在世界和中国》，云南人民出版社，1993年，

第 185～186 页。

⑧⑨ 详见高放文集之八《马克思主义与社会主义新论》，黑龙江人民出版社，2012 年，第 229～241 页、245～253 页。

⑩ 详见拙文《当今时代怎样认识世界社会主义》，发表于《教学与研究》，2003 年第 11 期，收入高放文集之八《马克思主义与社会主义新论》，黑龙江人民出版社，2012 年，第 293～297 页。

⑪ 收入高放文集之八《马克思主义与社会主义新论》，黑龙江人民出版社，2007 年，第 304～308 页。

⑫ 载《延安干部学院学报》，2012 年第 6 期。

《共产党宣言》当代解读[*]

一、要从当代世界与中国实际来解读《共产党宣言》

1848 年出版的马克思、恩格斯合著的《共产党宣言》是划时代的历史文献,是马克思主义科学社会主义的经典名著,具有普世永恒的价值。当今时代,究竟应如何解读、体会《共产党宣言》,把它运用于当今世界和当代中国,这是理论工作者需要认真深入思考的一个重大问题,尤其是在今年纪念《共产党宣言》发表 160 周年这样重要的时刻。

最近,我国期刊上发表了多篇纪念《共产党宣言》的文章,有些人对《共产党宣言》所阐述的马克思主义科学社会主义的基本原则的认识并不全面、不深刻,这样会误导读者,尤其是不太了解历史和现实真相的年轻人。今天应该从什么角度来解读《共产党宣言》呢? 我认为,党的十七大报告中的一段话非常重要。胡锦涛同志明确指出:"《共产党宣言》发表以来近一百六十年的实践证明,马克思主义只有与本国国情相结合、与时代发展同进步、与人民群众共命运,才能焕发出强大的生命力、创造力、感召力。"①这里提出了"三与""三力"的问题。今天来解读《共产党宣言》一定要"与中国国情相结合","与时代发展同进步","与人民群众共命运", 只有做到这三个

---

* 本文应约为《理论探讨》(中共黑龙江省委党校主办)而写,载该刊 2008 年第 6 期。

"与"才能焕发出三个"力",即强大的生命力、创造力和感召力。从三个"与",我们就应首先认识到中国最基本的国情,中国是经济、政治、文化落后的东方大国、世界大国。在我们中国这样一个大国里,不能急于求成,急于实现《共产党宣言》所指明的实现共产主义的奋斗目标。

我们还要认识到,当今时代与《共产党宣言》发表时的蒸汽化时代截然不同,19世纪蒸汽化时代经过20世纪电气化时代,现在已达到21世纪信息化时代。时代发生了很大变化,不能停留在蒸汽化时代解读《共产党宣言》,今天应站在信息化新时代的高峰来回顾《共产党宣言》。最后,还要"与人民群众共命运",当今世界最广大人民群众最迫切的要求就是希望和平、发展、合作,过上安全、美满、幸福的生活。总之,今天解读《共产党宣言》要考虑到现实的三种因素:当今中国国情、当今时代特点和人民群众的迫切要求。

从当代世界的变化来解读《共产党宣言》,还应该回顾一百六十年来世界共产主义运动所走过的道路、所积累的经验教训。一百六十年来,世界共产主义运动波澜壮阔、跌宕起伏,逐步取得巨大成就,也遇到重大挫折,特别是20世纪80年代末90年代初,苏联、东欧各国以及东亚的蒙古、柬埔寨,共有11个共产党执政的社会主义国家都发生了剧变,共产党下台,社会制度倒退到资本主义。对世界共运的这一重大挫折,应该认真反思,重新认识当今形势,贯彻《共产党宣言》所阐明的马克思主义科学社会主义基本原则。总结一百多年来世界共运的经验教训,邓小平同志1992年年初在南方谈话中有一段话非常重要,也非常深刻:"现在,有右的东西影响我们,也有'左'的东西影响我们,但根深蒂固的还是'左'的东西。有些理论家、政治家,拿大帽子吓唬人的,不是右,而是'左','左'带有革命的色彩,好像越'左'越革命。'左'的东西在我们党的历史上可怕呀!一个好好的东西,一下子被他搞掉了。右可以葬送社会主义,'左'也可以葬送社会主义。中国要警惕右,但主要是防止'左'。"②我们认为,这不仅是对我们党七十年历史的深刻总结,也是对一百多年来世界共产主义运动历史,特别是十月革命七十多年来世界共运历史经验的深刻总结。可是当前理论界有人认为,邓小平这段话是针对 1991 年时的情况说的，已经不符合现在 21 世纪的形势了。邓小平当时指出"根深蒂固还是'左'的"，"中国要警惕右，但主要是防止'左'"，有人认为这句话不符合当前中国的实际，现在是以右的东西抬头为主，特别是近年来，民主社会主义在我国广为泛滥，所以当前主要应该防止右，而不是防止"左"。其实这只是从表面局部现象看问题，而没有从深层次、从全局透视本质。近年来，民主社会主义的影响在我国之所以能够有所抬头，正是因为邓小平所指出的根深蒂固的"左"的东西在我国还没有彻底克服。根深蒂固的"左"的东西在我国不仅很难清除，而且更加兴盛，这样就会助长右的东西抬头。

理论界有人认为，苏联、东欧国家都是被民主社会主义和平演变而发生倒退的，所以要防止苏联、东欧式的演变必须狠批、清除民主社会主义。实际上，苏联、东欧国家之所以能够被民主社会主义和平演变，正是因为苏联、东欧国家执政党的共产党长期坚持"左"的东西，长期难以改正"左"的错误和过度集权的体制，使广大人民群众对这些党倍感失望，对其不能成功进行改革、不能坚持科学社会主义基本原则倍感失望。当今世界有两种最具影响的社会主义思潮，一种是共产党的科学社会主义，另一种是社会党的民主社会主义。如果共产党不能坚持并发展科学社会主义，给予广大人民民主、自由，通过改革开放促进经济较快发展，使人民过上比较幸福、美满的生活，人民群众就会对科学社会主义、对共产党感到失望。但是广大人民又不愿回归资本主义，也不认同资本主义，于是才被迫转向社会党的民主社会主义而另求出路，正如我国宋代诗人陆游的诗句所述："山穷水复疑无路，柳暗花明又一村。"因此，必须清除根深蒂固的"左"的影响，坚持并发展科学社会主义，尤其是大力发展社会主义民主，才能使人民群众充分感受到科学社会主义也有民主，而不会转到民主社会主义那里去寻求民主。我们高举中国特色社会主义伟大旗帜，坚持科学社会主义基本原则与中国实际相结合，坚持走中国特色社会主义道路，使共产党党内民主、多党合作的民主和人民代表大会制度的人民民主都较快得到发展。我国改革的全面成功,那就会是"山穷水复闯新路",从而达到"柳暗花明在本村"。这样人民群众就不会再从民主社会主义那里去另外寻求出路了。

二、当今怎样概括《共产党宣言》所阐明的科学社会主义基本原则

当今解读《共产党宣言》,首要的一个问题就是对《共产党宣言》所阐明的马克思主义科学社会主义基本原则究竟应怎样概括、怎样理解。有人把科学社会主义基本原则概括了如下六条:第一,社会主义必然代替资本主义;第二,阶级斗争学说;第三,无产阶级必须组织自己的政党;第四,无产阶级必须夺取政权,取得政治统治权;第五,消灭私有制,建立公有制;第六,与传统的观念实行彻底的决裂(详见《马克思主义研究》2008 年第 3 期"名家访谈"专栏《〈共产党宣言〉的当代价值》一文)。我认为这六条概括是不够全面的,恰恰漏掉了最重要、最根本的一条,这就是《共产党宣言》第二章最后一段所阐明的"代替那存在着阶级和阶级对立的资产阶级旧社会的,将是这样一个联合体,在那里,每个人的自由发展是一切人的自由发展的条件"③。这才是《共产党宣言》的核心思想。共产党领导广大人民群众开展阶级斗争,夺取政权,消灭私有制,建立公有制,与传统观念作彻底决裂,这些都只是手段,而不是我们奋斗的最终目标,共产党人奋斗的最终目标是实现无产阶级和全人类的解放。无产阶级和全人类的解放必须落实到每一个人,不能笼统地讲整体上的解放,还必须落实到个体的解放、每一个人的解放。因此,马克思主义科学社会主义最根本的一条原则就是实现人的解放。《共产党宣言》表述得很明确,"每个人的自由发展是一切人的自由发展的条件",即是说我们不能只讲"一切人的自由发展",我们的奋斗目标是要达到"每个人的自由发展",每一个人的自由解放才是马克思主义科学社会主义的终极目标。什么是人的解放呢? 人的解放就是使人达到自由全面的发展,只有达到自由全面的发展,人才能够从艰险劳动中解放出来,从贫

穷困苦中解放出来,从愚昧无知中解放出来,从社会奴役中解放出来,从自然灾害中解放出来,使人的身体和思想都获得解放,使人的体能和智能得到全面发展,这样人才能够过上安全、美满、幸福的生活。共产党领导人民开展阶级斗争、夺取政权、消灭私有制、建立公有制、与传统观念彻底决裂等都是路径和手段,如此概括恰好忽略了共产党人奋斗的最终目标,因而是不全面的,漏掉了最关键的东西、最根本的一条。

三、当今要怎样具体理解《共产党宣言》所阐明的科学社会主义基本原则

当今时代,更加重要的是要怎样具体理解、正确对待《共产党宣言》所阐明的科学社会主义基本原则。我们是把《共产党宣言》等马克思主义经典文献中所阐明的科学社会主义基本原则归纳为这样六条:第一,从资本主义发展到社会主义是客观的、自然的历史进程;第二,从资本主义发展到社会主义要由工人阶级和广大人民群众长期自觉艰苦奋斗;第三,从资本主义发展到社会主义的目标是实现人的解放;第四,从资本主义发展到社会主义必须有共产党的正确领导;第五,从资本主义发展到社会主义,工人阶级和劳动人民掌握政权;第六,从资本主义发展到社会主义,工人阶级和劳动人民掌握政权后必须经历几个历史阶段,不能急于求成。④可见,我们所理解的《共产党宣言》中阐述的科学社会主义的基本原则,与我们以上所评述的同样都是六条基本原则,内容却是大有区别的。

第一,社会主义必然代替资本主义,或者资本主义必然发展到社会主义。以往我们只是强调其必然性,而忽视了马克思在 1867 年《资本论》第 1 卷序言中所指出的:社会形态的变革与更替是"一种自然史的过程","它还是既不能跳过也不能用法令取消自然的发展阶段"。⑤只讲必然性,忽视自然性,就容易犯急于求成的"左"的错误。对于资本主义怎样必然发展到社会主义的问题,马克思主义科学社会主义有一个重要思想就是要进行无产

阶级世界革命。《共产党宣言》最后一句话号召全世界无产者联合起来,就是要进行无产阶级世界革命。但马克思、恩格斯所设想的无产阶级世界革命将首先由西欧最发达的资本主义国家英、法、德三国携手带头进行,因为它们资本主义最发达、社会生产力最发达。他们当时设想英、法、德三国首先取得无产阶级革命胜利,然后再带动东欧、亚洲和其他洲的人民取得社会主义共产主义的全面胜利。应当认识到,当代世界已从蒸汽时代发展到信息时代,当今要进行无产阶级世界革命来使社会主义取代资本主义是难以做到的。当今的世界资本主义固然矛盾重重,但是还有相当强的生命力,因此观察当今世界不能只看到社会主义与资本主义是根本对立的两种社会制度,还应该看到二者有相通、相融的一面。

当今世界共产党执政的社会主义国家在苏东剧变后仅剩下五个国家(中国、越南、朝鲜、老挝、古巴),资本主义还具有相当强的生命力,这是因为它在一百多年来与世界社会主义的较量中,不断总结经验教训,不断吸取社会主义对它有益、有用的东西。例如,在保证资本家占有剩余价值的前提下保障劳动人民的生活,建立比较完善的社会保障制度,使大多数劳动人民都能活得下去,并且生活能够逐步得以改善,使饥寒交迫的人群越来越少,这样无产阶级革命就很难搞起来。此外,社会主义提出的计划经济设想经过苏联实践有效以后,资本主义国家也从中借鉴了对其有用的东西。自1933年罗斯福新政以来,资本主义国家就借鉴了苏联实行计划经济的经验,加强了国家对市场经济的宏观调控,使市场经济不再是完全盲目的、无序的。资本主义还在保障广大劳动人民权益的基础上吸收广大工人参与企业管理,由私人资本发展到社会资本,股份经济、社会基金也都有很大发展,它吸收了劳动人民很多游资。《共产党宣言》产生于蒸汽化的自由资本主义阶段,经过列宁时期电气化的垄断资本主义阶段,资本主义已经发展到当代信息化的社会资本主义的新阶段。当代资本主义已经发展到社会化程度越来越高、社会主义因素在逐步增长、国家的社会职能在逐步增强的新阶段。在这样一个新阶段,科学社会主义理论提出的无产阶级世界革命是难以做到的。因而今天的世界资本主义发展为世界社会主义将要经历另外一个进程，就不是19世纪和20世纪所设想的通过无产阶级世界革命的风暴来摧毁资本主义。今天社会主义在世界的发展难以再现19世纪、20世纪的那种疾风暴雨式的斗争，而将是在和风细雨的条件下逐步地改良、逐步地推进。当今世界社会主义和资本主义两种社会制度既存在根本区别又是相通的，可以共同合作、互利双赢的。今天共产党执政的社会主义国家都认识到过去急于消灭资本主义是错误的，改革开放以后都在不同程度上发展了非公经济，今天的社会主义国家应该说是有资本主义因素的社会主义国家，而资本主义国家是有社会主义因素的资本主义国家。应当认识到，今天两种社会制度的和平共处就是有资本主义因素的社会主义国家同有社会主义因素的资本主义国家两类国家你中有我、我中有你，这样才能长期和平共处、长期协作竞争甚至还有各种形式的斗争。今天世界资本主义和世界社会主义的关系并不是过去所设想的你死我活，而是我活你也活，是要长期和平共处协作，达到双赢。双赢并不是说资本主义会千秋万代，而是社会主义发展了，资本主义也会沿着它的道路发展到社会主义。将来的世界不会是趋同于资本主义，也不会趋同于既非资本主义又非社会主义的第三种社会制度，一定会共同发展到一种新的社会主义。改革开放的中国特色社会主义决不是过去苏联那种模式的权力过度集中的社会主义、有严重弊端的社会主义。资本主义国家所达到的社会主义更不会是苏联模式的社会主义，它定会吸收当代资本主义的很多精华，又会开创出其具有本国特色的社会主义。

第二，阶级斗争学说。不能否认当今国内国际都还存在着阶级和阶级斗争，但是应该认识到，以往的阶级斗争是一种你死我活的斗争，今天的阶级斗争在我们社会主义国家已经退居次要地位了。在我国，阶级矛盾仍然在一定范围内存在，在某种条件下还可能激化，这一点的确不应忽视。但在我国当代具体条件下，完全能够化解各种矛盾，构建和谐社会。构建和谐社会就是有可能化解各种阶级矛盾，化敌为友。今天在国内还一味宣扬阶级斗争而认识不到在存在阶级矛盾的条件下，可以用处理人民内部矛盾的方法来解决很多具有敌对性质的阶级矛盾问题,认识不到构建和谐社会的可能性,这样就可能重蹈"以阶级斗争为纲"的历史性错误。只看到阶级斗争而认识不到构建和谐社会的可能性和依靠科学执政、民主执政、依法执政达到和谐社会的具体途径,这样理解是不恰当的。从国际范围来看,当今资本主义的社会保障制度比较健全,劳资两阶级间有可能达成一定程度上的妥协,难以发展到阶级矛盾尖锐化,并引起暴力革命、世界革命的地步。最近社会科学界还有一位权威人士在一权威刊物上发表文章,认为当今世界资本主义的基本矛盾——生产社会化同生产资料资本主义私人占有制的矛盾已经激化了,在这一基本矛盾激化的前提下,资本主义的其他四种矛盾:生产与消费的矛盾、资本主义国家间的矛盾、资本主义国内无产阶级和资产阶级的矛盾、资本主义列强和第三世界人民的矛盾也都将激化。如果对世界资本主义的矛盾这样认识、估计,那就意味着世界大战、世界革命将不可避免。我认为,应当认识到当今资本主义的各种矛盾都还存在,但并没有而且也很难达到激化的程度。资本主义的各种矛盾是深化了,但是这在今天是可以得到缓解的,可以通过阶级之间互相妥协、互相退让达成协议。世界资本主义还有相当强的生命力,并不是岌岌可危,即将灭亡。我们不能把阶级斗争视为科学社会主义的基本原则,因为阶级斗争是各个阶级社会都普遍存在的。我们认为从资本主义发展到社会主义必须由工人阶级和人民大众长期自觉艰苦奋斗,这才是科学社会主义的一条基本原则。这种长期自觉奋斗不仅限于阶级斗争,还包括物质文明、精神文明、政治文明、生态文明、制度文明建设等众多内容,只讲阶级斗争过于狭窄,过于简单化了。

第三,无产阶级必须组织自己的政党。要实现无产阶级和全人类的解放,必须有先进的无产阶级政党的正确领导。这个政党要保持它的先进性,不能将其变为全民的党,但是这个政党要尽量代表最广大人民群众的利益。党本身要具有无产阶级的先进性就必须有充分的党内民主,而不是只依靠极少数领导精英。苏联、东欧等十一个国家共产党执政多年,甚至达七十余年,最后都垮台了,这些教训值得深刻总结。苏联共产党在 1924 年列宁逝世后党内民主逐步遭到破坏,民主的共产主义政党逐步蜕变为领袖个人专断的专制政党,党的权力中心不在党的代表大会(列宁坚持的党代会年会制遭到破坏),而是转到中央委员会,再转到政治局,最后甚至转到个别领导人那里。共产党党内缺乏民主,因而党内路线的错误也得不到根本纠正。今天,共产党要发挥其先进的领导作用,最重要的一点就是要大力发扬共产党党内民主,要把专制的共产党通过自我改革,革新为民主的共产主义政党,这样才能充分激发每个党员的积极性、主动性和创造性,使党与人民群众保持密切联系,实现正确领导。如果党不能正确领导,即便掌握了政权,建成了社会主义,最终还是会失败的,会被人民群众抛弃的。

第四,无产阶级必须掌握政权,取得政治统治权。这是《共产党宣言》所揭示的一条基本原则。《共产党宣言》本身是强调运用暴力革命推翻资产阶级政权、建立自己的统治,19 世纪 40 年代,马克思、恩格斯把夺取政权的基点放在暴力革命上。但是在当今资本主义世界,除了极少数国家阶级矛盾比较尖锐,有可能爆发革命以外,绝大多数国家是不具备暴力革命条件的,难以发生暴力革命。马克思、恩格斯晚年曾谈到,像英国、美国、荷兰、德国等有议会民主的国家,有可能利用议会民主寻求另外一条取得政权的道路。今天如果还把夺取政权的基点放在暴力革命上,是不切合当代世界实际情况的。最近一些国家的共产党已经通过和平、合法的斗争,通过议会民主的道路取得了政治统治权,这就说明在当今时代通过和平斗争、合法手段、议会民主取得统治权是有可能的。例如,摩尔多瓦共产党、塞浦路斯劳动人民进步党、尼泊尔共产党(毛主义)等。尼泊尔共产党(毛主义)坚持了十一年的武装斗争,最后也认识到要放下武器、参加制宪会议选举,而且在制宪会议选举中获得了多数票,成为执政党;印度共产党(马克思主义)在西孟加拉邦、特里普拉邦、喀拉拉邦都已连续执政多年,其领导的左翼阵线在西孟加拉邦已连续七次在民选中获得多数支持,至今持续执政三十多年,取得了明显成效。鉴于这些事实和实践经验,有人还一味把夺取政权的

"基点放在暴力革命上",这显然是不合时宜的陈旧观点。

第五,消灭私有制,建立公有制。《共产党宣言》的确提出了这个原则,但应当认识到,不论在现在的资本主义世界还是在当代中国,都还没有达到可以消灭私有制的阶段,并不具备消灭私有制的各种条件。今天保留和发展私有制对经济增长、社会发展仍然是有利的。中国改革开放三十年来创造的经济奇迹,正是因为纠正了1978年以前急于消灭私有制的错误,在坚持公有制经济为主体的前提下,要逐步促进非公有经济的发展。当前还应该深入总结苏联建立的七十多年公有制经济失败的原因,不能把苏联的败亡简单归结为个别领导人的出卖,根本原因在于,苏联和东欧国家并没有真正建立和实现全体劳动人民的公有制,那种公有制是空泛化、官僚化了的公有制,那种国有经济和国有经济的职工没有直接的产权联系,厂长都由国家任命,只对上负责不对下负责。苏联、东欧国家所建立的那种国有经济在很大程度上是官员所有的经济,所以这些国家在1989—1991年发生剧变时,劳动人民、工厂职工都没有奋起保卫公有制,因为这种公有制跟他们没有多大关系,他们只是上班、干活、领工资,感觉不到发生剧变以后他们会失去什么,所以根本不需要去保卫这种公有制,这一教训非常值得我们深思。社会主义公有制一定要有劳动人民的产权做基础,要有社会主义民主做后盾,社会主义公有制一定是全体劳动人民的所有制,而不能只是少数官员的所有制。

第六,与传统观念实行彻底决裂。共产主义革命要跟什么样的传统观念彻底决裂呢?从《共产党宣言》中我们就可体会到,要和资本主义所宣扬的拜金主义、利己主义、享乐主义等观念做彻底的决裂;在封建遗毒异常深厚的国家(如中国、苏联等),还应该同封建社会所遗留下来的传统观念做彻底的决裂,例如专制主义、等级主义、特权主义、官僚主义等封建观念。苏联、东欧国家的失败正是由于这些国家的共产党领导人没有同上述封建遗毒的传统观念做彻底的决裂,而且执政党自己培植了一个高薪官僚特权阶层,压迫人民,人民缺乏社会主义民主、自由,正是这一高薪官僚特权阶层把社会主义的成果葬送了,这些教训异常深刻。与传统观念决裂是否要同民主、自由、平等、公正这些观念决裂呢? 这应该作出具体分析。现在有人认为民主、自由、平等、公正这些观念都是体现资产阶级要求的,决不能成为社会主义的原则,这种观点是完全不符合实际的。民主、自由、平等、公正是资本主义在反封建主义革命斗争中所取得的文明成果,封建主义统治时代是不讲民主、自由、平等、公正的,资本主义通过革命取代封建主义,才实现了这些要求,推动了社会的巨大进步。但是资本主义所实现的民主、自由、平等、公正本身具有很大的阶级局限性,它主要体现资本家阶级的要求,广大劳动人民并没有实现自己的民主、自由、平等、公正。因此,与传统的观念决裂不能仅理解为一般的同民主、自由、平等、公正等观念决裂,应该继承资本主义的文明成果,又要抛弃其阶级局限性,实现社会主义的更高层次的民主、自由、平等、公正。苏联、东欧国家的失败正是由于没有继承资本主义文明的这些成果,都将其当作资本主义的专利品抛弃掉,同时又使封建的专制主义、等级主义、特权主义、官僚主义等遗毒渗透到社会主义中来,最终导致社会主义苏联模式局部变型、变质,又长期拒不进行体制内自我改革,到后期又转去实行体制外的改革,照搬西方的多党平等竞争制,终于使苏联模式被人民所抛弃。对于民主、自由、平等、公正等思想观念,首先应看到它的普世价值、普遍性、社会性,其次要看到它的特殊性、阶级性。谈民主、自由、平等、公正时,不能只讲其阶级性和特殊性,而忽视了它的社会性和普遍性。我们应该继承资本主义文明成果,清除封建主义专制糟粕,创造出比资本主义更高层次的社会主义的民主、自由、平等、公正。

我们认为,消灭私有制、与传统观念决裂都属于工人阶级掌握政权后过渡时期的任务,不必作为科学社会主义的两个原则单独提出,而掌握政权后要经历一个较长的过渡时期来改造旧社会、建设新社会,这才是科学社会主义的一个基本原则,以往忽视了这条基本原则,所以社会主义国家普遍犯了急于求成的错误。

综上所述,我认为,有的学者概括的上述这六条科学社会主义基本原则恰好疏忽了最根本的一点，即建立自由人联合体，而且对这六条还应该作出当代的具体解读。

四、既要发展科学社会主义，又要借鉴民主社会主义

中国特色社会主义正是《共产党宣言》所阐述的科学社会主义基本原则同中国实际相结合而作出的当代解读，正是科学社会主义在当代中国的新发展。坚持"一个中心，两个基本点"，坚持社会主义初级阶段长期性，对传统的国有制进行改革，适当发展非公有经济，从传统的计划经济转轨到社会主义市场经济，从对外封闭转轨到对外开放，不当国际共运中心，坚持党与党关系四项原则、国与国关系五项原则，努力构建和谐社会与和谐世界等，这些都是我们党对科学社会主义基本原则重大的新发展。

这里还要特别提到，近几年来，社区建设在我国广泛开展，这正是为实现《共产党宣言》所提出的要使社会向建立自由人联合体的方向发展。过去认为，自由人联合体必须在阶级对立和阶级差别都消灭以后才能建立。根据当今中国社会实际，在社会主义的初级阶段我们就可能按照马克思的"自由人联合体"的方向发展社区组织，使传统苏联模式的单位人都变为社会人，使传统苏联模式归单位管辖的人都回归社会，使社会自治、群众自治逐步得到发展，也就是使人得到全面自由的发展，所以中国特色社会主义之路就是科学社会主义的基本原则同当代中国国情相结合的一条新路。这条新路越走越宽，民主社会主义在我国的影响就会越来越小。

我们要跟民主社会主义划清界限，不能把党的指导思想从科学社会主义转变为民主社会主义，但是民主社会主义还是有值得我们借鉴的地方，应该借鉴而不能照搬民主社会主义。改革开放以来，我们在发展混合经济、发展市场经济、建立社会保障制度等方面实际上都借鉴了民主社会主义。今后，除了经济建设、社会建设方面之外，在党的建设、政治建设、文化建设方面也应该借鉴民主社会主义。比如社会党在党内民主选举、民主决策，争

取选民支持,执政以后不搞一党专政、以党代政,不搞官僚特权、廉洁奉公、杜绝腐败,实行宪法所规定的言论自由,促进文化真正繁荣昌盛等积极成果都有可供借鉴之处。只有大力发展社会主义民主,才能削弱民主社会主义的消极影响。所以对民主社会主义不能只从"左"的方面、从教条主义方面进行批判,理应既划清界限又善于借鉴,这样,我们才可能使科学社会主义从理论上和实践上都更超越民主社会主义。

注释:

① 胡锦涛:《高举中国特色社会主义伟大旗帜 为夺取全面建设小康社会新胜利而奋斗——在中国共产党第十七次全国代表大会上的报告》,人民出版社,2007 年,第 12 页。

②《邓小平文选》(第三卷),人民出版社,1993 年,第 375 页。

③《共产党宣言》,人民出版社,1997 年,第 50 页。

④ 详见高放、李景治、蒲国良主编:《科学社会主义的理论与实践》(第 5 版),中国人民大学出版社,2008 年,第 58~72 页。

⑤《马克思恩格斯选集》(第二卷),人民出版社,1995 年,第 102 页、101 页。

从《共产党宣言》到《中国共产党宣言》*
——兼考证《中国共产党宣言》的作者和译者

在中国共产党建党 90 周年来临之际,我们重温党史上第一份文献《中国共产党宣言》很有意义。《中国共产党宣言》是在 1920 年 11 月直接由《共产党宣言》在中国的传播催生的。这份文献已收入中央档案馆编《中共中央文件选编》第一册。①以往学界对此不够熟悉,研究不够充分。现把我近年来学习心得写出,并对其作者和译者做些考证。

一、《中国共产党宣言》的产生、内容、意义和欠缺

马克思、恩格斯撰写的《共产党宣言》这篇划时代的经典文献,作为世界上第一个共产党——共产主义者同盟的纲领于 1848 年 2 月 24 日在伦敦问世。这篇文献(译成中文约两万五千字)第一次阐述了科学世界观、历史观与社会观,指明了资本主义取代封建主义的巨大进步作用和资本主义的内在矛盾,强调了资本主义必然灭亡、共产主义必然胜利的发展规律,分析了当时欧美资本主义与工人运动的发展态势,提出了无产阶级进行革命、夺取政权和建设新社会的任务,揭示了共产主义政党的特点及与其他各类政党的关系,划清了科学共产主义与当时形形色色非科学社会主义与共产主义思潮的界线,发出了"全世界无产者,联合起来"②的战斗口号。《共

---

* 本文应约为《中国人民大学学报》而写,载该刊 2011 年第 3 期。

产党宣言》由于饱含极其丰富的卓越思想,在世界近现代历史上具有极其广泛而深远的吸引力、影响力和号召力。

虽然在欧洲 1848 年革命失败后的险恶环境中,共产主义者同盟被迫于 1852 年 11 月 17 日解散,但是《共产党宣言》在 19 世纪 50 年代后却连续不断出版德文版并被译为英、法、俄、波、意等国文字广为传播。恩格斯在《共产党宣言》1888 年英文版序言中写道:"现在,它无疑是全部社会主义文献中传播最广和最具有国际性的著作,是从西伯利亚到加利福尼亚的千百万工人公认的共同纲领。"③也就是说,它已变成世界《共产党宣言》了。

随着 19 世纪末日本、中国近代资本主义经济和无产阶级的出现,《共产党宣言》也传播到东亚并产生重大影响。1904 年 11 月 13 日,日本《平民新闻》周刊第 53 号发表了堺利彦和幸德秋水从 1888 年英国人赛·穆尔从德文翻译的英文版再转译为日文的《共产党宣言》(第三章未译)。1906 年 3 月,堺利彦在他主编的《社会主义研究》创刊号上再次刊登《共产党宣言》全译文(补译了堺利彦和幸德秋水早先略去未译的《共产党宣言》第三章)。1907 年即出版了该书日文单行本。同年,署名蜀魂的中国留日学生把该书译为中文在东京由社会主义研究社出版。1908 年 1 月,留日学生创办的《天义》报第 15 期发表民鸣从日文翻译的恩格斯为《共产党宣言》1888 年英文版写的序言,同年 2 月至 5 月该报第 16—19 期又连载民鸣译《共产党宣言》第一章全文。同年,《天义》报出版了《共产党宣言》中译本。这些在东京刊出和出版的《共产党宣言》中译文和中译本,在中国知者甚少。1917 年俄国十月革命胜利后,《共产党宣言》在中国出现部分中译文。如 1919 年 4 月 6 日《每周评论》第 16 号发表舍(成舍我)摘译的《共产党宣言》第二章最后部分,同年 11 月 1 日出版的《国民》杂志第 2 卷第 1 号刊出李泽彰摘译的《共产党宣言》第一章,年底北大学生罗章龙从德文译的《共产党宣言》节本曾经有油印本流传。到 1920 年 8 月,上海的社会主义研究社出版了陈望道从日文本并且参照英文本翻译的《共产党宣言》全译本,两个月之内就印刷两次,迅即售缺。随后多处翻印,广为流传,快速促进了马克思主义在中国的传播和中国共产党的诞生。

在《共产党宣言》的直接影响下,《中国共产党宣言》应运而生。中国第一批共产党人有陈独秀、李汉俊、李达、俞秀松、陈望道、沈玄庐、施存统、杨明斋,共八个人,1920 年 8 月间,在上海组成中国共产党组织,随即发展到十几个人,11 月制定了一份《中国共产党宣言》的文件。这篇宣言只有大约两千两百字,分为三个部分,标题分别是:共产主义者的理想、共产主义者的目的、阶级争斗的最近状态。文中重申了《共产党宣言》开宗明义揭示的阶级社会是阶级斗争历史的原理,指出:"阶级争斗从来就存在人类社会中间,不过已经改变了几次状态,因为这是以生产工具的发达为转移的。"④文中表示坚信《共产党宣言》所阐明的资本主义必然灭亡和共产主义必然胜利的规律以及无产阶级是资本主义掘墓人的结论,强调无产阶级努力的发展和团聚"会使资本主义寿终正寝的"⑤。遵循《共产党宣言》的指引,文中宣告中国要建立革命无产阶级的政党——共产党,领导劳苦大众,开展阶级斗争。文中较为系统地概述了《共产党宣言》指明的共产党奋斗目标:要将生产工具收归社会共有共用,要消灭私有财产制度和阶级,要使国家政权消亡,要按照共产主义者的理想创造一个新社会,为此首先就要组织阶级争斗,用强力打倒资本家的国家,要从资本家手里获得政权并把政权放在工农大众手里,要由无产阶级民主选举出来的最优秀的代表来制定建设共产主义的办法,发展生产事业,等等。文中还以俄国十月革命胜利后三年的实践经验来印证《共产党宣言》的基本观点,指出:要使工农从资本家手中获得政权,就"正如 1917 年俄国共产党所做的一样"。其他国家阶级争斗的趋向是"向着与俄罗斯的阶级争斗一样的方式——就是无产阶级专政","无产阶级专政的任务是一面继续用强力与资本主义的剩余势力作战,一面要用革命的办法造出许多共产主义的建设法","一直等到全世界的资本家的势力都消灭了,生产事业也根据共产主义的原则开始活动了,那时候的无产阶级专政还要造出一条共产主义的道路"。⑥全文用"共产党"七次,用"阶级争斗"十四次(另用"阶级冲突"一次),用"无产阶级专政"八次(另用"劳农专政"一次),用"共产主义""共产主义者""共产主义社会"十六次,用"资本家""资本主义""资本制度"二十八次,提到"俄国""俄罗斯"有十次。文中未出现"社会主义""社会主义者""社会主义社会"。

中文"社会主义""资本主义""共产主义""共产党"等词都是于19世纪七八十年代日本人采用繁体汉字译为日文的,到20世纪初又被中国人移植到中文书刊中。中国人也有不采用日文译法者,而自己独创译名。1958年,我从上海出版的《国闻周报》1927年9月4日出版的第4卷第34期查到厚照写的《嘉尔·马克思传略》一文,其中把"共产主义"译为"公共主义",把"共产党"译为"公共党"。现在看来,这种译法更准确,更符合古拉丁文com munis和德文Kommunismus原意。"公共党",表明这个党的奋斗目标不是只追求实现生产资料公有制,而是要管好公共资产,增加公共产品,发展公共事业,扩大公共服务,完善公共选举,厉行公共决策,加强公共管理,严密公共监督,提高公共理性,弘扬公共精神等,一言以蔽之,就是造福公共大众。⑦

《中国共产党宣言》还提出了马克思主义、列宁主义的一个重要观点,即一国不能建成共产主义。文中说:"我们设想俄罗斯在她的领土之内,单独可以建成一个共产主义的国家,这是大错而特错的。俄罗斯的无产阶级既即时(原文如此——引者注)不能建立一个共产主义的国家,资本主义已经推翻了,她便不得不保卫自己,抵抗国内外的仇敌,这是很显明的。""这并不是俄罗斯历史发展的特征,也是全世界历史发展的特征,而且这种阶级争斗的状态,世界上任何国家都得要经过的。"⑧这就是说,当时第一批中国共产党人深信,俄国不可能单独一国建成共产主义,共产主义不会仅在俄国一国胜利,而且必将在全世界所有国家取得胜利。

现在看来,含有上述重要内容的这份历史文献,具有重要的历史意义。

第一,它第一次亮出了"中国共产党"的名称,第一次又是唯一一次以《中国共产党宣言》命名的中共党史上的第一篇历史文献。它表明代表中国无产阶级和广大劳苦群众的新型政党已经在中国产业工人最集中的上海出现,它即将发展为全国性的政党。它区别于民国以来成立的形形色色的各种政党,有崇高的理想、明确的目的、伟大的胸怀、严密的组织、革命的行动,预示着将使中国社会发生翻天覆地的大变化。

第二,它第一次把马克思主义最重要的纲领性文献《共产党宣言》的核心思想与俄国社会主义革命与建设的指导思想——列宁主义的核心思想结合在一起,以最简明的概括与表述,展示给早期的中国共产党人。毛泽东于 1949 年在《论人民民主专政》中指出:"中国人找到马克思主义,是经过俄国人介绍的"⑨,"十月革命一声炮响,给我们送来了马克思列宁主义"⑩,这是完全符合实际的论断。现在有人认为十月革命只是给我国送来了列宁主义,这是有悖事实的偏见。

第三,这份《中国共产党宣言》当时并没有在任何报刊和任何场合公开发表,只是供早期共产党员内部学习,也使要争取并发展其入党的对象对中国共产党的宗旨有具体的了解和明确的认识。它在北京、广州、济南、长沙、武汉等地共产党组织中的散发与传播,对提高早期共产党员和接近共产党人士的思想觉悟、政治水平和理论素养,无疑很有帮助。

第四,它为 1921 年 7 月间中国共产党第一次全国代表大会的筹备召开和中国共产党的正式建立,起了促进和奠基作用。出席党的一大的十三位代表大都读过这份宣言,在党的一大上通过的中国共产党的第一个党纲,看来是吸收了这份宣言的基本思想与要点,从某种意义上说,就是以《中国共产党宣言》为蓝本,结合中国实际情况,作了更具体的发挥和更切实的规定。

《中国共产党宣言》这份历史文献,也存在缺点。毛泽东于 1958 年 6 月间从中共中央秘书局 1958 年 6 月 3 日编印的《党史资料汇编》第 1 号上读了这篇从英译稿译回中文的《中国共产党宣言》后,曾写了一段重要批语:"不提反帝反封建的民主革命,只提社会主义的革命,是空想的。作为社会主义革命的纲领则是基本正确的。但土地国有是不正确的。没有料到民族资本可以和平过渡。更没有料到革命形式不是总罢工,而是共产党领导的人民解放战争,基本上是农民战争。"⑪这几句言简意赅的批语,既肯定了这份历史文献作为党的革命纲领"是基本正确的",又指出它在革命阶段、土地纲领、对民族资产阶级的方针以及革命斗争主要形式这四个方面存在认识错误或不足。

我在这里要补充说明的是,这四个方面的欠缺、差错,根源在于我国第一批共产党员当时对俄国革命的经验还了解不够(俄国1917年革命是在二月先进行民主革命,后来在十月再进行社会主义革命),同时还以为俄国革命的经验具有普遍意义,中国也要照搬(如总罢工、土地归社会共有、用强力消灭资本家阶级)。总而言之,《中国共产党宣言》起了开天辟地传播马克思列宁主义要点的历史作用,但是还未能结合中国实际提出中国共产党自己独特的主张。这份历史文献只有一处提到"在封建国家的时候,阶级争斗也是一样的存在;但是与在资本家的国家下面的阶级争斗是有分别的,因为资本家的国家下面阶级争斗是格外紧迫,其势足以动摇全世界"⑫。仅有这句话似乎是联系到中国实际,然而并未展开,笔锋又转到资本主义世界去了。

我在学习中还发现这份历史文献有几处不确切的提法。如说"共产主义者主张废除政权","要是私有财产和赁银制度都废除了,政权、军队和法庭当然就用不着了"。⑬还有,文中提出"共产主义者主张将生产工具——机器工厂、原料、土地、交通机关等——收归社会共有"⑭,而并不是首先收归无产阶级专政国家所有,其实只有当国家消亡后生产工具才能收归社会公有。这些说法表明这份历史文献的作者多少还受无政府主义思想的影响,轻视无产阶级专政国家的作用。无产阶级专政国家按照马克思列宁主义原意是指体现无产阶级和广大劳动人民利益和意向,国家要管理好经济与社会,促进生产力和文化的发展,促进每个人的自由全面发展。无产阶级专政既可避免社会无政府状态,又要防止政府滥用权力、破坏民主。文献中还说:"当了资本家被打倒了之后,这些产业组合(即工会——引者注)就变成了共产主义社会中主管经济生命的机关。"⑮这显然是无政府工团主义者想用工会(在法国叫工团——引者注)来取代国家直接管理企业的主张。这不是马克思列宁主义的观点。我在这里指出这些差错,对于辨认这份文献的作者至关重要。

瑕不掩瑜,我们不能苛求前人。《中国共产党宣言》以简明宣言的形式最早把马克思列宁主义基本思想引进中国,提高了第一批共产党员的思想认识,促进了 1921 年中国共产党的正式建立,它好比桥梁、引擎,其振聋发聩、启蒙的历史作用是应予充分肯定的。

二、《中国共产党宣言》的作者和译者考证

我在学习《中国共产党宣言》的过程中,发现对这份历史文献的作者和译者都有不同看法。对此,需要尽量考证清楚。

中共中央党史研究室著《中国共产党历史》上卷(1991 年版)⑯和第一卷上册(2002 年版)⑰都肯定写明《中国共产党宣言》是由上海早期共产党组织起草的。至于谁是起草者,史学界多认为是出于陈独秀的手笔,或者认为是以陈独秀为主的几个人合拟的。这可以举出几本史书为证。叶永烈著《红色的起点——中国共产党诞生纪实》这样说:就在 1920 年 11 月"创办《共产党》月刊的那些日子里,由陈独秀执笔,'小组'的笔杆子们参加讨论,起草了一个纲领性文件——《中国共产党宣言》"⑱。朱文华所著的《终身的反对派——陈独秀评传》说:"也在这年 11 月间,陈独秀与其他党员一起又起草了《中国共产党宣言》。"⑲奚金芳写的《一代伟人陈独秀(1879—1942)先生幻灯片解说词》提到:"图为中国共产党宣言(陈独秀写)。"⑳但三者均未写明他们所依据的材料出处。《林茂生自选集》中收入林茂生和唐宝林合编的《陈独秀年谱》,其中说:1920 年 11 月陈独秀"主持上海共产党发起组织起草了《中国共产党宣言》"㉑,注明材料出处是:《"一大"前后》(一)李达:《中国共产党的发起和第一次、第二次代表大会经过的回忆》和施复亮:《中

共产党成立时期的几个问题》,文章中都提到陈独秀和他们酝酿起草党纲、党章的问题。11月7日出版的《共产党》第1号《短言》,据当时毛泽东致蔡和森的信说,"即仲甫所为"。"对照李、施的回忆和《短言》的内容,与《宣言》基本一致。似可断言此宣言在陈独秀主持下起草的。"㉒年谱编者在注中较为谨慎地说"似可断言"。我认为,如果另从上引材料查明与《中国共产党宣言》不一致之处,似可断言此宣言并非陈独秀执笔或定稿的。这一点,下面还要加以证明。

另有学者认为,《中国共产党宣言》是出于共产国际和俄共来华使者维经斯基(Voigiw ski,又译魏金斯基)手笔。杨奎松所著的《中共与莫斯科的关系(1920—1960)》中写道:"从1921年(应是1920年之误——引者注)11月维经斯基代为起草《中国共产党宣言》,宣告'俄罗斯历史发展的特征,也是全世界历史发展的特征'之日起……"㉓杨奎松教授掌握史料丰富,著作丰硕。他在这里所说的维经斯基代为起草《中国共产党宣言》一事,注明材料出处是参见瞿秋白所著的《中国共产党历史概论》㉔。我通查瞿秋白所著全文,并无这种说法。由于杨奎松是很有社会影响的学者,以至日本学者也相信他的这一说法有可能性。日本学者石川祯浩著、袁广泉译的《中国共产党成立史》中有这样的说法:"近年来,杨奎松通过尚未涉猎的未公布的中国共产党史资料,取得了显著的研究成果。他指出魏金斯基可能参与了起草《宣言》,说《中国共产党宣言》是由魏金斯基协助上海组织起草的,或者是代为起草的。这种可能性是有的,但杨奎松没有提示任何根据。"㉕杨奎松提示参见瞿秋白所著的《中国共产党历史概论》,可是其中没有找到任何根据。再查《维经斯基在中国的有关资料》,书中第一部分收录维经斯基著述四十五篇,并无他代笔起草的《中国共产党宣言》;第二部分收录的董必武、蔡和森等十一人写的回忆与评论文章中也未提到他参与起草宣言,只有包惠僧提到"当时陈独秀、李汉俊、沈玄庐等一致主张成立中国共产党……于是他们完成了中国共产党的党纲草案"㉖。"据陈独秀在广州时对我讲,这份党纲草案是陈和吴廷康(又译伍廷康,即维经斯基——引者注)在上海起草的,不是从俄国带来的"㉗。可能正是根据这个材料,在全书第三部分杨云若、王福增编写的《维经斯基在华活动纪事》中写道:1920 年 5 月至 8 月维经斯基建议陈独秀本人发起组织中国共产党,推举陈独秀为书记,"并由维经斯基和陈独秀商议后草拟了一个中国共产党党纲草案,以统一思想"㉘。但是现在无法证明:这个党纲草案就是 11 月间印发的《中国共产党宣言》。即便两者是同一个文献,说这个宣言是维经斯基代为起草的,也还是不够确切。

2009 年 10 月,我十分惊喜地读到《党的文献》2009 年第 5 期发表的《〈中国共产党宣言〉应出自李大钊手笔》一文。作者冯铁金是河北省唐山市丰南区委党校原副校长。他经过细心考察与印证,发现《中国共产党宣言》中的观点和用语习惯多出自李大钊文稿,而与陈独秀的文稿差别很大。由此,他得出《中国共产党宣言》不是陈独秀所写、应当是出自李大钊手笔的新看法。他列举出《中国共产党宣言》中所用的"经济现象为最重要""最高的理想",对俄国十月革命的赞扬,实行"(总)同盟罢工"等都是当时李大钊文章中的用语,而在当时陈独秀的文章中是找不到的。冯铁金认为,《中国共产党宣言》既然是出自李大钊手笔,那么它必定是早期北京共产党组织而不是上海共产党组织的文件。可惜他在文中只列举出北京共产党组织于 1920年七八月间草拟出一个党纲要点,而这个党纲还是张国焘 7 月间由京赴沪时从陈独秀与维经斯基处得来的。由此可见,北京的党纲并非北京党组织自己独立草拟的,它只是在参照上海党纲的基础上制订的,其中添加上李大钊文章中采用过的词语。这样,不但无法确证宣言是北京共产党组织草拟的,而且无法确证北京的党纲即是《中国共产党宣言》文本,更加无法确证宣言出自李大钊的手笔。我细读冯铁金的文章后感到:他考证宣言不是出于陈独秀手笔,这一点是可信的,然而他断言宣言出自李大钊手笔,则论据还欠充分。

我再去细读李大钊当年的文章,发现他不仅盛赞十月革命的胜利,而且完全肯定新型苏维埃国家政权和 1918 年的苏俄宪法以及宪法中规定的生产资料国有化的创举。例如,他在 1918 年 10 月 15 日《新青年》第 5 卷第

6 号发表的《Bolshevism(布尔什维主义)的胜利》中说:苏俄"主张一切男女都应该工作,工作的男女都应该组入一个联合,每个联合都应该有中央统治会议","没有统治者,但有劳工联合的会议,什么事都归他们决定。""这是 Bolsheviki 的主义。这是二十世纪世界革命的新信条"。㉒李大钊于1919 年 8 月 17 日发表于《每周评论》第 35 号的《再论问题与主义》中写道:"最近有了慰慈先生(张慰慈是当时北京大学著名政治学教授——引者注)在本报发表的俄国的新宪法、土地法、婚姻法等几篇论文,很可以供我们研究俄事的参考,更可以证明妇女国有的话全然无根了。"㉚1918 年 7 月全俄苏维埃代表大会通过的苏俄宪法明文规定:"全部土地为全民财产……全国性的一切森林、蕴藏与水利……实验农场与农业企业均宣布为国有财产……作为使工厂、矿山、铁路和其他生产及运输手段完全转归工农苏维埃共和国所有的第一步骤。"㉛李大钊显然赞同这些生产资料收归工农苏维埃国家所有的办法。他认为,这些经济措施是根本解决问题的办法。在上引同一篇文章中,他这样说:"以俄国而论,罗曼诺夫家没有颠覆,经济没有改造以前,一切问题丝毫不能解决。今则全部解决了。依马克思的唯物史观,社会上法律、政治、伦理等精神的构造,都是表面的构造。他的下面,有经济的构造作他们一切的基础。经济组织一有变动,他们都跟着变动。换一句话说,就是经济问题的解决,是根本解决。经济问题一旦解决,什么政治问题、法律问题、家族制度问题、女子解放问题、工人解放问题,都可以解决。"㉜李大钊的这些言论,表明他这时已经坚决反对无政府主义和无政府工团主义。可见,《中国共产党宣言》中所主张的"废除政权""将生产工具收归社会共有",不归工农国家所有,而且在社会主义革命胜利后要使工会"成为主管经济生命的机关",这些观点显然与李大钊的思想相悖。

由此可见,宣言既不会是出自李大钊手笔,也不会是维经斯基和陈独秀所写。那么这份宣言的执笔者究竟是谁呢?

笔者以为,我们只要悉心细读张国焘的回忆录和有关文稿,就不难作出一些推断。在张国焘著《我的回忆》中写道:1920年7月他由北京到上海与陈独秀连续交谈了两个多星期关于建党之事。"陈独秀先生这样表示:我们不必做中国的马克思和恩格斯,一开始就发表一个《共产党宣言》;我们只要做边学边干的马克思主义的学生,现在可以先将中国共产党组织起来,党纲和政纲留待正式成立以后再去决定。"③可见,当时陈独秀并没有想要制定《中国共产党宣言》,至于制定党纲草案也是7月以后之事。8月间上海共产党组织建立,选举陈独秀为书记。陈望道译《共产党宣言》于当月在上海出版,初版印一千册,很快被一抢而空。这促进了上海第一批共产主义者积极开展活动,随即拟定了党纲草案。既然马克思、恩格斯执笔的《共产党宣言》是1847年创立的世界上第一个共产党——共产主义者同盟的纲领文献,所以上海共产党组织草拟的党纲很自然名为"中国共产党宣言"。最近从俄罗斯档案馆新发现张国焘在1929年为莫斯科中山大学讲课而写的《关于中共成立前后情况的讲稿》,其中说:"北京小组成立(在上海之后),于1920年七八月间,由李守常、张松年和我三人商量筹建(叫北京共产党)。张松年不久赴法,我与守常与无政府接洽,他们也赞成马克思,阶级斗争,一共有八人。决定党纲如下:①共产党原则……②共产党目的……这个党纲由陈独秀从伍廷康得来,写成中文,又有下面几条:①无(产阶)级专政,②国际组织,③不准做官。"④北京共产党组织拟定的党纲,除李大钊、张国焘为主外,还吸收了几个无政府主义者参与,而且这份党纲也参照了上海草拟的党纲;而在上海,是由维经斯基(伍廷康)提出原则意见,再由上海共产党组织集体讨论后写出党纲草稿。很可能北京共产党组织拟出的党纲传到上海后,上海党组织又对原党纲作了修改。上海党组织于1920年11月7日十月革命胜利三周年之际创办了《共产党》月刊,11月23日把拟定的党纲以《中国共产党宣言》的名义印发给上海、北京、武汉、广州、长沙、济南等地党组织,作为早期党员和拟发展的新党员的学习材料。

　　这样看来,这份宣言就很难说是由陈独秀或李大钊某一个人执笔完成的，很可能是 1920 年 8 月至 11 月间，由上海和北京早期党组织集体讨论、反复修改制定的。北京党组织于 1920 年 9 月成立，第一批党员也是八个人，即李大钊、张松年（张申府）、张国焘、罗章龙、刘仁静，还有无政府主义者黄凌霜、陈德荣、张伯根。随后加入上海党组织的袁振英也曾经信奉过无政府主义。所以在宣言中残留有"废除政权"、生产工具不收归国家而"收归社会公有"、使工会"成为主管经济生命的机关"等无政府主义和无政府工团主义的痕迹。

张国焘在《我的回忆》中还讲到：1921 年春天，"我首先草拟了一个党纲政纲草案，题名为《中国共产党成立宣言》。其要点大致包括共产主义者的基本信念、中共的组成、它的基本政策，以及中共将经由无产阶级专政以实现共产主义等等"⑮。"马林看了这个文件（由张太雷译成英文），却提出了较严格的批评，表示这个草案在理论的原则上写得不错，主要缺点是没有明确地规定中共在现阶段的政纲。他指出这个文件表示中共将支持民主的民族革命，以期真正的民主共和国能在中国迅速建立起来，这是对的；但似乎没有说明如何实现的具体步骤。"⑯共产国际于 1921 年春把维经斯基调回苏俄，改派马林为驻中国代表。马林于 6 月 3 日抵达上海，14 日才搬进公共租界。估计张国焘把《中国共产党成立宣言》英文译稿交给马林当在 6 月下旬。这份"成立宣言"的内容大部分与《中国共产党宣言》相同或相近，估计张国焘在起草成立宣言前也是见过那份宣言并且参照宣言的。当然，成立宣言又增添了新内容，如中共的组成、中共支持民主民族革命、要在中国建立民主共和国家，这些是原来宣言中所没有的。不论宣言或成立宣言，都存在理论没有联系中国实际或联系实际很不够的缺点。1921 年 7 月党的一大所通过的第一个纲领更进一步联系中国实际，具体规定了党的任务。

再说《中国共产党宣言》的译者究竟是谁。很可惜这份宣言的中文稿本在国内迄今没有发现踪迹。而宣言的英文稿本，大概是维经斯基于 1921 年春奉调回国到共产国际远东局任书记时带回伊尔库茨克的。也正是在这一年秋天，共产国际执委会决定在 1922 年年初召开一次远东各国共产党和民族团体代表大会。中共中央派张太雷前往苏俄参与筹备工作。张太雷在共产国际远东书记处保存的中共文件中偶然发现有一份曾经由他译为英文交给维经斯基的《中国共产党宣言》稿本。胡华教授主编的《中共党史人物传》第 4 卷中有一篇林鸿暖依据很多调查采访写成的《张太雷》传,文中写道:1922 年"12 月 10 日,太雷还把他目前翻译的《中国共产党宣言》回译成中文,并写了译者的说明,发给了出席大会的中国代表团中的共产主义者组织讨论"㉟。这里指明宣言是张太雷从英文回译为中文。可惜,这样重要的论断长期未引起学界的重视。

《中国共产党宣言》的中译本是 1957 年苏共中央从共产国际中国代表团的档案中选出移交给中共中央的。原译稿前面的译者附言只用英文署名 Zhang(张),并未写明张太雷。这份宣言最早只刊登在中共中央秘书局 1958 年 6 月 3 日编印的《党史资料汇编》第 1 号上,当时极少人能看到。它第一次收入人民出版社出版的《"一大"前后(中国共产党第一次代表大会前后资料选编)》(一),作为全书的首篇。该书编者在译者 Zhang 之下加上如下的注:"据初步考证,这个译本可能是参加远东民族会议中国共产党代表团的主要成员翻译的,而代表团主要成员中姓张的只有两个人,一是张国焘,一是张太雷,但写这个说明可能性比较大的是张太雷,因他不仅负责大会的组织工作,而且负责英文翻译,在这个时期他翻译了不少东西。"《"一大"前后》(一)第 1 版是 1980 年 7 月出版的,当时编者注这样写可以说是尽心尽力了。该书 1985 年 2 月第 2 版是增订版。编者在 1984 年 6 月写的增订说明中说:"这次出版,一是订正了第一版的一些错漏;二是增补了一些比较重要的资料。"㊱可惜上述 1982 年出版的《中共党史人物传》第 4 卷中的《张太雷》传没有引起编者注意,以致编者注还是保留原样,只说译者"可能性比较大的是张太雷",而没有明确肯定。

1989 年出版的中央档案馆编、中共中央文献研究室审定的《中共中央文件选集》第 1 册在附录中收入了《中国共产党宣言》。令人遗憾的是,编者却在注释中写道:"这个译本,根据附在本文前面的译者《致同志信》的时间和内容初步判定,是参加远东劳动人民代表大会中国共产党代表团的主要成员张国焘翻译的。"[39]这个注释判定译者是张国焘,完全排除了张太雷翻译的可能性。

我认为这个"初步判定"是不符合实际的。原因如下:第一,译者"张"译文的时间是 1921 年 12 月 10 日。张国焘在 11 月初就到达伊尔库茨克并在那里待到 12 月底,而且他是当时中共代表团团长,为何在他的回忆录中从未提及有关这份宣言之事? 如果是他亲自翻译为中文的话,他怎么会不提及呢? 第二,即便他在那里找到宣言英文稿,他一定会找当时也在该地的英文程度比他高很多的张太雷译为中文。如上所引,6 月间他起草的《中国共产党成立宣言》也是由张太雷译为英文交给马林的。第三,张国焘起草的《中国共产党成立宣言》在党的一大上未获通过,没有公布。他可以径自再提交代表们讨论,用不着再去回译更早发布的那份《中国共产党宣言》。第四,更加重要的是,7 月间党的一大已经制定了正式的党纲作为全党行动指南,参加过党的一大的张国焘完全没有必要把筹备建党时期的宣言再译为中文提交参加远东大会的中共代表讨论。第五,张太雷当时也在伊尔库茨克参与远东各国共产党和民族团体代表大会的筹备工作。他很容易从当时在该地负责共产国际远东书记处工作的维经斯基处看到他头年年底译为英文的宣言稿。第六,更加重要的是,1921 年 6 月 22 日共产国际在莫斯科举行第三次代表大会,张太雷受中共领导人委派参加这次大会,直到 8 月才回国。因此张太雷没有参加党的一大,他不知道大会已经制定了正式的党纲,8 月后他即参与筹备远东大会之事。到 12 月他感到很有必要再把宣言回译为中文,供中共代表讨论,以便将讨论结果供"中国共产党的参考和采　　纳"[40]。实际上,7 月间党的一大制定了正式党纲之后,这份宣言已经是明日黄花,完全用不着再讨论了。事实上,在远东大会的中共代表团中也未曾讨论过。基于以上六条理由,笔者以为这份宣言不可能是张国焘译的,只能是张太雷译的。

然而由于《中共中央文件选集》这部文献的正规性、权威性和公开性,其编者注释也都有广泛深远影响,《中国共产党宣言》"初步判定是张国焘翻译的"这一难以成立的说法,曾多次被众多学者所引用。例如,石川祯浩和冯铁金的著述以及《新湘评论》2011 年第 1 期选录《中国共产党宣言》原文时把有关译者的这一条注释[41]也照录了。

拙文以上的论述和考证,如果对于当今重新学习中共党史上首篇文献《中国共产党宣言》有些帮助,则幸甚!

注释:

① 《中共中央文件选集》(第 1 册),中共中央党校出版社,1989 年,第 547～551 页。

② 德文原文是"Proletarier Aller Lander Verinigt Eü ch!"如果直译应为"所有国家无产者,联合起来",我认为可意译为"全世界劳动者,联合起来"。"无产者"狭义专指现代产业工人。1848 年时只有西欧北美十几个国家有"无产者",全世界大多数国家还没有"无产者"。"劳动者"不仅包括工人和广大体力劳动者,也包括脑力劳动者,还包括所有主要以劳动获得报酬的人员。参见拙文《"全世界无产者,联合起来!"七十四种中译文辨析》,载《文史哲》,2008 年第 2 期;《"全世界无产者,联合起来!"这句译语可以改译》,载《北京日报》(理论周刊),2008 年 3 月 17 日,《探索与争鸣》,2009 年第 2 期。

③ 《马克思恩格斯选集》(第一卷),人民出版社,1995 年,第 256 页。

④⑤ 《中共中央文件选集》(第 1 册),中共中央党校出版社,1989 年,第 548 页。

⑥ 同上,第 550 页。

⑦⑧ 我把这个新见解写进我领头主编的《科学社会主义的理论与实践》(中国人民大学出版社,2008 年),大受读者欢迎。

⑨ 《毛泽东选集》(第四卷),人民出版社,1991 年,第 1470 页。

⑩ 同上,第 1471 页。

⑪ 《建国以来毛泽东文稿》(第七册),中央文献出版社,1992 年,第 296 页。

⑫⑬ 《中共中央文件选集》(第 1 册),中共中央党校出版社,1989 年,第 548 页。

⑭ 同上,第 547 页。

⑮ 同上,第 549 页。

⑯ 中共中央党史研究室:《中国共产党历史》(上卷),中共党史出版社,1991 年,第

52页。

⑰ 中共中央党史研究室：《中国共产党历史》（第一卷上册），中共党史出版社，2002年，第81页。

⑱ 叶永烈：《红色的起点——中国共产党诞生纪实》，上海人民出版社，1991年，第153页。

⑲ 朱文华：《终身的反对派——陈独秀评传》，青岛出版社，1997年，第158页。

⑳ 奚金芳：《一代伟人陈独秀（1879—1942）先生幻灯片解说词》，载《纪念陈独秀先生逝世60周年论集——陈独秀与20世纪学术、思想、文化》，全国第七届陈独秀学术研讨会筹备处编印，2002年，第299页。

㉑《林茂生自选集》，中国人民大学出版社，2007年，第92页。

㉒ 同上，第124页。

㉓ 杨奎松：《中共与莫斯科的关系（1920—1960）》，东大图书公司，1997年，第7页。

㉔ 瞿秋白：《中国共产党历史概论》，载中央档案馆编：《中共党史报告选编》，中共中央党校出版社，1980年，第161页。

㉕ 石川祯浩：《中国共产党成立史》，中国社会科学出版社，2006年，第237页。

㉖《维经斯基在中国的有关资料》，中国社会科学出版社，1982年，第438页。

㉗ 同上，第440页。

㉘ 同上，第462页。

㉙《李大钊选集》，人民出版社，1959年，第114～115页。

㉚ 同上，第232页。

㉛《人民日报》图书资料组编：《宪法问题参考文件》，人民出版社，1954年，第179页。

㉜《李大钊选集》，人民出版社，1959年，第233页。

㉝ 张国焘：《我的回忆》，东方出版社，2004年，第90～91页。

㉞ 张国焘：《关于中共成立前后的讲课稿（1929年）》，载《百年潮》，2002年第2期。

㉟ 张国焘：《我的回忆》，东方出版社，2004年，第129页。

㊱ 同上，第130页。

㊲ 林鸿暖：《张太雷》，载胡华主编：《中共党史人物传》（第4卷），陕西人民出版社，1982年，第75页。

㊳《"一大"前后（中国共产党第一次代表大会前后资料选编）》（一），人民出版社，

1985 年。

㊴《中共中央文件选集》(第 1 册),中共中央党校出版社,1989 年,第 551 页。

㊵ 同上,第 547 页。

㊶《中国共产党宣言》,载《新湘评论》,2011 年第 1 期。

《共产党宣言》对我国的
深远影响及其核心思想辨析 *

《共产党宣言》在我国传播以来，成为在我国最有深远影响、改变我国面貌最大的思想精神武器。经过中国共产党人把它与我国实际相结合，持续不断开展群众运动，我国社会发生了翻天覆地、惊天动地的三次巨变，至今第三次巨变仍在进行中。《共产党宣言》的核心思想是"每个人的自由发展"，"一个消灭，两个最彻底决裂"是达到"每个人的自由发展"的步骤与手段之一。要科学准确地理解"一个消灭，两个最彻底决裂"的思想，其译文也值得进一步研究和商榷。

一、百年来《共产党宣言》指引我国发生三次社会巨变

今年是卡尔·马克思诞辰 190 周年，又是划时代的经典文献《共产党宣言》（以下简称《宣言》）出版 160 周年。这本宝书正是马克思在"三十而立"之年为全世界无产阶级和全人类的自由解放指明道路的"安身立命"的奠基杰作。自从 20 世纪初马克思主义及其代表作《宣言》在我国逐步传播以来，成为在我国最有深远影响、改变我国面貌最大的思想精神武器。经过中国共产党人把它与中国实际相结合，持续不断开展群众运动，中国社会性质已经发生了翻天覆地、惊天动地的三次巨变。第一次是从半殖民地半封

---

* 本文是为纪念《共产党宣言》出版 160 周年应约而写，载《科学社会主义》，2008 年第 1 期。

建社会变为新民主主义社会,第二次是从新民主主义社会变为社会主义社会,第三次正在从初级阶段社会主义变为现代化社会主义。

在这三次巨变中,我们党和中国人民始终不渝地以《宣言》的基本思想和具体原理为指导。马克思、恩格斯在《宣言》1872 年德文版序言中早就指明,不管世界情况发生了多大的变化,"这个《宣言》中所阐述的一般原理整个说来直到现在还是完全正确的。某些地方本来可以作一些修改。这些原理的实际运用,正如《宣言》中所说的,随时随地都要以当时的历史条件为转移"。在第一次巨变中,正如毛泽东所说,读了《宣言》这本书,"我才知道人类自有史以来就有阶级斗争,阶级斗争是社会发展的原动力,初步地认识到认识问题的方法论"。"我只取了它四个字:'阶级斗争',老老实实地来开始研究实际的阶级斗争。"①以毛泽东为代表的中国共产党人从我国实际出发逐步形成的新民主主义社会理论,从 20 世纪 20 年代末起就在农村革命根据地初步实现,到 1949 年在全国全面实现。在第二次巨变中,本来应该遵循《宣言》的指引,注重"争得民主","尽可能快地增加生产力的总量",采取一些"在经济上似乎不够充分的和没有力量的"措施。可是由于受外来压力和苏联模式的影响,加上国内、党内的诸多原因,未能准确理解《宣言》的精神实质,推行过"左"路线,急于求成。从 20 世纪 50 年代到 70 年代我们一直强调贯穿《宣言》全书的一条红线就是阶级斗争,而且把"一个消灭,两个彻底决裂"("消灭私有制" 和 "同传统的所有制关系实行最彻底的决裂""同传统的观念实行最彻底的决裂"),作为《宣言》的核心思想不断向广大干部和群众进行宣传和灌输。第二次巨变虽然也取得了重大成效,但是却付出了惨重代价,留下了众多创伤(包括对马克思主义的误解)。1978 年我们党端正了指导思想和基本路线以来,重新把《宣言》所昭示的"争得民主""尽可能快地增加生产力的总量"等真知灼见付诸实施,使我国社会正在发生第三次巨变。

然而从 20 世纪 50 年代至 70 年代我们长期反复装填的"一个消灭,两个最彻底决裂"的思想,依旧埋藏在一些老干部、老领导的脑海深处。不久前我读到一份在社会上流传的一位革命老前辈写的对当前形势看法的意见书。他对于改革开放以来私营经济越来越发展、外国资本引进越来越多的做法很不理解，甚至十分反感。他认为这样是背离了《宣言》的核心思想，背离了马克思主义，搞修正主义，使资本主义复辟。这种看法实际上是反对改革开放，主张倒退到 50 年代至 70 年代的极"左"路线。这不仅是个别老同志的观点，而且会影响不明历史真相和理论真相的年轻人，是一股值得我们格外重视和认真对待的社会思潮。

值此《宣言》出版 160 周年之际，我认为很有必要重新认识、重新阐释、重新讲解《宣言》所提出的"一个消灭，两个彻底决裂"的思想。

二、《宣言》的核心思想不是"一个消灭，两个最彻底决裂"，而是"每个人的自由发展"

《宣言》提出的"一个消灭，两个最彻底决裂"是指书中第二章讲到的两句重要论断：一是"从这个意义上说，共产党人可以把自己的理论概括为一句话：消灭私有制"，二是"共产主义革命就是同传统的所有制关系实行最彻底的决裂。毫不奇怪，它在自己的发展进程中要同传统的观念实行最彻底的决裂"。

当今我们应该如何准确地理解这两句重要的论断呢？我认为认清以下三点至关重要。

首先，要认清《宣言》的核心思想究竟是什么。恩格斯不止一次地对《宣言》的核心思想作过明确表述。他于 1888 年在《宣言》英文版序言中对"构成《宣言》核心的基本思想"有一段近三百字的简明概括，其内容包括三个要点：社会经济基础决定政治和精神上层建筑，人类社会进入阶级社会以来全部历史都是阶级斗争的历史，当今阶级斗争已发展到使无产阶级和全人类一劳永逸地摆脱一切剥削压迫、获得彻底解放的新阶段。其实这就是唯物史观的基本要点。那么全人类获得彻底解放具体状态和表现是什么样子呢？那就是《宣言》第二章结尾所鲜明指出的："代替那存在着阶级和阶级对立的资产阶级旧社会的，将是这样一个联合体，在那里，每个人的自由发展是一切人的自由发展的条件。"这一句非常精辟、精练、精彩的名言，中文总共是五十四个字，道出了共产党人的奋斗目标，点明了人类未来的归宿。而在1867年出版的马克思的鸿篇巨著《资本论》第1卷第1章第4节中，则是用更加简明的"自由人联合体"六个字来概括。恩格斯于1894年1月9日应两位意大利记者来信约请，为新创办的《新纪元》周刊题辞。记者要求恩格斯"用简短的字句来表述未来的社会主义纪元的基本思想，以别于但丁曾说的'一些人统治，另一些人受苦难'的旧纪元"。恩格斯在回信中坦言："要用不多几个字来表述未来新时代的思想，同时既不堕入空想社会主义又不流于空泛辞藻，这个任务几乎是难以完成的。"但是74岁高龄的恩格斯经过认真考虑，还是很好完成了这个任务。他说："我打算从马克思的著作中给您寻找一行您所要求的题词。马克思是当代唯一能够和伟大的佛罗伦萨人（前面提到的但丁——引者注）相提并论的社会主义者。但是除了从《共产党宣言》（意大利刊物《社会评论》第35页中）摘出下列一段话外，我再也找不出合适的了。"②恩格斯接着摘出的就是上引的那句五十四个字的名言。由此可见，《宣言》的核心思想可以概括为一句话："每个人的自由发展。"要达到这个目标必须通过阶级斗争、无产阶级掌握政权、过渡时期、尽快增加生产力总量、消灭私有制等步骤与手段。消灭私有制与"两个彻底决裂"只是达到"每个人的自由发展"的步骤与手段之一，而不是目标。

我们还要认清《宣言》是从特定意义上把"消灭私有制"概括为共产党人的理论，即从改变所有制关系方面来说。如果是从一般意义上说，我认为共产党人可以把自己的理论概括为这样一句话：实现"每个人的自由发展"，这才真正是《宣言》的核心思想。以往由于我们未能领会或者不曾强调《宣言》的这个核心思想和精神实质，以致在实践中长期犯过重大错误，这是应该切实引为深刻教训的。如果我们之中还有人至今还把"一个消灭，两个最彻底决裂"误当作《宣言》的核心思想，那就表明"左"的思想流毒还没有完全清除掉,那就难以真正贯彻落实党的十七大关于坚定不移地走中国特色社会主义道路的决定。

三、实现"一个消灭,两个最彻底决裂"是漫长、渐进的历史过程

其次,要认清不论在中国或者在世界范围内,实现"一个消灭,两个最彻底决裂",都是漫长的、渐进的历史过程,不可能一蹴而就,急于求成。

《宣言》在自由资本主义刚在西欧诸国和美国处于大发展初期,就预见到了"一个消灭,两个最彻底决裂"的必然趋势和前景,这是非常难能可贵的远见卓识。但是它认为在 19 世纪就能实现这个理想,当今回顾、总结历史经验,显然是对资本主义的生命力和资产阶级的统治力估计不足,同时对无产阶级的战斗力和无产阶级政党的领导力估计过高。到 20 世纪,在新的特殊的历史条件下,《宣言》所揭示的资本主义必然发展到社会主义的理论,首先在俄国、中国以及东欧、东亚十几个国家变成现实。东欧、东亚的这些国家,资本主义发展的程度远低于西欧、北美诸国,走上社会主义道路后理应较长期利用资本主义积极因素,可是因受世界革命理论影响,急于推进世界革命,急于建成社会主义,所以普遍犯过急于消灭资本主义私有制和小私有制的过左错误。在苏联、东欧诸国发生剧变后,我国汲取教训,更加重视发展非公有经济。实践证明这样有利于发展生产力、增加产品总量、扩大就业、改善供应、增加国家税收。从 1989 年至 2002 年这十三年的成绩要充分肯定,主要错误和缺点是:国有中小企业不是按照"劳者有其股"原则进行股份制改革,而是大量一卖了之,造成国有资产大量流失,甚至使一批原来的党政领导干部变成私营企业主,他们成为党内一群有特殊身份的党员,至今党还缺少对他们的特殊管理条例;同时,由于政治体制改革滞后,社会主义民主自由不足,权钱交易、官商勾结现象屡禁不止,官员腐败难以遏制,至今党和国家还缺少防止产生这群特殊官僚的健全体制和法

制;对私营企业还管理不力、偷税漏税、买官行贿、欺压克扣职工等违法现象层出不穷;社会贫富两极分化严重,非社会主义思想大为增长。这些前进中出现的问题要通过进一步改革开放来解决,而不能倒退到 1978 年以前,用"一个消灭,两个彻底决裂"的办法来解决。我们还要认清,从当今世界发展态势与我国实际情况出发,我国将长时期处于社会主义初级阶段,初级阶段的社会主义就不是纯粹的社会主义,而是长期存在资本主义经济、允许资本主义经济长期发展的社会主义,这种有资本主义因素的社会主义也可以简称为资本社会主义,千万不能急于消灭私有制。

再从世界范围来看,自从 20 世纪六七十年代美国带头掀起以电子信息为龙头的新科技革命以来,资本主义世界的面貌发生了全方位、多层次、宽领域的大变化。生产社会化的程度更高了,分散的私有资本大量转变为集中的社会资本,资本社会化的程度也更高了,国家政府管理社会的职能大为增强了,社会保障体系也更完备了,社会主义因素显著在增长。我在 1988 年写成的《从传统社会主义到现代社会主义》一文中就已提出:世界资本主义的发展经历了以下四个阶段,即 16—18 世纪为封建资本主义,18 世纪末至 19 世纪末为自由资本主义,19 世纪末至 20 世纪 70 年代为垄断资本主义,80 年代以来开始进入社会资本主义。③社会资本主义即社会化程度更高、有愈益增长的社会主义因素的资本主义。处在这样世界资本主义发展的新阶段,传统设想的无产阶级世界革命已经搞不起来的,世界各国将较长期通过逐步向渐进的改良发展到社会主义,当然这并不排除某些国家在特定发展时期会有较激烈的斗争。当今资本主义在世界范围内还有广阔的发展空间,还能持续相当长的时间。资本主义不仅能实现全球化,而且还能实现太空化、宇宙化(现在美、俄、欧、日、印五强正在争夺在月球上建立基地)。社会主义要在世界范围内超越资本主义,还需要经历很长时间的磨练、积聚和实力的增长。(2007 年 10 月我国"嫦娥"一号奔月卫星发射成功,表明社会主义中国已有实力参与国际空间的竞争与合作)。因此,在世界范围内消灭私有制更是一个漫长的渐进的历史进程,千万不能急于求成。

四、"消灭私有制""最彻底决裂"的译文值得商榷

最后,要认清《宣言》中"消灭私有制"和两个"最彻底决裂"的中译文有待商榷。

先说"消灭私有制"。十多年前我就听中央编译局熟悉德文的同志讲,按照《宣言》德文原文,"消灭私有制"应该改译为"扬弃私有制"。我初学过德文,并不熟悉,听到这种新说法曾引起我思想上的重视,但是自己并没有下功夫去深究这个问题。到 2000 年读到《书屋》第 9 期《学界新论》专栏刊登的《〈共产党宣言〉中一个原文词 Aufnebung 的解释和翻译管见》。作者李桐熟悉德文与英文,他在文中提出:《宣言》中"消灭私有制"的说法,"消灭"一词德文原文 Aufnebung 根本不含"消灭"意义,这个多义词有扬弃、捡起、保留、取消、废除等意。他认为"消灭"译法"形成了一种凛冽的气氛和极端的情感倾向",因此建议把"消灭"改译为"扬弃"或"废除"。我读后感到他说得在理,得知中央编译局图书馆没有订阅《书屋》杂志,我当即把此文复印一份寄给编译局老朋友殷叙彝同志。《社会科学研究》(四川)2002 年第 5 期发表拙文《从〈共产党宣言〉的一处误译看两个"必然"》。我进一步查清:陈望道、华岗、成仿吾和徐冰、陈瘦石等多种《宣言》中译本都是译为"废止""废除",从 1943 年博古校译本起才改译为"消灭"。博古是从俄文转译的,而俄文因没有与德文 Aufnebung(扬弃)对应的词汇,就译为消灭,中文译为"消灭",其源盖出于此。为了从以往急于消灭私有制的"左"的错误中汲取教训,我建议当今应该改译为"扬弃"。听说中央党校的一些教授在课堂上也发表过要把"消灭"改译为"扬弃"的看法。随后,中央编译局的一位老领导在《经济学动态》2003 年第 3 期发表《〈共产党宣言〉中关于"消灭私有制"的译法是正确的》,中国人民大学的一位老教授也在《北京日报》2005 年 10 月 10 日《争鸣》专栏发表《这句话没有译错》。他们列举了好几条理由来证明译为"消灭私有制"的正当性,然而未必都能令人信服。例如他们说马克

思在其他著作或《宣言》的其他段落,也用过"消灭""摧毁",可是这个地方所用的 Aufnebung 一词与其他地方所用的"消灭""摧毁"并非同一个词。如上所述,我已考证出"消灭"一词是博古从俄文转译来的,并非从德文直译的。为什么我们不根据此处的德文原文来译呢? 如果改译为"废除"当然比"消灭"要好,然而与原文这句话前面所用的四个"废除"又显示不出区别。还有,如果"消灭私有制"的译文不改动,那么在《资本论》第三卷以及马克思、恩格斯其他著作中多处用过的"扬弃""资本的积极扬弃和消极扬弃",是否也都要改译为"消灭"呢? 否则岂不是译名不统一吗? 如果改译为"资本的积极消灭和消极消灭",那是很费解的。"扬弃"一词含有扬其精华、弃其糟粕之意,的确比"消灭"更符合原意,也更切合私人资本运动和逐步被淘汰的进程和规律。当然,读者的意见未必正确,仅供译者参考。译者只能根据自己的认识翻译,读者也可以按照自己的理解进行评论。原来我说译为"消灭"是误译,现在看来这个评论不当,应该收回,只能说译为"消灭"不如译为"扬弃"更好。

再看"最彻底的决裂",这里也有译文是否恰当的问题。浙江师范学院朱桂谦同志早在 1982 年第 4 期《内部文稿》(《红旗》杂志社主办)发表《对两个"最彻底的决裂"译法的理解》一文。他指出,此处德文原文 Radika1ste 是多义词,即彻底、根本之意。经过马克思、恩格斯校对的《宣言》法文版和英文版都译为"Radicale(法文)、Radical(英文)"。他认为此处应该改译为"最根本的决裂",主要论据有二:一是按外文原意可译为"最根本的决裂",二是"最彻底的决裂"与辩证法否定观不相容。辩证法否定观与形而上学否定观有所不同,它对旧事物不是一笔勾销、简单抛弃,而是既克服又保留,既批判又继承,保留和继承对新事物的发展有积极意义的因素。我感到他是言之成理,持之有故的。可是同一刊物同年第 21 期发表两位同志写的两篇文章提出不同意见,分别题为"共产主义革命不同个体经济实行'最彻底的决裂'吗?""两个'最彻底的决裂'是形而上学否定观吗?"这两篇文章讲了许多道理,可惜都没有驳倒原作者提出修改译文的上述两个论据上。他们主要从当前政治形势出发,认为不要修改译文。如说:"'最彻底的决裂'已为广大人们所熟悉,'四人帮'制造的混乱基本上得到了澄清,也就没有必要改译了。"又说:"这种改译不利于政治上的安定团结、经济上的稳步发展。"可见,不仅老的传统观念,而且新的传统观念也很难破除。写到这里,我还要提出更新的译法建议,即把"最根本决裂"改为"最坚决破除"。这里德文原文 Brechen 有决裂、破碎、拆断、撕裂等多种含义。我认为用"破除"比"决裂"更贴切。破除旧体制、破除旧观念,当今不是已成为我们的常用词吗?既然用"破除",就要把"根本"改为"坚决",这样才搭配得当。

《宣言》这本马克思主义最基本、最重要、传播最广的经典文献,还有很多用词值得我们反复斟酌,尽量译得更准确、更贴切。为纪念《宣言》出版160周年,最近我还依据几十年来积累的资料写出《"全世界无产者,联合起来!"七十四种中译文考证评析》(刊于《文史哲》2008 年第 2 期)。《宣言》最后这句战斗号召从 1903 年起迄今竟有七十四种不同译法。我在综合评析之后又建言采用更新译法:所有国家劳动者,联合起来!《宣言》这部无上精品,真是值得我们聚精会神、精心钻研、精益求精、撷取精华,深入领会其精神实质,精确运用于当今实际。

注释:

① 《马克思恩格斯全集》(第 39 卷),人民出版社,1974 年,第 189 页。

② 《毛泽东农村调查文集》,人民出版社,1982 年,第 21～22 页。

③ 载《马克思主义研究》1989 年第 3 期,此文已收入高放文集之二《社会主义在世界与中国》,云南人民出版社,1993 年版与 1998 年增订版。

马克思主义指引中国社会发生三次巨变*

世界无产阶级革命导师、国际共产主义运动奠基人卡尔·马克思一生最伟大的成就莫过于同恩格斯一起创立了唯物史观和剩余价值理论,论证了无产阶级的历史使命,把社会主义由空想变为科学,并且领导了争取社会主义、实现无产阶级解放的事业。在马克思主义指引之下,一百多年来世界的面貌焕然一新,共产主义政党遍布全球,社会主义制度在一些国家已经确立;中国社会更是发生了翻天覆地的巨大变化。

一、没有马克思主义的指引,中国社会危机日益深重

1883 年马克思逝世之际,欧美进步报刊纷纷发表悼文和评论,各国无产阶级表示深切哀悼。然而在中国却毫无反响。那时资本主义列强正加紧侵略中国(1883 年即光绪九年,这一年法国和俄国加紧侵略中国:法军炮击华军,中俄科布多、伊犁辖境界约签订完毕),我国近代无产阶级尚未形成,同欧美各国联系甚少,国内甚至还不知道马克思其人。中国还是在马克思逝世之后十六年,即 1899 年才在上海出版的《万国公报》上登载的一篇译文中第一次提到马克思的名字并说明马克思是德国"讲求安民新学(社会

---

* 本文应《人民日报》理论部之约而写,摘登于该报 1983 年 3 月 21 日,后全文发表于《理论与实践》(福建省委党校主办),1983 年第 5 期。

主义学说——引者注）之一家"。中国了解马克思甚晚,而马克思对中国则夙有研究。早在1848年出版《共产党宣言》中就揭示了"中国的市场"给欧洲新兴的资产阶级"开辟了新的活动场所"。后来在《资本论》和一系列评论中,他进而分析中国社会的特点和资本主义入侵造成的影响,谴责欧洲资本主义列强对中国的掠夺和欺压,赞扬中国人民抵抗侵略者的英勇行动,揭露清王朝的腐败无能,支持中国人民的革命斗争,深信这个"世界上最古老最巩固的帝国""已经处于社会变革的前夕,而这次变革必将给这个国家的文明带来极为重要的结果"①,并且预见到"中国革命将把火星抛到现代工业体系的即将爆炸的地雷上,使酝酿已久的普遍危机爆发","直接随之而来的将是欧洲大陆的政治革命。将来会有这样一个奇怪的场面;中国在西方世界中引起动乱"②。可惜当时还处于半封闭状态的中国,概不知道马克思对中国问题的这些光辉论述。

从1840年鸦片战争失败、资本主义入侵之后,古老的中国封建社会逐步沦为半殖民地半封建社会。在这种情况下,原封不动地坚持封建主义或者俯首投靠外国资本主义,都只会使国家沦陷、人民遭殃,于是许多忧国忧民的仁人志士奋起寻求救国救民之道。但是在得到马克思主义指引之前,他们一批又一批、一代又一代试图运用各种思想和方案来拯救中国,前仆后继奋斗了好几十年,最终都失败了!

首先是1851年至1866年的太平天国运动,以洪秀全提出的"天下一家,共享太平"的理想为指归,在1853年颁布的"天朝田亩制度"中否定封建地主阶级的土地所有制,确定把土地平均分配给农民,主张"有田同耕,有饭同食,有衣同穿,有钱同使,无处不均匀,无人不饱暖"。这次革命虽然打击了封建主义和外国资本主义,然而就其指导思想而言,却反映了农民平均主义的空想社会主义。马克思当时高度评价太平天国运动,同时也指出:"中国的社会主义跟欧洲的社会主义象中国哲学跟黑格尔哲学一样具有共同之点"③,即都是小资产阶级的空想社会主义,那是根本不可能实现的。既然农民的平均社会主义无法实现,到太平天国后期,即1859年又颁布了洪秀全的族弟洪仁玕拟订的《资政新篇》,其中根据英、美、法等国发展资本主义的经验,主张"兴器皿技艺""兴车马之利""兴宝藏""兴银行",实行"专利"和"自售",就是要发展近代工业、交通运输业、矿业和银行业,鼓励私人投资和自由竞争。这是我国近代历史上最早的走资本主义道路的纲领文献。可惜由于中外反动派的联合进攻,它也未能付诸实施。洪仁玕在就义前深有所思地写道:"我朝祸害之源,即洋人助妖之事。""如洋人不助敌军,则吾人断可长久支持。"④随后几十年的长期实践证明了:正是由于帝国主义扶持封建势力加紧压迫,使得一次又一次走资本主义道路的方案都被扼杀了。

其次是从19世纪70年代到90年代封建地主阶级中改良派的改良主义思想。封建地主阶级在遭到太平天国运动沉重打击之后也感到难以照旧统治下去,当权派筹划的洋务运动又受挫,于是反对派抛出种种改良刍议。薛福成、马建忠、郑观应、陈炽等人先后提出振兴工商业、关税自主、改革政治、建立议会、兴办报馆、开设学校等变法主张。1898年康有为、梁启超等人策动的戊戌变法是这种改良主义发展到顶点的表现。改良派想仿效日本的明治维新,使中国在维护封建君主统治的前提下逐步进行变革,实际上是缓慢地发展资本主义。实践证明:在内部封建顽固派和外国帝国主义双重强大势力重压之下,改良主义的道路在中国也是走不通的。

最后,到20世纪初,中国民族资本有了一定的发展,新兴民族资产阶级强烈要求走资本主义道路。这时中国新出现了两种政治势力:一种是以康、梁、张謇为首的代表上层资产阶级的立宪派,他们在国内外互相呼应,要求实行君主立宪制;另一种是以孙中山、黄兴为首的代表中、下层资产阶级和小资产阶级的革命派,主张推翻清王朝统治,建立资产阶级共和国,学习"欧美之进化",实行民族、民权、民生三大主义。经过激烈的论战,革命派战胜了立宪派,孙中山的三民主义终于引导1911年辛亥革命取得胜利。两千多年的封建君主专制制度虽被打倒,然而由于封建势力靠帝国主义撑腰进行反扑,使"中华民国"有名无实。他们扶植袁世凯之流的新的代理人维护其统治,中国仍然摆脱不了半殖民地半封建的处境,不可能走资本主义道路,只能孕育官僚资本的怪胎,思想界呈现出一片混乱,许多爱国志士徘徊、苦闷、失望。

近七十年的斗争证明:大体上经过三代人的努力,不论农民阶级的空想平均主义、封建地主阶级的改良主义或资产阶级小资产阶级的民主主义,都不能指引中国社会面貌发生根本变化,中国日益陷入半殖民地半封建以致殖民地的深重危机之中。犹如山穷水尽、绝路逢生。中国的好几代先进人士历尽千辛万苦才找到马克思主义这唯一科学的真理,1920年开始出版的《共产党宣言》中译本,武装了中国共产党人,从此它指引中国社会在经过往后近七十年的斗争,大体上也经过三代人的努力,终于发生三次巨变。从中我们可以看到马克思主义的无比威力,也体会到当时在东方这个落后的大国创造性地运用马克思主义何等艰辛。

二、马克思主义指引中国社会由半殖民地半封建变为新民主主义

虽然早在20世纪初,资产阶级革命派就已向中国人民片断式介绍了马克思和马克思主义,但是只有随着1917年十月革命胜利,1919年五四运动兴起,中国新兴无产阶级作为独立政治力量登上历史舞台之后,中国才具备全面传播马克思主义的社会条件。在五四运动前后还有各种西方资产阶级思潮和五花八门的社会主义思潮涌入中国。有的人还继续要把中国引向资本主义。不少人长期热衷于"工业救国""教育救国"或"乡村建设"的活动,但是都没有什么显著的成效。有的人鼓吹无政府主义、基尔特社会主义或第二国际改良主义。他们还建立有中国社会党、无政府主义同志社等团体进行活动,还有人起草公布《中华基尔特社会主义国宪法》。经过李大钊、陈独秀、李达同、胡适、张东荪、梁启超、黄凌霜、区声白等人就要不要马克思主义、要不要走社会主义道路、要不要建立无产阶级政党、要不要实行无

产阶级专政等问题连续进行论战,马克思主义才逐步深入人心,逐渐赢得众多群众的信仰,并且扩大了阵地,而各种资产阶级思潮和社会主义思潮先后都逐步衰落了。1921年中国共产党的创立就是马克思主义同中国工人运动相结合的产物。从此之后,以毛泽东、周恩来、刘少奇、朱德等人为代表的中国共产党人努力以马克思主义为指导,率领广大人民群众为改变中国社会面貌而斗争。

马克思从来不认为每个国家都要等到资本主义高度发展,无产阶级占人口多数之时才进行社会主义革命。1877年俄国民粹主义者米海洛夫斯基歪曲《资本论》的原意,把马克思对西欧资本主义起源的历史概述变成一般发展道路的历史哲学理论,硬说马克思主张一切民族注定都要走资本主义道路。对此,马克思幽默地指出:"他这样做,会给我过多的荣誉,同时也会给我过多的侮辱。"⑤马克思认为:资本主义不发达的国家应该而且可能首先实现"真正的人民革命",在"人民革命"中无产阶级要得到占人口多数的农民的"合唱",无产阶级解放战争要有"再版的农民战争来支持"⑥;在人民革命胜利后建立人民政府,采取种种民主措施,逐步过渡到社会主义。但是那时中国还没有工业无产阶级,所以马克思不可能讲到中国无产阶级如何夺取政权的问题。中国共产党人把马克思列宁主义的基本原理创造性地结合中国实际,在总结实践经验教训的基础上,形成了毛泽东思想。"在一个半殖民地、半封建的东方大国里进行革命,必然遇到许多特殊的复杂问题。靠背诵马克思列宁主义一般原理和照搬外国经验,不可能解决这些问题。"⑦在相当一个长时间内,尤其是在20世纪20年代后期和30年代前期,在我们党内曾经盛行过把马克思主义教条化、把共产国际决议和苏联经验神圣化的错误倾向,致使中国革命几乎陷于绝境。毛泽东等同志批判了把民主革命与社会主义革命截然隔开的"二次革命论"和把二者混淆起来的"一次革命论",创立了新民主主义革命的理论;批判了醉心于"国民会议"的合法主义和城市起义中心的冒险主义倾向,锤炼了党的建设、统一战线和武装斗争"三个法宝",创造了工农联盟的新形式——"工农武装割据",

开辟了先建立农村革命根据地,以农村包围城市、最后夺取全国胜利的独特道路。据此,中国的新民主主义革命就出现了一种奇特的新现象,即在新民主主义革命过程中长期存在两种政权、两种社会:即大地主大资产阶级专政的白色政权和人民民主专政的红色政权,半殖民地半封建社会和新民主主义社会。在革命根据地人民群众当家做主,铲除或削弱封建势力,摆脱帝国主义统治。革命根据地的巩固和发展使中国社会局部地在改变面貌。到1949年新民主主义革命在全国范围内取得胜利,马克思所预言的"中华共和国"诞生了,这就标志着全部彻底地推翻了帝国主义、封建主义和官僚资本主义三座大山的统治。从此,中国人民独立自主地站起来了,收回了被帝国主义抢夺去的"猎获物"[⑧],那种在租界公园门口挂有"华人与狗不得入内"牌子的屈辱日子已经一去不复返了,消灭了马克思所刻划的因外国资本主义入侵而造成的"社会危机"[⑨]。中国革命的胜利真是显露了"整个亚洲新纪元的曙光"[⑩]把半殖民地半封建社会改变为新民主主义社会,这就是在马克思主义指引下中国社会面貌发生的第一次巨大变化。

三、马克思主义指引中国社会由新民主主义变为社会主义

马克思主义认为:无产阶级在领导人民革命胜利、取得政权之后,要实现主要工业、运输业和银行的国有化,要剥夺地主和资本家的私有财产。恩格斯说:"我们的党一掌握了国家权力, 就应该干脆地剥夺大土地占有者,就象剥夺工厂主一样。这一剥夺是否要用赎买来实行,这大半不是取决于我们,而是取决于我们取得政权时的情况,尤其是取决于大土地占有者老爷们自己的行为。我们决不认为,赎买在任何情况下都是不容许的;马克思曾向我讲过(并且讲过好多次!)他的意见:假如我们能用赎买摆脱这整个匪帮,那对于我们是最便宜不过的事情了。"[⑪]对于大量个体农民,马克思认为"无产阶级将以政府的身份采取措施,直接改善农民的状况,从而把他们吸引到革命方面来;这些措施,一开始就应当促进土地私有制向集体所有制

的过渡,让农民自己通过经济的道路来实现这种过渡;但是不能采取得罪农民的措施",例如像巴枯宁那样宣布废除农民的继承权或巩固农民的小块土地所有制。⑫马克思主义主张通过改变生产资料私有制为公有制,以达到增加生产力总量,消灭阶级,改善人民生活。马克思不可能讲到像中国这样一个原先是封建的东方大国应该如何建设社会主义。靠背诵马列主义一般原理和照搬外国模式,同样不可能解决中国这样原先是半殖民地半封建的大国所遇到的许多复杂的特殊问题。中国共产党人把马列主义基本原理创造性地运用于中国实际,在没收官僚资本企业、完成土地改革之后,采取社会主义工业化和社会主义改造同时并举的方针,创造了一系列从低级到高级的过渡形式,对农业、手工业和资本主义工商业逐步实行社会主义改造,把农民和手工业者引上合作化的道路,对资本主义工商业实行利用、限制、改造的政策,实现了马克思曾经设想过的土地私有制向集体所有制的过渡和对资产阶级的和平赎买。我们党开辟了一条很有特色的社会主义改造的道路,从 1949 年至 1956 年只用了七年时间就基本上完成了对生产资料私有制的社会主义改造,实现了从新民主主义到社会主义的过渡。然后又花了十年时间开始全面建设社会主义。在社会主义制度建立之后,毛泽东随即提出必须严格区分和正确处理敌我矛盾和人民内部矛盾,在经济工作中要统筹兼顾,处理好国家、集体和个人以及农业、轻工业和重工业的关系,在党与民主党派的关系上实行"长期共存、互相监督",在科学文化工作中实行"百花齐放、百家争鸣"等一系列方针,这些都是具有独创性的。尽管我们党有过严重的失误,仍然在社会主义建设方面取得了很大的成就。新中国成立前工业总产值在工农业总产值中只占 30% 左右,到 1981 年已提高到 70%,全国职工总数已由 1949 年的 800 万人增至 1981 年的 1.09 亿人,其中产业工人从 390 万人增至 4600 万人。人民群众的生活水平普遍地有了显著的提高。马克思当时深为关切的中国数万万民众之中"大批居民赤贫如洗"⑬的状态已经彻底被消灭了。我国经济发展的速度不但远远超过旧中国,就是同发达的资本主义国家相比,也是很快的。把新民主主义社会改变为社会主义社会,这就是在马克思主义指引下中国社会面貌发生的第二次巨大变化。上百年的历史实践证明:旧民主主义、资本主义的道路在中国是走不通的,只有社会主义才能救中国。

四、马克思主义指引中国社会由初级的社会主义变为现代化社会主义强国

社会主义是一种新生的新型的社会制度,它由不完善到完善,必须经历一个长久的发展过程。要促使社会主义制度进一步完善化,要推动社会主义社会由初级阶段向高级阶段发展,还有待于我们从多方面着手进行改革。马克思在总结巴黎公社经验时指出:要建立新的更高形式的社会,工人阶级"必须经过长期的斗争,必须经过一系列将把环境和人都完全改变的历史过程"⑭。恩格斯后来更进一步明确写道:社会主义社会"不是一种一成不变的东西,而应当和任何社会制度一样,把它看成是经常变化和改革的社会"⑮。这里正是强调了"经常变化和改革"。显然只有改革才能促进变化,变化之后又会出现新问题、新矛盾,这样还需要进行新的改革。改革的目的在于使上层建筑适应经济基础,使生产关系适应生产力的发展,最终为了充分调动人民群众的积极性,解放生产力。他们当然不可能讲到究竟应该如何进行改革。1881年荷兰社会民主党人提出将来取得政权后要采取什么措施这一问题,马克思认为:"在将来某个特定的时刻应该做些什么,应该马上做些什么,这当然完全取决于人们将不得不在其中活动的那个特定的历史环境。"⑯可见,在改革中也不能靠背诵马列主义的一般原理和照搬外国的模式。

我们党创造性地把马列主义基本原理运用于中国实际,1978年党的十一届三中全会端正了思想路线,作出了把工作重点转移到社会主义现代化建设上来的伟大战略决策。我们党把建设现代化的,具有高度民主、高度文明的社会主义强国作为新的历史时期的奋斗目标。鉴于我国封建主义传统

积习深,过去受外国模式的影响,加以长期以来"左"的错误尚未肃清,近几年来在调整经济政策、健全民主和法制、改革国家领导体制等方面采取了很多措施,决定禁止任何形式的个人崇拜,废除领导职务事实上的终身制,实行集体接班,强调党政分工,推广各种生产责任制等,这些都是在国际共运史上带有根本性改革的重大决策。党的第十二次代表大会制定了全面开创社会主义现代化建设新局面的宏伟纲领,为此提出要集中资金进行重点建设和继续改善人民生活,要坚持国营经济的主导地位和发展多种经济形式,要正确贯彻计划经济为主、市场调节为辅,要坚持自力更生和扩大对外经济技术交流,要努力建设高度的社会主义精神文明并把它作为社会主义的一个特征,要把社会主义民主扩展到政治、经济、文化和社会生活的各个方面,等等。这些都是切合我国国情的马克思主义的方针。正如邓小平同志所说:"我们的现代化建设,必须从中国的实际出发。""把马克思主义的普遍真理同我国的具体实际结合起来,走自己的道路,建设有中国特色的社会主义,这就是我们总结长期历史经验得出的基本结论。"[17]

一个国家历史的发展和变革总是在原有的基础上进行的,总带有连续性。因此,在改革中要细心剔除糟粕、吸取精华、结合实际、勇于创新。马克思主义本身就是吸收和改造了两千多年来人类思想和文化发展中一切优秀成果的产物。我国古代的灿烂文化和近现代的革命传统都是我们在进行现代化建设中应该认真继承并努力发扬的,而封建主义、资本主义的余毒则要无情批判和彻底肃清。马克思赞赏中国人民的勤奋节俭、刻苦耐劳,恩格斯甚至认为"在一切实际事务中,中国人远胜过一切东方民族"[18]。马克思还深刻分析了中国社会的特点,他形象的概括:中国是一块"活的化石"[19]。生物学上的活化石是指地质历史上发生的到现在还生存着的生物,马克思把中国比作"活化石"意即这个东方古国封建主义的经济政治文化传统至今犹存。他说:中国在经济上"小农业和家庭工业的统一形成了生产方式的广阔基础"[20];在政治上"就象皇帝通常被尊为全国的君父一样,皇帝的每一个官吏也都在他所管辖的地区被看做是这种父权的代表","家长制的权力"

成为"这个广大的国家机器的各部分间的唯一的精神联系";[21]在思想上迷信"天朝帝国万世长存"[22],因循守旧。马克思还揭露了因同资本主义国家贸易通商而给中国带来的走私、贪污、贿赂、营私舞弊、伤风败俗、腐化堕落等罪行。[23]汲取所有这些中肯的论断,对于我们如何区分良莠、破旧立新,在批判地继承历史遗产的基础上开创社会主义现代化的新局面,建设中国特色的社会主义,是很有教益的。在中国这样一个原先是半殖民地半封建的东方大国进行社会主义现代化建设,必然会遇到很多新情况和新问题,不可能从马克思的著作中去寻找现成的答案,像"对外开放、对内搞活经济""生产责任制""使社会主义民主制度化、法律化""群众自治""建设以共产主义思想为核心的社会主义精神文明"等,如同过去提出的"工农武装割据"和"正确处理人民内部矛盾"一样,都是中国共产党人运用马克思主义的立场、观点和方法独立地分析中国具体情况,总结中国实践经验而得出的新结论、新概念。这生动地说明了马克思主义不是僵化老朽、一成不变的教条,而是生机勃勃、不断发展的科学。早在 1843 年马克思主义形成初期,马克思就指出:"新思潮的优点就恰恰在于我们不想教条式地预料未来,而只是希望在批判旧世界中发现新世界。"[24]关于如何建设社会主义、共产主义新世界,要在艰苦的实践中不断探索,而不可能从"哲学家们的写字台里"找到现成的答案,不可能游手好闲,"只需张开嘴来接受绝对科学的烤松鸡就得了"。[25]后来恩格斯于 1894 年又重申:"认为人们可以到马克思的著作中去找一些不变的、现成的、永远适用的定义"这是一种"误解"。[26]一百年来,世界和中国都发生了巨变。马克思的某些具体论述不免陈旧、过时,然而马克思主义的基本原理却青春常在。只要我们善于运用马克思主义的立场、观点、方法继续不断创造性地研究新情况,解决新问题,就必定能够在本世纪末使全国工农业的总产值翻两番,那时我国国民收入总额和主要工农业产品的产量将居于世界前列,整个国民经济的现代化过程将取得重大进展,人民的物质文化生活将有显著提高。马克思主义过去已经指引中国社会发生了两次巨变,现在正在指引中国社会发生第三次巨变,即把中国从初级阶段的社会主义变为现代化的、高度民主、高度文明的社会主义强国,以后还将要指引中国进入"无限光明的、无限美妙的"共产主义。

阳春三月,大地欣欣向荣。和煦春风今又是,换了人间!在马克思主义指引下,黑暗、腐朽的旧中国变成了光明、充满生机的新中国。沿着马克思主义的道路前进,中国必将不断发生巨变,定能对人类做出新的较大的贡献。

参考文献:

①③⑧《马克思恩格斯全集》(第 7 卷),人民出版社,1959 年,第 265 页。

②《马克思恩格斯全集》(第 2 卷),人民出版社,1965 年,第 6 页。

④《中国近代史资料丛刊》,神州国光社,1954 年,第 835 页。

⑤《马克思恩格斯全集》(第 19 卷),人民出版社,1963 年,第 130 页。

⑥《马克思恩格斯选集》(第四卷),人民出版社,1995 年,第 392 页、334 页。

⑦《关于建国以来党的若干历史问题的决议》,人民出版社,1983 年,第 39~40 页。

⑨《马克思恩格斯全集》(第 7 卷),人民出版社,1959 年,第 264 页。

⑩《马克思恩格斯全集》(第 12 卷),人民出版社,1987 年,第 234 页。

⑪《马克思恩格斯全集》(第 4 卷),人民出版社,1958 年,第 314~315 页。

⑫《马克思恩格斯全集》(第 2 卷),人民出版社,1965 年,第 635 页。

⑬《马克思恩格斯全集》(第 7 卷),人民出版社,1959 年,第 264 页。

⑭《马克思恩格斯选集》(第二卷),人民出版社,1995 年,第 379 页。

⑮《马克思恩格斯全集》(第 37 卷),人民出版社,1971 年,第 443 页。

⑯《马克思恩格斯全集》(第 35 卷),人民出版社,1971 年,第 154 页。

⑰《中国共产党第十二次代表大会文件汇编》,人民出版社,1982 年,第 3 页。

⑱《马克思恩格斯全集》(第 12 卷),人民出版社,1965 年,第 190~191 页。

⑲《马克思恩格斯全集》(第 15 卷),人民出版社,1963 年,第 545 页。

⑳《马克思恩格斯全集》(第 25 卷),人民出版社,1975 年,第 373 页。

㉑《马克思恩格斯选集》(第二卷),人民出版社,1995 年,第 2 页。

㉒《马克思恩格斯全集》(第 25 卷),人民出版社,1975 年,第 373 页。

㉓ 参见《马克思恩格斯选集》(第二卷),人民出版社,1995 年,第 2 页、15 页、26 页、27 页。

㉔㉕《马克思恩格斯全集》(第 1 卷),人民出版社,1965 年,第 416 页。

㉖《马克思恩格斯全集》(第 25 卷),人民出版社,1975 年,第 17 页。

《共产党宣言》基本原则与中国特色社会主义 *

一、如何归纳《共产党宣言》的基本原则

党的十七大报告指出："中国特色社会主义道路之所以完全正确，之所以能够引领中国发展进步，关键在于我们既坚持了科学社会主义的基本原则，又根据我国实际和时代特征赋予其鲜明的中国特色。在当代中国，坚持中国特色社会主义道路，就是真正坚持社会主义。"《共产党宣言》（以下简称《宣言》）就是最早指明科学社会主义基本原则的马克思主义经典文献，所以认真思考、准确归纳《宣言》中所指明的科学社会主义基本原则，对于深入领会中国特色社会主义很有帮助。

应该怎样归纳《宣言》中指出的科学社会主义基本原则呢？我从 1950 年起几乎年年讲解《宣言》（仅 1966 年至 1972 年六年停讲）。我过去讲课或发表的关于《宣言》基本思想、基本原理的文章归纳为四条、五条或六条是：①两个必然（资本主义必然灭亡，社会主义必然胜利）；②无产阶级历史使命；③无产阶级革命和无产阶级专政；④共产党的领导。五条就是把无产阶级革命和无产阶级专政分为两条。六条就是另加上无产阶级国际主义团结和批判假社会主义。①

---

* 本文应中共北京市委党校主办《理论视野》而写，载该刊 2008 年第 7 期。

当今应该怎样重新归纳《宣言》的科学社会主义基本原则呢?最近由我牵头主编《科学社会主义的理论与实践》第五版中指出:《宣言》指明了科学社会主义六项基本原则:①资本主义发展到社会主义是一个客观的自然的历史进程。②改变资本主义、实现社会主义,需要工人阶级和广大人民群众长期艰苦奋斗。③社会主义的目标是实现全人类的自由解放,每个人的自由解放。④改变资本主义、实现社会主义,必须要有共产主义政党的正确领导。⑤改变资本主义、实现社会主义的首要关键,是工人阶级和劳动人民要掌握政权,争得民主。⑥改变资本主义、实现社会主义,在共产主义政党掌握政权后要依靠政权,经历三个历史阶段的长期发展,即过渡时期、第一阶段、高级阶段。

二、《宣言》对中国的影响和作用是经过苏联模式的推动

《宣言》基本原则对中国有影响、起作用是经过苏联榜样、苏联模式的推动,因为苏联最早把这些基本原则付诸实践,变成现实。我们是沿着俄国人开辟的道路往前走。但是回顾历史,我们借鉴俄国经验不能照搬,要结合中国国情艰苦探索创新。

《宣言》在我国的传播,从 1920 年 8 月出版陈望道第一个中译本,到现在整整八十八年,1930 年又有华岗新译本,1938 年还有成仿吾、徐冰新译本等,武装了第一代、第二代革命共产党人。《宣言》出版至今八十八年可分为三段:第一个二十九年主要任务是进行民主革命、阶级斗争、夺取政权;第二个二十九年(1949 年至 1978 年),主要任务是依靠政权进行社会主义革命和社会主义建设;第三个阶段的三十年,主要任务是改革开放,进行社会主义现代化建设。总结这三个阶段领会和运用《宣言》的历史经验,会有很多启示。

第一阶段,进行民主革命、阶级斗争、存取政权,我们党完全正确运用了《宣言》原理。其中有一段时间,曾经照搬俄国城市起义模式吃了苦头,随

后独立自主开创了农村包围城市模式，形成了新民主主义革命和新民主主义社会的理论。总结出党的领导、武装斗争和统一战线三大法宝，新建立了人民民主专政国家，这些都是创新。

第二阶段，进行社会主义革命和建设，遗憾的是这个阶段基本上是照搬苏联模式，急于求成，不顾落后国情，过早放弃新民主主义社会理论。这个阶段我们党也不是完全照搬苏联模式，如保留八个民主党派，不搞一党专政，对资本主义工商业的社会主义改造采取赎买政策等，也有所创新。1956年至1957年短短一年多时间内我们党有所觉醒，已经开始认识到苏联模式的一些弊病，准备着手改革。但是1957年以后实际上推行了比苏联模式更"左"的路线和体制，"文化大革命"的错误达到顶峰，以阶级斗争为纲，强调《宣言》中的"一个消灭"（消灭私有制），"两个决裂"（同传统私有制和传统观念彻底决裂）。这样做名为坚持《宣言》基本原则，实是背离。

第三阶段，拨乱反正，正本清源，重新按照《宣言》基本原则，实行改革开放，取得巨大成就，举世公认。近三十年我们能够取得如此巨大成就源于突破苏联模式的弊端，结合中国实际与时代特征，逐步显示出中国特色社会主义。

可是现在理论界有人发表文章说，中国的改革开放突破了苏联模式，这是假命题。为什么提突破苏联模式，而不提突破瑞典模式呢？这是因为新中国成立后前二十九年我们基本上照搬了苏联模式，突破苏联模式是要改革其弊端，而不是否定苏联的社会主义，苏联坚持四项基本原则的内容我们是要坚持的，突破了就不是社会主义，而是资本主义了。如果说中国的改革开放是突破瑞典模式，这才真正是假命题，因为我国原来实行的并非瑞典模式。中国的改革开放是否突破苏联模式，这个大是大非问题，我们一定要搞清楚。我们突破苏联模式弊端，并非否定苏联社会主义。苏共、苏联只坚持四项基本原则，不改革开放，僵化、封闭，长期的左促成了后期的右，终于被人民抛弃了。近三十年我国突破苏联模式还不充分、不彻底，所以产生一系列问题。当今不要后退，不能后退，只能前进，必须前

进。以下我想用《宣言》的六项基本原则来衡量一下我们改革开放三十年在突破苏联模式方面,取得了哪些成就,细看我们哪些已经做到了,哪些还没做到,以便既肯定成就,又找出差距,既坚定信念、增强信心,又明确我们今后的努力方向和具体任务。

三、从《宣言》的六项基本原则看如何全面建设中国特色社会主义

第一,从资本主义发展到社会主义是客观的自然的历史进程。苏联模式急于对内对外消灭资本主义,对内是在 1936 年就宣布建成社会主义,对外搞世界革命、输出革命,实践证明这是不成功、不可取的,是源于对资本主义的生命力估计不足。世界资本主义今天还能带头掀起第三次科技革命,还能调整、缓解它们的内部矛盾。今天资本主义还未走到尽头,而且其内部还有社会主义因素在增长,所以我国从苏联模式对外封闭转为对外开放,融入世界,还要致力于构建和谐世界,这是完全正确的。当今不能再搞过去那种一个国家为中心领导的世界革命,各国社会主义之路要由各国政党独立自主探索,不能急于消灭世界资本主义。我国理论界还有人发表文章认为当今资本主义基本矛盾已经激化,资本主义的各种矛盾将要激化,似乎世界革命的形势又将到来。我认为这种判断是不符合实际的。今天资本主义的矛盾是在深化,而非激化。我国对外开放已经取得巨大成功,但是在世界上如何与发达国家竞争,经验还不足,今后要大力防范西方国家利用科技、经济、军事的优势对我国的侵害,当前特别要注意防范金融危机对我国的影响。至于建立和谐世界,那更是任重道远,要长期奋斗。

第二,《宣言》提出实现社会主义需要工人阶级和人民大众长期艰苦奋斗。苏联组织劳动人民开展社会主义竞赛,这是它的好经验。但是苏联的工农长期收入较低、生活改善慢,缺乏主人公感。苏联实现的公有制很大程度上是官有制,缺少劳动者的产权,所以 1991 年苏联发生剧变时没有劳动者

奋起保卫公有制。我们党近三十年充分推动了工人和人民大众的积极、主动性、创造性，注重共享改革成果，提高人民收入，改善人民生活，落实人民产权、物权。同时，以较为廉价劳动力不断增加出口商品，为国家增加大量外汇收入，城乡建设取得重大成就。但是我国劳动力素质亟待提高，下岗就业培训、两亿农民工安置、弱势群体、两极分化等问题要妥善解决，这样才能实现可持续发展。

第三，社会主义的目标是人的解放。苏联消灭地主资本家阶级、消灭私有制后，工农群众和广大干部都成为单位人，苏联实行的是国家垄断社会主义，把人管得死死的，缺少社会主义自由，甚至私人通信都受国家安全机关的检查。苏联的阶级剥削、阶级压迫被消灭以后，又形成了党政军高薪特权官僚集团，苏联人民未能成为马克思主义所设想的"自由人"，更没有形成"自由人联合体"，人都变成"单位人"，被各单位严密管制。我国解散了人民公社后，发展村民自治和社区自治，变单位人为社会人，这是很大的进步，使人得到很大的解放。近几年更注重人的全面自由发展，以人为本科学发展观的提出，更重视人的自由发展，社会极大地增强了活力。社会主义顾名思义理应要以社会为主义、为社会而主义、靠社会出主义、由社会显主义。苏联模式弊病是由国家把社会控制得紧紧的，社会缺少活力。但是我国目前对教育医疗等投资过少，对人的自由解放还有较大限制，这是需要改进的。

第四，实现社会主义必须要有共产党的正确领导。苏联模式在党的领导上有很大弊病，长期教条主义、专制主义严重，思想上背离马克思主义，建设急于求成，忽视不发达国家社会主义的建设特殊规律，政治上、组织上缺少党内民主，党的权力过度集中于中央，中央权力过度集中于个人，党代会年会制遭破坏。我们党近三十年在党的领导方面做了很大改进，从以阶级斗争为纲转向以经济建设为中心，认识到党内民主是党的生命，党员是党的主体，强调党员先进性，这些都是很大的进步。但是我们党内民主依然不足，党代会还是五年召开一次。今后应该尽快恢复1956年党的八大规定的年会制与常任制。

第五，必须要有共产党领导人民掌握政权，"争得民主"。苏联模式由党代表、代替人民做主，缺少社会主义民主，作为国家最高权力机关的苏维埃成为橡皮图章、表决机器，甚至1939年苏联和德国签订的《互不侵犯条约》的秘密协议竟长期瞒着最高苏维埃和苏联人民。斯大林带头实行的个人集权制、职务终身制、制定接班制这三制，有严重弊病，再加上一党专政制、以党代政制、等级任命制等，致使公仆变主人，形成高薪特权官僚集权。我国改革开放以来社会主义民主得到发展，人代会制度、政协与多党合作制度、区域自治、基层民主都有很大进步。但是在我国差额竞选难以推广，官本位的现象依然严重，政治体制改革滞后，官员腐败难除，以人为本难以认真贯彻，这些都有待改进。《宣言》还明确提出了多党合作思想。我们没有照搬苏联一党专政的模式，长期实行与民主党派的协商合作，但是民主党派的作用还发挥不够。

第六，实现社会主义要经历三个阶段长期奋斗。苏联模式急于求成，只用十九年就结束过渡时期，1936年苏联建成的社会主义是低标准、歪标准的社会主义，又急于过渡到共产主义。我国的过渡时期比苏联更短，才经过七年，到1956年就宣布进入社会主义。到1958年要跑步进入共产主义，"文化大革命"期间还要"以阶级斗争为纲"，这都是照搬苏联模式的错误。当今我们认识到我国将长期处于社会主义初级阶段，这个初级阶段要经历几百年，不能超阶段，这是很大的进步。正如《宣言》所指出，今后要"尽可能地增加生产力的总量"，要以经济建设为中心，切实实行科教兴国、人才强国、可持续发展三个战略，努力构建和谐社会。应该看到，当今清除封建社会的深重影响任务艰巨，历史上遗留下来的自然经济、专制主义、皇权主义、等级主义、特权主义、官僚主义、家长制等，都有待彻底清除。现在适当发展非公经济，同时还要尽力减少资本主义的消极影响，如拜金主义、利己主义、享乐主义等。

总之，只有全面贯彻《宣言》的六项基本原则，全面吸取苏联兴衰成败的经验教训,全面改革苏联模式的弊端,才能全面建成中国特色社会主义。

注释:

① 参见拙文《〈共产党宣言〉的基本思想是什么?》,原载《教学与研究》,1964 年第 4 期,收入高放文集之四《国际共产主义运动别史》,中国书籍出版社,2002 年,第 757~767 页。

加快改革、扩大开放
是对《共产党宣言》的最好纪念
——对《前线》杂志记者杜梅萍谈话录 *

今年是《共产党宣言》（以下简称《宣言》）发表 150 周年。《宣言》是国际共产主义运动的第一个纲领，是对马克思主义学说第一次完整、系统的阐述。《宣言》的问世，标志着马克思主义的诞生，由此开创了世界无产阶级用马克思主义来指导革命的新纪元。一个半世纪以来，它已被译为两百多种文字，出版了一千多种版本，发行了几千万册。世界上还没有哪一部社会主义文献传播如此之广和如此带有国际性，这本身就反映了这部著作的巨大历史影响和价值。《宣言》是百科全书式的马克思主义经典之作。1992 年邓小平在南方谈话中总结其一生学习马列主义的经验时说："学马列要精，要管用的。长篇的东西是少数搞专业的人读的，群众怎么读？要求都读大本子，那是形式主义的，办不到。我的入门老师是《共产党宣言》。"值此《宣言》发表 150 周年和兴起学习邓小平理论新高潮之际，如何掌握马克思主义精神实质以更好地纪念《宣言》的诞辰？如何理解邓小平理论与马克思主义的关系？怎样继承马克思主义和发展马克思主义？带着这些问题，记者采访了著名国际政治问题专家、中国人民大学教授高放。

记者：在《宣言》诞生的 150 周年期间，《宣言》也经历了风风雨雨的世界性变化。1872 年，马克思和恩格斯在为《宣言》德文版所作的序言中说：

---

* 本文是 1998 年夏天对中共北京市委主办的《前线》月刊记者杜梅萍的谈话录，载《前线》1988 年第 10 期。

"不管最近25年来的情况发生了多大的变化,这个《宣言》中所阐述的一般原理整个说来直到现在还是完全正确的……这些原理的实际运用,正如《宣言》中所说的,随时随地都要以当时的历史条件为转移。"马克思、恩格斯这里所说的一般原理指的是什么?为什么它的实际运用又要以当时的历史条件为转移?

高放:马克思、恩格斯在《宣言》发表二十五年后所作序言中强调《宣言》的基本原理至今整个说来还是完全正确的,这就是原则性;同时又强调,这些原理的运用要随时随地以当时的历史条件为转移,这又是灵活性。前者需要继承,后者需要发展以至超越。毛泽东同志早在1959年就提出:不如马克思,不是马克思主义者;等于马克思,也不是马克思主义者;只有超过马克思,才是马克思主义者。①

《宣言》的基本思想是在生产力高度发展的基础上消灭资本主义、实现共产主义,建立"自由人联合体",使无产阶级和全人类得到彻底解放。《宣言》中所阐述的一般原理,整个说来,不仅在1872年马克思和恩格斯写德文版序言时"还是完全正确的",直到现在也还是完全正确的。其中关于"资产阶级的灭亡和无产阶级的胜利是同样不可避免",即"两个必然"的思想,关于同传统的所有制关系和传统的观念实行最彻底地决裂,即"两个决裂"的思想,关于无产阶级的伟大历史使命和共产党的建设思想,关于无产阶级国际主义思想,以及《宣言》中对各种社会主义共产主义流派和思潮的批评,同形形色色的假社会主义、反马克思主义划清界限等观点,至今仍是共产党人必须遵循的基本原理,不存在过时问题。从以往来看,中国共产党成立以来七十多年的历史,从根本上说就是实现《宣言》关于两个必然性的历史使命;从当前来看,如果离开了《宣言》的基本原理,就不可能全面准确地理解邓小平理论的科学体系和精神实质。《宣言》的最大贡献,就在于她第一次向全世界宣告了无产阶级的最终奋斗目标是实现共产主义。从《宣言》的基本思想来看,邓小平理论正是以最适合中国国情的方式和步骤实现"两个必然性"并最终过渡到共产主义的科学理论。

共产主义的目标是建立"自由人联合体","在那时,每个人的自由发展是一切人的自由发展的条件",这是《宣言》的精髓所在。共产主义(communism)原是一个拉丁文名词,本意是"公共",故可译为公共主义。它与社区(community)是同一词根,又可以理解为社区主义。共产主义的归宿是在消灭了资本主义剥削与压迫、生产力充分涌流之后,普遍实现社区高度自治,使人人得到自由全面发展,家家过着幸福美满生活。这样的社会理想是顺理成章、人人向往的。当代新科技革命的迅猛发展使社会生产力愈益提高。当代除传统体力劳动蓝领工人外,还新增了白领(管理者)、灰领(维修者、知识产业开发者和营销者)、金领(工程技术人员)、粉领(女职工)等五颜六色的脑力劳动工人,工人阶级的队伍更壮大了,素质更提高了,《宣言》中所提出的建立"自由人联合体"的共产主义理想,是愈益接近了现实。当然,我们要牢记《宣言》所强调的:"这些原理的实际应用,随时随地都要以当时的历史条件为转移。"正如江泽民同志在党的十五大报告中指出的:"我们现在的努力是朝着最终实现共产主义的最高纲领前进的,忘记远大目标,不是合格的共产党员;不为实现党在社会主义初级阶段的纲领努力奋斗,同样不是合格的共产党员。"这正是《宣言》所阐述的原理的生动体现。

记者:江泽民同志在党的十五大报告中指出:"一个世纪以来,中国人民在前进道路上经历了三次历史性的巨大变化,产生了三位站在当代前列的伟大人物:孙中山、毛泽东、邓小平。"这三位伟人都不同程度地受到了《宣言》的教育,在不同的历史条件下他们是怎样推动马克思主义在中国的发展的?

高放:正是《宣言》等书促使孙中山在民族主义、民权主义之后又提出民生主义,并且指明"民生主义就是社会主义",这样他的三民主义才臻于完善。孙中山的三民主义推动了中国的民族民主革命,1911年辛亥革命的胜利终于结束了几千年的君主专制制度,建立了民主共和政体,使现代中国发生了第一次巨变。

毛泽东于 1920 年在北京初读到《宣言》，1936 年他同美国记者斯诺谈话回忆往事时说：正是《宣言》等书"建立起我对马克思主义的信仰。我一旦接受了马克思主义对历史的正确解释以后，就一直没有动摇过"。但是在一个半殖民地半封建的东方大国，要领导革命取得胜利，就必须将马克思主义普遍真理同中国的具体实际相结合，毛泽东领导我们党克服了党内曾经盛行的把马克思主义教条化、把共产国际决议和苏联经验神圣化的错误倾向，他创造性地提出中国革命要分新民主主义革命和社会主义革命两步走，要依靠党的领导、农村包围城市的武装斗争和人民民主统一战线三大法宝去夺取政权，要遵照马克思主义的工业化、合作化和赎买思想去实现国家工业化和对农业、手工业以及资本主义工商业的社会主义改造。1949 年新中国的成立和 1956 年社会主义制度的初步建立，使中国的社会面貌发生了第二次巨变。

邓小平是 1922 年（18 岁）在法国勤工俭学时初读到《宣言》的，他以 17岁就到法国当轧钢工、制鞋工的经历，当即完全接受了马克思主义。1926 年他到莫斯科中山大学学习时，又认真研读了《宣言》，对马克思主义有了更深的领会。后来在长期工作中，他时常对干部传授、讲解《宣言》的基本思想。更难能可贵的是，1978 年党的十一届三中全会以来，邓小平创造性地运用《宣言》的基本思想，端正了党的路线，并且从当今时代发展和我国历史条件出发，形成了建设有中国特色的社会主义理论。邓小平理论是马克思主义在当代中国发展的新阶段。邓小平牢记《宣言》关于"尽可能快地增加生产力总量"的思想，强调社会主义的本质首先是解放和发展生产力，提出"科学技术是第一生产力"的新论断。邓小平突破了传统社会主义模式的束缚，提出了无论革命还是建设都要走自己道路的科学论断；突破了马列主义关于共产主义社会两个阶段的学说，提出了我国处于社会主义初级阶段的结论；突破了阶级斗争是社会主义社会发展动力的错误认识，创立了改革开放是社会主义发展动力的学说；突破了把市场经济同社会主义对立起来的传统理论，提出了社会主义也可以搞市场经济的思想；突破了对无产阶级专政带有片面性认识的理论误区，提出了政治民主化和建设社会主义法制国家的治国方略；突破了关于时代的传统认识，提出了和平发展是当今时代主题的时代观；突破了世界革命中心论，提出世界革命是一个客观过程，应由各国党和人民自己去探索，不应由一个国家的党去领导的新观点。

马克思、恩格斯在一百五十年前写《宣言》时必然受到历史发展的局限，个别观点和结论因而也落后于时代的发展，例如认为资本主义已经完全没有生命力了，防止危机的手段越来越少了。马克思主义必须根据实际情况不断修正、丰富和发展才能有旺盛的生命力。邓小平从当今新科技革命的迅猛发展看到当代资本主义还有较强、较长的生命力。当代资本主义国家已经从社会主义国家的实践经验学习到用计划经济的新手段来调控市场经济，这样它的经济危机就大为缓解。所以邓小平重新调整了社会主义制度与资本主义制度之间的关系，重新调整了社会主义国家与资本主义国家之间的关系。前一种关系调整是使不同的运行机制结合在一起，后一种关系调整是使不同社会制度的国家联系在一起。从某种意义上说，这两种调整都是向资本主义学习市场经济和管理经验的过程，是追赶资本主义的过程，也是发展社会主义的过程。目前，世界资本主义已经由封建资本主义、自由资本主义、垄断资本主义发展到社会资本主义阶段，其社会化程度越来越高，资本主义国家的社会职能越来越强，社会主义因素越来越多，这些都是我们不能否认的。从未来看，世界社会主义同世界资本主义两种制度将共处、协作、竞争、斗争，交叉发展，殊途同归，逐步达到未来的新社会主义。

记者：马克思、恩格斯在《宣言》中写道："《宣言》的任务是宣告现代资产阶级所有制必然灭亡""共产党人可以把自己的理论概括为一句话：消灭私有制"，并庄严宣告："资本主义私有制的丧钟就要敲响了。"为什么要消灭资本主义私有制呢？一个多世纪过去了，为什么资本主义私有制至今还消灭不了呢？

高放：《宣言》既肯定了"资产阶级在它的不到一百年的阶级统治中所

创造的生产力,比过去一切世代创造的全部生产力还要多、还要大"。又指出在资本主义社会"生产力已经强大到这种关系所不能适应的地步,它已经受到这种关系的阻碍"。由此带来了两大问题:一是,工业化大生产大发展之后,资本主义私有制显得过于狭小,它阻碍了社会生产力的健康持续高速发展。其突出表现就是周期性的经济危机,因它显露在市场萎缩上,故《宣言》中称这为"商业危机",并说这是"社会瘟疫";二是资本主义现代化造成了社会上双重的贫富两极分化,即国内劳资两大阶级的分化和国际宗主国与殖民地的分化。据此,《宣言》科学地论证了资本主义私有制必然让位于共产主义公有制,无产阶级是资本主义的"掘墓人"和共产主义的创建人。

然而具体就资本主义而言,战后资本主义的发展中出现了新的情况:经济在一定时期内较为稳定地增长;经济危机的爆发周期和表现形态呈现出若干新特点;工人阶级的构成和生活状况有了变化,阶级矛盾尚未激化,资本主义私有制在世界范围内还有相当的生命力,其原因主要是以下两点:

第一,世界市场本身的膨胀给资本主义发展营造了较大的空间。从20世纪80年代以来信息产业革命迅猛发展,各国独立自主汇入世界市场,直至21世纪,都将是世界市场鼎盛阶段,世界市场种类越来越多,容量越来越大,它的路还很漫长,还没有到尽头。

第二,资产阶级还能够用计划经济手段调控、改进世界市场。资产阶级因通过市场竞争还能促进科技发展,继蒸汽化、电气化之后又掀起以信息化为标志的第三次科技革命,使生产力不断得到提高,这样它就能不断以新产品扩大、占领市场。能够在科技方面占据优势的资产阶级及其私有制是有较强实力的。资产阶级还可以凭借物质条件推行福利政策以缓解国内阶级矛盾,对发展中国家采取普惠制等办法给予帮助,以缓解贫富国之间的矛盾。资产阶级还能及时改革体制、调整政策,使资本主义在局部变化中得以保存和发展,例如采取股份制,使私人资本变为社会资本,以增强资本实力,吸收广大职工入股,实行利益分享制,以调动职工积极性;建立跨国公司,以扩大国际资本,增强国际竞争力,控制世界市场;前边讲过,西方还吸取计划经济长处,加强对市场经济国家的计划的宏观调控,使经济危机较快得到缓解。战后资本主义各国普遍采取上述做法,这样市场经济的自发性、盲目性、投机性和破坏性明显减少,经济危机程度也明显减轻。《宣言》曾指出:"资产阶级除非对生产工具,从而对生产关系,从而对全部社会关系不断地进行革命,否则就不能生存下去。"一个半世纪以来的实践不正是验证了这条真理吗?

但是我们要注意,战后资本主义出现的新情况并没有改变《宣言》中所揭示的人类历史发展的总趋势,即"资产阶级的灭亡和无产阶级的胜利是同样不可避免的"。无论是新技术革命还是对生产关系的非本质调整,都没有也不可能消除资本主义固有的矛盾以及由这个矛盾派生出来的种种矛盾。资本主义具有腐朽性和垂死性,是由其基本矛盾决定的。所以《宣言》关于"消灭私有制"的基本原理并没有过时,资本主义私有制必然灭亡,只是时间长短和方式变化的问题。

记者:党的十五大报告指出:"非公有制经济是我国社会主义市场经济的重要组成部分。对个体、私营等非公有制经济要继续鼓励、引导,使之健康发展。"既然《宣言》指出要"消灭私有制",现阶段我国又为何要鼓励非公有制经济的发展? 这是否有违《宣言》的基本精神?

高放:《宣言》第二章的原话是这样说的:"现代的资产阶级私有制是建立在阶级对立上面、建立在一些人对另一些人的剥削上面的产品生产和占有的最后而又最完备的表现。""从这个意义上说,共产党人可以把自己的理论概括为一句话:消灭私有制。"过去人们往往离开了这句话开头所说的前提条件:"从这个意义上说",于是就把"消灭私有制"作为一个不需要任何前提条件的孤立的原理到处生搬硬套。在自然经济、半自然经济和分散的手工劳动大量存在的条件下,在生产力还很低下的情况下,就急于消灭私有制、建立"一大二公"的公有制,当时我们这样做自以为是贯彻和实现了《宣言》的原理,事实证明,我们的理解是不对的,实践也是不成功的。

《宣言》所强调的"从这个意义上说"是非常关键的前提。当我们面对的是现代资产阶级私有制的"产品生产和占有的最后而又最完备的表现"时,资本主义私有制使产品的生产和占有越来越社会化、现代化。因此,有必要也有可能消灭资本主义私有制,建立社会主义公有制,以解决社会化大生产与生产资料私人占有制的矛盾,使生产力进一步得到解放和发展。正是由于资本主义的产品生产和占有已经达到"最完备的表现",我们才能够消灭资本主义私有制这种最后剥削形式;反之,如果我们面对的是封建私有制,其产品生产和占有远不完备,那么就不可能最后消灭私有制。当然,这并非说每个国家都要等到资本主义私有制达到最完备表现时,才去进行无产阶级革命。无产阶级在经济落后的国家取得政权后,能够在社会化大生产领域建立社会主义公有制,但不能急于在各个领域过早地完全消灭非公有制经济。党的十五大报告中关于鼓励非公有制经济的提法是从我国现实实际出发,真正把握住了马克思主义的精神实质。

不发达国家实现社会主义的特殊规律在于首先要彻底铲除封建主义余毒,同时要利用资本主义的文明成果,不能急于建立又高又纯的社会主义,不能急于过渡到共产主义;由于未能正确处理好封建主义、资本主义、社会主义、共产主义这四者之间的关系,所以现实社会主义国家在发展中常常屡遭挫折,这才真正有违《宣言》关于"消灭私有制"的精神内涵的。

记者:20 世纪 80 年代后半期,苏联和东欧发生剧变,目前国际共产主义运动处于低潮,于是就有了《宣言》"过时论""无用论"和社会主义"失败论"等论调,那么我们如何看待处于低潮的国际共产主义运动和这些论调呢?

高放:马克思、恩格斯在 19 世纪是这样设想的:当英、法、德、美等国带头实现无产阶级世界革命、建立无产阶级政权后,在从资本主义到共产主义的过渡时期,要继承作为资本主义现代化文明成果的大工业、贸易自由和世界市场等,尽可能快地增加生产力总量,一方面逐步扬弃资本主义和其他形式私有制,另一方面逐步建立共产主义公有制。

可是到 20 世纪,进行无产阶级世界革命的程序发生了很大变化。英、法、德、美等最发达资本主义国家,由于资产阶级改变统治手法、无产阶级还不善于组织进攻,未能首先爆发无产阶级革命;而较落后的资本主义国家俄国,却在 1917 年特定的历史条件下爆发十月革命,率先走上社会主义道路;第二次世界大战后,社会主义从苏联一国扩展到欧亚十几国,这些国家也多是不发达,甚至很不发达国家。俄国实践表明,在落后国家只能采取渐进办法逐步增强社会主义实力,可是从 1929 年起斯大林急于求成,全面向资本主义进攻,取缔私人商品市场,同世界市场急剧减少了联系。他在1952 年甚至提出社会主义世界市场与资本主义世界市场平行发展、互相对立的观点。几十年的实践证明两个市场平行又对立的观点使社会主义各国自我封闭,基本上切断了同资本主义世界市场的联系,而近几十年正是发达资本主义国家带头掀起信息化新科技革命浪潮、促进世界市场繁荣鼎盛的大好时光,不但没有出现斯大林预料的“世界资本主义体系总危机的进一步加深”,相反,倒是世界社会主义体系总危机在逐步加深,社会主义各国本来经济较为落后,又奉行计划经济、排斥市场经济,长期推行“左”的路线,或者后期转向采取“右”的路线,终于断送了大部分社会主义国家。

在国际共产主义运动中,既有超越当前阶段而遭受挫折的教训,也有放弃长远目标而蜕化变质的教训,所有这些都违背了《宣言》阐述的“共产党人为工人阶级的最近的目的和利益而斗争,但是他们在当前的运动中同时代表运动的未来”这一基本原理。所以中国应吸取苏联和东欧的教训,既要为共产主义远大理想而奋斗,同时作为东方落后大国,处在社会主义初级阶段,无产阶级及其政党在尚未实现资本主义现代化的条件下掌握政权,又决不能再走苏联僵化的、封闭的、激进主义的现代化旧路,当然也不能走资本主义现代化老路,应该闯出一条改革开放的社会主义现代化新路,这就是邓小平理论为我国开创的一条建设有中国特色的社会主义现代化新路。这才是对马克思主义的继承和发展,而不是视历史条件不顾去照搬马克思主义。

资本主义的灭亡和社会主义的胜利都是一个很长的历史过程,二者之间的斗争和彼消此长要经历多个阶段的多次反复,才能分出高低。当前社会主义国家所出现的问题和困难,只是社会主义开始新的飞跃前的自我调整和完善过程中的暂时曲折,资本主义的风光也只是衰退过程中的回光返照、暂时辉煌。因此,目前理论与现实的差距并没有改变《宣言》的"两个必然":"资产阶级的灭亡和无产阶级的胜利是同样不可避免的。"我们对此深信不疑。

值此《宣言》诞辰 150 周年之际我们要记住两点:一是《宣言》所阐述的马克思主义的基本原理整个来说是正确的,这是被我国革命和建设的实践所证明了的,我们共产党人的立场、观点、方法和奋斗目标都根源于马克思主义,而且当前和今后都必须坚持;二是马克思主义必须同新的实际相结合,必须随着实践的发展而发展。坚持当代马克思主义——邓小平理论,对内我们要加快改革,建设有中国特色的社会主义,对外我们要扩大开放,促进世界的和平发展,这就是我们对《宣言》诞辰 150 周年的最好纪念。

注释:

①参见王任重:《实事求是的典型——纪念毛主席诞辰 85 周年》,载《中国青年》,1978 年第 4 期。

《共产党宣言》当今有两点
对我们有最强烈的指导意义 *

  《共产党宣言》是科学社会主义最基本、最重要的经典文献。当今,它在哪些方面对我们具有最强烈的现实意义呢? 我认为最突出的有以下两点。

一、要"争得民主"和"尽量快地增加生产力总量"

  近百年来,中国社会发生了翻天覆地的变化,如果要问哪一本书对近现代中国的变化产生了最重大、最深远的影响,我想正是《共产党宣言》。近百年来,《共产党宣言》指引中国社会发生了三次重大的变化:第一次是从半殖民地半封建社会转变到新民主主义社会,第二次是从新民主主义社会转变到社会主义制度的基本建立,第三次是改革开放以来正在从社会主义初级阶段转变为初步实现社会主义现代化。正如李君如同志概括的,《共产党宣言》在中国的传播大体上经历了三次高潮:民主革命时期的第一次高潮,中国共产党人主要掌握了《共产党宣言》提出的阶级斗争这一要点;社会主义革命时期的第二次高潮,中国共产党人掌握了无产阶级专政这一要点;而改革开放以来的第三次高潮,李君如同志讲得很全面,说了三个层次。今天《共产党宣言》对我们的现实意义,不限于某一点,而应该从多方面

---

  * 本文是在中共中央编译局主办的《马克思主义与现实》编辑部举办的纪念《共产党宣言》出版160 周年研讨会上的发言,载该刊 2008 年第 3 期。

来理解其重大的现实意义。比如,《共产党宣言》使我们正确理解了当代世界资本主义的矛盾,使我们认识到应该怎样把马克思主义的精髓同中国的实际相结合,应该怎样去建设社会主义和谐社会,等等。

就《共产党宣言》对现代中国的最重大意义来说,如果第一次可以最简明地概括为"阶级斗争",第二次可以最简明地概括为"无产阶级专政",那么当今的第三次,我认为可以用《共产党宣言》中的原话最简明地概括为"争得民主"和"尽量快地增加生产力总量"。从表面看起来似乎是两点,实际上是一点。因为只有争得民主,才能实现人民当家做主;只有把每一个中国人的劳动积极性、主动性、创造性都调动起来,才能最大限度地增加生产力总量;没有最广泛、最充分的人民民主,生产力总量很难更好、更快地增加。另一方面,只有尽量快地增加生产力总量,才可能最广泛、最充分地实现人民民主。生产力总量增加了,人民才能过上比较幸福美满的生活,享受比较优质完备的教育,得到比较全面自由的发展,所以这两点可以集中为一点。《共产党宣言》所讲的科学社会主义的这一基本原则,应该说最切合当今我国实际的需要。

有人说,我们的社会主义制度早已经争得了民主,为什么还要提出"争得民主"呢?《共产党宣言》所讲的"争得民主"是向资产阶级"争得民主",使无产阶级上升为统治阶级。而今天的中国,从 1949 年起就是工人阶级领导下的人民民主的国家,那么我们还要向谁"争得民主"呢? 我认为,还要向官僚主义者争得民主。今天中国的社会主义民主发展不充分,很重要的一个原因就是一些干部存在严重的官僚主义,他们害怕民主,压制民主。正是因为各级领导人当中还有不少人存在着以官为本的思想,所以我们党提出的以人为本的思想就很难得到全面、充分的贯彻。

可是,在今天中国,还有一些人只强调《共产党宣言》中提出的"一个消灭、两个决裂"对我们有重大的现实意义,我觉得这样理解是不妥当的。"一个消灭"是指"消灭私有制","两个决裂"是指同"传统的所有制关系"和"传统的观念""实行最彻底的决裂"。这两点当今当然还有现实意义,但是今天中国由于生产力总量还不够，所以还没有达到可以消灭私有制的阶段，所以我们不能急于消灭私有制，而应该强调增加生产力总量。对于"同传统的观念实行最彻底的决裂"，应该有新的理解。今天要与什么样的传统观念决裂呢？这一点现在有很大的分歧。有人认为，中国是社会主义国家，应该与个人发家致富、剥削他人劳动的传统观念决裂。我认为，今天中国正是处于社会主义初级阶段，还要鼓励个人依法诚实劳动、发家致富，不能急于消灭有利于国计民生的合法的雇佣劳动，不能急于消灭剥削。同传统观念决裂，在今天，首先要同传统的各种资产阶级腐朽思想决裂，例如《共产党宣言》里论及的利己主义、拜金主义、享乐主义等。同时还应该看到，专制主义、特权主义、等级主义、官僚主义这些传统观念在我们国家不少领导人头脑中还盘根错节地存在，教条主义、主观主义、冒进主义、宗派主义这些"左"的传统观念也还根深蒂固地存在。因此，不同这些传统观念实行最彻底的决裂，我们就很难建成中国特色社会主义。

二、科学社会主义要正确对待民主社会主义

今天我们纪念《共产党宣言》，要捍卫、坚持《共产党宣言》所提出的科学社会主义的基本原则，这是毫无疑义的。但是在捍卫、坚持科学社会主义基本原则的同时，我们还应该推进、发展科学社会主义，而不能只停留于捍卫、坚持。推进、发展科学社会主义，就会遇到一个问题。自2007年2月以来，我国理论界就开始讨论究竟应该如何看待民主社会主义的问题。我看到有人发表纪念《共产党宣言》160周年的文章，从头到尾一味批判民主社会主义，说民主社会主义的种种观点跟《共产党宣言》所阐述的科学社会主义六条基本原则都是对立的。这有正确的一面。从坚持科学社会主义的角度说，要批判民主社会主义，要同民主社会主义划清界限，这是必要的。中国特色社会主义是科学社会主义基本原则同中国实际相结合的产物，不能把中国特色社会主义解释为我们党转向民主社会主义。民主社会主义是社

会党的指导思想,科学社会主义是共产党的指导思想,这两种思想体系有原则区别。这是毫无疑义的。但是如果就推进、发展科学社会主义而言,我认为还是要借鉴民主社会主义,吸收民主社会主义对我们有用的东西,而不能只是批判它。很遗憾,自 2007 年 2 月讨论民主社会主义以来,我国理论界有些人就只是猛烈批判民主社会主义,而绝口不讲民主社会主义对我们还有哪些可以借鉴的地方,我觉得这是片面的。

在这场争论中,我曾经在 2007 年 5 月 31 日的《南方周末》上发表了一篇摘要文章,题为"科学社会主义与民主社会主义百年分合",随后在山东省委党校主办的《理论月刊》2007 年第 6 期刊出全文《百年科学社会主义与民主社会主义关系的演变》,后被收入中国人民大学报刊复印资料《社会主义论丛》第 8 期。拙文在社会上引起较为强烈的反响,很多人表示赞同。在文章中,我提出一个比较新的看法,认为从历史渊源上看,科学社会主义与民主社会主义是同根、同源、同义、同党。最近看到有人在《中国社会科学院院报》上、后又在《红旗文稿》上发表不同意我观点的文章。出于对党的"双百方针"的贯彻,有不同意见发表和争论,这是很好的。我想借此机会简单说明一下,我所讲的与科学社会主义同根、同源、同义、同党的民主社会主义,是指 1869 年德国社会民主党内部李卜克内西提出的一些说法。而现在不同意我观点的同志所说的与科学社会主义并非同根、同源、同义的民主社会主义,是指 1848 年法国赖德律—洛兰的小资产阶级政党所鼓吹的民主社会主义。这当然同李卜克内西的民主社会主义不是一回事,也当然同科学社会主义不是同根、同源、同义、同党。不同意我观点的同志还说民主社会主义的鼻祖是拉萨尔和蒲鲁东,可是他拿不出任何一句话作为根据。拉萨尔是 1863 年全德工人联合会创始人和主席,是德国工人运动中很有影响的历史人物。蒲鲁东是印刷工人出身,在法国工人运动中很有影响。他们都没有参加或组织过小资产阶级政党,都没有发表过直接宣扬民主社会主义的言论。马克思、恩格斯都肯定过拉萨尔和蒲鲁东的历史功绩,也批评了他们的诸多错误,然而都没有说过他们是民主社会主义的鼻祖。蒲鲁东是无政府主义的创始人之一，又有不少改良主义观点。拉萨尔反对暴力革命，迷信普选权，宣扬议会民主，与后来的民主社会主义是一脉相承的。但是他与李卜克内西还是有区别的。无产阶级政党内部提出民主社会主义的首先是李卜克内西和瓦尔兰。我在拙文中已经引出李卜克内西于1869年提出"民主社会主义"主张的原话。我现在再补充一个材料：同样是在1869年，不仅有德国社会民主党的领袖李卜克内西发表过民主社会主义的观点，说过"未来将属于以社会主义为基础的民主"的名言，而且法国社会主义者瓦尔兰也发表了一个《民主社会主义宣言》。瓦尔兰当时是第一国际巴黎联合会主席，后来是1871年巴黎公社委员会委员，参加过流血周战斗，后被捕牺牲。瓦尔兰发表的《民主社会主义宣言》得到了马克思的肯定，不能说瓦尔兰的民主社会主义就是小资产阶级的社会主义。这是两回事。李卜克内西和瓦尔兰的民主社会主义是科学社会主义的同义语。至于1899年以后伯恩施坦所讲的民主社会主义，那是另一回事。他是把民主社会主义从革命思潮变为改良主义思潮。

今天，我们之所以要强调科学社会主义与民主社会主义是同根同源，还有一点意义就是，后来苏联模式的社会主义既背离了科学社会主义，又没有借鉴民主社会主义。科学应该以民主为基础才能繁荣昌盛，民主应该以科学为指导才能健康发展。今天，民主社会主义是各国社会党的指导思想，它与科学社会主义是世界上最有影响的两大社会主义思潮，我们还是要联合民主社会主义，要吸取民主社会主义对我们有用的东西，不要一概加以排斥，不要只是把它批倒批臭。民主社会主义政党所主张并实行的市场经济、混合经济、社会保障，以及争取选民、执政以后廉洁奉公、杜绝腐败、不搞特权等，都值得我们借鉴，我们不能只限于从原则上跟它厘清关系、划清界限。虽然现在有人说："中国特色社会主义与民主社会主义是两股道上跑的车"，但是我们还要仔细观察、深入思考：在民主社会主义那股道上跑的车究竟有什么优势？为什么在某些方面比我们跑得快？只有善于借鉴，而不是照抄照搬别人的优势，才能迎头赶上并且超越别人。《共产党宣言》早就提出："共产党人到处都努力争取全世界民主政党之间的团结和协调"，"在法国，共产党人同社会主义民主党联合起来反对保守的和激进的资产阶级"。这些至理名言，我认为迄今依然适用于我们正确对待民主社会主义。

以马克思主义为指导，大力加强社区建设 *

一、社区建设应体现马克思关于"自由人联合体"的理想

新千年、新世纪涌现众多新事物。自从 2000 年 10 月中共中央和国务院下发第 23 号文件要在全国推进社区建设以来，各个城市的社区已经成为中国特色社会主义的新生事物在神州大地崛起。如何加强社区建设，这是当今全国党政干部关注的一个重要热门话题。党的十六大报告论述了全面建设小康社会这个主题，其中有四处提到社区建设问题：第一处是讲到经济建设时说，要"加强公共服务设施建设，改善生活环境，发展社区服务，方便群众生活"。第二处是讲到政治建设时说，要"完善城市居民自治，建设管理有序、文明祥和的新型社区"。第三处是讲到文化建设时说，要"加强和改进思想政治工作，广泛开展群众性精神文明创建活动"。"加强文化基础设施建设，发展各类群众文化。积极推进卫生体育事业的改革和发展，开展全民健身运动，提高全民健康水平。"第四处是讲到党的建设时指出，要"高

---

* 本文原是 2002 年 11 月应邀参加广东省湛江市召开的社区建设研讨会在会上的发言，收入邓碧泉主编的《社区建设与税源经济》一书，红旗出版社 2003 年 8 月出版，另发表于中共中央党校主办的《中国党政干部论坛》2003 年第 9 期，上海《报刊文摘》于同年 10 月 6 日以下述标题转摘："高放撰文认为马克思所说的'自由人联合体'就是社区"）。本文提出以《共产党宣言》主张的"自由人联合体"来指导我们社区建设，这个建言很有新意，所以收入本书。

度重视社区党的建设，以服务群众为重点，构建城市社区党建工作新局面"。这是第一次在我们党的代表大会上正式提出并且论述社区建设问题，可见社区建设已经提到我们国家全面建设小康社会的议程。

党的十六大指明的社区经济、政治、文化和党的建设四个方面的任务就是今后社区建设的基本方针，我们一定要全力全面加以贯彻执行。我拟从理论的角度就如何以马克思主义为指导，大力加强社区建设，谈一点粗浅的体会。

马克思主义是我们党和国家的指导思想，建设中国特色社会主义，一切领域的工作都要以马克思主义为指导。那么社区建设应该如何以马克思主义思想为指导呢？我想，集中到一点，社区建设就是要以马克思所提出的"自由人联合体"的思想为指导。也就是说，我们的社区建设应该沿着马克思所指出的建立"自由人联合体"这样的方向来加强建设。

什么叫作"自由人联合体"？马克思是怎么提出这一思想的呢？据我从所读到的马克思著作中了解，马克思最早是在 1842 年 6 月为《莱茵报》写的一篇社论当中提出的。他说，应当"把国家理解为相互教育的自由人的联合体"。当时他提出"自由人联合体"主要是反对德国的封建君主专制制度，把自由看作人的天性，把民主共和国的国家看作"自由人联合体"。1843 年至 1844 年，马克思确立了辩证唯物主义世界观、转变为共产主义者，他对"自由人联合体"的看法发生了质的变化。1848 年 2 月，马克思、恩格斯发表世界上第一个共产党党纲《共产党宣言》的时候，明确地把"自由人联合体"作为共产党人的奋斗目标。在《共产党宣言》第二章的末尾，马克思、恩格斯谈到共产党在未来夺取政权后，要尽快增加生产力总量，进一步消灭阶级和阶级对立存在的条件，"代替那存在阶级和阶级对立的资产阶级社会的，将是这样一个联合体，在那里每一个人的自由发展是一切人自由发展的条件"。1867 年，在《资本论》第一卷中，马克思把"每一个人的自由发展是一切人自由发展的条件"的联合体更简明地概括为六个字："自由人联合体"。他说："让我们换一个方面设想有一个自由人联合体，他们用公共的生产资料进行劳动,并且自觉地把他们的许多个人劳动力当做一个社会劳动力来使用。"非常值得我们注意的是,马克思所说的"联合体"就是社区。我查过马克思著作的英文本、法文本、德文本和俄文本,意思都一样,拿大家所熟悉的英文来说,社区就是"community"。马克思在《资本论》中所讲的"自由人联合体",用的就是"community"这个词,所以"自由人联合体"也可以翻译为"自由人社区"。共产主义的奋斗目标就是建立自由人社区。"社区"这个词和"共产主义"这个词是同一个词根"commune","共产主义"是抽象名词(communism),"社区"是实体名词(community),所以说社区就是共产主义社会高度自治的群众联合体,共产主义也可以译为社区主义。1871年法国工人革命建立的第一个工人政权——巴黎公社,把马克思的"自由人联合体"的思想第一次初步付诸实践。巴黎公社就是由巴黎二十个区普选产生的巴黎公社委员会领导的社区自治的联合体。人民自治仅有两个多月时间,整个巴黎面貌就发生了翻天覆地的变化,奇迹般地改造了地痞盗匪横行、富豪权贵霸道的旧都。马克思在总结巴黎公社的历史经验时指出,公社"是人民群众把国家政权重新收回,他们组成自己的力量去代替压迫他们的有组织的力量,这是人民群众获得解放的政治形式"①。巴黎公社的自治是人民自己实现的人民管理制,"是由人民自己当自己的家"。马克思主张把分布城乡的自治社区组织成为全国性的"自由平等的生产者的联合体",用以取代凌驾于社会之上、与社会相对立的国家政权赘瘤。可见社区的高度发展就是国家政权的消亡,就是共产主义自由人高度自治理想的真正实现。

二、汲取苏联实行国家垄断社会主义失败的教训,促进社会本位社会主义的发展

社区这个现在看来很普通的名词,在中文当中却是很晚才出现的。把很普通的"社"字和"区"字组成词组"社区"两字,据我考证,是1932年才出

现的。当时北平燕京大学邀请美国社会学家派克来中国讲学,派克是专门研究美国社区的,他来中国讲学讲到美国的"community",燕京社会学系的老师和学生经过认真研究后把"community"译为"社区"。1935 年,中国著名社会学家吴文藻教授在《社会研究》第 66 期上发表论文《现代社区实地研究的意义和功用》,这是中国学术界发表的第一篇有分量的、关于社区的论文。社区这个名词虽然在 20 世纪 30 年代初已在中国出现了,可是为什么到了 20 世纪 90 年代,隔了六十多年才开始在中国比较广泛地使用呢?这是值得我们注意和研究的一个问题。由于在旧社会,在国民党统治下,不可能重视社区建设,所以"社区"一词从国外流传进来,但得不到发展。1949 年新中国成立以后,共产党领导的人民共和国为什么也不重视社区的发展和研究呢?这是因为当时我国受苏联模式社会主义的影响。苏联模式社会主义是共产党严密控制下的国家垄断社会主义,社会生活的各个方面都由国家统一管理,"社会人"都成为"单位人",社会所有成员都归国家管辖的各个企业和事业单位统一管理,农民归集体农庄集体管理。这种苏联模式社会主义使整个社会被国家垄断,管理很死、很严,缺少基层人民自治,缺少生机与活力,所以苏联垮台绝不是偶然的。从社区这个角度可以看出,因为苏联模式社会主义背离了巴黎公社初步实现的工人民主自治的优良传统,背离了马克思所指出的"自由人联合体"的方向,没有真正实现社会自治,苏联人民没有能够真正当家做主。所以当党中央领导人犯严重错误,危及社会主义制度的时候,没有人起来保卫社会主义,反而有人感到推倒压在人民头上的党和国家的垄断会使人民获得解放。可见,这种苏联模式社会主义是严重背离科学社会主义原则的。

马克思为什么把自由人社区、自由人联合体作为共产党人的社会理想呢?这是因为社会主义消灭阶级和阶级差别之后,国家政权就要消亡,整个社会要按照人们所在社区组织,实现高度自治。而苏联模式社会主义在建成社会主义后,还仍然由国家包办一切,劳动人民没有能够真正掌权,党政官僚把持了掌管国家的和社会的大权小权。有了苏联模式国家垄断社会主义失败的教训之后，我们要重新探索什么是真正有生机与活力的社会主义。

什么是社会主义呢？我认为社会主义是"以社会化劳动为基础,由劳动人民掌权为社会形态"。用这二十一个字来给社会主义下定义,这是我个人的学习体会和研究心得。社区自治就是劳动人民自己掌权、自己管理的一种形式。现在人们对什么是社会主义有各种各样的解释,这里我就不一一介绍。其中有一种顾名思义的解释很值得我们重视,很值得我们结合社区建设来研究,这就是中共中央宣传部原部长朱厚泽同志在一篇文章中对社会主义作出的很切题、很通俗的解释。他说:"社会主义者以社会为主义,为社会而主义。不要迷迷糊糊,被人牵着鼻子走,把国家误认为社会主义,进而去崇拜那个国家主义。"②这就是说,我们应该以整个社会来倡导这种主义,为了整个社会而实现这种主义。我们过去不重视这一点,以国家为主义,为国家而主义,过于强调国家的作用,搞大政府小社会,现在应该反过来,逐步变为小政府大社会。朱厚泽同志还说,信息时代,知识经济时代,任何形式的国家主义都更不行了,这是一个全面的、普遍的回归社会时代。回归社会,就是社会的问题主要由社会自身去解决,也就是由各种类型和各个层次的社会团体去解决,而不是由国家包办,国家只是从上面给出一种规范,维持一种秩序。这是国家和社会相互之间一种全新的关系。社会主义的问题应该从这种全新的关系出发重新思考。③我非常赞赏他的说法,同时我又给他作出了两句补充,也得到朱厚泽同志的同意。我补充的是:社会主义应该"由社会出主义,靠社会显主义"。只有由社会广大人民群众和各种社会团体多出主意,较为系统的主意就能形成主义,这样社会主义才能搞得好,不能光由党和国家出主义,光由领导人出主义;社会主义还应该靠社会自治力度的增强和社会面貌的实际变化来显示其优越性,不是光靠综合国力的增强和媒体上的宣传来显示其优越性。人民真正过上社区自治的幸福生活了,人人真正得到全面发展了,社会主义的优越性就充分显示出来了。我认为,社区建设是最能够表明我们所追求的社会主义是以社会为主义,为社会而主义,由社会出主义,靠社会显主义的。朱厚泽同志那两句话是从主体对客体的作用而言,我补充的这两句话是从客体对主体的作用而言。这样四句话联成一体,使主体与客体互动互补,融为一体。参考这个意见对于我们的社会主义建设和社区建设可能是大有好处的。社区建设就是要把原来由国家自上而下行政管理的"单位人"逐步变为社会自主、自治的"社会人",使人人回归社会,实现社会自治。国家应该管理社会,但是不能什么都管,也管不了那么多,有好多事应该归社会管。只有社会自治的大发展才能打破苏联模式的国家垄断社会主义,实现中国特色的社会本位社会主义。社会主义只有以社会为本位才能真正到位。当前,我们尤其要扩大社会主义基层民主,首先在基层比较充分地实现人民群众自己当家做主,这样才能激发人民群众建设社会主义的积极性、主动性和创造性。总之,"社区"就是马克思所讲的"联合体"。所以我们应该使社区所有成员思想上联合成一体,组织上联合成一体,生产上联合成一体,生活上联合成一体,在这四个方面联合成一体,这样才能实现马克思所主张的"自由人联合体"。

三、社区建设要把"异化人"逐步变为"自由人"

什么是自由人呢? 这是马克思主义很高的要求,"自由人"在马克思的笔下,是对应"异化人"而言的。马克思认为在资本主义制度下,工人劳动发生异化,工人受资本家的剥削压迫,承担着繁重的体力劳动,缺少自由,变成异化的人。所以要实现共产主义,就是要把"异化人"变为"自由人"。马克思主义认为,"异化人"变为"自由人"要有三个条件,这三个条件也是我们社区建设所要努力实现的长远目标。第一个条件就是要消灭资本主义剥削和压迫,使人人在经济上、政治上成为自由人。这一点结合中国实际,我们还不能急于消灭资本主义剥削和压迫。中国是一个经济落后的国家,在社会主义初级阶段还应该允许有利于国计民生的资本主义得到相当程度的发展,这一点我们已逐步做到。但是在我们共产党领导的社会主义国家,我们今天的资本主义已经不同于西方资产阶级占统治地位的资本主义,今天我国的私营企业主已成为中国特色社会主义事业的建设者,情况已有所不同,不能照抄照搬。"异化人"要变为"自由人"的第二个条件是要消灭繁重的体力劳动。只有消灭了繁重的体力劳动,主要从事脑力劳动,使劳动不仅仅是谋生的手段,而且成为生活的第一需要,成为轻松的必要活动,人人才能在劳动上成为自由人,这是我们长远的奋斗目标,目前还不能做到。"异化人"要变为"自由人"的第三个条件是人人要在德育、智育、体育、美育和劳动教育五个方面得到全面的发展。要努力去掉人性当中"恶"的方面,使人人成为品德高尚的人;要努力去掉人性当中的"愚"的方面,使人人成为智慧高超的人;要努力去掉人体中的弱点,使人人成为体质健康的人;还要努力去掉人心理方面的障碍,使人人成为心理健全的人。具备以上三个条件,才真正是最完美的自由人。我们应该努力先造就半自由人,进而再培养全面自由人。

由这样自由人组成的联合体实现了这样自由人组成的社区自治,就是共产主义社会世界大同的胜境。到那时,国家政权自然消亡,代之而起的是由各地区自由人联合体(社区)组成的全国性自由人联合体(社区)。要在我国乃至世界实现共产主义,建立共产主义社区,这需要经过世世代代长期的努力。总之,我们的社区建设应该沿着马克思所指出的"自由人联合体"的方向前进。当前应该以党的十六大关于社区建设的决定为指南,还要结合各个地区实际,在如何培养"自由人",如何加强"联合体"这两方面制定出切合实际、切实可行的规则,并且在实践中不断修订贯彻执行。

注释:

① 《马克思恩格斯选集》(第三卷),人民出版社,1995年,第95页。

②③④ 《以社会为主义,为社会而主义》,收入《政治中国》一书,今日中国出版社,1997年,第25页。

我最爱读的一本书——《共产党宣言》*

平生与书结下了不解之缘,每日形影相随,情深难离。读书、教书、著书成为我日常生活的三部曲。要教好书、写好书,就要尽量多读书。如果要问哪一本书我最爱读,哪一本书对我影响最深,哪一本书在我思考问题时最能够启迪我解惑释疑,我可以毫不迟疑地回答:那就是1848年出版的马克思、恩格斯合著的《共产党宣言》。

这一本仅有两万五千字的小册子(包括七篇序言和注释共四万两千字),总括了世界观、历史观、未来观、人生观和价值观等大问题,是融科学性、政治性、思想性、知识性与艺术性于一体的珍品。人活在世上,总要了解世界是什么样子,历史是怎样演进过来,未来发展的大趋势是什么,人应该怎样度过有意义的一生,人生的价值究竟是什么。

打开这本宝卷,开宗明义第一章第一句话犹如强磁石把人们吸引住:"到目前为止的一切社会的历史都是阶级斗争的历史。"这一语道破了自有阶级以来整个社会历史演进的一条主线,指点我们要用阶级和阶级斗争观点来观察社会、观察历史、观察当今的世界。这本书深刻地说明了生产力是社会发展的最基本动力,阶级的存在只是与生产发展的一定阶段相联系,当旧的阶级阻碍生产的发展时,被压迫阶级的阶级斗争推动历史前进;只有生产高度发达到使阶级成为多余时,才可能消灭阶级。正是生产力与生

---

* 发表于中国民主同盟中央委员会主办《群言》杂志,1993年第4期。

产关系、经济基础与上层建筑、剥削阶级与被剥削阶级之间矛盾与斗争的产生、展开和解决造成了社会形态的更迭,使人类社会在原始社会解体之后经历了奴隶社会、封建社会和资本主义社会。指明"资产阶级在历史上曾经起过非常革命的作用",同时分析了资本主义社会的种种矛盾与弊病,从社会发展规律出发科学地论证了资本主义必然发展到共产主义的真理;指明了未来共产主义社会将是没有剥削与压迫的"自由人联合体","在那里,每个人的自由发展是一切人的自由发展的条件"。要实现这样的理想社会,必须依靠"掌握着未来的阶级",要有无产阶级的共产主义政党领导,要"全世界无产者,联合起来!"进行持久的奋斗。"工人革命的第一步就是使无产阶级上升为统治阶级,争得民主",无产阶级掌握政权后的中心任务是建立生产资料社会公有制,"尽可能快地增加生产力总量"。

这篇震撼世界、扭转乾坤的宣言,展现了波澜壮阔的过去与现实的发展画面,使我们增长许多经济、政治、文化、社会、历史、地理知识。宣言还运用很多历史典故和艺术形象,诸如埃及金字塔、哥特式教堂、"幽灵""金苹果""稻草人""空中楼阁"等来揭示事物的本质;还以生花妙笔来阐发深邃的事理。例如对封建社会主义作了如此绝妙的刻画:"为了拉拢人民,贵族们把无产阶级的乞食袋当作旗帜来挥舞,但是每当人民跟着他们走的时候,都发现他们的臀部带有旧的封建纹章,于是就哈哈大笑,一哄而散。"

读罢全书,掩卷沉思,每每心满意足地感到掌握了科学真理,明确了政治方向,受到了思想教育,增长了卓见远识,领略了艺术风采,更重要的是找到了人生的指南和处世的导标。人生最大最高的价值莫过于在促进世界进步与发展的宏伟彩图中留下闪烁的点滴。

这样一本百读不厌的杰作并不是粗读甚至细读之后就能穷究其深蕴的,还必须结合各个时期的实际来深入领会其真谛,从书中寻找解决实践中提出的问题的立场、观点和方法。我是在近半个世纪前上高中时初读到这本名篇,受到振聋发聩的马克思主义启蒙教育。1946年至1947年在学生民主运动中再读这篇雄文,对于用暴力革命夺取政权的道理就倍感铮铮如铁。1948 年在老解放区参加土改中重读这篇檄文,对于阶级斗争和必须打破束缚生产的封建所有制的桎梏的论断就领会得特别深刻。从 1949 年我从事马克思主义理论教育工作时起,几乎年年复读、熟读、领读并引导学生攻读这本经典著作。在 20 世纪 50 年代过渡时期,书中所讲的夺取政权后的十条过渡性措施就特别有用。

这本伟著在以新世界观培育一代又一代新人方面确实起过巨大的创新作用。可是从 50 年代后期起,"左"的思潮占上风,就常常曲解书中提出的一些原理,如在基本上消灭了阶级之后夸大了阶级斗争的地位和作用,不适当地急于要求实现 "同传统所有制关系实行最彻底的决裂","同传统的观念实行最彻底的决裂",急于向共产主义过渡。直到 1978 年拨乱反正后,才努力全面、完整、准确地去领会这本马克思主义的精粹。

这字字珠玑的精品是袖珍版真理百科全书,我每通读一遍都能温故而知新。每当我在日常工作、生活、学习中遇到难题和歧义时,往往都能从书中三言两语的警句中得到精辟的回答和莫大的启示。

对待马克思主义经典著作,最主要之点是要掌握其精神实质,一切从实际出发,解放思想,实事求是。邓小平同志在 1992 年南方谈话中又讲到:"学马列要精,要管用的","我的入门老师是《共产党宣言》","实事求是是马克思主义的精髓"。我们既要坚持马克思主义基本原理,又要善于结合时代与国情的新特点向前去发展它,而不能把它当作僵化的神圣教条,不能光会倒背如流,不能到处生搬硬套。建设中国特色的社会主义理论正是把马克思主义普遍真理同我国社会主义现代化建设实际相结合的伟大创造。我还要在改革开放的实践中反复精读、讲解并运用这本博大精深的佳作,同时乐于指导博士研究生精心研读并编撰出一套研究《共产党宣言》的丛书。

融"三观"于一体的名著 *

年逾古稀，回首人生征程，一辈子都是在读书、教书、写书、藏书中度过的。在我读过的书中，我最喜爱、对我影响最大，也是我最经常讲授和研读的一本书，乃是马克思、恩格斯合著的《共产党宣言》。

今年是这部不朽的经典名著出版 150 周年纪念。这本小册子之所以具有无限、永恒的魅力，就因为它博大精深、流光溢彩。它不仅是针对当时欧美资本主义社会的弊病而发的，而且蕴含着丰富的、深刻的科学真理和美妙的、光辉的社会理想。

什么是《共产党宣言》的基本思想呢？恩格斯在 1883 年德文版和 1888 年英文版序言中反复作了精辟的说明，可以概括为这样三点：第一，任何一个历史时代的经济生产和社会结构都是决定这个时代政治和精神的基础，也就是经济基础决定上层建筑；第二，自原始社会解体以来，全部历史都是阶级斗争的历史；第三，到了生产力得到高度发展之时，就必要而且可能消灭阶级压迫和阶级剥削，使无产阶级和全人类得到解放。这三点贯穿着唯物史观的基本原理。可以说，生产力是社会历史发展的原动力和主动力，阶级斗争是阶级社会发展的推动力。生产力初步发展到有剩余产品时才会产生阶级，生产力高度发展到共同富裕时才能消灭阶级。那么阶级消灭、人类解放之后的社会是什么样子呢？马克思、恩格斯在《共产党宣言》的第二章末尾作了很精彩的描述："代替那存在着阶级和阶级对立的资产阶级旧社

---

* 发表于中国民主同盟中央委员会主办《群言》杂志，1998 年第 8 期。

会的,将是这样一个联合体,在那里,每个人的自由发展是一切人自由发展的条件。"在 1867 年出版的《资本论》中,马克思把共产党人的最高理想更精练地概括为六个字:"自由人联合体"。可见,共产党人并不是要限制人民的自由,而是要在大力发展生产力、逐步消灭阶级的基础上,使每个人的思想、言论和行动自由得到全面的发展。

《共产党宣言》由于阐发了客观科学真理和崇高社会理想,因而它将长久地吸引着亿万人民群众参加共产主义运动,为共产主义事业奋斗终身!

《宣言》所预见的美好社会理想,成为我们人生奋斗的目标。人生一世,草木一春,尽管短促,总要有所作为。"人不为己,天诛地灭"这是陈旧、狭隘的观念;"人生行乐耳,身后虚名何似生前一杯酒!"这是消极颓废的人生观。人活着一定要为人类的福祉和社会的进步做出自己的贡献。人类最壮丽的事业莫过于实现无产阶级和全人类的解放,建立"自由人联合体",使人人的自由都得到全面发展。我们生正逢时,有幸投身这样宏伟的社会系统工程是多么难得!真应该惜时如金,争分夺秒,尽力为之添砖加瓦。

《宣言》还指明了人生的价值观,价值的主要标准是利益,蝇营狗苟,追逐个人私利,是非常渺小的。"过去的一切运动都是少数人的或者为少数人谋利益的运动。无产阶级的运动是绝大多数人的、为绝大多数人谋利益的独立的运动。"共产党人首先谋求本国本民族人民大众解放的利益,进而"强调和坚持整个无产阶级共同的不分民族的利益","在无产阶级和资产阶级的斗争所经历的各个发展阶段上,共产党人始终代表整个运动的利益"。这是多么全面的纵横价值坐标!尽管有人口是心非,言行不一,口头上信誓旦旦地高喊"全心全意为人民服务",实际上挖空心思地为自己谋私利,但是只要有越来越多的人严于律己,由我做起,始终不渝地为绝大多数人谋利益,那么我们的事业就会越来越兴旺发达。

世界观、人生观、价值观是每个人一生中无法回避并且要正确解决和面临考验的重大问题。反复学习融"三观"于一体的这本名著,温故知新,鉴往知来,真是大有裨益啊!